Wen(n) Gott ruft...

23 Berufungsgeschichten

Michael Müller (Hrsg.)

Umschlaggestaltung: mm agentur

Titelphoto: *Die Berufung des Matthäus*, Caravaggio

Gesetzt aus der Goudy

Gesamtherstellung: Clausen & Bosse, Leck

Printed in Germany

ISBN 3-928272-58-6

Inhalt

Vorwort

Nicht nur für italienische Zeitungen war es eine echte Story, als das Topmodel Antonella Moccia 1993 ins Kloster ging. Wenn sie mit ihren langen Beinen über den Laufsteg wippte, groß, blond, mit blauen Augen, und die Modellkleider der großen italienischen Stilisten vorführte, verrenkten die Männer ihre Hälse. Man nannte sie Hella, und sie zählte zu den italienischen Topmodels, die Modeschöpfer wie Centinaro, Trussardi, Biagotti oder Fontana heiß begehrten. Doch heute lebt sie als Novizin Elisabeth in einem Franziskanerkloster vor Rom, wo sie die Kleidung von Obdachlosen und Bettlern wäscht und die Ärmsten der Armen versorgt. Klar und bestimmt sagt Antonella Moccia ungläubig fragenden Journalisten: „Ich weiß, daß Gott mich berufen hat." Und dann dankte sie öffentlich, daß es ihr vergönnt gewesen sei, in zwei so verschiedenen Welten Einblick genommen zu haben.

Gott beruft Menschen. Viele meinen, von Gott Gerufene seien wohl anders als „normale" Menschen: vielleicht etwas weltfremd, besonders introvertiert, irgendwie kauzig – eben Sonderlinge. Nicht nur Antonella Moccia widerlegt dieses Vorurteil. Doch es sind wohl auch nicht gerade immer die besten und wertvollsten Menschen, die Gott beruft. Moses hatte gerade einen Mann erschlagen, als Jahwe ihn an die Spitze der Israeliten stellte. Zachäus war ein Betrüger, vielen Mitbürgern hatte er überhöhte Abgaben abgepreßt. Doch Jesus rief ihn zu sich – nicht seine „Opfer". Franz von Assisi war ein Dandy. In Zeiten größter Hungersnot besaß er die Frechheit, mit dem Geld seines Vaters nur so um sich zu werfen. Aber er wurde eine der größten Heiligengestalten der Christenheit. Und sittenlos wie er war, begann die Geschichte seines Büßerlebens mit einem Verbrechen: er stahl seinem Vater, der Tuchhändler war, wertvolle Stoffballen, um die Renovierung eines Kirchleins zahlen zu können.

Dann Petrus, auf dem Christus nichts Geringeres als seine Kirche bauen wollte: er war weder ein Intellektueller, noch einer der Tapfersten. Einem der Soldaten, die Christus im Ölgarten verhaften wollten, schlug er mit seinem Schwert ein Ohr ab. Ein Ohr – eigentlich erbärmlich für jemanden, der zur Waffe greift. Und dann sogleich nach der Gefangennahme Jesu seine berühmte Verleugnung: „Nein, ich kenne diesen Mann nicht." (Eine Kirche, die von ihrem Gründer vorsätzlich auf einem solchen Felsen errichtet wurde – wie sollte die in der Folge keine Schwächen zeigen und Schatten werfen? Daß sie aber trotz ihrer Heiligen, Hirten und Führer nach 2.000 Jahren immer noch steht, ist wohl Beweis für ihren göttlichen Ursprung genug.)

Ob in den Geschichten des Alten Testaments, den Schriften des Evangeliums, ob in den weiter zurückliegenden Jahrhunderten der Kirchengeschichte oder in der heutigen Zeit – Gott schöpft nicht die Schaumkrone der Christenheit ab, wenn er Menschen an sich zieht. Er sucht nicht die Edelsten und Wertvollsten, sondern erfaßt Menschen in allen Lebenslagen, selbst in solchen, die nicht als besonders rühmlich gelten. „Hier liegt das Geheimnis meiner Berufung und meines ganzen Lebens", schrieb Theresia vom Kinde Jesu, „Jesus beruft nicht die, die dessen würdig sind, sondern die, die er will".

Wer sich mit der Geschichte des Christentums befaßt, kommt an diesem Phänomen nicht vorbei – allen Vorurteilen zum Trotz. Bereits die ersten Jünger Jesu waren Berufene. „Kommt und seht", hatte Christus zu Andreas und Johannes gesagt, mit einem knappen „Folge mir nach" rief er den Philippus. Die unzähligen Menschen, die sich in den nachfolgenden Jahrhunderten bis heute in den Dienst Gottes und der Kirche gestellt haben, vernahmen den Ruf nicht mehr direkt aus dem Mund des Gottessohns, sahen sich aber durch Umstände, Vertraute und Freunde oder durch den Lebensvollzug der Kirche insgesamt dazu gedrängt, Christus nachzufolgen. Ohne den verkrüppelten Soldaten, aus dem ein Ignatius von Loyola wurde, ohne den einfältigen Bauernsohn, der als Pfarrer von Ars Geschichte machte, und ohne die Abertausenden von Unbekannten, die zu allen Zeiten irgendwo einen besonderen Weg der Hingabe gingen, ist die Geschichte der Kirche nicht zu verstehen.

Was aber ist das eigentlich, eine „Berufung"? Wie funktioniert das? Was unterscheidet denjenigen, der einem Sportverein oder einer politischen Partei beitritt von dem, der Mitglied einer geistlichen Gemeinschaft wird? Und sind nicht eigentlich alle Christen, ja alle Menschen „berufen", ein möglichst anständiges Leben zu führen, solidarisch mit den Armen und Schwachen und im Einklang mit den Geboten der Natur und ihres Schöpfers? Eine Mutter von fünf Kindern, die Probleme mit ihrem Mann hat und auch noch berufstätig sein muß, soll zur grauen Masse gehören, eine junge Nonne in der

Idylle eines abseits gelegenen Klosters aber berufen, vielleicht sogar vollkommen und jetzt schon heilig sein? Und widerspricht eine solche Auserwählung einzelner nicht dem allgemeinen Ruf zur Heiligkeit aller Christen, wie es ja auch das letzte Konzil bestätigt hat?

Das Wort „Berufung" wirkt tatsächlich etwas einseitig und erweckt den Eindruck, eine unerwartete, gebieterische Offenbarung des Gotteswillens zwinge den Berufenen praktisch dazu, der Welt zu entsagen. Gerufen zu werden, berufen zu sein, vermittelt den Eindruck einer weitgehenden Passivität auf Seiten des von Gott Erwählten. Doch da gilt es, genauer hinzusehen. Mutter Teresa von Kalkutta hat einmal gesagt, daß sie keine Verdienste habe; ihr einziger Verdienst sei es gewesen, Gottes Gnade keine Widerstände zu leisten. Niemand kann behaupten, Mutter Teresa habe in ihrem Leben nichts geleistet. Aber ihren eigenen Worten zufolge war es Gott, der durch sie wirkte.

Der Berufene läßt Gottes Willen an sich geschehen und wird so erst richtig tätig. Er läßt sich formen. Die aktive Passivität, das Ja-Sagen ohne Vorbehalte, ist nichts anderes als das „Fiat", das „Es geschehe" von Maria, das die Menschwerdung Gottes erst möglich machte. Und in diesem „Fiat" hat die Menschheit den höchsten Grad der Mitarbeit an Gottes Heilswirken erreicht. Man arbeitet nicht mehr für Gott, um seine Gunst zu gewinnen, sondern man tut die Arbeit Gottes. Gott ist es, der das Werk vollbringt. Das ist etwas ganz anderes, als passiv in der Ecke zu sitzen und alles um sich herum nur geschehen zu lassen.

Was geschieht aber nun, wenn sich Menschen berufen fühlen? Was hat es damit auf sich, wenn Menschen sagen, sie folgtem einem Ruf, fühlten sich berufen? Allen Gläubigen ist die allgemeine Berufung zur Heiligkeit gemeinsam, die sie durch die Taufe erhalten haben. Geschieht bei manchen Menschen mehr? Greift Gott wirklich auf besondere Weise in ihr Leben ein, oder ist das nicht eher ein Fall von Einbildung? Häufig wird das Wort „Berufung" als fast romantische, innige Neigung hinweginterpretiert, als ein Antrieb oder Impuls des Herzens. Man findet solche Neigungen des öfteren im Leben der Heiligen, aber Gefühle, so weiß die Kirche, sind nicht geeignete Zeichen einer Berufung, ja nicht einmal alleingültige Beweggründe für eine wirklich menschliche, vernünftige Entscheidung. Sie können auch Produkte der Einbildungskraft, des Sentimentalismus oder der Angst vor einer abstoßenden Umwelt sein. Auf jeden Fall bilden sie keine feste Grundlage dafür, denn Gefühle sind von Natur aus unbeständig, können von anderen, später auftretenden, stärkeren Gemütserregungen überrannt werden, und in Wirklichkeit hat viel Versagen hier seine Wurzel.

Ein Kennzeichen jeder ernsten Berufung ist deshalb das Ringen mit sich selbst, das nicht nur im Herzen geschieht, sondern alle geistigen Kräfte, den Verstand, die Willenskraft und die Gesamtheit der Neigungen des Menschen einbezieht. Wunderbares, Spektakuläres bleibt dabei beim Klärungsprozeß einer Berufung zumeist aus, auch deswegen, weil Gott freiwillige Nachfolger sucht – und das Wollen des Menschen ernst nimmt (siehe Mt 19, 21: „Wenn du vollkommen sein willst …", oder Lk 9, 23: „Wer mir nachfolgen will …"). Die Aufforderung „Seid also vollkommen, wie mein Vater im Himmel vollkommen ist" (Mt 5,48) ergeht in der Tat an alle Getauften. Aber es bedarf doch fast immer eines besonderen Aktes der Identifizierung mit diesem Anruf zu einer Christusnachfolge ohne Wenn und Aber. Aus vielen Zeugnissen von

Menschen, die einer besonderen Berufung innerhalb der Kirche gefolgt sind, wird statt dessen deutlich, daß am Anfang eines solchen Lebenswegs meistens ein Anstoß stand, eine Erschütterung des Herzens – sei es durch die Begegnung mit einem besonderen Menschen, durch die Schönheit und Kraft der Liturgie, durch ein vielleicht zufällig wahrgenommenes Zeichen für Hingabe und Dienst an Gott. Doch sofort beginnt der Verstand, diesen „Anruf" zu prüfen und zu verifizieren. Ignatius von Loyola spricht in seinem Exerzitienbuch von einer Art Entscheidung zur Nachfolge, die er „razonada" nennt („nach Vernunft"): man schätzt den hohen Wert einer besonderen Berufung so sehr, daß man sich dafür ganz und ohne Vorbehalt entscheidet. Diese, sagt er, sind die sichersten Entscheidungen, auch wenn sie ohne Enthusiasmus getroffen werden.

Eine Berufung ist deshalb immer ein Zusammenwirken von Gnade und Freiheit, von Ruf und Entscheidung, von Gottes- und Menschenwillen. Die Apostel und ersten Jünger hatten nicht das Gefühl, von den Wundern des Messias wie erschlagen oder emotional vollkommen überwältigt worden zu sein. Im Augenblick ihrer Berufung wurden sie von der Faszination, die von Christus ausging, berührt und betroffen. Dann aber begann der Prozeß der Verifizierung. Sie standen in einer freundschaftlichen Beziehung zu Jesus, und sie erkannten, daß diese Person und diese Freundschaft ihrem Leben einen ganz neuen Sinn gab. Am Ende entschieden sie sich gegen alle Skrupel und Widerstände, ihm treu zu bleiben.

Eine Berufung, die fast immer beiläufig, oft ohne Vorankündigung und stets entlang der ganz gewöhnlichen Umstände des Lebens geschieht, ist ein Zeichen dafür, daß Gott Menschen erwählt, sich dem einen oder anderen deutli-

cher zeigt und ihn fester an sich bindet. Jesus Christus predigte zum gesamten Volk Israel. Aber nur 72 berief er zu seinen
Jüngern, davon wählte er zwölf zum Aposteldienst aus, zeigte
dreien von ihnen sein besonderes Zutrauen und behandelte
einen als Lieblingsjünger.

Natürlich gibt es eine Berufung zur Nachfolge, die allen
Christen gemeinsam ist. Und doch kennt die Kirche von
Anfang an die Erwählung, den besonderen Ruf, der an einige
ergeht, an viele aber nicht. Die Berufungen sowohl von Laien
wie von Priestern und Ordensleuten, von denen auf den kommenden Seiten die Rede ist, sind konkret, persönlich,
bestimmt und nicht austauschbar. Es geht nicht um eine sozio-
logische Betrachtung des Standes der Berufenen, sondern um
Lebensgeschichten.

Der Theologe Leo Scheffczyk schreibt in diesem Buch: „Es
ist heute nicht so sehr das Problem, ob *ich mich nochmals*
für das Priestertum *entscheiden* würde; es geht vielmehr darum,
ob *man mich* in dieser katholischen Façon *als Kandidaten*
akzeptieren würde. Vieles spricht tatsächlich dagegen. Die
Lage des Glaubens und der Kirche in unseren Landen ist kein
guter Nährboden mehr für das Aufgehen von Berufungen."
Auch dieser Aspekt soll auf den nachfolgenden Seiten nicht
verschwiegen werden.

Die Kirche erlebt eine Krise der Berufungen – zumindest in
den traditionell christlichen Ländern Europas. Am Rande
eines Kongresses über Berufungen in Rom erklärte der
Vorsitzende der Deutschen Bischofskonferenz, Bischof Karl
Lehmann, mit Blick auf die Priesterberufungen: „Die tech-
nisch hochzivilisierten Nationen in Mittel- und Nordeuropa
sowie Nordamerika und Kanada verzeichnen einen starken
Rückgang. Ich halte jedoch für ausschlaggebender, daß bei uns

ein Klima des Unzufriedenseins und des Mißtrauens, mangelnder Freude in der Kirche und ständiger Nörgelei herrscht, so daß es schwer ist, junge Menschen – und dann noch für ein Leben lang! – zu begeistern. Ich glaube nicht, daß im Endeffekt etwa der Zölibat die Hauptschuld trägt, wie manche meinen. Das Entscheidende ist, daß man als ein noch junger Mensch bei den heutigen Wandlungen in der Gesellschaft und in der Kirche bereit sein muß, das ganze Leben mit allen Phasen und allen Kräften nur für diese Aufgabe zu investieren. Das schließt den Verzicht auf Karriere sowie auf Ehe und Familie ein und setzt eine hohe Bereitschaft voraus, Aufgaben in der Kirche anzunehmen – ob man es nun Disponibilität oder Gehorsam nennt. Ich denke, bei dem beschriebenen Klima ist es sehr schwer, eine solche lebenslange, verbindliche Option zu treffen, wie überhaupt unwiderrufliche Lebensentscheidungen heute auch in der Ehe oder im Ordensleben ihre Krise haben. Für mich gehören sie jedoch zum Herz und Kern des christlichen Lebens. Insofern kann ich mir eigentlich nur durch eine Überwindung dieses Grundklimas und der damit verbundenen Probleme eine wirkliche Erholung und Besserung vorstellen" (Deutsche Tagespost vom 10. Mai 1997).

Die folgenden Beiträge machen kein Schön-Wetter-Buch aus, es beinhaltet keine Glorifizierungen und weicht den von Bischof Lehmann beschriebenen Krisenerscheinungen nicht aus. Es soll vor allem Mut machen, es soll die Schönheit der Berufung zum Dienst an Gott und den Menschen zeigen – und schlicht und einfach Beispiel geben.

Dazu noch einmal Bischof Lehmann: „Vielleicht werben auch wir Priester viel zu wenig durch unser Leben, durch unser Beispiel und durch unser Wort für den Beruf. Ich denke, daß dies früher zum Teil anders war, man müßte den Gründen genauer nachgehen. Vielleicht sind wir Priester selber auch zu sehr von den krisenhaften Symptomen erfaßt. Letzten Endes zeigt sich gerade beim Priesterberuf, daß nur das Beispiel wirklich schöpferisch und überzeugend ist. Der Priester muß vermitteln, daß er diesen Beruf liebt und daß man ihn so gestalten kann, daß man dabei glücklich wird. Das muß man erleben und sehen, und deswegen wünsche ich mir auch mehr Freude an der Berufung."

Dieses Buch vereint die Beiträge von Autoren, die in persönlichen Geschichten erzählen, wie sie ihre Berufung entdeckt haben und was ihnen ihr Glaube, die Kirche und ihre christliche Berufung in ihrem persönlichen Alltag bedeuten. Fast immer sind es die Eltern, die die Fundamente legten. Und fast immer sind es andere aus ihrem persönlichen Umfeld, die antippen, die Beispiel geben, deren Gott sich bedient.

Der Leser findet in den hier vereinten Erinnerungen kaum Damaskuserlebnisse oder brennende Dornbüsche. Auch sind diese Zeugnisse keine „Erfolgsgeschichten". Vielmehr handelt es sich um sehr ehrliche und sehr persönliche Bekenntnisse, die auch eigenes Versagen, persönliche Schwächen oder das Ringen im alltäglichen Glaubensleben nicht aussparen. Und in so manchem Beitrag werden Nachkriegszeit und Ereignisse in Politik, Kirche und Gesellschaft aus den letzten Jahrzehnten auf anschauliche Art neu lebendig.

Mütter, Ordensleute und Professoren, Ärzte, Studenten und Journalisten, Missionare, Priester und Priesteramtskandidaten, Konvertiten und evangelische Christen kommen ebenso zu Wort wie bekannte Persönlichkeiten aus Politik und Kirche.

Ein Salesianerpater berichtet über sein Leben als Missionar in Liberia, eine ehemalige japanische Buddhistin über ihre Berufung als Schönstattschwester. Eine Ministerin ist ebenso vertreten wie ein Kardinal, ein Bischof und der jüngste Weihbischof Deutschlands. Ein ehemaliger KP-Aktivist und Maoist schildert spannend und authentisch seinen Weg, der ihn schließlich wieder zum Glauben an Christus führte. Eine noch junge evangelische Christin kommt ebenso zu Wort wie ein Spätberufener, der schon in der vierten Klasse angesprochen wurde, ob er nicht Priester werden wolle.

Die Präsidenten des Malteser Hilfsdienstes und Kindermissionswerks, eine Mutter von drei und eine von vier Kindern, der Regens eines Priesterseminars und die Leiterin einer Jugendbildungsstätte, der Chefredakteur einer Kirchenzeitung und eine Bundestagsabgeordnete (vor der Wende gehörte sie der Volkskammer an und organisierte Kerzendemos und Friedensgebete), ein Novize der Legionäre Christi und eine angehende Gemeindereferentin, ein katholischer und ein evangelischer Pfarrer sowie viele andere sind mit ihren Beiträgen vertreten.

Zwei Zeugnisse liegen über das Opus Dei vor. Das hat seinen Grund: Von allen möglichen Wegen innerhalb der Kirche ist es wohl die noch junge Personalprälatur Opus Dei, die in den letzten Jahren am meisten im Mittelpunkt der Kritik von Ideologen, Medien und so manchem Theologen stand. So kommt hier nicht nur ein Mitglied zu Wort, sondern auch ein glaub- und vertrauenswürdiges ehemaliges Mitglied, das dem Opus Dei zehn Jahre angehörte.

Eines der wichtigsten Ziele dieses Buches sollte es sein, die Vielfalt an Bewegungen, Orden und Wegen vorzustellen, die die Kirche für Geistliche und vor allem auch Laien, kennt.

Den Autoren ist es trefflich gelungen, diesen Reichtum an ganz verschiedenartigen Berufungen zu illustrieren. Ihre Sprache ist dabei so unterschiedlich wie ihre Charaktere und Berufungen. Einige schreiben spannend und voller Leidenschaft, andere recht humorvoll, wieder andere eher betrachtend. Das macht das Buch lebendig. Doch so verschieden die Beiträge auch sind – eines ist ihnen fast allen gemein: ihre Freude am Glauben und an der Kirche und die Kraft, die sie hieraus ziehen! Der Appell der Autoren: Gebt Gott eine Chance! Laßt Euch von anderen Menschen anstoßen! Es lohnt sich, seine eigene Berufung zu entdecken und zu leben. Ob als verheirateter oder unverheirateter Laie, als Mitglied eines Ordens oder als Priester.

Der Herausgeber

Erich Läufer

*Prälat Erich Läufer wurde 1927 in Aachen geboren. Nach dem Studium
der Theologie und Philosophie wurde er 1953 in Köln zum Priester
geweiht. Bis 1962 war er in der Seelsorge tätig. Er trat danach in den
Schuldienst ein und war schließlich Studiendirektor in Düsseldorf. Läufer
war viele Jahre Dozent für Neues Testament am Erzbischöflichen
Diakoneninstitut zu Köln. 1984 wurde er zum Geistlichen Beirat der
Kirchenzeitung für das Erzbistum Köln ernannt und ist seit 1989
Chefredakteur dieser Zeitung. Er ist Rundfunkautor und Verfasser von
Büchern und Beiträgen zu biblischen Themen und Glaubensfragen.*

Zwischen Abenteuer und großem Los

von Erich Läufer

Mit großem Interesse lese ich immer jene wunderbaren Sachen in Berufungsgeschichten, wo jemand mit einem außergewöhnlichen Ereignis den Anfang seines Weges zum Priestertum beschreibt. Mal ist es die Schilderung einer blitzartigen Erleuchtung, dann wieder ein Umkehrerlebnis mit einschneidenden Folgen oder das Durchleben von Angst und Not. Damit kann ich nicht aufwarten. Wahrscheinlich geschieht das bei jedem, den Gottes Ruf erreichen soll, auf eigene Weise. Unverwechselbar und ohne himmlisches Rezeptbuch, aus dem für jeden die gleichen Zutaten angerührt werden.

Mehr erschrecke ich über das Ausmaß dessen, was man im Laufe der Zeit vergißt und wie abseits hehrer Stunden in 45 Priesterjahren eher belanglose, wenn nicht gar banale Erlebnisse sich in der Erinnerung festgesetzt haben. Zum Beispiel, daß ich als siebzehnjähriger Flakhelfer – ich steckte in der dafür typischen Montur – 1943 in Köln vor dem Bahnhof zum erstenmal in meinem Leben einen Feldgeistlichen in Offiziersuniform erblickte. Wahrscheinlich habe ich ihn zu neugierig angestarrt. Jedenfalls raunzte er mich barsch an: „Können Sie nicht grüßen!" Das hat mich getroffen. Von einem Priester hätte ich das nicht erwartet.

Viele Jahre später: Als Kaplan spielte ich noch lange Zeit in einer Fußballmannschaft. Eines Tages flog ich, zugleich mit drei weiteren Mitspielern, vom Platz. Was damals eigentlich los war, weiß ich nicht mehr. Jedenfalls, als ich später aus der Umkleidekabine kam und mich der Schiedsrichter im dunklen Anzug wahrnahm, brach es entschuldigend aus ihm heraus: „Warum haben Sie denn nicht direkt gesagt, daß Sie Geistlicher sind. Ich bin doch auch katholisch." Ich war beschämt, denn diesmal war ich derjenige, der den korrekten und zugleich gutwilligen Pfeifenmann enttäuscht hatte.

Beide Erlebnisse sitzen in meinem Kopf. Als Priester sind wir nicht am Ziel. Wir sind unterwegs auf dem Weg. Und das hat immer mit Wandlung und Veränderung zu tun.

Es bedarf einiger Anstrengung, um in der Dämmerung des frühen Lebens nach dem genau erkennbaren Anfang von Berufung zu suchen. Mit Sicherheit weiß ich nur, schon als Junge erklärt zu haben: „Ich möchte Priester werden." Im Abiturzeugnis steht folgerichtig als Berufswunsch eingetragen: „Katholischer Theologe". Zufällig vom Himmel gefallen ist dieser Wunsch nicht. Im Gegenteil. Ich glaube, der Himmel hat kräftig mitgespielt, denn er ließ mich in einer Familie aufwachsen, in der Gott kein Fremdwort war und der Glaube bei den Eltern und meinen Brüdern so selbstverständlich dazugehörte wie unser Familienname. Da gab es eine religiöse Grundstimmung mit gemeinsamem Kirchgang, Rosenkranz, Tischgebet. Aber irgendwie immer ungezwungen und fast fröhlich. Bei uns war selbst der Hund noch „fromm", denn ein jüngerer Bruder hatte ihm beigebracht, beim Tischgebet „Männchen zu machen" und die Vorderpfoten zusammenzulegen. Schon deswegen kamen häufig Nachbarskinder zu uns, um mitzubeten und dabei Spaß an diesem Schauspiel zu haben.

Der Vater war kein Mann großer Worte. Aber von einer stillen, männlichen Frömmigkeit, die mir unvergeßlich ist. Jeden Herz-Jesu-Freitag stand er in der Nacht auf, hielt die „Ehrenwache" der Bruderschaft, ging in aller Herrgottsfrühe zur Messe und dann zur Arbeit. Er war stolz, seine drei Jungen als Meßdiener am Altar zu sehen.

Priester waren bei uns oft zu Gast. Im Krieg versteckte die Mutter einen französischen Dominikanerpater im Keller unseres Hauses. Während seiner illegalen Seelsorge an Zwangs- und Fremdarbeitern war er schwer erkrankt. In dem Kellerversteck wurde er gesund gepflegt, später aber dann verhaftet und ins Konzentrationslager Dachau gebracht. Vor den fatalen Folgen ihrer Aktion gewarnt, – der Vater, ein Bruder und ich waren eingezogen – hatte die Mutter furchtlos geantwortet: „Aber er ist doch ein Priester." Das war für sie Grund genug, ihm zu helfen. So war das in unserem Elternhaus: Von der Kirche und ihren Priestern wurde mit großem Respekt gesprochen. Ich glaube, daß in diesem Klima das Samenkorn für einen Priesterberuf guten Boden fand und wachsen konnte.

Aus dieser Kinderzeit ist mir ein Bild in Erinnerung geblieben, das während des Theologiestudiums, in den manchmal temperamentvollen Kaplansjahren und bis heute eine Art Wegweisung geblieben ist. Das kam so: Als ich den Kommunionunterricht besuchen durfte, überlegten die Eltern, daß auch der erst sechsjährige Bruder den Weißen Sonntag mitfeiern sollte. Das Geld war knapp und zwei Feste hintereinander waren nicht zu machen. Dem zögernden Heimatpastor rang dann die Mutter mit dem dauernden Hinweis auf Papst Pius X. und dessen Wunsch nach Frühkommunion schließlich die Zustimmung ab, daß der Sechsjährige mitgehen durfte. Nun konnte der jüngere Bruder weder lesen noch schreiben, und die Mutter sollte ihn selbst unterrichten. Auch ohne höhere Schulbildung war sie eine tüchtige Katechetin in der Familie. Sie schaffte Anfang der 30er Jahre das von dem Jesuiten Sudbrack verfaßte Buch „Unser kleines Kommunionkind" an. Darin waren viele Photographien von Priestern und vom Ablauf der Messe. Und eine Bibel mit Bildern kam ins Haus. Beide Bücher habe ich verschlungen, bunt ausgemalt und zerlesen. Ich besitze sie noch heute.

Ein Bild aus dieser Bibel prägte sich tief ein: Da war der Hohe Priester vom Tempel in Jerusalem abgebildet. Er trug auf seinem Gewand ein Brustschild mit den hebräischen Buchstaben „Kadosch Jahwe". Mein Heimatpfarrer, der mir sehr imponierte, übersetzte es: „Heilig dem Herrn." Später gab er mir in vielen Gesprächen zu verstehen, daß es für einen Menschen nichts Größeres geben könne, als dem Herrn zu gehören. Er war ein Mann, dem ich das geglaubt habe.

Auf dem Weg zum Priestertum ist mir dann noch jemand an den Weg gestellt worden als glaubwürdiger Zeuge dafür, daß es kaum Sinnvolleres geben kann, als sich vom Herrn mit Beschlag belegen zu lassen, um vor die Menschen hinzutreten und ihnen zu bedeuten: Ich gehöre ihm. Es war Josef Teusch, der Direktor des Bonner Collegium Leoninum. Für uns Studenten, wir waren 1947 fast ausschließlich Kriegsteilnehmer, war er das überzeugende Beispiel dafür, was das heißt „Kadosch Jahwe – Heilig dem Herrn". Ihm danke ich, daß er das Herz und den Sinn dafür geöffnet hat, als Priester das Leben nicht an eine Utopie zu verschwenden.

Das heißt noch lange nicht, daß mit dem Entschluß, Priester zu werden, alles glatt läuft. Es gleicht vielmehr dem Abenteuer, als ein Ereignis, das auf uns Menschen zukommt. Ein Abenteuer ist nicht planbar. Es überfällt einen. Es stellt auf die

Probe, was der Mensch ist, was ihm zur Verfügung steht und was er zur Verfügung stellen will. Und wie jedes Abenteuer vom Menschen verlangt, über seinen eigenen Schatten zu springen, ist es auch bei der Entscheidung, Priester zu werden. Sie bringt ihn dazu, etwas zu tun, was er sich vorher nicht zugetraut hätte. Er riskiert das Wagnis eines dreifachen Abenteuers: mit Gott, mit sich selbst, mit den Mitmenschen.

Kadosch Jahwe – irgendwo fängt jeder Weg zum Priestertum oder auch zum Orden so an. Ob da nicht der tiefste Grund liegt, warum wir heute über Priestermangel klagen? Wir diskutieren uns die Köpfe heiß, was denn nun das Besondere des Priestertums ausmacht. Hört man genau hin, dann soll er eben nicht mehr der „Kadosch Jahwe" sein, der dem Herrn Geweihte, sondern eine Art Ombudsmann der Menschen: menschennah, sozial-engagiert, zeitoffen, weltgewandt, ohne klerikales Gehabe. Eben einer von uns und nur für uns. Ein frommer Sozialarbeiter.

Das würde freilich zu einer Kirche passen, die eben auch zunächst Magd menschlicher Bedürfnisse zu sein hat, sich um soziale Fragen und um Gerechtigkeit in der Politik kümmern soll, um Friedensprobleme und Wiederaufrüstung. Wenn das alles geschehen ist, darf sie auch noch ein bißchen „Braut des Heiligen Geistes" sein.

Aber da ist die Frage, die Gott Menschen stellt, wenn er sie ruft. Es ist die Frage, einst dem Petrus gesagt: Petrus, liebst du mich? Und wenn, dann mache meine Sorge zur deinen. Es ist die intimste Frage, die Gott an Menschen richten kann. Ich kenne keinen, der Ja zu dieser Liebe zu sagen vermag, ohne dabei zu erschrecken. Wir bringen es ja nicht einmal von Mensch zu Mensch zustande, ganz unbedingt ehrlich zu sein. Auch die Kirche nicht. Auch sie ist in ihrer Liebe zum Herrn oft wankelmütig. Sie verrät ihn manchmal. Ihre Liebesschwüre sind gelegentlich brüchig und dennoch, trotz aller Schamröte ist sie ganz in ihm, in Gott eingebunden. Kein Priester und kein Bischof kann mit seiner Liebeserklärung an Gott renommieren. Im Gegenteil. Wir setzen uns eher damit in die Nesseln als in Positur.

Immer trägt der Priester seinen Schatz in zerbrechlichen Gefäßen. Zerbrechliche Gefäße, vom Staub der Erde genommen und oft genug dem Boden nahe. Ist das schlimm? Das ist gut so, sagt der heilige Paulus. So kommt nie ein von Gott Gerufener auf den Gedanken, daß er der ist, von dem das Heil zu erwarten ist. Nein. Der Priester ist nicht derjenige, der die Sache mit dem Heil schon schmeißen wird nach dem Motto: das machen wir schon.

Zerbrechliche Gefäße! Aber bei aller Zerbrechlichkeit ist er dennoch Träger eines Schatzes. Des Schatzes Jesu Christi. Um ihn geht es, er muß durchkommen. Deswegen kann dieses Gefäß nicht hart und undurchlässig sein wie ein Panzer. Besser, es ist dünnwandig, verletzlich aber transparent. Der Schatz muß erkennbar sein. Damit die Leute nicht nur sagen, der ist ein prima Kerl, sondern in ihm den Schatz erkennen.

Doch sind das nicht am Ende nur Selbsttäuschungen mit der Berufung? So und ähnlich bin ich mehr als einmal von Freunden und Bekannten gefragt worden. Die Frage bleibt ein Leben lang. Darf ich dennoch sagen, ich hätte das große Los gezogen? Am 24. Februar, dem Fest des Apostels Matthias, bin ich zum Priester geweiht worden. Das Los ist auf Matthias gefallen. Er hat es nicht gezogen. Gott selbst lost aus. Wenn er Menschen anrührt, ist es ein Ereignis, das man in letzter Konsequenz anderen nicht mehr mitteilen kann. Es verlangt Entscheidungen.

Im Laufe der Jahre habe ich für mich ganz persönlich eine beglückende Erfahrung gemacht. Bei vielen Reisen und Unternehmungen in fast alle Gegenden der Welt, privat und offiziell, kam ich so gut wie immer mit Priestern zusammen. Mit Mitbrüdern. Schwarze und Weiße; solche mit Schlitzaugen und andere, die vom Aussehen her in einem Wildwest- oder Indianerfilm hätten mitspielen können. Don Camillo-Typen und Feinsinnige. Einige in feinen Zwirn gewandet und andere mit Jeans ihren rostigen Jeep steuernd. Solche, die um der Armen willen die Ärmel aufgekrempelt hatten und andere mit ungeheuer gescheiten Köpfen. Mit einigen von ihnen, die bitterarm waren und um der Mitmenschen willen im Dreck der Elenden lebten, hätte ich nicht tauschen mögen. Alle aber hatten eins gemeinsam: sie hatten sich auf das Abenteuer eingelassen, von Gott gerufen zu sein. Soviele Selbsttäuschungen in aller Welt? Viele tausendmal und immer wieder neu und unter verrückten Bedingungen? Ich bin mir sicher geworden: es ist etwas dran, daß Gott ruft.

Sylvester Heereman

Sylvester Heereman wurde 1974 in Bad Neustadt an der Saale geboren. Die Kindheit und Jugend verbrachte er mit seinen Eltern und fünf Geschwistern in Meerbusch am Niederrhein. 1994 legte er das Abitur am Krefelder Arndt-Gymnasium ab und trat danach ins Noviziat der Legionäre Christi in Roetgen ein. Mit der Gemeinschaft zog er nach Bad Münstereifel um, wo er 1996 die erste Profeß ablegte und ging dann nach Salamanca, um dort die Studien aufzunehmen. Im nächsten Jahrtausend möchte er die Priesterweihe empfangen.

Metamorphosen eines Legionärs

von Sylvester Heereman

Im Jahr 1974 wurde ich als zweites von mittlerweile sechs Kindern geboren. Ohne das Beispiel und die Hingabe meiner Eltern hätte Gott wahrscheinlich Wunder wirken müssen, um mich dorthin zu bewegen, wo ich heute bin.

Meinem Vater gelang es auf geheimnisvolle Weise, sein Berufs- mit dem Familienleben zu verbinden. Und wenn wir ihn auch die Woche über selten und dann nur abends vor dem Schlafengehen kurz sahen, litten wir dennoch nie an Mangelerscheinungen, weil er an Wochenenden und in den Ferien seine werktägliche Abwesenheit wieder wettmachte. Ich wüßte nicht zu sagen, in welcher Hinsicht er mich am meisten geprägt oder welche Tugend er in besonderem Grad geübt hätte. Er hat schlicht vorgelebt, wie man die Aufgaben eines verantwortungsbeladenen Berufsmenschen, Vaters, Ehemanns und Christen ausgleichen und humorvoll in Einklang zu bringen vermag. Dasselbe gilt für meine Mutter, die sich stets kirchlich, schul- und familienpolitisch engagierte, ohne dabei den Nachwuchs zu vernachlässigen. Sie war immer in erster Linie Mutter, bereit, sich mit Hausaufgaben, Musikstunden, Schuhkäufen u.a. die Nachmittage für uns um die Ohren zu schlagen. Bisweilen hätten wir es vorgezogen, sie über ihre

27

Artikel und Vorträge als über unsere Hefte gebeugt zu sehen. Bei aller Liebe war sie unerbittlich, wenn es um die Erziehung ging, und dummerweise auch immer bestens darüber unterrichtet, was schädlich und was förderlich für die Sprößlinge ist.

Nur in einem ist sie hoffnungslos gescheitert. Keines von uns Geschwistern hat je ernsthaft ihre Liebe zum Reiten übernommen, so daß sie um der Familie willen ihren Sattel an den Nagel hängte. Ich empfand seit den ersten tragischen Reitstunden tiefes Mißtrauen gegen unberechenbare bewegliche Untersätze, seien es nun Pferde, Skier oder Räder. Doch als ich bei der Einschulung, im salomonischen Alter von sieben Jahren, noch immer nicht radfahren konnte, war sie nicht bereit, noch einmal nachzugeben. Unter den Anfeuerungsrufen von Mutter, Nachbarn und Geschwistern mußte ich mich tränenblind und zitternd dem Fahrrad stellen, bis ich es verstand, das Ungetüm meinem Willen zu beugen. Das war das einzige Mal, daß die Mutter mich zu meinem Glück zwang, und ich danke es ihr bis auf den heutigen Tag.

Nestwärme

Von meinen Eltern haben wir vor allem gelernt, daß eheliche Liebe und Treue alltäglich sein können. Die elterliche Einheit hat meiner Kindheit den guten Boden verliehen, in dem ich Wurzeln schlagen und beruhigt aufwachsen konnte, zufrieden mit mir und der Welt.

In der Rangliste direkt nach meinen Eltern kommen natürlich die Geschwister, wenn es darum geht zu bewerten, wem ich am meisten zu danken habe. Soweit mein Gedächtnis reicht, waren wir immer schon zu viert, Nummer fünf und sechs gesellten sich in späteren Jahren dazu. Unabhängig vom aktuellen Kinderstand wollten wir immer mehr. So wie andere ihren ganzen Stolz auf Briefmarken setzen, so sammelten wir mit Feuereifer Geschwister. Es war mir förmlich unerträglich, jemandem zu begegnen, der mehr Brüder oder Schwestern gehabt hätte als ich. Und so lagen wir den Eltern beständig in den Ohren, sie möchten doch noch „eins drauflegen".

Zu meinen freudigsten Erinnerungen gehört die Ankündigung eines neuen Geschwisterkindes. Nach gebührendem Bejubeln der Nachricht teilte sich die Familie in der Geschlechts- und Namensfrage in zwei Lager: „Ist es ein Junge oder ein Mädchen und wie soll er heißen?" Auf der einen Seite mein Vater, der unverdrossen auf eine zweite Tochter hoffte und auf der anderen Seite wir Buben, die wir uns dringend einen weiteren Bruder wünschten. Da wir aber nichts anderes tun als warten konnten, zerbrachen wir uns in der Zwischenzeit den Kopf über den Namen. Als Nummer fünf dann tatsächlich ein Junge war, wurde unser Jubel nur durch die völlig undemokratisch getroffene Namenswahl getrübt. Von „Vincenz" war bei uns Kindern nie die Rede gewesen! Nummer sechs lief wegen des väterlichen Zweckoptimismus unter dem vorgeburtlichen Arbeitstitel „Mariechen". Als unser Vater Monate später strahlend mitteilte, Mariechen sei angekommen, fragten wir gespannt: „Und wie soll er heißen?"

Dieser Geschwisterhaufen, der sich im Laufe der Jahre ansammelte (Nina, Franziskus, Robert, Vincenz, Marie), hat mehr zu meiner Erziehung beigetragen als alle Lehrer, die später meine Wege kreuzten. Wer schon zu Hause das Zusammenleben lernt, wird später weder über Leichen gehen noch dem Gesetz des Stärkeren zum Opfer fallen. Von den

Geschwistern habe ich gelernt, nachzugeben und mich durchzusetzen, zu helfen und mir helfen zu lassen. So jedenfalls sehe ich das heute. Damals war ich mir dessen natürlich nicht bewußt, vielmehr schien es mir, als verbrächte ich die frühe Kindheit unter dem Joch der Willkürherrschaft meiner zwei Jahre älteren Schwester Nina. Sie wußte schon in jungen Jahren, daß sich die moderne Frau von einem Mann nichts sagen lassen sollte. Offensichtlich hatte sie sich in den Kopf gesetzt, an ihren Brüdern die jahrtausendalte Unterdrückung des weiblichen Geschlechts zu rächen. Als sie diese geschichtliche Mission schon nach wenigen Jahren treulich erfüllt sah, wandte sie uns allerdings ihr Wohlwollen zu und seitdem herrschten Einigkeit und Recht und Freiheit im elterlichen Haus, nur kurzzeitig von unvermeidlichen Fehden unterbrochen. Begünstigt von der abgelegenen Lage des Hauses, ein am Waldrand gelegenes altes Gehöft, und der Kinderschar, die durch die Söhne des Pächters, Herbert und Wilhelm, unschätzbar bereichert wurde, erlebten wir eine Kindheit, die Astrid Lindgren ausreichend Stoff für sieben weitere Kinderbücher bieten könnte.

Unsere Lieblingsbeschäftigung nannte sich „Schlunzen", ein Wort, das folgendes bedeutete: in Feld, Wald und Weide „rumhängen", bis jemand einen annehmbaren Vorschlag einbrachte, der, um akzeptiert werden zu können, zwei Bedingungen zu erfüllen hatte: er mußte dreckig und müde machen. Diese Spielweise war sehr vielfältig und konnte folgende Aktivitäten umfassen: Budenbauen, Kuhfladenschlacht, Strohspringen, Bäumeklettern, Pfeil und Bogenschießen, Wegelagerei, Floßfahren. Eigentlich war alles erlaubt, solange es sich nicht um konventionellen Kinderkram wie Fangen oder gar das verachtete Brettspiel handelte. Wenn es regnete, zogen wir uns gerne in die Scheune zurück, um dort selbst „Karl-May-Festspiele" zu veranstalten. Unter Berücksichtigung der aristotelischen Einheit von Ort, Zeit und Handlung entwarf mein Bruder Franziskus dann in wenigen Minuten das Drehbuch für ein neues, schwer von Bud Spencer beeinflußtes Kapitel von „Winnetou". Um die Zustimmung aller zu finden, mußte er stets einige unverzichtbare Rituale einbauen. An den Anfang gehörte eine anständige Büffeljagd auf unseren Schäferhund Sherry, der Hauptakt sah eine Schlägerei zwischen Kavallerie und Apachen vor, und am Ende mußte Herbert Gelegenheit haben, sich in gewohnt dramatischer Manier unter dem donnernden Applaus der fünf treuen Zuschauer, zu Tode getroffen von den aufgetürmten Strohballen hinab in die Tiefe zu stürzen. Sicherlich war es aktionsbezogenes Theater, doch auch der Dialog kam nicht zu kurz. So durfte zum Beispiel ein theologisch-philosophisches Gespräch zwischen Winnetou und Old Shatterhand genauso wenig fehlen wie die flammende Rede eines Kavalleriegenerals an seine desertierenden Soldaten. In dieser letzten Rolle meine ich, mich ein ums andere Mal selbst übertroffen zu haben. Noch steht mir lebhaft die Jammergestalt meines kleinen Bruders vor Augen, den ich gerade wegen Feigheit vor dem Feind donnernd nach Sibirien verbannt habe.

Eine weitere Delikatesse meiner Kindheit und Jugend war der Fußball, Höhepunkt der Woche war Samstag, der Spieltag. Meistens haben wir verloren. Zu meinen glorreichsten Erinnerungen gehört die 25:0 Niederlage gegen Bayer Uerdingen in der ersten Runde der Pokalspiele. Seltsamerweise hat mich dergleichen nie sonderlich entmutigt. Wahrscheinlich war ich deshalb Mannschaftskapitän, an meinen fußballerischen Qualitäten kann es nämlich nicht gelegen haben.

So wuchsen wir in einem Klima großer Freiheit und Unabhängigkeit auf, keine Lärmbeschwerden von Nachbarn, keine Eingrenzung und Bedrohung durch Straßenverkehr, keine Angst vor Groß- und Kleinstadtbanden. Wir konnten in unserer kleinen privilegierten Welt des „Nicht-Lebensgefährlichen" frei schalten und walten.

Damals dachte ich mit einer Mischung von Stolz und Unwillen, meine Eltern seien viel strenger als die der Freunde. Im Gegensatz zu den Klassenkameraden durften wir, abgesehen von der samstäglichen Sportschau, kaum fernsehen. Süßigkeiten gab es nur an Geburtstagen, das Taschengeld war äußerst knapp bemessen. Meine Mutter beharrte dickköpfig auf der Wichtigkeit von Hausaufgaben und Schule, auf annehmbaren Umgangsformen, ausreichend Schlaf, gesunder Ernährung, Beständigkeit beim Besuch der Musikschule und dem täglichen Üben des jeweiligen Instrumentes. Sie hatte immer das letzte Wort und unerbittliches Geschick dabei, ihren Kopf durchzusetzen, ohne dafür nach fürchterlichen Androhungen oder drakonischen Strafen greifen zu müssen. Es gab weder Hausarrest noch Prügelstrafe, sie hatte einfach recht. Unsere „strenge Erziehung" baute auf Konsequenz und Überzeugung, und selbst wenn wir in der Hitze des Gefechts nicht alles nachzuvollziehen vermochten, so war doch die hinter Verbot oder Rüge steckende Liebe nie anzuzweifeln. Eine sachbezogene Strenge, die nichts persönlich nahm, nichts nachtrug und so große Versöhnungsszenen überflüssig machte.

Der christliche Glaube bildete einen natürlichen Bestandteil unseres Familienlebens. Vor und nach dem Essen ein
Tischgebet, abends ein kurzes Dank- und Bittgebet und der
sonntägliche Meßgang. Meine Eltern haben es verstanden,
diese äußerlichen Handlungen mit Sinn und Leben zu füllen.
Ich sehe meinen Vater genau vor mir, wie er mit gebeugtem
Kopf und fester Stimme das Tischgebet spricht. Da merkt man
als Kind: er meint es ernst, er spricht mit jemandem. Oder
wenn die Eltern nach dem Kommuniongang in die Kniebank
zurückkehrten, beeindruckte mich jedesmal die Sammlung
und Ernsthaftigkeit der geheimnisvollen Angelegenheit. Auf
diese Weise weckten sie unsere Neugier, machten uns ohne
große Reden den Glauben schmackhaft. Allerdings wurde
auch sehr viel über Glaube und Religion gesprochen, vor
allem während der Mahlzeiten. Das Mittagessen nach der
Schule verwandelte sich häufig in eine lebhafte Diskussions-
runde, in der jeder lautstark seine Meinung über Gott und die
Welt kundtun konnte.

Das Kirchenjahr prägte unseren Alltag entscheidend mit.
Der Advent brachte nicht nur Kerzen, Kränze und Kalender.
Jeden Abend versammelten wir uns um den Adventskranz, wo
meine Mutter oder auch mein leidgeprüfter Vater im Kerzen-
schein Geschichten vorlasen. Danach sangen wir einige
Lieder, beteten und gingen ins Bett. Zu diesem Ritual gehörte
auch der Versuch, vom Vorleser unbemerkt Tannennadeln
anzusengen, die dann ihren köstlichen Duft im ganzen
Zimmer verströmten. Das war eine hervorragende Medita-
tionshilfe, um derentwillen man durchaus das Risiko einging,
den ganzen Kranz samt Schmuck, Tischdecke und Vorhängen

in Brand zu setzen, was ja im übrigen auch seinen Reiz gehabt hätte. Die Auseinandersetzung mit dem jeweiligen Vorleser über die Brand-/Duftfrage tat der Andacht im allgemeinen wenig Abbruch.

Ein weiteres zweischneidiges Schwert der Vorbereitung auf die Geburt des Herrn war der Adventskalender. Jedes Jahr wurde eines der Geschwister vor das hochelterliche Tribunal geschleppt und dort bitter als Adventskalenderöffner verklagt. Wieder mal hatte jemand nicht der Versuchung widerstanden, hinter die Törchen der anderen zu spitzen. Nicht etwa weil dort Schokolade winkte, sondern einfach um sich an den mehr oder minder frommen Darstellungen und dem Kitzel der Gesetzesübertretung zu ergötzen.

In der Fastenzeit war die Versuchung noch größer und ich glaube, sagen zu können, daß sich keiner von uns eine weiße Weste bewahrt hat. Es herrschte bei uns nämlich die lobenswerte Sitte des „Fastenglases", in dem ein jeder alle Süßigkeiten deponierte, die ihm während der österlichen Bußzeit in die Hände gerieten, um sie dann in der Osternacht zur Feier der glorreichen Auferstehung unseres Herrn andächtig zu verschlingen. Dem Vernehmen nach scheint allerdings auch in unserem Hause die Dekadenz Einzug gehalten zu haben. Die jüngeren Geschwister, so hört man, sollen Fasten nicht mehr als Selbstzweck betreiben, sondern es um des Teilens willen tun: Der Inhalt des Fastenglases ist nunmehr für ein litauisches Waisenhaus bestimmt. Sic transit... Sechs Wochen waren allerdings auch damals eine lange Zeit, und ein kleines Bonbon hier und da wird ja wohl niemand bemerken. Um das Sakrileg zu meiden, sich am eigenen Glas zu vergehen, das ja schon als österliches Speiseopfer bestimmt war, mußte man wohl oder übel den süßen Hort des Bruders zur

Ader lassen. Der hatte ja sowieso viel mehr, und Gott weiß, wo er das alles eingeheimst hatte. Meine große Schwester, die immer schon einen starken Gerechtigkeitssinn und ein scharfes Auge besaß, mußte einmal tief empört feststellen, daß sich jemand täglich an ihrem Glas verging. Die Verhöre brachten aber kein zufriedenstellendes Ergebnis und schon drohte das Verfahren aus Mangel an Beweisen eingestellt zu werden, als der Übeltäter auf frischer Tat ertappt wurde. Es war das Aupair-Mädchen. Trotz dieser unerwünschten Nebenwirkungen brachte die christliche Erziehung die gewünschten Früchte: Wir erkannten Gott als Person, wohlwollend, stets gegenwärtig – man mußte ihn ernstnehmen.

In der Schule und im Fußballverein hatte ich viele Freunde, die ganz anderen Verhältnissen entstammten. Sie durften und hatten alles mögliche, Dinge, die mir nicht in meinen kühnsten Träumen eingefallen wären. Wir vom Land dagegen hatten viele Geschwister, waren Meßdiener, guckten kaum Fernsehen, trugen dafür aber geerbte Anziehsachen – all das fiel den Kameraden auf und verlieh uns eine gewisse Sonderrolle, ohne aber daß wir Außenseiter geworden wären. In der Grundschule gab ich damit an, nicht fernsehen zu dürfen und nur 1,50 DM Taschengeld zu erhalten. Vielleicht aus Selbstverteidigung, nach der alten Fuchsweisheit: „Die sind mir sowieso zu sauer." Wenn ich nicht „Western von Gestern" schauen durfte, dann verwandelte ich auf dem Pausenhof die heimische Niederlage in einen Propagandasieg. Doch es steckte mehr dahinter. Ich war im Innern überzeugt, daß meine Eltern recht hatten und empfand ehrlichen Stolz auf mein „strenges Zuhause". Anstatt uns in Mauerblümchen zu verwandeln, flößten uns die bitteren Extrawürste gesundes Selbstvertrauen und Unabhängigkeitsgeist ein. Mein bester

Freund pflegte mich wegen meiner vom Vetter geerbten Latzhosen auszulachen. Ich ließ mich nicht beirren und eines Tages kam auch er belatzhost in die Schule. Ich wußte mich immer im Recht und fühlte mich so zum Retter der Enterbten berufen.

Meine Mutter hatte uns von jeher eingeprägt, daß der Schwächere zu schützen und zu verteidigen sei. Zu Hause übertrat ich notgedrungen dieses Gebot, da in Abwesenheit der älteren Schwester keine Größeren zur Verfügung standen, gegen die ich meine Brüderchen hätte verteidigen können. In der Schule kannte meine Ritterlichkeit aber keine Grenzen, wenn es daran ging, den guten Kampf zu kämpfen. Ich hege liebe Erinnerungen an ebenso zahl- wie siegreiche Schläge- reien, obwohl ich von Haus aus nicht besonders leidenschaft- lich oder hitzköpfig bin. Der Gerechtigkeitssinn ging in mei- nen Grundschuljahren eine Liebesehe mit der zu Hause genährten Rauflust ein. Meine relative Größe kam mir dabei ebenso zugute wie der gerechte Zorn, mit dem ich mich auf jeglichen Aggressor stürzte, der sich den mir zu diesem Zweck zugelegten kleinen Freunden näherte. Im Gymnasium über- holten meine Altersgenossen mich plötzlich in der körperli- chen Entwicklung, und ich lernte, zukünftig die Verhandlung dem Schlagabtausch vorzuziehen.

Licht und Schatten

Natürlich war nicht alles rosarot. Die Jahre meiner Kind- heit überschatteten auch dunkle Zeiten und traurige Erfah- rungen. Der Tod uns nahestehender Menschen, Krankheits- fälle, Ehekrisen befreundeter Familien, zeitweise mißratene Kinder, Erziehungskrisen der Eltern, Schulschwierigkeiten, kindliche Ängste vor allen möglichen Dingen. Aber im Grunde wurde das auf dem Rücken der Eltern ausgetragen, sie waren diejenigen, die sich sorgten, die litten, die sich aufopferten, ohne die Familie daran Schaden leiden zu lassen. Nicht, daß sie uns im Treibhaus aufgezogen hätten, sie haben uns durchaus darauf vorbereitet, Sturm und Trockenheit standzuhalten. Ich erinnere mich zwar an Sorgenzeiten, doch nur wie von ferne, blaß und verschwommen, als beträfe es mich nicht mehr. Meine Kindheit war schön.

Was wollte ich in diesen Jahren werden? Nicht gerade Polizist, Schaffner oder Feuerwehrmann, auch nicht ausdrücklich Priester. Ich hatte zwei Träume, wollte Bauer oder Kapitän der deutschen Fußballnationalmannschaft werden. Der gutmütige Spott meines Vaters und die etwas deutlicheren Bemerkungen meiner versierten Großmutter („Junge, wenn ich dich so über den Platz schlaksen sehe... Versuchs doch mal mit Tennis") hätten sicher das Ihrige getan, um mich vom Fußballtraum abzubringen. Ich war aber realistisch genug, um zu erkennen, daß es wohl nicht einmal zum linken Verteidiger von Bayer Uerdingen reichen würde. Ohne jedoch die Hoffnung und den Fußball gänzlich aufzugeben, neigte ich mich mehr dem grünen Traum der Landwirtschaft zu, mußte aber im Verlauf der Zeit einsehen, daß mit unserem größeren Gemüsegarten kein Hof zu machen war. Die Sehnsucht nach ländlichem Idyll und sportlichem Erfolg blieben mir erhalten, ohne mich jedoch zu überzeugen.

Wenn ich über meine Zukunft nachdachte, so sah ich mich gewöhnlich als Familienvater und Ehemann; wie ich „Weib und Kind" allerdings ernähren sollte, war mir unklar. Meine Begabungen wiesen auf keine bestimmten, dafür aber brotlose Professionen hin. Vieles ging mir durch den Kopf, vieles hätte mir Spaß gemacht, nur eines war klar: keine Naturwissenschaft, kein BWL. Auch das Ordensleben übte seine Anziehung auf mich aus, als Benediktiner hätte ich vielleicht meinen Traum vom Bauer verwirklichen können. Priester zu werden schien mir eine lobenswerte Angelegenheit, ob ich es ernsthaft sein wollte, fragte ich mich nicht. So lebte ich ohne konkrete Zukunftspläne, zufrieden mit mir und der Gegenwart.

Eines Tages fällte ich im Schulbus die unerschütterliche Entscheidung, nach dem Beispiel meiner Schwester die neunte und zehnte Klasse in einem englischen Internat zu verbringen. Trotz meiner 14 Jahre hatte ich mir ein romantisches Bild vom Internatsleben bewahrt. Die Lektüre der „Schreckenstein"-Bücher hatte in mir den Wunsch geweckt, auch diese Erfahrung von Freiheit, Frechheit und Kameradschaft zu machen.

In diesem fortgeschrittenen Alter noch ziemlich kindlich, stellte ich mit Unbehagen fest, wie meine Kameraden sich zu ändern begannen. Ihr Interesse an Alkohol, Tabak und Mädchen wirkte auf mich übertrieben, die regelmäßigen Feten überflüssig, die Musik und die Witze unverständlich. Als mir ein Freund begeistert die Vorfälle der letzten Party schilderte, empfand ich Abscheu. Noch saß die elterliche Erziehung zu tief in meinen Knochen, noch sprach die Stimme des Gewissens zu vernehmlich, als daß ich derlei Ausschweifungen hätte gutheißen können. Noch hatte niemand bemerkt, daß ich nicht mitzog. Dem Alter gemäß war mir aber auch der Unabhängigkeitsgeist abhanden gekommen, und ich fürchtete, langsam ins gesellschaftliche Aus zu geraten.

So fiel auf dem Nachhauseweg die Entscheidung. Fort aus Sodom und Gomorrha, ab ins verheißene England, wo Milch und Honig die sonnendurchfluteten Gänge der traditionsreichen Internate durchströmten. Rugby, Fechten, Schießen, Theaterspielen; Blutsbrüder, Freundschaften durch Dick und Dünn; fish'n chips und Kidneypie. Es lief mir wohlig den Rücken herunter. Meine Eltern nahmen meinen Entschluß freudig zur Kenntnis, in der Überzeugung, daß Englisch heutzutage unentbehrlich sei und eine Internatserfahrung dem Reifeprozeß nicht schaden könne. Zu Beginn des zweiten Halbjahres der neunten Klasse war alles vorbereitet, ich feierte rührenden Abschied von meiner Klasse und wandte mich im Bewußtsein meiner Heldenhaftigkeit gen England. Obwohl ich schon in fünf Wochen für die Osterferien zurückkehren würde, fühlte ich mich wie Kolumbus vor der ersten Reise. Meine theatralische Ader war somit völlig befriedigt. Als das Flugzeug wenig später auf die Abflugbahn rollte, war der erhebende Schauer einem Kloß im Hals gewichen und die Filmmusik plötzlich verstummt.

Umbrüche

Die Unschuld vom Lande, auf der Suche und der Flucht zugleich, wußte noch nicht, daß sie vom Regen in die Traufe kommen sollte. An diesem regnerischen Februartag erwartete mich in dem großen, grauen Kasten... niemand. Hätte mich nicht ein deutscher Reisegefährte schon seit Düsseldorf begleitet, ich wäre noch in derselben Nacht eines elenden Todes gestorben. Am nächsten Morgen hätte man den bis auf die Knochen durchnäßten Leichnam des kleinen Deutschen aufgefunden, erfroren vor dem Portal der Klosterschule. Aber da mir der Landsmann beistand, ich stammelte ja bloß ein nur anderthalb Jahre altes Schulenglisch, ward mir dieser tragische Triumph nicht vergönnt ... Dank seiner Beharrlichkeit glückte es nach einigem Hin und Her zu erkunden, wer für mich verantwortlich war, wo ich schlief und wie ich das Leben dort beginnen sollte. Man wies mir, aufgrund des Platzmangels, einen schlauchförmigen, drei Quadratmeter messenden Raum als Studierzimmer zu. Völlig leerstehend hatte er den Charme eines Bahnhofsklos. Schlafen sollte ich im dormitory der 4th und 5th group. Ein Schlafsaal von etwa 30m Länge, in dem sich 40 Betten aneinanderreihten. Durch die Scheibe zog ein eisiger Wind, ein Cricketball hatte sie zerschlagen.

All das konnte mich nicht erschrecken, entsprach vielmehr meinen romantischen Internatsvorstellungen. Die Entmutigung schlug drein, als ich noch am selben Abend feststellen mußte, daß alles, dem ich zu entfliehen gehofft, auch hier seinen Einzug gehalten hatte. Ich packte gerade meinen Koffer aus, als vier Jungs den Saal betraten, um den Neuling einem Härtetest zu unterziehen. Mit meinem gewinnendsten Lächeln wandte ich mich meinen neuen Freunden zu, bereit, auf alle Fragen Rede und Antwort zu stehen, die sie in ihrer unschuldigen Neugier dem weitgereisten Fremden stellen wollten. Wie erwartet verstanden wir einander nicht auf Anhieb, doch entnahm ich ihrem Redeschwall Worte, die mich an die zweite Lektion des „Learning English: Am Zoll" erinnerten. Sie wollten wissen, ob ich ihnen Schnaps, Zigaretten oder Pornohefte mitgebracht hätte. Als ich erstaunt den Kopf schüttelte, vermeinte ich in den ehrlich enttäuschten Gesichtern einen ersten Zug tiefer Verachtung zu entdecken.

Doch blieb mir eine zweite Chance. Sie fragten mich, ob ich nicht im Pub auf der anderen Straßenseite von meinem Geld eine Ginflasche für den gemeinsamen Genuß erstehen wolle. Auf die Frage, warum sie denn nicht selber gingen, erwiderte der Kopf der Gruppe schmeichelnd: „Du siehst doch viel älter aus als wir." Abgesehen davon, daß ich alkoholische Freuden noch nicht entdeckt hatte, schien es mir ein wenig gewagt, gleich am ersten Abend derart plump gegen das Reglement zu verstoßen. Als ich dankend ablehnte, wandte mir der Kleinste von den vieren angewidert den Rücken zu und verkündete im reinsten Queen's English das endgültige Urteil: „He is not very cool, is he?"

In den nächsten Tagen begriff ich, daß sich in der Tat niemand für mich interessierte. Die Ausländer kamen und gingen, ohne daß ihnen die Jungen große Aufmerksamkeit widmeten. Durch die ersten Erfahrungen ein wenig erschreckt, fiel mir meine angeborene Schüchternheit wieder ein. Zu allem Elend kam hinzu, daß man mich versehentlich zwei Klassen zu hoch eingestuft hatte. Diesem Umstand hatte ich mein Wohnklo zu verdanken. Derlei Luxus war nämlich nur den Oberstuflern zugedacht, während meine Altersgenossen nicht nur en masse schliefen, sondern auch lernten. Nach zwei Tagen hatte ich die Rückversetzung in die mir entsprechende Klasse durchgesetzt, ohne aber daraufhin um mein Zimmer gebracht zu werden. Das war ein unschätzbarer Vorteil, der mir eine gewisse Privatsphäre sicherte. So dachte ich zumindest. Die Kehrseite der Einzelzimmermedaille aber war, daß es mir möglich war, auszuweichen, mich abzukapseln. Ich zog mich immer mehr in meine vier Wände zurück. Die Phantasie blähte diese ersten negativen Erfahrungen ungemein auf. Der Karren schien mir hoffnungslos verfahren, und ich ergab mich in mein Schicksal. Dem Nebel gleich wurde auch die Einsamkeit zur Gewohnheit. Ich litt nicht sehr darunter, war allerdings genauso wenig zufrieden, geschweige denn glücklich. Zum ersten Mal in meinem Leben war ich unbeliebt. Das Klügste schien, sich menschlichem Kontakt so weit wie möglich zu entziehen. „Splendid Isolation", nichts anderes als selbstverhängte Einzelhaft. Erstaunlich, daß ich nie ernsthaft mit dem Gedanken spielte, das Unternehmen als gescheitert abzubrechen.

So verlebte ich die ersten zwei Trimester meines Internatsaufenthaltes. Als ich nach den Sommerferien zurückkehrte, mußte ich feststellen, daß mein Zimmer vergeben worden war. Man hatte mir den goldenen Käfig genommen, also hinaus in die Wildnis. Das war ein Segen, auch wenn mir der Gedanke nicht behagte. Bald stellte ich fest, daß niemand ernsthaft etwas gegen mich hatte, abgesehen von zwei, drei Spezialisten, die mich aus irgendeinem kühlen Grunde am liebsten gespießt, gehängt oder geviertelt hätten. Die übrigen waren bereit, in mir ein annehmbares Subjekt zu entdecken. Die Inkulturation begann, langsam wuchs ich in das Internatsleben hinein. Nicht etwa, daß sich die dortigen Sitten geändert hätten und plötzlich mit meinen Maßstäben vereinbar gewesen wären. Ich war es, der sich anpaßte, und schon bald fand ich Gefallen am wilden Treiben.

Es herrschte ein rüdes Ambiente, das die englische Internatstradition bis zu einem gewissen Grade sogar so vorsieht. Ein Beispiel: Jeder Abiturient bekommt zu Beginn des Jahres einen „fag", einen Burschen, zugeteilt. Und zwar einen Schüler der 9. Klasse, dem es zukommt, seinem „fagmaster" zu Diensten zu stehen. Schuheputzen, Botengänge, Teekochen und andere Handreichungen werden nach dem Reglement mit einer festgesetzten Summe am Ende des Jahres entlohnt. Allerdings hat sich die fromme Sitte eingebürgert, den Burschen kurz vor der Zeugnisvergabe wegen schlechter Führung zu entlassen, so daß sich die Löhnung erübrigt. Einen weiteren Baustein der Hackordnung bilden die „prefects". Dieser erlesenen Kaste gehören mit gewissen und nach unbekannten Kriterien bestimmten Abstufungen alle Abiturienten an. Ihre Aufgabe besteht darin, im Schlafsaal für Ruhe und Ordnung zu sorgen. Die an und für sich gute Idee, den Älteren Verantwortung zu übertragen, verwandelt sich jedoch mangels Aufsicht und menschlicher Formung in ein Ventil für die niederen Instinkte des Wachhabenden. Einmal kam ich zu spät in den Schlafsaal, den an diesem Abend einer meiner besonderen Freunde beaufsichtigte. Er fühlte seinen Triumph nahen und gebot mir, auf allen vieren durch den Schlafsaal zu krabbeln mit den Worten: „Ich bin ein deutsches Schwein, und wir haben den Krieg verloren." Um des lieben Friedens willen machte ich mich, allerdings schweigend, auf den Weg.

Später habe ich diese Geschichte bisweilen zum Besten gegeben, und anfangs wunderte ich mich geradezu über die Empörung meiner Zuhörer. Damals erschien es mir völlig normal, daß der Präfekt an uns sein Mütchen kühlte. Solange man selber nach unten weiterleiten konnte, war man bereit, von oben einzustecken. Außerdem rückte die eigene Präfektenzukunft täglich näher. Das einzig wirklich Schmerzhafte wären Übergriffe der eigenen Kameraden gewesen, sie hätten den Stolz verletzt. Solange sich alles im Rahmen der Tradition abspielte, wäre niemand auf die Idee gekommen, solche Vorfälle dem „housemaster" zu melden. So blieb der Kreislauf der Gewalt geschlossen und hielt das System am Leben.

Nach anfänglichen Schwierigkeiten fand ich mich damit ab und nahm beherzt an allem teil, zufrieden, endlich angekommen zu sein. Gott sei Dank war mir genug Ehrgefühl geblieben, um mich nicht an Hetzjagden oder Demütigungen ein-

zelner Mitschüler zu beteiligen. Ein Junge namens „Shaky"
oder „Shakespeare" beispielsweise hatte diesen Spitznamen
durchaus nicht seinen literarischen Fähigkeiten zu verdanken,
sondern seiner Krankheit, die ihn beständig zittern ließ. In
zarter Anspielung auf das unkontrollierbare Schütteln seiner
Hände nannten sie ihn „Shaky", um so dem unästhetischen
Anblick das Aufreizende zu nehmen. Humor ist ja bekanntlich der Regenschirm der Weisen. Doch blieb es nicht bei
Hänseleien. Wenn aus irgendeinem Grunde Spannung im
Schlafsaal herrschte, gedachte Shaky der Worte des Herrn:
„Hütet euch davor, einen dieser Kleinen zu verachten" und
zog sich die Decke über den Kopf. Dennoch wurde gewöhnlich
er gepackt und im Pyjama unter dem Gejohle der Meute kalt
geduscht. Eines Tages kam er aus den Ferien nicht wieder.

Man darf nicht meinen, daß die Jungens alle Unmenschen
gewesen wären; sie wußten es nicht besser. Wer seit frühester
Kindheit in Internaten aufwächst, läuft Gefahr zu verhärten.
Er lernt nicht, sich in den anderen hineinzuversetzen, und wer
derlei Züge noch rudimentär aufweist, beugt sich in demokra-
tischer Gesinnung dem allgemeinen Willen. Zudem war die
Einzeljagd nicht an der Tagesordnung, im allgemeinen
begrenzte man sich auf die Bekämpfung ganzer Altersgruppen,
was der inneren Einheit sehr förderlich war. Ich täte diesem
traditionsreichen Internat Unrecht, wenn ich meine
Schilderung dabei beließe. Es gab auch viele positive Seiten,
doch so wie ich mich aus meiner Kindheit fast nur an die
Sonne erinnere, so stehen mir, wenn ich an England denke,
vor allem Schatten vor Augen. Trotzdem verbrachte ich in
dieser Welt anderthalb Jahre und am Ende wäre ich fast dort
geblieben. Es gefiel mir. Ich hatte mich an nahezu alles
gewöhnt.

Zurück in Deutschland, nahm ich den Faden wieder auf. Die alten Freundschaften belebten sich sogleich wieder, das Familienleben ging seinen gewohnten Gang. Die Umstände waren die alten, geändert hatte nur ich mich. Die Zeit in England hatte mir zwei Wunden geschlagen, mit zwei Narben kehrte ich zurück. Die erste entstammte dem Außenseitererlebnis, einer Erfahrung, die ich nie zuvor gemacht hatte. Anstatt aber die Lektion zu lernen und fortan niemanden zu verlachen, blieb nur die unbewußte, doch feste Entscheidung, in Zukunft derlei Unannehmlichkeiten in meinem eigenen Leben zu verhindern. Die andere Narbe saß zwischen Willen und Gewissen, schwächte die Kraft des einen und die Stimme des anderen, störte die Verbindung zwischen beiden. Wo mir früher klar gewesen war, was zu tun und zu lassen sei, da verschwammen jetzt die Grenzen. Ich gewöhnte mich daran, das Einfachere dem Besseren vorzuziehen, vor allem wenn es darum ging, das Gesicht zu wahren. Bekenner- und Heldenmut meiner jungen Jahre waren verschwunden oder zumindest schwer angeschlagen.

Während der drei Jahre in der Oberstufe führte ich ein Doppelleben. Zu Hause fühlte ich mich wohl, verstand mich bestens mit Geschwistern und Eltern, nahm am Familienleben auch in seinen frommen Facetten teil und war in meinem Element. Genauso in der Schule, auch hier zufrieden, laut und albern, angesehen. Man hatte mir sogar wieder die Sonderrolle zugestanden, zu den „Coolen" zu gehören, obgleich ich es vorzog, die Wochenenden zu Hause oder auch mit Freunden zu verbringen, die ich nicht von der Schule her kannte. Nicht etwa, weil die Schulfreunde nicht wirklich Freunde gewesen wären, sondern weil mir der Sinn nicht nach Parties stand. In

England hatte ich zwar den Rausch schätzen gelernt, doch war mir die Scheu vor Massenaufläufen und öffentlichem Exzeß geblieben. Um die Stellung zu halten, mußte ich dann unter der Woche meine wochenendliche Abwesenheit rechtfertigen und wieder wett machen. Zwei Herzen schlugen in meiner Brust. Einerseits sehnte ich mich nach Echtheit, Sinn und Ruhe, ahnte auch, daß dies im Leben aus dem Glauben zu finden war. Andererseits ließ mir das Bedürfnis nach Anerkennung keine Ruhe. Im Grunde gesättigt, fürchtete es doch jederzeit, um seine Errungenschaften gebracht zu werden und wieder ins Abseits zu rutschen. Ich lebte im Spannungsfeld von Bequemlichkeit, Gewissen und Eitelkeit, was mich im Innersten nicht zur Ruhe kommen ließ. Damals war ich mir dessen nicht bewußt und bildete mir sogar ein, die Lösung gefunden zu haben. Ich hielt mich für einen der wenigen, der es verstand, das Christ- mit dem so wichtigen Coolsein zu verbinden. Ich begriff nicht, daß ich weder Christ noch besonders cool, sondern einfach „unecht" war.

Wo blieb der Glaube in diesen Jahren? Im Halbschlaf. Unbestritten und ungenutzt. Meine Gottesbeziehung hatte die kindliche Spontaneität hinter sich gelassen, ohne zu reifen. Die Macht der Gewohnheit und eine innere Überzeugung hielten mich am Ball. Nie wäre ich auf den Gedanken gekommen, den Glauben aufzugeben, er saß mir in Fleisch und Blut, ich fühlte mich den atheistischen Kameraden gegenüber im Vorteil. Der Glaube hing wie ein Gemälde an meiner Wand, am alten Platz. Ich brauchte das Bild gar nicht mehr zu betrachten, der Gedanke an seinen Besitz reichte aus. Bei näherem Hinsehen wäre mir aufgefallen, daß es kein wunderschönes Landschaftsbild, sondern ein Fenster, das Fenster zur Wirklichkeit war.

Was wollte ich damals werden? Ich wußte es noch immer nicht und grämte mich auch nicht darüber. Die Zukunft lag in weiter Ferne, durch den bevorstehenden Militärdienst auf sicherem Abstand gehalten. Beim Frontnachrichtendienst wollte ich zwei Jahre lang Russisch lernen und dann weitersehen. Ich gedachte zu heiraten und eine christliche Familie zu gründen, nach dem Beispiel meiner Eltern. Zum Priester fühlte ich mich nicht berufen, war aber bereit, dergleichen in Betracht zu ziehen, sollte Gott das wollen. Ich verstand genau, daß Gott für jeden einen ganz persönlichen Plan hat, und ich vertraute darauf, daß er mir denselben irgendwann kundtun würde. Ich erkannte aber nicht die Notwendigkeit, schon jetzt, im Alltag nach dem Willen Gottes zu suchen und zu leben. Also auch hier: zwei Welten, mittelmäßiger Alltag und fromme Zukunftspläne, Glauben und Leben, Dichtung und Wahrheit. Ohne es mir einzugestehen, rutschte ich in Gedanken, Worten und Werken immer weiter von meinem Ideal ab. Manchmal in guten, in stillen Minuten, gestand ich mir ein, daß ich nicht zufrieden war. Ich wußte auch warum, wollte auch etwas daran tun, aber weder morgen, noch übermorgen.

Verliebt

Gott allein weiß, wie das ausgegangen wäre. Eben deshalb fügte er, in seiner Eigenschaft als Herr über den Zufall, daß mir das Glück in Form eines irischen Paters über den Weg lief. Vielmehr waren es meine Eltern, denen er über den Weg lief. Noch vor meinem englischen Gastspiel besuchte er uns zum ersten Mal. Damals geschah noch nichts Besonderes, genauso wenig, als er zwei Jahre später wieder vorbeikam. Das einzig

Besondere war, daß ich seine Einladung akzeptierte, an einem Jugend-Einkehrtag im frischgegründeten Noviziat seines Ordens teilzunehmen.

Der Besuch frommer Massenveranstaltungen gehörte keineswegs zu meinen Gewohnheiten, der Gedanke an jugendbewegte Christen war mir ein Greuel. In der hochmütigen Überzeugung, der einzig „coole Katholik" zu sein, empfand ich tiefe Abscheu gegenüber allen frömmelnden Langweilern, die über Pille, Priestertum der Frau und Umweltverschmutzung diskutierten, wenn sie nicht gerade am Lagerfeuer Jesussongs trällerten. Aus Furcht vor diesen „Müslis" hatte ich bislang alle kirchliche Aktivität gemieden, die über den Sonntagsgottesdienst hinausging und hielt mich in meiner Verblendung auch noch für konservativ. Ein Rätsel also, warum ich die Einladung annahm.

Zum Pfingstwochenende 1992 fuhr ich mit einem Freund bewaffnet nach Roetgen, ins Noviziat der „Legionäre Christi". So hieß der Orden dieses irischen Priesters. Im Zug quälte mich das Gewissen; zum ersten Mal seit langer Zeit empfand ich Reue: „Wir wär'n ja so gerne geblieben, aber der Wagen der rollt, ..." Zu spät. Am Aachener Bahnhof angekommen, nahmen wir einige Henkersgetränke zu uns, bevor wir uns zur Höhle des Löwen aufmachten. Gestärkt bestiegen wir zwei Stunden später den Linienbus, der über Land gen Roetgen schaukelte. Unterwegs kauten wir atemerfrischenden Kaugummi und bestärkten einander in dem Vorsatz, alles gräßlich zu finden. Keinen meiner gebrochenen Vorsätze habe ich je so genossen; eine Erfahrung, die ich nicht beschreiben, geschweige denn erklären kann. Es war in keinster Weise eine mystische Erfahrung, doch fühlte ich mich rundum glücklich.

Sicher, es gab gutes Essen, die Brüder musizierten ausgezeichnet und spielten noch besser Fußball, das Wetter war gut, mein erster Einkehrtag beeindruckend, und auch sonst stimmte es vorne und hinten, aber all das erklärt nicht meine „metaphysische Zufriedenheit". Damals schrieb ich den Löwenanteil meiner Glücksgefühle den Novizen zu. In ihrem Umfeld atmete ich frische Luft, an ihnen war mehr authentisch als die Jeans, humorvoll, ehrlich, ernsthaft, geistlich. Die jungen Männer, Amerikaner, Iren, Spanier, Mexikaner, Deutsche und noch ein paar andere Landsmänner, strahlten Überzeugung und Begeisterung aus, ohne sich damit aufzudrängen oder gar anzubiedern. Ihr Zeugnis stellte für mich Gottes Kraft und Liebe unter Beweis! An einem der Roetgener Abende sagte ich zu meinem Freund: „Sollte ich eine Priesterberufung haben, dann trete ich hier ein." Ich hatte mich bemüht, dieser Feststellung einen hypothetischen Klang zu verleihen, doch in meinem Inneren war es schon zum Wunsch, zur echten Sehnsucht geworden. In mir hatte sich die Gewißheit geformt, daß ein Legionär Christi, warum auch immer, ein glücklicher Mensch sei, und ich wollte daran teilhaben. Auf der Heimfahrt, allein im Zug, bat ich Gott, mir eine Legionärsberufung zu schenken. Ich wollte dieses Leben, und der Gedanke, Gott könne anderes wollen, machte mir Angst. Die zweieinhalb Jahre Schule, die noch vor mir lagen, erschienen mir mit einem Mal wie eine Last, ein Hindernis, das mich von meinem Glück trennte.

Ich war verliebt, Gott hatte mich verführt. Das war die einzige Erklärung für meinen Zustand. Er hatte mir zeigen wollen, was wirklich glücklich macht. Ich war damals nicht bereit für große geistliche Erfahrungen, konnte kaum beten, lebte nicht in Einklang mit meinem Glauben, und Gott war mir ein ferner Fremder. Eine Gotteserfahrung hätte ich nicht verdauen können, also bot er mir eine Glückserfahrung, was ihm allerdings nur einen Teilerfolg einbrachte. Mich bedrückte die Notwendigkeit der Bekehrung, die Verantwortung des Entdeckers. Einer der Novizen hatte erzählt, daß er sich vorkomme, als wolle er in der Wüste alle Welt zu einer nur ihm bekannten Oase führen. Auch ich war auf eine Quelle gestoßen, von der meine Freunde nichts wußten, die jedoch auch ihren Durst stillen könnte. Doch der Gedanke, in der Schule diese Quelle publik zu machen, war mir unerträglich. Die Verantwortung lag mir wie Blei im Magen. Jetzt rächte sich der Hochmut des coolen Katholiken, der nicht bereit war, Flagge zu zeigen. Auf dem Fahrrad unterwegs zur Schule fiel die Entscheidung. Ich würde niemandem etwas von meiner Pfingsterfahrung erzählen. Als Meister der Selbstverteidigung legte ich mir einige Argumente zurecht. Es war für alle das Beste zu schweigen; reden ist Silber, si tacuisses... . Es wäre Heuchelei, den Bekenner rauszuhängen, bevor ich mich nicht selbst geändert hätte. – Der Schatten war zu lang, als daß ich ihn hätte überspringen können.

Ich warf also das Handtuch, und mit der Bereitschaft, mich zu ändern, verflog die Sehnsucht nach dem geweihten Leben. Die Erinnerung an die erste Liebe aber blieb mir erhalten. Der Mensch taugt nicht zum Richter in eigener Sache, zum Verteidiger sehr wohl. Zur Rettung meines Angesichts plädierte ich für die „Schaf-im-Wolfspelz-Lösung": Der Sache Gottes ist genug damit gedient, wenn ich jetzt weiterlebe wie bisher oder schlimmer als zuvor. Doch im Moment der Wahrheit, nach dem Abitur, werde ich die Maske herunterreißen! Das Plädoyer erbrachte den gewünschten Erfolg, beruhigt ließ ich den Alltag Einkehr halten. Mir schien es taktisch klüger, mit der Bekehrung zu warten, um den Knalleffekt zu verstärken. Ich sah schon die zusammengelaufene Menschenmenge ungläubig auf den verlorenen Sohn starren; nach einer flammenden Ansprache von Augustinus II. würden dann alle nachdenklich heimkehren, um daselbst ihren Lebenswandel zu überdenken.

Die Beziehung zu den Legionären Christi ließ ich auf Sparflamme weiterköcheln. Ich wollte mich auf keinen Fall apostolisch bei ihnen engagieren, doch bisweilen stattete ich dem Noviziat meine Nikodemusbesuche ab. Um Fußball zu spielen und die Freundschaft mit den Brüdern zu pflegen, fuhr ich heimlich dorthin. Nie mehr jedoch brachten mir diese Besuche dieselbe Erfahrung wie beim ersten Mal, aber sie bestärkten mich jedesmal in der Gewißheit, daß hier meine Zukunft sei.

Um dem angestrebten Knalleffekt der Schafsenthüllung noch eins drauf zu setzen, rechnete ich mit zwei Jahren Militärdienst. Doch hier kam wieder Gottes Gnade auf nicht mehr nachvollziehbare Weise zum Zuge. Eines guten Tages entschied ich nämlich, dem Versteckspiel ein frühzeitiges Ende zu bereiten und sofort in die Kandidatur einzutreten. Ich weiß beim besten Willen nicht mehr, was mich zu dieser Entscheidung bewog; vielleicht der Überdruß an Heuchelei oder auch die berechtigte Sorge, den Zug zu versäumen. Was hätten mir die zwei Jahre, von Leberverhärtung und Russischkenntnissen abgesehen, noch eingebracht? Ich wollte mit der Entscheidung nicht länger warten und begann einem der Brüder meine Pläne und Zweifel brieflich zu eröffnen.

Solange mir der Berufungsgedanke noch als Feigenblatt gedient hatte, bezweifelte ich ihn kaum. Doch mit einem mal brach meine scheinbare Sicherheit über mir zusammen.

Warum wollte ich das überhaupt? War es nicht ein Fluchtversuch? Hatte ich denn tatsächlich eine Berufung oder handelte es sich bloß um eine fixe Idee, mit der ich meine „Identitätskrise" zu lösen gedachte? Ich versuchte, die Frage mit dem Verstand anzugehen und kam an kein Ende. Gott sei Dank überzeugten mich die eigenen Grübeleien nicht. Ich war verunsichert, doch der Wunsch saß tiefer. Im Grunde galt es, eine einzige Frage zu beantworten: Will Gott es oder will nur ich es? Letzteres stand felsenfest. Ob Gott diesen Weg für mich vorgesehen hatte, würde sich durch Kandidatur und Noviziat eher zeigen als beim Militär.

Farbe bekennen…

So faßte ich nach Karneval 1994 der Entschluß, den Eltern meine Pläne zu eröffnen. Der Aschermittwochabend schien für die Enthüllung besonders geeignet. Noch sehe ich meinen Vater erstaunt die Augenbrauen lüften, als ich ihn bat, nicht wieder einzunicken, da ich etwas mitzuteilen hätte. „Im Sommer gehe ich zur Kandidatur der Legionäre Christi, vielleicht trete ich dann ein." Wie soll man da schon reagieren? Meine Mutter hatte immer schon einen derartigen Verdacht gehegt, mein Vater war zu allem bereit, aber jetzt kam es doch reichlich plötzlich. Direkt nach dem Abitur, ohne weitergehende Ausbildung und noch dazu bei den Legionären Christi, für meine Eltern ein weitestgehend unbeschriebenes Blatt.

Anfangs hielten sich Schreck und Freude die Waage, allerdings mit einer Tendenz zur Sorge. Sie brachten ihre Bedenken vor, rieten mir, noch zu warten, ein wenig zu studieren oder zu arbeiten, fragten, ob ich ganz sicher sei; doch alles mit Respekt vor meiner Wahl. Nie ließen sie mich ernsten Widerstand spüren. Heute weiß ich, daß es vor allem meine Mutter damals viel gekostet haben muß, mir Trennungsschmerz und Sorge zu verbergen. Es wäre bei mir aber auch nichts zu machen gewesen. Ich wollte es wissen und zwar schon diesen Sommer.

Die Geschwister reagierten jedes auf seine Weise, gerührt, verärgert, unbewegt. Nur zwei von meinen Freunden weihte ich ein, auch hier Erstaunen und Respekt. Als später die Nachricht von meinem Klostereintritt durchsickerte, erreichten mich enttäuschte bis böse, aber durchweg freundschaftliche Briefe. Sie meinten, mich vor dem geistigen Selbstmord retten zu müßen. Einer sandte mir sehr deutliche, detaillierte Gedichte über die menschliche Liebe, ein anderer hatte sogar die Güte, mir einen Fluchtwagen anzubieten, sollte ich die Kandidatur verlassen, um mit ihm auf Sauen zu jagen. Er kannte meinen schwachen Punkt. Aus reiner Gnade übte damals aber nur eines wirklich Anziehungskraft auf mich aus, mir stand der Sinn nach anderen Vergnügungen.

Die Kandidatur bot mir endlich die Gelegenheit, die Frage in aller Ruhe anzugehen. Bislang hatte ich meine Entscheidung schon aus Dickköpfigkeit ständig verteidigen und erklären müssen, jetzt fand ich mich allein mit mir und meiner Zukunft. Die Meinung anderer bedeutete jetzt wenig. Ich verlebte einige ruhige, schöne Wochen und wußte doch, daß ich nicht in Ferien war. Ich mußte die wichtigste Entscheidung meines Lebens fällen, doch mangelte es an Anhaltspunkten. Wie soll man sich über eine geistliche Berufung schlüssig werden, ohne ein geistliches Leben zu führen?

Meine Gebetsgewohnheiten steckten noch in den Kinderschuhen, das Glaubensleben hatte ich noch nicht verinnerlicht, das Ordensleben war mir unbekannt. Doch Gott holt uns dort ab, wo wir stehen, ihm reicht der gute Wille. Ich sehnte mich danach, ein echtes christliches Leben zu führen, wollte meine persönliche Berufung entdecken und war zu allem bereit. Aber worin bestand nun diese persönliche Berufung? Ich rechnete mir damals vor: „Ich will hier bleiben, sollte Gott andere Pläne haben, muß er sich schon bemühen und es mir zeigen." Ich deutete die Erfahrung des ersten Besuches, mein natürliches Gefallen am Legionärsdasein und die Bereitschaft, um dessentwillen alles aufzugeben, als Zeichen einer Berufung.

Der Eintritt in das Noviziat erschien mir das Sicherste. Sollte ich nicht zum Priestertum in der Legion Christi geschaffen sein, könnte ich jederzeit in die Welt zurückkehren. Wenn ich aber jetzt den Sprung nicht wagte, würde ich es später vielleicht nie mehr versuchen und nie herausfinden. Nichts fürchtete ich mehr, als diesen Zug zu versäumen. In all dem bestärkte mich die innere Ruhe und Gelassenheit, die ich bei dem Noviziatsgedanken empfand.

Mein Entschluß stand bereits fest, als mich noch während der Kandidatur die Nachricht der Krebserkrankung meiner Mutter erreichte. Die Lage war so ernst, daß sie sich sofort einem ersten Eingriff und der Chemotherapie unterziehen mußte. Ein harter Schlag, der die ganze Familie erschütterte. Ein naher Verwandter schrieb mir in bester Absicht, die Krankheit sei seiner Meinung nach auf Mutters Sorge um mich zurückzuführen. Meine Rückkehr, ein Aufschub des Entschlusses würden ihren Zustand bessern. Als ich das meinen Eltern berichtete, wollten sie kein Wort davon hören. „Das hat doch damit nichts zu tun! Geh nur Deinen Weg." Mit ihrer glaubens- und vertrauensvollen Haltung schenkten mir die Eltern große Erleichterung und darüber hinaus die Gewißheit, daß es richtig sei, dem Ruf Gottes trotz allem hier und heute zu folgen.

Die Ereignisse bestätigten, daß es eine richtige Entscheidung war. Meine Mutter hatte sich einer mühevollen Be-
handlung zu unterziehen, die jedoch die erhofften Erfolge
brachte. Sie erholte sich verblüffend schnell von Krankheit
und Therapie und ist heute wieder ganz gesund.

Vor meiner Einkleidung als Novize verbrachte ich einige
schöne Tage zu Hause. Alle bemühten sich, meine Vorfreude
zu teilen und mich nicht mit ihrem Abschiedsschmerz zu bela-
sten. Meist tragen ja die Zurückbleibenden die schwerere Last
der Trennung, während die Vorfreude den Scheidenden trö-
stet. Wir sagten uns nicht Lebewohl für immer, aber doch für
zwei Noviziatsjahre, in denen ich zwar Besuch empfangen,
aber nicht nach Hause kommen würde. Die Ausbildung würde
mich ins Ausland führen, und wo ich schließlich meinen priesterlichen Dienst verrichten würde, stand in den Sternen.

Meine Eltern spürten, daß ich mich einer neuen Familie
eingliederte. Noch fehlte ihnen die Erfahrung, daß Orden und
Familie zueinander in keiner Konkurrenz stehen, daß die
Berufung zum geweihten Leben die alten Bande genauso
wenig zerreißt wie eine Eheschließung. Trotz der räumlichen
Entfernung, die mich meistens von Eltern und Geschwistern
trennt, bin ich ihnen heute näher als zuvor.

Ich bin einem Ruf zu Einheit und Liebe gefolgt, der das
Bestehende stärkt. Vielerorts stieß die Strenge der Bedingungen auf Ablehnung. Das Unverständnis ist verständlich, doch
unberechtigt. Die Familienbande sind so stark und gewissermaßen fleischlich, daß nur eine Zeit der Trennung dem
Novizen ermöglicht, zu sich und zu Gott zu finden. Die Annahme einer Berufung erschöpft sich nicht im äußeren Akt
des Klostereintritts. Zur Ruhe gekommen, muß eine
Herzensentscheidung fallen, die Gott in allem den ersten

Platz einräumt. Es reicht nicht, daß Verstand und Wille sich auf ihn ausrichten; der ganze gottgeweihte Mensch, sein ganzes Leben, seine Wünsche, Träume, Ideen, Ängste und Pläne sollen von Christus geprägt werden. Das nimmt ein ganzes Leben in Anspruch und bedarf ständig der Erneuerung; doch in den ersten Jahren muß man den Grundstein legen. Die Trennung von der Familie soll nicht zur Entfremdung führen, sondern zu Wachstum in der Gottesbeziehung, deren Vertiefung ihrerseits die familiären Beziehungen stärkt.

Die Legionäre Christi

Im September 1994 empfing ich das Ordenskleid und begann mein Noviziat. So erreichte ich mit zwanzig Jahren mein erstes Etappenziel. In meiner Kindheit hat Gott mich vorbereitet, durch die Familie kam ich zum Glauben und lernte, ihn ernst zu nehmen; in der Familie wuchs ich heran, gesund, normal, vertrauensvoll. Gott legte Fundamente, die auch die Flegeljahre nicht zerstören konnten. Er war immer da, folgte mir nach, hielt mich über Wasser. Es gibt kein besseres Bild als das vom verlorenen Sohn, vom Vater erwartet und empfangen.

In meinem Fall spielte sich das nicht so dramatisch ab, wie man das gerne hätte, dafür um so wirklicher. Ich entfernte mich vom Glauben, lebte nach meinem und nicht nach Gottes Willen. Doch er sucht, was verloren ist. Er begnügte sich mit meinem bißchen guten Willen und führte mich auf menschlichen Wegen zu ihm. Er nahm mich an der Hand, ohne mir jedoch die Freiheit und die Entscheidung abzunehmen. So sehe ich im nachhinein den Weg der Berufung, erkenne Gottes Hand in meinem Leben, die mir durch die verschiedenen Ereignisse half, die Wahl zu treffen. Auch ohne

Glaube könnte man sich erklären, warum ich hier gelandet bin und mancher Freund hat mir das auseinandergesetzt. Doch weder der Glaube an die Vorsehung noch deterministische Theorien vermögen mir befriedigend zu erläutern, warum jemand freiwillig auf alles verzichtet, was Glück verspricht. Warum die Fessel des Gehorsams, die Enge der Armut, die Einsamkeit des Zölibats? Warum tat ich mir das an? Weil ich wollte. Warum wollte ich? Hier liegt die Berufung, ein Geheimnis von Freiheit und Gnade.

Im Noviziat lernte ich meinen Orden und seine Spiritualität erst so richtig kennen und schätzen. Was ist das Spezifische am Charisma der Legionäre Christi? Schwer zu sagen, da es in der Kirche bekanntlich selten gänzlich Neues gibt, nur Neubesinnungen, Umordnungen, Wiederbelebungen, Auffrischungen. Jede Ordensgemeinschaft der katholischen Kirche baut auf dieselben Elemente, setzt nur verschiedene Schwerpunkte.

In unserem Fall ist der Schwerpunkt eine klare Christozentrik: ein kaltes Wort für eine unendlich einfache und schöne Realität. Der Legionär lebt alles in der Freundschaft Christi. Im Glauben an seine reale Gegenwart, im Vertrauen auf seine Liebe findet er seinerseits den Mut zur Liebe, die sich im Gebet, dem Leben des Evangeliums und unbeschränkter Hingabe ans Apostolat, dem Dienst an Leib und Seele der Brüder und Schwestern zu äußern sucht. Wir wollen Jesus Christus im Evangelium, den Sakramenten und dem Nächsten entdecken, eine Kenntnis erlangen, die akademisches Wissen übersteigt und hinabsinkt ins Herz, wo sie als Liebe wiederhallt, als persönliche, leidenschaftliche, reale und treue Liebe, die ihren Ausdruck in der Nachahmung Christi finden soll.

Ihn nachahmen heißt lieben, was er liebt, ablehnen, was er ablehnt und zu handeln suchen, wie er gehandelt hätte. Oft habe ich sagen hören, daß „Christus nachahmen" eine zum Scheitern verurteilte Anmaßung sei. Nachahmung bedeutet jedoch vor allem, sich die innersten Einstellungen Christi zu eigen zu machen und nicht etwa, wunderheilend einherzugehen. Er ist schließlich auch echter Mensch und als solcher nachahmbar. Schon der heilige Bischof Cyrillus pflegte zu sagen: „Christianus alter Christus". Alle Christen sind berufen, Jesu Wirken durch die Zeiten fortzusetzen und gegenwärtig zu machen; daher die Notwendigkeit, ihm gleichgestaltet zu werden, damit seine Liebe auch heute erfahrbar bleibt. Ein Ideal, das ich wohl nie erreichen können werde, doch darum geht es auch gar nicht. Jeder Tag bringt Gelegenheiten, es zu leben, daran zu wachsen oder auch zu scheitern, doch dem Liebenden gereicht selbst das zum Guten.

Während in unserer persönlichen Frömmigkeit die Christusbeziehung im Mittelpunkt steht, charakterisiert uns nach außen hin wahrscheinlich am meisten der apostolische Eifer. Das Leben eines Legionärs ist dem Aufbau des Reiches Christi in den Herzen der Menschen und der Gesellschaft geweiht. Gemeinsam mit allen Gliedern der Kirche möchte unsere Gemeinschaft die wirksamsten Mittel und Wege suchen, um der Botschaft Jesu Gehör zu verschaffen. Im Grunde wird da kein Apostolat ausgeschlossen, das diesem Anliegen dienlich ist, doch bislang haben sich vor allem sieben Aufgabengebiete herauskristallisiert.

Viele unserer Priester und Seminaristen wirken vollzeitig in der Jugendpastoral, die sich je nach Adressat auf die verschiedensten Weisen verwirklicht; immer mit dem Ziel, den Christen den Rücken zu stärken in ihrer Aufgabe, den

Glauben zu leben und aktiv weiterzugeben. Eng damit verbunden ist die Erziehungsarbeit, die an fünf Universitäten und über 100 Schulen in 18 Ländern der Welt geleistet wird. Ehe- und Familienbildungsstätten stellen einen weiteren Schwerpunkt unserer Arbeit dar sowie verschiedene Werke der christlichen Nächstenliebe. Im Süden Mexikos, auf der Halbinsel Yucatan widmet sich eine große Gruppe Legionäre dem Missions- und Entwicklungsdienst unter den Mayas. Stark im Wachstum begriffen ist die Unterstützung der Ortskirchen in der Priesterausbildung, und schließlich werden auch in der Medienarbeit erste Schritte unternommen. Der rote Faden in diesem weitgefächerten Spektrum besteht in dem Bestreben, Verantwortung und Ausführung mit Laien zu teilen. Deshalb besteht eine enge Zusammenarbeit mit den Mitgliedern der Apostolatsbewegung Regnum Christi, die wie die Legionäre Christi von P. Marcial Maciel LC in Mexiko gegründet wurde.

Eine zweijährige Noviziatszeit eröffnete mir die Gelegenheit, die eigene Berufungsentscheidung bewußt und frei zu fällen, sowie die geistlichen Fundamente zu legen. Nachdem ich die erste Profeß abgelegt hatte, ging es nach Salamanca in Spanien, um dort ein Jahr lang klassisch-humanistische Studien zu betreiben. In diesem Stadium befinde ich mich, während ich diese Seiten schreibe. Auf dem Stundenplan stehen Welt-, Kunst- und Literaturgeschichte, Latein, Griechisch, Stilkunde und Rhetorik sowie viel Zeit, um selbständig zu vertiefen und zu „forschen".

Die Vielfalt der Fächer hilft dabei, die Augen zur Selbsterkenntnis zu öffnen. Dieses Studienjahr hat bei mir neue Interessen und bislang unbekannte Talente freigelegt und mich auf neue Fährten gelockt. Wer mir vor drei Jahren geweissagt hätte, ich fände eines Tages Geschmack an Kultur, Museen und anderen Langweiligkeiten, den hätte ich nicht gerade für einen Menschenkenner gehalten. Eine andere Frucht dieser Zeit ist ein neues, vertieftes Verständnis des Menschen, das unmittelbar zu seiner höheren Wertschätzung führt.

Zudem scheint mir dieses Jahr von großer Bedeutung für die Priesterausbildung zu sein, um der dem Zölibat nahen Gefahr der Verknöcherung entgegenzuwirken. Die priesterliche Ehelosigkeit verlangt, die Liebe zu den Menschen auf eine nicht minder wirkliche, aber geistliche Ebene zu erheben. Das allerdings ist leichter gesagt als getan, und da Lieben verletzlich macht und oft Leid im Schlepptau zieht, ist es einfacher, gar nicht zu lieben und sich im Reich der Vernunft einzuschließen.

Das Studium von Kunst und Literatur hält das Herz lebendig, offen und sensibel für all die Schönheit von Schöpfung, Natur und Menschen. In diesem Jahr können Kreativität, Fantasie und Ausdrucksvermögen reifen und wachsen. Die Sinne und Sensibilität werden mit Bildern, Musik, Gefühlen, kurz mit den schöpferischen Großtaten des Menschen, genährt. Das ist deshalb reichlich empfohlen, weil es nach dem Jahr in Salamanca für mich nach New York oder Rom gehen wird, um dort in die Welt der reinen Ideen zu tauchen: Philosophie bis zum „Abwinken" bzw. bis zum Lizenziat. In diesen Jahren soll der Verstand mit vielem konfrontiert, was die Denker von gestern und heute produziert haben, geordnet, geschärft und dazu angeregt werden, sich kritisch mit der Realität auseinanderzusetzen.

Nach den ersten beiden Jahren geht es für gewöhnlich ins pastorale Praktikum, damit der Student sich wieder an Sinn und Zweck seiner denkerischen Mühen erinnert und Erfahrungen für den priesterlichen Dienst sammelt. Die Gestaltungsmöglichkeiten für die zwei bis drei Jahre Praktikum sind so vielfältig wie die Aufgabengebiete der Legion Christi. Das Angebot ist weitgefächert, so daß für jede Eignung und Neigung ein Platz gefunden werden kann. Hier kann ein jeder seine Wünsche und Pläne einbringen, soll aber auch bereit sein, Christus an jedem Ort und in jedem Posten zu dienen, wo die Gemeinschaft ihn benötigt.

Oft schon bin ich gefragt worden, welche Arbeit ich denn gerne tun würde. Und nie hatte ich sofort eine eindeutige Antwort parat. Der jeweilige Moment hält mich so beschäftigt und erfüllt, daß ich in aller Gelassenheit der Dinge harre, die da kommen mögen. Und natürlich kann man auch darauf vertrauen, daß der Orden sich stets bemüht, jeden nach seinen Talenten einzusetzen.

Eine große Hilfe für den persönlichen Reifeprozeß ist es, daß schon den Novizen echte Verantwortung übertragen wird. So konnte ich beispielsweise, noch grün hinter den Ohren, bereits im Noviziat Jugend-Wochenenden und Sommerlager organisieren.

Wenn dann der Legionär nach dem Praktikum sein Studium wieder aufnimmt, weiß er besser, wofür er eigentlich lernt. Die Erfahrung der aktuellen Situation bestärkt in dem Bewußtsein, daß unsere Welt gut ausgebildete und nach Heiligkeit strebende Geistliche braucht.

Nach Abschluß der Philosophie geht es endlich an die Theologie. Wenn dann nach weiteren Jahren das Lizenziat erreicht ist, ist die Ausbildung beendet. Die Priesterweihe steht bevor. Und dieser Tag ist Ziel und Anfang, Zusammenfassung und Sinn des ganzen Lebens eines Legionär Christi. Der ganze, lange Ausbildungsweg erklärt sich durch die beiden Säulen der Spiritualität. Alles dient der Vorbereitung von Priestern und Aposteln, die ihre Fähigkeiten und Talente zur bestmöglichen Entfaltung bringen sollen.

Was ich soeben beschrieben habe, ist allerdings nur ein Grundraster. Natürlich unterscheiden sich die Wege der einzelnen Legionäre und hängen ab von Alter, Neigung und Begabung. Fest steht aber, daß während der 12 Jahre stets die vier Eckpfeiler einer umfassenden Ausbildung beachtet werden: die geistliche, intellektuelle, apostolische und menschliche Dimension. Nur der Schwerpunkt verlagert sich der Etappe entsprechend.

Ausblicke

Nun folge ich dem eingeschlagenen Weg bereits drei Jahre. Zeit genug, um ihn bestätigt zu finden. Ich lebe wie ein Fisch im Wasser, fühle mich in meinem Element. Das schließt Kämpfe und Widrigkeiten nicht aus, denn das Ordensleben führt nicht ins Schlaraffenland. Doch sind es häufig gerade diese persönlichen Schwierigkeiten, die weiterbringen.

Die größte Herausforderung stellte für mich in dieser Zeit wiederholt der Glauben selbst dar. Auf einmal hatte ich mich der ganzen Wahrheit zu stellen und erkannte, daß man uns doch einige Brocken auftischte: Menschwerdung Christi, Eucharistie, Beichte, Papst, Erlösung – glaube ich das wirklich? Ist das Wahrheit? Frei von Ablenkungen, in die ich hätte flüchten können, setzte ich mich zum erstenmal ernsthaft mit den Inhalten unseres Glaubens auseinander. Ich merkte, das Fundament meines gottgeweihten Lebens stand so fest nicht.

Ich fand viele Gründe und Erklärungen, die mir zu glauben erlaubten, doch mußte ich immer wieder feststellen, daß es damit nicht getan war. Immer wieder spürte und erkannte ich, daß es nicht ausreicht, die Vernunft zu befriedigen. Was zählt, sind Vertrauen können und persönliches Erfahren – man muß ins kalte Wasser springen! Hinter meinen Zweifeln versteckte sich meist ein geistliches Unwohlsein, das sich als rationales Argument vermummte. Man kann tausendmal dieselbe Antwort geben, die den Verstand befriedigt, doch wenn Glauben Kraft kostet und teure Forderungen stellt, rebellieren Herz und Magen, hetzen die Vernunft auf ihren Peiniger. Die Sucherei nach Rechtfertigungen aber, die zu glauben erlauben, führt erfahrungsgemäß nicht weiter, raubt nur den inneren Frieden.

Auch das Gemeinschaftsleben ist kein reines Zuckerschlecken; aus diesem Grunde hat es sich den Euphemismus „Trainingsplatz der Nächstenliebe" redlich verdient. Das Leben mit vielen Geschwistern hatte mich zwar für Entbehrungen gerüstet, doch noch war und bin ich weit vom Ideal der christlichen Nächstenliebe entfernt. Meine spöttisch-kritische Natur hatte ich nicht an der Garderobe abgegeben. So galt es, eine grundsätzliche Sichtweise zu erlernen: Meinem Bruder schulde ich die Bereitschaft, seine Interessen über die meinen zu stellen, mindestens aber Respekt und Toleranz. Ich arbeite dran!

Im Noviziat lebte ich mit 30 Brüdern aus acht Nationen zusammen, die sich in Mentalität und Hautfarbe ebenso unterschieden wie im Charakter. Einige paßten zueinander wie die Faust auf's Auge. Hinzu kam die räumliche Enge: Bis zum Umzug des Noviziats nach Bad Münstereifel teilten wir uns in Roetgen zu viert ein Zimmer, im Speisesaal saßen wir

Ellenbogen an Ellenbogen und in der Kapelle spürte man den heißen Atem des Hintermanns im Nacken. Die Nächstenliebe verlangt da häufig Opfer, die einen seine persönlichen Grenzen erahnen lassen.

Natürlich hat das Gemeinschaftsleben vor allem aber Sonnenseiten. Das stille Vorbild der Mitbrüder gibt einem in Trockenzeiten Kraft und Zuversicht. Der brüderliche Austausch bestärkt, das gemeinsame Ziel zu verfolgen. Auch weltlich gesehen wäre unser Dasein ohne das Gemeinschaftsleben um etliches ärmer. Das Zusammenleben mit jungen und älteren Brüdern aus unterschiedlichen Nationen erweitert ungemein den Horizont, denn ein jeder bringt seine Besonderheiten und Talente zum Wohl des Ganzen ein. Vor allem die Küche und das Fußballspiel profitieren hiervon. Feiern wird erst durch die Gruppe möglich – die Volksweisheit von der geteilten Freude stimmt – sei es nun die Freude an der Auferstehung oder am Festtagsbier. Diese Gemeinschaft ist eminent wichtig. So kann uns Legionäre der priesterliche Dienst in fast aller Herren Länder und zu den verschiedensten Aufgaben führen, doch immer werden wir mit der Unterstützung dieser unserer Gemeinschaft rechnen können, sollte sie auch nur aus ein oder zwei Mitbrüdern bestehen.

Mit Blick auf die Gelübde der evangelischen Räte – Armut, Keuschheit und Gehorsam – denkt der Außenstehende oft, das Ordensleben bringe ausschließlich Härten mit sich. Es wird überraschend klingen, aber meine persönliche Erfahrung bestätigt bisher das Gegenteil. Ich habe in den wenigen Jahren gelernt, unbeschwert zu genießen, frei von Sorge um Dauer und Intensität. Vorher neigte ich dazu, von Vorfreude und Erinnerung zu leben, was nervöse Spannung oder Wehmut weckte. Leicht wird die Gegenwart nur erduldet, oder aber krampfhaft und vergeblich festgehalten. Die Gelübde lehren, jeden Augenblick aus der Hand Gottes zu empfangen und dankbar zu verkosten, in dem Bewußtsein, daß die momentane Freude vergeht, mich nicht endgültig erfüllt und dennoch gut ist.

Wie früher suche ich noch immer mit jedem Schritt das Glück, nur weiß ich heute besser, wo es zu finden ist. Auch vorher war mir theoretisch klar, daß ich für Gott geschaffen bin und nur in ihm meine Erfüllung finden werde. Aber wie leicht geschieht es, daß diese Erkenntnis zwar im Kopf sitzt, nicht aber das Leben prägt.

Heute lebe ich aus der lebendigen Überzeugung, daß nichts Geschaffenes mich endgültig erfüllen kann. Dieses Bewußtsein schenkt Frieden in der Widerwärtigkeit, und Gelassenheit in der Freude, weil es echte Dankbarkeit ermöglicht und die Wehmut des „Verweile Augenblick..." mildert.

Trotz dieser Überzeugungen und Erkenntnisse – die Einhaltung der Gelübde fällt natürlich schwer, und das wird sich wohl bis an mein Lebensende nicht ändern! In diesen Kämpfen, in denen mal ich, der alte Mensch, mal Gott gewinnt, entfaltet sich ein Leben, das schwer ist, wie das eines jeden Menschen. Der Unterschied ist vielleicht, daß ich weiß, warum und für wen ich das auf mich nehme. Die Annahme meiner Berufung hat mich schon viel Schweiß, doch keine Tränen gekostet. Mir scheint mein Leben einem Bergaufstieg zu gleichen, der zwar anstrengend, doch schön ist.

Isa Vermehren rscj

*Schwester Isa Vermehren rscj wurde 1918 in Lübeck geboren. Sie war
von 1933 bis 1935 Mitglied im Ensemble von Werner Fincks
„Katakombe" in Berlin. 1938 trat sie zur katholischen Kirche über. Von
1944 bis zum Ende des Krieges saß sie als Sippenhäftling in verschiedenen Gefängnissen und Konzentrationslagern ein. 1947 bis 1951 studierte sie an der Universität Bonn Anglistik, Germanistik, Philosophie und
Geschichte. 1951 erfolgte der Eintritt in die Gesellschaft der
Ordensfrauen vom Heiligsten Herzen Jesu (Sacré Coeur). In den Jahren
1961 bis 1969 leitete Mutter Vermehren das St.-Adelheid-Gymnasium
in Pützchen, von 1969 bis 1983 die Sophie-Barat-Schule in Hamburg.
Seit 1983 ist sie freiberuflich in Bonn tätig und arbeitet u.a. als
Publizistin für Zeitschriften, Funk und Fernsehen.*

Zappelnd am Angelhaken Gottes

von Isa Vermehren rscj

Gott ruft nie nur so einfach in die Luft, sondern er ruft gezielt Einen! Diesen! Dich! Mich!

Daß Gott ein rufender Gott ist, wissen wir von Anfang an: Gott rief ins Dasein durch sein allmächtiges Wort. Daß es bei der Erschaffung des Menschen im Schöpfungsbericht etwas umständlicher zugeht, darf ruhig interpretiert werden als unauffällige Nahtstelle zwischen Erschaffung und Entwicklung – das Handeln Gottes, im Ruf, im gebietenden „es sei!" bleibt der nicht mehr hinterfragbare Anfang von allem, was ist. Es bestimmt darum auch bleibend das Verhältnis Gottes zu uns Menschen: er ruft uns und wir antworten – oder antworten eben nicht. Niemand darf sich einbilden, diese oft so zart gewobene Beziehung zwischen Ruf und Antwort zu durchschauen; es genügt zu wissen, daß Gott ein grenzenlos geduldiger Rufer ist, ein verzeihender auch, wenn wir uns taub gestellt haben, vielleicht sogar lange taub gestellt haben. Denn er, der uns das Ohr eingepflanzt hat, weiß, daß wir nicht taub sind, sondern daß das Hören-Wollen oder Nicht-hören-Wollen ebenso in unserer Freiheit liegt wie der Gebrauch aller anderen Fähigkeiten.

Einmal dringt der Ton seiner Stimme an unser Ohr, so daß wir uns fragen: Wessen Stimme war das? War sie nicht anders als alle anderen Stimmen? War das etwa seine Stimme, die Stimme des lebendigen Gottes? Mit einem Klang, der weh tut, weil er sich tiefer einritzt in das innere Gehör unserer Seele, unseres Herzens, mit dem wir hinaushorchen in das dunkle Wirrwarr unseres alltäglichen Lebens.

Wer bei jedem Schmerz sofort zum befreienden Schmerzmittel greift, der wird sich nicht lange bei diesem inneren Erlebnis aufhalten: Ablenkung, Zerstreuung, neue möglichst sinnenhafte Eindrücke für Augen und Ohren, Zunge und Magen, Körper und Geist – dann ist die Erinnerung an die kleine schmerzhafte Betroffenheit bald verwischt und vergessen. Wer hingegen etwas sensibler mit seinen inneren Empfindungen lebt, der wird zu diesem Schmerzerlebnis zurückkehren, der wird versuchen, es nachzuerleben, es abzutasten und nach seiner Bedeutung zu fragen.

Wenn es ein Anruf Gottes war, dann hat er irgendwie ins Zentrum meines Lebensgefühles getroffen, hat die Achse zum Erzittern gebracht, von der ich bisher geglaubt hatte, daß sie unverrückbar fest im Boden, auf dem ich stehe, eingemauert sei. Wenn es ein Ruf Gottes war, dann bewirkt er eine tiefreichende Unruhe in unserem Inneren, die alles in Frage stellt, was bisher als sicher gegolten hat. Die zunehmende Ungemütlichkeit im Wissen um sich selbst, enthält erneut die Versuchung, sich abzukehren von diesem inneren Geschehen, dessen neuartige Unübersichtlichkeit etwas Abschreckendes besitzt.

Wofür leben?

Ende 1933 zogen meine Mutter und ich nach Berlin – ich wurde Mitglied im Ensemble der Katakombe, meine Mutter

Journalistin. Der Sprung von der Obersekunda des Lübecker Mädchengymnasiums in Werner Fincks literarisches Kabarett war groß und war ein Sprung ins Freie, in größere Geistes- und Meinungsfreiheit – wenigstens als wir sie in Lübeck gehabt hatten. Die Eindrücke und Anregungen in diesem neuen Milieu waren zudem vielseitiger und herausfordernder als jene, die die Ernstinenschule mir vermittelt hatte.

Aus allem bisher Erlebten und Gedachten schälte sich für mich mit immer größerer Deutlichkeit die Frage nach Gott heraus. Sie durchzog mein Denken deutlicher als andere, etwa seit meinem sechzehnten Lebensjahr. Mag sein, daß der starke weltanschauliche Druck, der vom Januar '33 an von den nationalsozialistischen Machthabern auf uns alle ausging – besonders verwirrend und beschämend in den Schulen von charakterschwachen Lehrern und irregeleiteten Klassengefährtinnen! –, mein Unterscheidungsvermögen geweckt hatte: der Glaube an die göttliche Vorsehung und den dazugehörigen Gott, auf den die Nazis sich beriefen, konnte unmöglich eine Antwort auf meine Frage sein.

Ich las – bestimmt nicht mit ausreichendem Verstand – verschiedene Bücher, in denen ich Antwort auf meine Fragen zu finden erhoffte, u.a. eine kleine Philosophiegeschichte, einige Schriften von Schopenhauer oder auch Gautama Buddhas Reden. Die Tatsache, daß es mir nicht in den Sinn kam, die Bibel oder doch wenigstens in der Bibel zu lesen, zeigt deutlich, wie weit sich die Weltanschauung im Elternhaus von der protestantischen Überlieferung entfernt hatte. Sie kannten sich in ihrem Goethe und den Romantikern, in Kant und Nietzsche, Theodor Fontane und Thomas Mann sehr viel besser aus als im Alten oder gar im Neuen Testament. Aber die Eltern verdankten ihrer humanistischen Bildung ein sicheres

69

Urteil über die mit ungeheurem propagandistischen Geschick durchgeführte ideologische Verführung unseres Volkes. Diese löste Achselzucken aus, Verachtung, schließlich Gleichgültigkeit, und diese mehr als Schutz gegen die immer schwerer zu beherrschende Wut gegen so viel Lüge, Gewissenlosigkeit, Dummheit, Frechheit, Arroganz und Menschenverachtung.

Die humanistischen Wertvorstellungen reichten aber gerade aus, um die Nazi-Ideologie vernichtend zu kritisieren – sie reichten nicht aus, um meine Fragen nach Sinn und Zweck meines Lebens zu beantworten. Wofür wollte oder sollte man, sollte ich leben? Für die große Liebe, für die es in der Literatur so wunderbare Zeugnisse gibt? Für eine große Karriere als Schauspielerin, Sängerin oder gar Kabarettistin? Leben für das große Geld, mit dem man die ganze Welt befahren kann? Oder für eine Familie mit vielen Kindern? Das Leben hingeben an einen aufreibenden Beruf als Ärztin oder Juristin?

Man konnte seine Phantasie schweifen lassen. Doch unter den sich täglich verändernden und vor allem verengenden Lebensbedingungen schwanden immer mehr Möglichkeiten für die Verwirklichung der meisten dieser Pläne. Durch das nachgeholte Abitur am Abendgymnasium in Berlin hatte ich mir zwar die nötige Voraussetzung für ein Studium verschafft, dachte aber nicht ernsthaft an den Besuch einer deutschen Universität wegen der politischen Vereinnahmung, der man dort ausgesetzt war.

Nein, im Rahmen meiner Vorbereitung auf die Fortsetzung meiner im Jahr 1933 etwas jäh abgebrochenen Schullaufbahn und in Verfolgung meiner wichtigsten Fragen: Gibt es Gott? und wenn ja: Wie, wo gibt es Ihn? und Wer ist Er? hatte mir jemand das Buch von O. Karrer in die Hand gedrückt: Das Religiöse in der Menschheit. Ich habe es mit großem Interesse gelesen, immer überzeugter, daß ich mit ihm auf dem Weg sei, der zum Ziele führen würde. Immerhin sprach es von der ersten bis zur letzten Seite von Gott, wie er in den verschiedensten Religionen oder auch nur Religionsansätzen bei den ganz primitiven Völkern gedacht, gefürchtet, geliebt, gebraucht, gesucht oder geflohen wurde.

Bei der Darstellung der christlichen Religion, zumal in ihrer katholischen Ausprägung, fiel der erste Angelhaken des Menschenfischers in meine Seele: der im hellen Licht der Geschichte liegende Ursprung dieses Glaubens, die historisch unbezweifelbare Stifterpersönlichkeit, Jesus Christus, der unüberbietbare Realismus dieser Religion – wovon ist da nicht alles die Rede: Von Fleisch und Blut, Tod und Leben, Speise und Trank, vom Scheitern am Kreuz und einer sieghaften Auferstehung, von feigen und untreuen Freunden und todesmutigen, begeisterten Bekennern ... Wahrhaftig, eine atemberaubende Kunde für einen naiven Leser, wie ich es war!

Aber natürlich hatte ich die üblichen protestantischen Vor- oder auch Fehlurteile über den Katholizismus im Kopf, außerdem hatte ich ja „meine" Gottesvorstellung, hantierte immerhin mit dem Begriff gemäß einer nur mir selber erkennbaren Logik: es war darum keineswegs selbstverständlich, daß jener Gott, von dem im Kapitel über das Christentum die Rede war, eben jener war, den auch ich bisher so genannt hatte.

Erstes Erkennen

Ich hatte damals das Glück, in Berlin einer Reihe katholischer Familien zu begegnen, denen das Bekenntnis ihres Glaubens, das Bekenntnis zu ihrer Kirche in allen

Lebenslagen und -beziehungen vordringlichste Verpflichtung war. Damals verging kein Tag, an dem die Kirche nicht in Funk oder Presse angegriffen, verleumdet oder lächerlich gemacht wurde in der unverhohlenen Absicht, ihren Untergang herbeizuführen.

Besonders herausgefordert wurde die Kirchentreue der Katholiken, als im April 1937 die päpstliche Enzyklika „Mit brennender Sorge" herauskam, deren öffentliche Verlesung sofort vom Staat verboten wurde und deren geheime Verbreitung Haftstrafen (Gefängnis oder KZ) zur Folge hatte.

Ich habe damals anfangs mit völligem Unverständnis und dann zunehmend mit Staunen und Verwunderung den Unterredungen zugehört, in denen diese Katholiken sich klar zu werden versuchten über ihr glaubenstreues Verhalten in dieser neuen Situation. Sie hatten offenbar zu diesem kleinen weißen Mann in Rom ein ganz nahes, ganz persönliches Verhältnis. Es war viel von der Ehre des Papstes die Rede, die sie verteidigen mußten, von seiner unantastbaren Autorität, zu der man sich bekennen wollte, indem man sich selbstverständlich für die Verbreitung der verbotenen Enzyklika einsetzen mußte und wollte. Dabei beriefen sie sich auf das Gebot der Nachfolge, vertrauten auf den Heiligen Geist, auf die Fürsprache von Maria, flehten um Gottes Gnade ... Wer ins Gefängnis mußte, folgte seinen Häschern erhobenen Hauptes und schien in diesem bedrohlichen Geschehen mehr Erhebendes und Erhabenes zu erleben als Kränkendes oder gar Vernichtendes. Und immer war alles Reden und Tun durchsetzt und durchzogen von der Aufforderung zum Gebet, Versprechen von Gebet, Berufung auf Gebet, Vertrauen auf Gebet ...

In den Tagen und Wochen dieser feindseligen Zeit hörte sich das alles für mich an wie in einer anderen Sprache gesprochen: zu viele Namen, Wörter, Begriffe waren mir fremd, waren bedeutungslos für mich; was aber ankam bei mir, war der ungeheure Ernst, die mutige Entschlossenheit, mit der diese Menschen die innere Notwendigkeit ihres Verhaltens und deren voraussichtliche Folgen bis ins einzelne durchdachten, unter immer neuer Berufung auf das, was der Glaube ihnen gebot.

Alle Gespräche wurden mit halblauter Stimme geführt, bei verschlossenen Türen und Vorhängen, bei abgedeckten Telefonen und nur im kleinsten Kreis engster Vertrauter. Für mich wurde damals die Frage immer wichtiger, ob jener Gott, auf den in diesen Gesprächen ständig Bezug genommen wurde, wohl derselbe sei, den ich bisher Gott genannt hatte. Dazu wurde mir die sehr einfache Antwort gegeben: „Wenn Sie wissen wollen, ob es Gott wirklich gibt, dann müssen Sie beten: Gott, wenn es Dich gibt, dann offenbare Dich mir!" Mein Einwand, ich könne nicht beten, wurde recht schlank abgewiesen mit der Bemerkung: „Beten kann man, indem man es tut." (Eine Bemerkung übrigens, die ich seitdem oft weitergegeben habe!)

Damals allerdings hat sie mein inneres Gehör nicht nur geritzt, sondern fuhr mir wie der Pfeil einer Harpune ins Herz! Alle Versuche, den Stachel herauszuziehen, noch einmal neuen Anlauf zu nehmen aus größerer Distanz, blieben drei Tage lang ohne Erfolg. Dann gab ich nach und tat, was man mir geraten hatte. Die Antwort kam sofort! Nicht in Worten oder Visionen, sondern einzig im durchdringenden Gefühl – nein, das ist zu wenig: in einer, das ganze Bewußtsein erfassenden Gewißheit: Er ist da! Gott ist da! Es gibt ihn, und Jesus Christus gehört irgendwie dazu ... Im Klartext heißt das: die Gnade des Glaubens war mir geschenkt worden, aber noch hätte ich mit keinem Wort Auskunft geben können über das, was ich glaubte. Ich wußte nur, welchen Weg ich einzuschlagen hatte, um dank der Gnade des Glaubens nun auch in das Licht des Glaubens zu gelangen. Ich mußte um Unterricht im katholischen Glauben bitten.

Es folgten die ersten Prüfungen dieses Gnadenerlebnisses: wie sollte ich es anderen, zumal meiner aufgeklärten und darum höchst skeptischen Familie verständlich machen? Natürlich hatten sie ihre Erklärungen sofort bereit: ich sei zu sehr in den Bann faszinierender Persönlichkeiten geraten, wäre einer Autosuggestion aufgesessen, hätte offenbar zu wenig Ablenkung, zu wenig zu tun, zu wenig Umgang mit anderen meines Alters ... .

Alle diese Erklärungen stießen bei mir selber begreiflicherweise stets auf viel Verständnis und umstellten das Erlebte wie eine Meute kläffender Hunde, nicht nur einmal, sondern immer wieder, und immer dann, wenn ich von diesem Einbruch in mein Leben mich zu neuen Konsequenzen gedrängt sah. Damals habe ich sehr gründlich begriffen, daß es zu einer Berufung gehört, daß man zum einen das, was man einmal in voller Klarheit und Überzeugung „Gnade" genannt hat, niemals, auch nicht in unbedachten Augenblicken, anders nennen darf. Und zum anderen, daß die mit einer solchen Erfahrung verbundene Hinwendung zu Gott niemals Besitz wird, sondern Geschenk bleibt, das stets neu angenommen werden muß.

Das heißt auch, daß die Beziehung zu Gott – sehr ähnlich wie die zu einem Menschen, den man liebt – von ihrem Ursprung her eine eigene Dynamik hat: die des Schenkens und Empfangens, Geschenktwerdens und Empfangenwerdens. Wenn diese erlahmt, geht die Bindekraft verloren, die ganze

Beziehung wird kraftlos und fade und wird schließlich aufgegeben. Wie viele Ehen, wie viele Priester- und Ordensberufe, männliche und weibliche, haben in den letzten zwanzig Jahren diesen inneren Niedergang erlebt! Da es sich in der Beziehung zu Gott um eine Beziehung der Liebe handelt, bleibt sie immer eine Beziehung, die lebt aus der freien Bejahung, der freiwilligen Bindung, des in Freiheit angenommenen Verzichtes – nichts geht über in ein unangefochtenes Haben, ein selbstsicheres Können, in kampflose Selbstverständlichkeit. Vielmehr bedarf diese Beziehung unserer wachen und sehr hellhörigen Aufmerksamkeit, um sich zur Vollreife auszuwachsen, in der sie dann auch fruchtbar werden kann für andere.

Meine Unterweisung im katholischen Glauben geschah auf zwei Wegen: ich wurde mit dem kleinen katholischen Katechismus bekannt gemacht, den ich auswendig lernen mußte, und wurde minutiös in die heilige Messe eingeführt.

Die knappen Sätze des Katechismus, denen vielfach dogmatischer Charakter zukam, rissen ein so helles, zweifelsfreies und alles ordnendes Gottes- und Weltbild vor mir auf, daß ich von einem Begreifen in das andere fiel. Was ich in meinem humanistisch geprägten Elternhaus an Werten und Normen kennengelernt hatte, das bekam plötzlich metaphysischen Hintergrund, wurde in einen Zusammenhang gebracht, der allem Transzendenzverlangen Genüge tat.

Die Einführung in die Feier der heiligen Messe geschah mit größter Sorgfalt und Gründlichkeit. Die drei Teile der heiligen Messe – Wortgottesdienst, Opferhandlung und Kommunionteil – wurden mir in ihrer Herkunft und inneren Absicht erklärt, indem ich immer wieder auf die Texte der einzelnen Gebete hingewiesen wurde, auf die sie begleitenden

Gesten des das Opfer feiernden Priesters, so daß mir ihre Himmel und Erde umspannende Bedeutung langsam aufgehen konnte.

Gerade die Erklärung der heiligen Messe machte es notwendig, von allen Heilsgeheimnissen zu sprechen: von der Schöpfung und der Erbsünde, von der Bedeutung des Auserwählten Volkes und Gottes Bund mit ihm; von der Befreiung aus der Knechtschaft Ägyptens dort und der Erlösung von der Knechtschaft der Sünde und des Todes hier. Von der Mensch gewordenen Liebe Gottes, von Jesus Christus und seinem alle Maßstäbe sprengenden sittlichen Vorbild ...

Immer wieder wies man mich auf das Wirken des Heiligen Geistes und die Kraft der Sakramente hin. Und man brachte mir bei, wie ich umzugehen hatte mit diesen Wirklichkeiten, damit die Bekehrung zu einem Prozeß der wirklichen Neuwerdung und Umgestaltung werden konnte.

Guardinis Büchlein „Von heiligen Zeichen", Gertrud von Le Forts „Hymnen an die Kirche" waren in der Mitte der dreißiger Jahre weit verbreitete Wegweiser in ein tieferes Verständnis des Mysteriums Kirche, des Glaubens und des eigenen Gläubigseins. Kirche, so erlebte ich sie damals, war – ungeachtet ihrer bewegten und durchaus nicht makellosen Geschichte – dennoch das geschichtsüberlegene Haus voll Glorie, war – ungeachtet ihrer vielen Gesetze, Gebote und Tabus – dennoch die bergende Hürde für alle: Lahme und Kranke, Räuber und Gauner, Kleine und Schwache, große Sünder und reiche Prasser, die Draufgänger und die Zaghaften, für Normale und Unnormale, für Seher, Spinner und die ganz Versponnenen ...

Sie war, ungeachtet ihrer vielen eigenen Sünden, die große Erzieherin, die uns mahnte, auch in der Verfolgung dem

Menschenbild treu zu bleiben, das sie uns vor Augen stellte: der Mensch, das Geschöpf Gottes, ein Mensch der Gottesfurcht, einer, der die Gebote Gottes hält, der sich auf den Weg der Nachfolge gerufen weiß, der sich müht um die Gesinnung des Rabbi von Nazareth, wie sie sich kundtut u.a. in den Seligpreisungen des Herrn.

Die mir zuteil werdende Belehrung war durchglüht von tiefer persönlicher Liebe zu dieser Kirche und ihren Lehren, von heiligem Eifer, mich ganz in das Licht der Offenbarung zu ziehen, mir den Zugang zur Freude an der göttlichen Wahrheit weit zu öffnen.

Ich war damals aber nicht nur mit diesen katholischen Familien befreundet. Ich hatte freundschaftliche Beziehungen auch zu abgefallenen Katholiken, sog. Aposten. Diese hatten sich längst innerlich und äußerlich von der Kirche abgewandt, dennoch waren sie imstande, auf meine Fragen – und was fragt man nicht alles als neugieriger Neuling! – nach den verschiedenen Stufen der Hierarchie, der Reliquienverehrung, dem Zölibat, der Notwendigkeit der Beichte sehr präzise Antworten zu geben. Dabei unterschieden sie sorgfältig zwischen dem, was die Kirche lehrt, und dem, was sie davon verstanden oder eben nicht verstanden bzw. unannehmbar gefunden hatten.

Damals wußten die Gläubigen noch sehr gut, was sie glaubten – und die Kirche wußte es auch noch: die Zeit zwischen dem ersten und zweiten Vatikanischen Konzil war eine Hochzeit der Kirche! Ihr moralisches Ansehen war durch die Reihe hervorragender Päpste auf einmalige Höhe gestiegen; ihre Theologen redeten rund um die Welt ein und dieselbe Sprache. Ebenso betete und lobte die Kirche Gott auf der ganzen Welt mit einer Stimme und bekundete dadurch macht-

77

voll auch ihre innere Einheit von einem Ende der Erde bis zum anderen.

Kirche fühlte sich damals sehr anders an als heute. Der sonntägliche Kirchgang war ein stummer Protest, hatte den Charakter eines öffentlichen, latent staatsfeindlichen Charakters, der den damaligen Machthabern und ihren unzähligen Komplizen oft genug als Ausgangspunkt für eine verleumderische und schließlich existenzvernichtende Kampagne gegen einen bisher unbescholtenen Bürger diente. Jeder mußte sich der Frage stellen, was ihm seine Kirche und seine Zugehörigkeit zu ihr wert waren.

Jede Kirchenverfolgung bewirkt auch eine Reinigung der Kirche, eine Läuterung des Glaubens, durch den die Gläubigen mit ihr verbunden sind. Ihr anzugehören, angehören zu dürfen war damals eine erregende Angelegenheit, durch die man langsam erkannte, bis in welche Bewußtseinsschichten diese Zugehörigkeit von wirklicher Bedeutung war und ihre klaren Forderungen stellte! Dies führte zu einer doppelten Erfahrung: die des erwachten und immer wacher werdenden Gewissens und die von unüberwindbarer Schwäche, Feigheit und Angst. Das Wissen um unser Angewiesensein auf Gottes unverdiente Barmherzigkeit wurde damals aus vielen Quellen gespeist ...

Wie von einer anderen Welt ...

Meine durch die Konversion ganz neu aufgeworfene Frage nach einer künftigen beruflichen Tätigkeit wurde durch die erste Begegnung mit dem Ordensleben sofort in eine neue Richtung gelenkt.

Der Orden, in dessen Berliner Wohnheim ich eine Zeit verbrachte, beherbergte damals Studentinnen und eine Reihe älterer Damen, die meisten von ihnen ehemalige Schülerinnen aus einem der deutschsprachigen Internate des Ordens in Deutschland selbst, Holland oder Österreich. Daneben unterhielten die Ordensfrauen eine Grundschule für die Kinder der ausländischen Diplomaten in Berlin, eine Aufgabe, der sie dank mehrerer ausländischer Mitschwestern auf hohem Niveau entsprechen konnten.

Der Orden, so wurde ich aufgeklärt, galt als besonders streng und anspruchsvoll in mehrfacher Hinsicht: viel Schweigen, viel Gebet und ein gedrängter Tages- und Arbeitsablauf gehörten dazu.

Die meisten Schwestern liefen während des Tages stumm an uns vorbei, nie ohne uns mit freundlichstem Lächeln zu grüßen. Aber es wurde einem bald deutlich: den Auftrag, sich um uns zu kümmern, mit uns zu sprechen, hatten nur bestimmte Chorfrauen und das keineswegs den ganzen Tag hindurch. Man sah sie auch nie miteinander sprechen, höchstens mal in der Ecke eines Korridors, kurz, leise, schnell und immer begleitet von lebhaftem Kopfnicken. Mehrmals am Tage eilten sie auf irgendein Glockenzeichen hin in rauschendem Eifer in die eine oder andere Richtung (rauschend war dieser Eifer dank der weiten langen Röcke ihrer sehr kleidsamen Tracht, die alles sorgfältig verhüllte, ausgenommen nur die Gesichtszüge, die weiß und oval von einem getüllten Haubenstreifen eingerahmt wurden.)

Für mich war das alles ein Blick in eine neue, mir völlig unbekannte Welt, in der man offenbar nach ganz anderen Spielregeln zusammen lebte: geheimnisvoll, verheißungsvoll, immer auf ganz leisen, aber vollen Touren laufend. Daß sie ihr

Leben liebten, wurde einem deutlich durch die liebenswürdige Freundlichkeit, mit der sie uns begegneten, und die ungekünstelte Lebhaftigkeit, mit der sie ihre jeweilige Arbeit verrichteten. Dennoch vermittelte die strenge Klausur, in der sie lebten, mir den Eindruck einer anderen Welt. „In der Welt, aber nicht von der Welt", so würde ich mir heute diesen Eindruck erklären – damals aber war ich noch nicht so bibelfest.

Am Anfang des Polenfeldzuges meldete ich mich zu einem freiwilligen Schwesterndienst in einem katholischen Krankenhaus. Dort begegnete ich denselben, mich faszinierenden Lebensvollzügen, derselben Stille von innen, demselben selbstlosen Eifer, der gleichen Freundlichkeit in einem sozial durchaus anders geprägten Milieu.

In keinem anderen Stand, in keiner anderen Tätigkeit, so wuchs in mir die Überzeugung, ließ sich die Ganzhingabe an Gott so eindeutig und umfassend verwirklichen wie in einem Leben der drei Gelübde. Ich sah in diesem Wunsch nur die logische Konsequenz aus meiner Annahme des katholischen Glaubens, meinem Eintritt in die katholische Kirche. Diese neue Wirklichkeit, so schwebte es mir vor, würde dadurch zum eigentlichen Inhalt meines Lebens, darüber hinaus bedurfte es eigentlich keiner beruflichen Spezialisierung mehr.

Durch ein Leben unter den drei Gelübden, so stellte es sich mir dar, würde meine Freiheit ihren höchsten Einsatz wagen! Im Verzicht auf Besitz, im Gelübde der Armut sah ich die befreiende Entbindung von aller Sorge um mich selbst. Desgleichen versprach mir der Gehorsam, daß ich befreit sein würde von der Frage, wofür ich meine Kräfte einsetzen sollte; ich kannte ja meine diesbezügliche Unentschiedenheit zur Genüge! Und schließlich enthielt das Gelübde der Keuschheit (oder Ehelosigkeit) die Verheißung, daß es möglich und durchaus im Belieben Gottes sei, die eigene Vollform als Mann oder Frau auch erreichen zu können in der liebenden Hingabe an den, der sich in das Geheimnis Kirche als deren Bräutigam eingefügt hat.

Als ich einer der zuständigen Ordensfrauen zum ersten Mal von diesem Wunsch erzählte, winkte sie lächelnd ab: das wollen alle Konvertiten – leben Sie erst einmal ein paar Jahre in Ihrem neuen Glauben, dann sehen wir weiter ...

Wechselbäder

Den ersten Anlauf hatte ich 1940 gemacht, eingetreten in den Orden bin ich schließlich 1951. Es ist schwer zu sagen, auf welcher Seite die Vorbehalte, Befürchtungen, Zweifel größer waren: auf der der verantwortlichen Vorgesetzten im Orden oder auf der Seite all derer, die es gut mit mir meinten: meiner Familie, meiner Freundinnen und Freunde, ja, eigentlich aller, die mich kannten. Niemand glaubte wirklich an meinen Beruf, nur ich konnte diesen Wunsch nicht loswerden, hing zum zweiten Mal zappelnd am Angelhaken Gottes.

In dieser Situation sind rasche Kurzschlußlösungen eine häufig wiederkehrende Versuchung. Einmal kräftig über die Stränge schlagen, und der ganze Spuk ist vorbei! Die verlockenden Vorstellungen von der großen, sich selbst verzehrenden Hingabe, die hehren Ideen von einem geläuterten religiösen Leben tiefer Gottesliebe und verborgener Dienste, der Wunsch, Mitglied werden zu dürfen in einer Gemeinschaft von Schwestern gleichen Sinnes – alles Spuk, den man am besten vergessen sollte! Gleichzeitig war einem jedoch jegliche Leichtfertigkeit verboten, im Gegenteil, die Selbstkontrolle über die tägliche Lebensführung wurde eher strenger und genauer ... kurz, ich vermochte diese lockende Vision nicht aus meinem Herzen zu vertreiben, bzw. fühlte mich von ihr festgehalten etwa so, wie das ganz kleine Licht an einem ganz fernen Horizont den Wanderer in dunkler Nacht festhält auf seinem Weg, festhält auch in der Zuversicht, eines Tages sein Ziel zu erreichen.

Der Gedanke an den Einstieg in das klösterliche Leben flößte mir zwar einerseits Respekt, um nicht zu sagen wahrhaft Angst und Schrecken ein – würde ich es denn überhaupt schaffen? Würde ich die nötige Selbstdisziplin aufbringen, ohne zu verkrampfen, zu erstarren, zu vertrocknen? Dachte ich mich aber in den Vollzug dieses Lebens hinein, so lösten diese Vorstellungen ein tiefes Glücksgefühl aus. Damals wußte ich noch nichts von der Unterscheidung des Geistes, aber ich habe sie nolens volens geübt: was die Seele mit Licht und Freude erfüllt, kommt vom guten Geist. Was sie aufregt und unruhig macht, kommt vom bösen Geist.

Es ist nicht ganz leicht zu sagen, in welchem geschützten Innenraum sich diese intimen Auseinandersetzungen abspielten, denn tatsächlich fallen sie in eine Zeit, die angefüllt war von außergewöhnlichen Ereignissen und Eindrücken: das welterschütternde Kriegsgeschehen erreichte seinen und unser Land vernichtenden Höhepunkt und hüllte uns Tag und Nacht in eine immer dunklere Wolke von Furcht und Schrecken. Ganz am Rande des Geschehens verlief damals meine eigene Geschichte, gewährte mir Einblick in die Herrschaftsbereiche und -methoden unserer damaligen Machthaber, die sich in einem uns bis dahin unbekannten Maße der Lüge und der brutalen, skrupellosen Gewalt bedient hatten, um ihr tausendjähriges Reich aufzurichten.

Spannend waren in dieser Zeit nur die Begegnungen mit Menschen – gehörten sie zu den Helden dieser Zeit, den Schurken oder zu den Mitläufern, die man dennoch fürchten mußte, weil sie ebenso schwach wie ängstlich waren? Wir waren mißtrauisch geworden, sehr vorsichtig in der Wahl derer, denen wir vertrauten. Voller Angst waren wir um uns selbst, um unsere Verwandten, Freunde, Bekannten, um alle, von deren antinationalsozialistischer Einstellung wir wußten. Sie alle lebten mit der Schlinge um den Hals.

In einer solchen Situation verschieben sich die Maßstäbe: die Frage, wofür es sich lohnt zu leben und zu sterben, nahm langsam an Schärfe zu, und begleitete uns mit ihrer Unruhe bis in die alltäglichsten Begebenheiten. Nachträglich meine ich, das alles zusammen war eine günstige Voraussetzung für die klarere Erkenntnis dessen, was Gott von einem wollte.

„Klosterkarriere"

Jedenfalls meldete ich mich schon bald nach dem Krieg wieder bei denselben Ordensfrauen. Diesmal war der Bescheid nicht ganz so ablehnend. Da ich die Frage nach dem, was ich denn könnte oder gar gelernt hätte, nur sehr unbefriedigend beantworten konnte – keine meiner Fähigkeiten wurde gebraucht: Autofahren, Singen, Ziehharmonika spielen, Schuheputzen etc. – wurde mir nahegelegt, erstmal ein vernünftiges Examen abzulegen, um später im Gymnasium der Internatsschule Unterricht geben zu können ...

Damit war meine „berufliche Laufbahn" im Orden festgelegt; ich wurde erst Lehrerin, dann Schulleiterin, erst im Rheinland, dann in Hamburg. Letzteres war ich gern, ersteres nicht so gern, obgleich ich begeistert war vom pädagogischen

Know how, das uns während unserer Ausbildungszeit als Ordensfrauen vermittelt wurde. „Erziehen durch Unterricht" – das hieß so viel wie: nicht das abfragbare Wissen oder die sachliche oder subjektive Höchstleistung ist das erste Ziel des Unterrichtes, sondern die Entwicklung jener geistigen Haltungen und Fähigkeiten, ohne die kein Lernen in Gang kommt, d.h. Erziehung zu Aufmerksamkeit, Sachlichkeit, Selbstkritik, Ehrlichkeit und zu soviel Selbständigkeit in der intellektuellen Mitarbeit wie möglich.

Diesen eng mit dem Unterricht verbundenen Erziehungs-ziele waren durch das Zusammenleben der Mädchen im Internat eine Reihe sozialer Bewährungsfelder zugeordnet, die den Erzieherinnen die Möglichkeit gaben, Einfluß zu nehmen auf die charakterliche Bildung der Schülerinnen, ihr Verant-wortungsgefühl zu wecken, ihren Einsatzwillen zu motivieren, ihren Sinn für Ordnung und Schönheit zu kultivieren, inner-lich und äußerlich.

Ich bin dem Orden dankbar, daß er mir erst für die Schule im Rheinland, dann für die in Hamburg die Verantwortung übertragen hat. Das war beide Male ein über Erwarten großes und reiches Wirkungsfeld, das in mir den Wunsch wach hielt, immer tiefer in die erste und ursprüngliche Berufung unseres Ordens hineinzuwachsen: in die Liebe und Verehrung des Herzens Jesu und deren Verbreitung.

Immer wieder werde ich gefragt, was mich bewogen hat, gerade in diesen Orden, in diese Gesellschaft einzutreten. Für manchen mag die Anziehung ausgehen von der Tätigkeit, der ein Orden sich verschrieben hat, oder von einem Lebensideal, das in ihm zu reiner Ausprägung kommt – für meine Wahl der Gesellschaft der Ordensfrauen vom Heiligsten Herzen Jesu war ausschlaggebend eben diese geistliche Zielsetzung, die sich im Namen der Gemeinschaft ausdrückt. Dieses von Liebe brennende Herz des Gottes- und Menschensohnes, brennend von der Liebe zum Vater und ebenso brennend von Liebe zu uns Menschen.

Wenn es der erste Auftrag christlicher Verkündigung ist, die Menschen davon zu überzeugen, daß sie einen gütigen, barmherzigen und verzeihenden Vater im Himmel haben, dann gelingt das am ehesten, wenn sie in der Begegnung mit jenen, die ihnen diesen Glauben verkündigen, auch jener Liebe begegnen, von der da die Rede ist. Sie verströmt sich bedingungslos und ohne zu zählen, sie ermüdet und resigniert nicht, setzt immer neu an und hält in Treue fest, was ihr einmal anvertraut wurde.

Die Berufung zu dieser Teilhabe – wie stümperhaft und unvollkommen auch immer wahrgenommen und nachvollzogen! – ist dennoch Teilhabe am innersten Stromkreis der uns von Gottes Erbarmen neu erschlossenen innergöttlichen Liebe.

Sie war und ist es schließlich auch, die es ermöglicht hat, die vielen innerkirchlichen Erschütterungen in der nachkonziliaren Zeit auszuhalten, die Qualen und Schmerzen, die hoffnungsvollen Aufbrüche und ernüchternden Enttäuschungen hinzunehmen, wie sie mit der vom Konzil angeratenen Reform des Ordens zusammenhingen, schließlich alle Unsicherheiten und vermeintlichen Neuentdeckungen hinter sich zu lassen als letztlich unerheblich – verglichen mit dem einzigartigen Erleben wachsender Glaubensfreude und -gewißheit in der einen, einzigen und gleichermaßen heiligen wie unheiligen Kirche Gottes.

Reinhard Marx

Weihbischof Prof. Dr. Reinhard Marx wurde 1953 in Geseke geboren. Nach dem Abitur 1972 studierte er Philosophie und Theologie in Paris und Paderborn. 1979 wurde er von Erzbischof Johannes Joachim Degenhardt zum Priester geweiht. Seine erste Seelsorgetätigkeit führte ihn als Vikar nach Arolsen in die Pfarrei St. Johannes Baptist. 1981 wurde er Geistlicher Rektor an der St. Klemens-Kommende in Dortmund-Brackel, dem Sozialinstitut des Erzbistums Paderborn. Von 1981 bis 1989 war er zudem Diözesan-Beauftragter für Betriebsseelsorge. Gleichzeitig studierte er in Münster und Bochum Christliche Sozialwissenschaften. Dieses Studium schloß er 1988 mit der Promotion zum Doktor der Theologie ab. Von 1986 bis 1988 wirkte er auch als Subsidiar an der St.-Marien-Gemeinde in Witten. 1989 berief ihn Erzbischof Degenhardt zum Direktor der Kommende und gleichzeitig zum Subsidiar an St.-Ewaldi in Dortmund Aplerbeck. 1993 zeichnete ihn der Papst mit dem Titel „Päpstlicher Ehrenkaplan" aus. Im April des Jahres 1996 ernannte ihn Erzbischof Degenhardt zum a.o. Professor für Christliche Gesellschaftslehre an der Theologischen Fakultät Paderborn. Nach der Ernennung zum Weihbischof in Paderborn durch Papst Johannes Paul II. wurde er am 21.9.1996 zum Bischof geweiht.

Mit glaubwürdigen Priestern die Kirche erneuern!

von Reinhard Marx

Als ich am 14. Juli 1996 den Brief des Nuntius mit der Ernennung zum Weihbischof in Paderborn in der Hand hielt, war ich sprachlos und konnte das, was mir da geschehen war, zunächst kaum in Ruhe verarbeiten. Gott sei Dank gab es genug Einzelheiten mit dem Erzbischof, der mir den Brief überreicht hatte, zu besprechen, so daß ich ein wenig abgelenkt war und erst im Laufe des Nachmittags im Garten des Leokonvikts in Paderborn in Gebet und Meditation die Herausforderung vor dem Angesicht Gottes betrachten konnte.

Wie von selbst ging mein innerer Blick zurück in die Jahre meiner Kindheit, meines Heranwachsens im Kreis der Familie, der Weg der Schulzeit und des Studiums bis hin zum Tag der Priesterweihe. Ich fragte mich: War das alles ein konsequenter Weg bis in diese Stunde hinein? Gab und gibt es einen erkennbaren „roten Faden" meines Lebens? Bei allem Fragen und Suchen der letzten Jahrzehnte war mir doch in diesem Augenblick eins klar: Der Weg mit dem Herrn war ein Weg in die größere Freiheit gewesen, und so wählte ich mir fast spontan als Wahlspruch für mein Bischofsamt den Satz aus dem zweiten Korintherbrief des heiligen Paulus: „Wo aber der Geist des Herrn wirkt, da ist Freiheit!"

Aufgewachsen bin ich in einem normalen katholischen Milieu der 50er Jahre in der kleinen westfälischen Stadt Geseke, die mir immer Heimat geblieben ist. Religion gehörte einfach zum Leben dazu, ohne daß ich meine Familie als streng katholisch ansehen würde. Meine Mutter ist eine natürlich katholische Frau, mein Vater war eher ein kritischer Katholik und wich während der sonntäglichen Messe nicht einen Schritt vom Weihwasserbecken am Portal. Zur Osterkommunion und natürlich anläßlich meiner Primiz mußte er diese Gewohnheit allerdings aufgeben, gerne hat er das nicht getan.

Zu Hause wurde zwar bei Tisch gebetet, doch darüber hinaus gab es keinerlei besondere religiösen Aktivitäten. Der Sonntagsgottesdienst war natürlich eine Selbstverständlichkeit. Mein Bruder und ich hatten hiermit keine größeren Probleme. Erst mit meiner jüngeren Schwester, die 1964 geboren wurde, mußte meine Mutter ausführliche Diskussionen führen, die ich aber eher von ferne beobachtete, hatte ich doch damals das Elternhaus bereits in Richtung Konvikt und Priesterseminar verlassen.

Ich kann mich auch nicht erinnern, daß wir als Familie jemals gemeinsam zur Kirche gegangen wären. Da galt einfach noch das Geschlechter- und Altersprinzip. Frauen gingen in die Frühmesse, wir Jungen in die Kindermesse oder in die heilige Messe, in der wir als Ministranten dienen mußten, und mein Vater mußte, da er in Wechselschicht arbeitete, den Gottesdienstbesuch danach einrichten.

Ich habe niemals einen religiösen Zwang empfunden, nie das Gefühl gehabt, daß mich jemand in die Kirche hineindrängt, im Gegenteil. Im nachhinein bin ich für diese Freiheit und offene Atmosphäre, die in meinem Elternhaus herrschte, sehr dankbar. So sind für mich die Begegnungen mit Kirche und Glaube von meinen allerersten religiösen Erfahrungen an bis heute durchweg positiv gewesen. Die Worte „Gott" und „Kirche" haben in mir nie Assoziationen des Zwangs oder des Drucks ausgelöst.

Natürlich kann ich mich nicht mehr genau erinnern, wann ich zum ersten Mal ein ganz persönliches Gebet gesprochen habe. Das war wahrscheinlich im Kindergarten bei Schwester Beate, einer Heiligenstädter Schulschwester, die ich innig verehrte. Als wir den Kindergarten verließen, schenkte man uns ein Kreuz mit der Aufschrift: Mit Gott fang an, mit Gott hör auf, das ist der beste Lebenslauf. Dieses Kreuz hat mich viele, viele Jahre begleitet.

Also wie und wann ich zuerst gebetet habe, kann ich auf den Tag genau nicht mehr sagen, aber ich war vielleicht drei Jahre alt. Es war der erste kindliche Versuch, auf den Ruf Gottes zu antworten. Und schon damals hat mich die Tatsache, daß Gott existiert und daß er mich liebt, ganz tief bewegt. Diese schlichten, noch kindlichen religiösen Erfahrungen haben mich mein ganzes Leben lang bis heute geprägt. Denn diese Wahrheit ist ja die entscheidende, ob im Alter von drei oder von achtzig Jahren: Gott existiert, und er liebt mich! Seit diesem Augenblick hat mich das Geheimnis Gottes nie mehr losgelassen. Und ich bin sehr dankbar, daß der „Gebetsfaden" nie abgerissen ist.

Besonders intensiv war natürlich die Zeit der Erstkommunionvorbereitung, dann die Erfahrungen als Meßdiener.

Mit großer Begeisterung habe ich mich in unserer alten wunderschönen Kirche aufgehalten, habe ihre Fenster betrachtet und mich schon als Kind allein in die Stille zurückgezogen: Wunderbare faszinierende Welt, die mich anzog und mich begeisterte.

Ich möchte nicht den Anschein erwecken, meine Lebensgeschichte zu verklären, aber im Rückblick erscheint mir der Weg des Glaubens als ein einziger Weg der Gnade, der Liebe und der spürbaren Nähe Gottes. Sehr hilfreich war natürlich, daß ich lebendige Kirche erlebte, überzeugende Priester. Dazu kam, daß diese Kirche auch sichtbar, kraftvoll und stark auftrat: volle Kirchen und farbenprächtige Prozessionen, intensive Jugendarbeit und das allgemeine Bewußtsein: katholisch sein ist toll!

Herzenswunsch: Priester werden

Die 50er Jahre waren eine Blütezeit der Kirche. Und doch begann schon bald nach meiner Erstkommunion und Firmung die Zeit der Krise. Ich spürte plötzlich, wie diese Welt zusammenbrach. Aber die Gefühle der Trauer über diesen Zusammenbruch machten mich eher trotzig nach dem Motto: Jetzt erst recht! Ein Beispiel: Ich habe mich als Heranwachsender sehr darüber aufgeregt, wenn Mitschüler anfingen, sich über Glaube und Kirche lustig zu machen oder in der Kirche störten. Einmal war ich so erbost, daß ich meinem Vetter, der hinter mir saß und beim Gottesdienst laut schwätzte, eine schallende Ohrfeige gab. Da muß ich zehn Jahre alt gewesen sein.

Wie von selbst wuchs also in mir der Wunsch, auch einmal so zu sein wie die Priester, die ich bewunderte. Ich kann mich erinnern, daß unser Canonicus uns am Fest meiner ersten heiligen Kommunion besuchte und beim Abschied meine Mutter zu ihm sagte (ich weiß nicht, ob es ganz ernst gemeint war): Unser Reinhard will Priester werden! Ich habe das nie vergessen, auch nicht, daß ich rot wurde und der Canonicus antwortete: Da fließt noch viel Wasser den Rhein hinunter!

Je älter ich wurde, desto mehr spürte ich, daß dieser Ruf, den ich tatsächlich schon als Kommunionkind vernommen hatte, mich nicht losließ. Es machte mir Freude zu beten. Ich fühlte mich innerlich gestärkt bei der Heiligen Messe. Mich faszinierten die Geschichten der Heiligen. Und so deutete für mich alles darauf hin, daß Gott mein Ja-Wort wollte. So wuchs in mir auf der einen Seite die Überzeugung des wirklichen Rufes Gottes und meine Bereitschaft, darauf zu antworten, auf der anderen Seite kamen mir, je älter ich wurde, auch wieder Zweifel. Während der Pubertät mußte eigentlich alles noch einmal neu reflektiert und bedacht werden. Aber immer war der Ruf stärker und auch das Gefühl, sich vertrauensvoll hineinfallen lassen zu können in die große Liebe Gottes. Ich war und bin mir im tiefsten klar, daß Gott nicht täuscht und nicht getäuscht werden kann. Dieser Glaube war immer stärker als alle „attraktiven" Alternativen.

In diesen entscheidenden Jahren zwischen 14 und 18 ist meine Berufung gereift. Allerdings nicht nur im stillen Kämmerlein des Gebetes, sondern im lebendigen Austausch mit vielen anderen, denn gerade in diesen Jahren suchte ich Kontakte, engagierte ich mich in der Schülermitverwaltung, in unserer Pfarrjugend und war vielfältig interessiert. Als ich vor einigen Jahren meinen Terminkalender aus der 12. Klasse wiederfand, war ich äußerst überrascht, wie ich als Jugendlicher all diese verschiedenen Projekte unter einen Hut bekommen hatte. Und das Feiern kam auch nicht zu kurz! In all diesen unruhigen Jahren blieb aber der Ruf des Herrn immer spürbar. Niemals wurde das Gespräch mit dem Herrn im Gebet übertönt durch andere Stimmen. Dafür bin ich sehr dankbar, denn selbstverständlich ist das unverdient und keineswegs eigene Leistung.

Nach meiner Bischofsweihe führte der Westdeutsche Rundfunk ein mehrstündiges Gespräch mit mir über mein Leben und meine Ansichten. Nach der Sendung haben der Redakteur und sein Chef, ein alter Schulkamerad aus meiner Heimatstadt, der mittlerweile beim WDR ein wichtiger Mann geworden ist, zusammen ein Bier getrunken und uns über alte Zeiten ausgetauscht. Ich hatte den Mitschüler, der einige Jahre jünger ist als ich, lange nicht gesehen und gesprochen. Er sagte an diesem Abend etwas, was mir später noch lange Zeit durch den Kopf ging: Damals (und das waren die Jahre zwischen 15 und 18) kamst du uns anderen vor wie ein Wesen von einem anderen Stern. War das negativ oder positiv zu verstehen? Da ich grundsätzlich eher positiv denke, habe ich es dann so für mich interpretiert: Vielleicht müssen wir als Christen tatsächlich auch ja sagen dazu, anders zu sein, wenn wir dem Ruf des Herrn folgen. Das heißt nicht, daß wir nicht mitten in der Welt leben und wirken wollen, innig verbunden mit den Menschen, aber es bleibt ein Rest, der uns für manche erscheinen läßt wie Wesen von einem anderen Stern. Übrigens kamen mir die Priester, besonders mein Heimatpfarrer, auch immer so vor: Mitten in der Welt und doch anders, nicht wie alle Leute! Und wie sie wollte ich ja sein.

Auch die Zeit des Studiums in Paderborn und Paris hat diese Grunderfahrung, von Gott gerufen zu sein und ihm die Antwort der Liebe zu schulden, nicht erschüttert – trotz intensiven inneren Fragens und Ringens. Ich konnte in diesen

Jahren und auch später als Priester das wirklich erfahren, was der Herr seinen Jüngern verheißt: Daß die, die in der Nachfolge vieles hinter sich lassen, hundertfach beschenkt werden.

Ich lernte viele neue Freunde kennen. Mein Blick weitete sich. Ich begegnete zum erstenmal der Welt der Klöster, anderen Meditationsformen. Ich fuhr auf Pilgerfahrt ins Heilige Land und natürlich mehrfach nach Rom. Immer wieder machte ich die Erfahrung, daß demjenigen, der in der Kirche den Weg des Glaubens geht, der Blick nicht verengt, sondern geweitet wird: Tiefe und Freiheit, neue Brüder und Schwestern, Gemeinschaft, die trägt, so empfinde ich es jedenfalls im Rückblick und auch in der Gegenwart.

Um so mehr ärgert es mich, wenn in der öffentlichen Diskussion beim Thema „Kirche" enge Kleinkariertheit, Miefigkeit, Starrsinn, rückwärts gewandte Ideologie und ähnliches assoziiert wird. Vielleicht gibt es ja Christen, die ein solches Bild vermitteln, um so schlimmer, aber die Kirche, die ich erfahren habe und die ich mitbauen möchte, ist ein Ort der Gotteserfahrung, die „ins Weite" führt, wie es Psalm 18 ausspricht.

Mit Freude und Entschlossenheit

Als ich am Tag meiner Priesterweihe mit ganzem Herzen ja sagte, war ich überglücklich, und ich bin es geblieben, ohne daß ich die Tage der Traurigkeit und Müdigkeit verschweigen will. Doch das beherrschende Bild ist die große Freude, Gott in Jesus Christus gefunden zu haben. Das ist der Schatz und die Perle, wie es Jesus wahrscheinlich im Blick auf seine eigene Gotteserfahrung im Matthäusevangelium schildert (Mt.

13,44). Diese Stelle ist auch ein Schlüsseltext für meine Berufung und meinen priesterlichen Weg geworden.

Immer wieder denke ich an den Satz aus dem Testament Papst Pauls VI.: „Wie könnte ich genug dafür danken, in die geheimnisvolle Welt der katholischen Kirche gerufen zu sein." Je mehr diese „geheimnisvolle Welt" angegriffen und verleumdet wird, um so intensiver fühle ich mich ihr verbunden. Wobei ich im Blick auf die Kirche auch beides bei den Menschen von heute erlebe: Primitivste Verleumdungen und intensive Suche und Offenheit. Deshalb empfehle ich auch gerade den Priestern Gelassenheit und die Überzeugung, daß wir auch in diesen schwierigen Zeiten des Umbruchs das Zeugnis des Evangeliums geben können und daß Menschen auch heute darauf warten.

Während meiner ersten Firmreise als Weihbischof mußte ich sehr oft mit den Pfarrgemeinderäten und Kirchenvorständen sprechen. Immer wieder fragten sie nach der Zukunft des Glaubens und der Kirche. Ich habe dann gelegentlich geantwortet, ich wüßte, wie schwer für manche Familien die Erkenntnis sei, daß mit der nächsten Generation der katholische Glaube zunächst einmal in der eigenen Familie aufhörte. Wir aber hätten auch keine Patentrezepte. Wir könnten nur mit dafür sorgen, daß diese Gemeinde hier am Ort das Feuer des Evangeliums lebendig hielte. Und jetzt käme es darauf an, daß jeder sich frage: Warum bin ich Christ? Und wenn wir wirklich zum Glauben und zur Kirche stünden, dann wirkten wir wie von selbst dabei mit, daß der Glaube lebendig bleibt.

Ja, wir müssen uns in eine Phase der Sammlung hineinbegeben, d. h. aber nicht, daß wir den missionarischen Aufbruch aufgegeben hätten. Alles zu seiner Zeit! Sicher werden wir niemanden überzeugen, wenn wir eine Einladung aussprechen wie: Komm mit auf mein sinkendes Schiff! Sondern nur: Komm auf unser Schiff, mach es mit uns wieder flott und geh mit auf große Fahrt! Ich spüre, daß wir für diese Fahrt unter dem „Banner Christi", wie es der heilige Ignatius ausdrückt, auch heute junge Menschen begeistern können.

Ich bin seit 18 Jahre Priester und ein Jahr Bischof. Mein Weg ist eigentlich anders verlaufen, als ich mir das am Tag meiner Priesterweihe vorgestellt habe. Nach zwei Jahren Seelsorgedienst wurde ich in die Kommende als Geistlicher Rektor gerufen, in ein Bildungshaus, das sich in besonderer Weise mit sozial-ethischen Problemen beschäftigt. Zudem wünschte der Erzbischof, daß ich im Fach Katholische Soziallehre promovieren sollte. Ich folgte, obwohl meine Studienschwerpunkte bislang andere gewesen waren: die griechischen und lateinischen Kirchenväter der ersten fünf Jahrhunderte. Und auch meine Spiritualität war bislang recht stark auf die Feier der Liturgie, die mir sehr wichtig war, konzentriert gewesen.

Der Schritt, die Gemeinde zu verlassen und einen Weg zu gehen, der vielleicht für immer fort von der konkreten Seelsorgearbeit führte, fiel mir schwerer als das Ja-Wort zum Priestertum. Und dieser weitere Weg war dann noch viel schwieriger, als damals vermutet. Doch im Gehorsam etwas zu tun, was den eigenen Lebensplänen so gar nicht entspricht, gehört auch zur Erfahrung der Freiheit in der Kirche. Denn Gehorsam und Freiheit bedingen sich. Wahre Freiheit kann die eigenen Wünsche und Pläne lassen. Das habe ich als durchaus richtig erfahren. Ich bin für diesen Weg im nachhinein sehr dankbar, er hat meinen geistigen Horizont erweitert und meine Spiritualität bereichert.

Hinzu kommt ein zweites: durch die Beschäftigung mit den sozialen Problemen und Herausforderungen und durch die Begegnung mit vielen Menschen in Wirtschaft, Politik und Arbeitswelt ist das konkrete Alltagsleben der Menschen für mich sehr wichtig geworden. Arbeitslosigkeit, Armut, soziale Gerechtigkeit, all das bewegt mich heute viel intensiver als damals. Mir ist klar geworden: Wie können wir das Evangelium verkünden, ohne die existentiellen Sorgen der Menschen ernst zu nehmen? Wie können wir soziale Gerechtigkeit verkünden und dafür eintreten, wenn wir nicht in der Tiefe unseres Herzens die Gotteserfahrung Jesu teilen? So haben mir die 15 Jahre Tätigkeit in Politik und Wirtschaft, Wissenschaft und Bildungsarbeit, eine Tätigkeit, die ich damals nur ungerne übernommen hatte, eminent wichtige Erkenntnisse und Erfahrungen gebracht.

Kirche der Zukunft wird eine Kirche sein, die beides verbindet: Geistliche Erfahrung, tiefe Spiritualität und Engagement für die Welt und ihre Wunden, eben Mystik und Politik. Das soll auch mein Leitmotiv für meinen Dienst als Professor und als Bischof sein. Ich will es wenigstens versuchen.

Für die Zukunft der Kirche ist aber vor allem eines wichtig: die Erneuerung der priesterlichen Spiritualität. Wir brauchen wieder mehr junge, überzeugende, glaubwürdige, geistlich tiefe Priester! Ansonsten wird die „Wende" noch nicht geschenkt, kann der „Ausmarsch" noch nicht stattfinden. Aus diesem Grund habe ich mit anderen gemeinsam besonders für jüngere Priester eine Initiative gegründet, die den Namen „Johannes XXIII." trägt. Denn dieser Papst ist mir immer ein geistliches Vorbild gewesen: Er hat das Neue gewagt, ohne die geistliche und theologische Tradition der Kirche aufzugeben.

Drei Ziele verfolgt unsere Priesterinitiative:

1. Positive Aufarbeitung des Zweiten Vatikanischen Konzils

   (Was sagen die Texte wirklich?)

2. Lebendige, weltpriesterliche Spiritualität

   (Es geht nicht um die Frage: Wie schaffen wir den Zölibat ab? Es geht darum, wie wir ihn gut halten können?)

3. Gutes und herzliches Konveniat

   (Priester sein mit Leib und Seele)

Vielleicht kann diese Initiative ein kleiner Baustein sein in dem großen Bemühen, die Kirche zu erneuern.

Neulich sagte jemand: Der Kirche weht der Wind scharf ins Gesicht. Darauf rief ein mir befreundeter Mitbruder dazwischen: Das hält das Gesicht frisch und jung!

In diesem Geist sollten wir die Kirche der Zukunft bauen und dem vertrauen, der der Herr der Kirche ist.

Leo Scheffczyk

Prof. DDr. Leo Scheffczyk wurde 1920 in Beuthen (Schlesien) geboren. Nach dem Studium der Philosophie und Theologie in Breslau, an der philosophisch-theologischen Hochschule Freising sowie an der theologischen Fakultät der Universität München promovierte er 1950 und habilitierte sich 1957. Nach der Priesterweihe 1947 war Scheffczyk zunächst als Seelsorger in Königstein/Taunus, danach als Dozent an der dortigen Hochschule tätig. Von 1959 bis 1965 war er Professor für Dogmatik an der theologischen Fakultät der Universität Tübingen. Danach lehrte er 20 Jahre lang als Professor für Dogmatik an der theologischen Fakultät der Universität München bis zur Emeritierung im Jahre 1985. Scheffczyk ist seit 1973 Mitglied der Academia Pontificia Mariana Internationalis, seit 1976 Ordentliches Mitglied der Pontificia Accademia Teologica Romana und seit 1980 Ordentliches Mitglied der Bayerischen Akademie der Wissenschaften. Seit 1993 ist Scheffczyk Dr. theol. h. c. der Universität von Navarra in Pamplona.

Berufung als Ruf aus der Zeit

von Leo Scheffczyk

Ein Bericht über das Geschehen der eigenen Berufung (zum Priester und Theologen) muß notgedrungen einen autobiographischen Zug annehmen. Die Gattung der Autobiographie, die im christlichen Bereich Augustinus einführte, ist freilich nicht jedermanns Sache. Wer nicht, wie der „Olympier" Goethe, der selbstbewußten Überzeugung ist, daß ein Mann mit dreißig Jahren (nach Benvenuto Cellini, + 1571) seine Lebensbeschreibung beginnen sollte, wird gegenüber diesem literarischen Genre Zurückhaltung üben; denn er könnte Gefahr laufen, in die Nähe der „Selbstdarstellung" zu geraten. Dann möchte man sich lieber an den ganz auf Diskretion bedachten Plotin (+ 270) halten, der es sogar ablehnte, sich porträtieren zu lassen, „damit nicht das Schattenbild eines Schattenbildes entstehe".

Freilich kann man auch durch übertriebene Demut fehlgehen und beim Gegenteil landen. So müßte zwischen diesen beiden Extremen ein Mittleres auszumachen sein. Dem Verfasser dieses Beitrags scheint das Erreichen einer solchen Mitte möglich, wenn zwei Kriterien gegeben sind: das eine ist die von außen kommende Bitte zur Niederschrift einer solchen Selbstdarstellung, das andere besteht im unprätentiösen, keine Originalität beanspruchenden Charakter des Berichtes, der höchstens dadurch exemplarisch wirken könnte, daß er kein herausragendes Beispiel zu bieten hat.

Dies hängt schon mit dem prosaischen Umstand zusammen, daß im Zentrum dieser „Berufungsgeschichte" kein einzigartiges, „von oben" einfallendes Berufungsereignis oder -erlebnis stand (wie bei Propheten, Aposteln oder großen Charismatikern), sondern daß sich die Berufung ziemlich undramatisch als ein schlichter Weg vollzog, der zwar auch seine Höhen und Tiefe hatte und in Beschleunigungen wie in Verzögerungen verlief, der dabei aber doch eine kontinuierliche Abfolge darstellte, der freilich die für den Betrachter besonders eindrucksvollen sensationellen Wendungen und Umschwünge fehlten. So mag das Beispielgebende dieses Berichtes gerade in der Alltäglichkeit des Geschehenen gelegen sein, das sich, genauer besehen, aus den positiven wie negativen Anstößen ergab, die eine bestimmte Zeitsituation vermittelte. Darum kann in diesem Fall die Gnade der Berufung zunächst als „äußere Gnade", als „Ruf aus der Zeit" verstanden werden, der freilich auch das Innere ergreifen und zur „inneren Gnade" werden sollte.

Spurenhafte Anfänge

Einem katholischen kleinbürgerlichen Elternhaus entstammend, lag meinen Eltern der Gedanke an einen geistlichen Beruf eines ihrer beiden Kinder nicht nahe. Hinzu kam, daß in jener Zeit das Priesteramt einen so hohen sozialen Stand einnahm, daß er unter den ärmlichen Voraussetzungen der familiären Situation nicht bewußt angestrebt werden konnte. Wohl aber bewiesen Vater und Mutter eine gewisse

Strebsamkeit darin, ihren Kindern eine gute Ausbildung angedeihen zu lassen, die aufgrund guter schulischer Leistungen bald auch erreichbar erschien.

Was als bedeutsamer zu werten ist, war die kirchliche Gesinnung der Familie im Umfeld des damals noch tragenden, heute vielfach abgewerteten „Milieukatholizismus" im katholischen Grenzland Oberschlesien, wo die Kräfte einer (wenn auch stark traditionsgebundenen) Volksfrömmigkeit noch eine starke Wirkung ausübten. Kennzeichnend dafür waren der regelmäßige Kirchgang der Eltern (mit frühzeitiger eigener Beteiligung), das gemeinsame Tischgebet, das (seitens der Mutter) erfolgende Anschneiden des Brotes unter Bezeichnung mit dem Kreuz, die Vermittlung der Kenntnis der kindlichen Gebete, die bewußt vollzogene Feier der kirchlichen Feste. Für ein besonderes Vertrautwerden mit dem Schutzengelglauben spricht ein damals erlerntes, heute noch vertrautes Schutzengellied, das ich anläßlich einer Halskrankheit dem behandelnden Arzt vorsingen mußte. Früh empfing ich in dieser äußerlich dürftigen Zeit der zwanziger Jahre auch Kenntnis von Wallfahrten meiner Eltern, von ihrer Teilnahme an Volksmissionen, von karitativer Betätigung meiner Mutter und vom Mitwirken meines Vaters in der Männerkongregation.

Von diesen Umständen (die hier als akausale Vorbedingungen gekennzeichnet werden) kann ich nicht sagen, daß sie bewußt und effizient am Wachsen einer geistlichen Neigung beteiligt waren. Das gilt auch für das frühe Erleben der bereits erwähnten Wallfahrten. Unser Wohnhaus lag in der Nähe jener Hauptstraße, auf der in der Sommerzeit am frühen Sonntag Scharen von Gläubigen nach dem nahegelegenen (polnischen) Marienwallfahrtsort Piekar pilgerten. Die

Menge der Männer und buntgekleideten Frauen, die wehenden Kirchenfahnen, die geschmückten mitgetragenen Marienstatuen und das damals erstmals gehörte (und niemals mehr vergessene) Lourdes-Lied hinterließen einen mächtigen Eindruck, ohne daß ich sagen könnte, es hätten sich solche Eindrücke bereits auch ins Innere übersetzt.

Und schließlich läßt sich dies auch noch nicht von den Augenblicken der Teilnahme an den ersten Kindergottesdiensten behaupten, die ich in meiner von feierlicher Schwere geprägten neuromanischen Tauf- und Pfarrkirche erlebte. Ganz in der Nähe des hochgebauten Altars stehend (inmitten von sich durchaus nicht immer gesittet benehmenden Kindern), blickte ich mit einer gewissen Faszination auf die feierlich agierenden Priester und auf den geheimnisvollen Ritus, der zwar unverstanden blieb, aber doch anziehend wirkte.

Der Tiefenpsychologe mag solche und ähnliche Erlebnisse als Vorprogrammierungen ansehen, welche die spätere Entwicklung determinierten und auf das bestimmte Ziel fixierten. Aber so wurden sie weder damals erfahren noch später bei der Berufswahl als Faktoren bewußt empfunden. Es ist zwar nicht zu bestreiten, daß diese Begebnisse in den Entwicklungsgang hineingehören. Aber ihr Stellenwert und ihre Wirkkraft sind empirisch nicht festzulegen. So etwas mögen tausend andere in ähnlicher Weise erlebt haben und dennoch einen anderen Weg gegangen sein. Die Theologie hält freilich für solche Phänomene eine sinnvolle Interpretation bereit, die auf das Geheimnis der Berufung weist, bei der immer auch Gnade am Werke ist. Sie spricht von der sogenannten „zuvorkommenden Gnade", die sowohl unserem Willen wie unserer Erkenntnis vorausgeht. Sie wirkt „in uns" und doch „ohne uns", so daß etwas ohne menschliches Planen und Einwirken geschieht, das trotzdem die Freiheit nicht aufhebt, weil eine spätere Entscheidung unumgänglich ist und fallen muß.

Diese war aber auch in der ersten Schulzeit noch nicht erkennbar, die für mich nach dem Umzug meiner Eltern in den Norden Oberschlesiens in einem Ort mit mehrheitlichem evangelischem Bevölkerungsanteil begann. In der kleinstädtischen katholischen Schule und in einer eng verbundenen Pfarrgemeinde zeigten sich die ersten Äußerungen eines erwachenden religiösen Lebens, das nicht zuletzt durch einen beeindruckenden Religionsunterricht gefördert wurde. Dem empfänglichen Knaben gingen in dem damals noch vom „Katechismus" getrennten Bibelunterricht die großen Gestalten des Alten Testamentes als monumentale Größen auf von einer damals nur erahnten, ehrfurchtgebietenden Sinnfülle, kontrastiert von der anders gearteten Erscheinung Jesu, die vor allem Güte und Milde verbreitete.

In der protestantischen Umgebung kam aber auch ein noch unbestimmter Eindruck von der Eigenheit des Katholischen auf, das sich durchaus vertrug mit dem ungetrübten lebensmäßigen Zusammensein im Kreis evangelischer Spiel- und Sportkameraden. Hintergründig aber stand auch, vor allem am optischen Eindruck der mächtigen gotischen evangelischen Kirche, der noch unscharfe, als Rätsel empfundene Gedanke vom Nicht-sein-Sollenden und Störenden der Existenz von zwei verschiedenen „Religionen" auf.

In der Erinnerung blieb, wie bei vielen, der Tag der Erstkommunion haften, mit dem sich die erste Spur einer kindlichen Neigung zum „Priester-Werden" verband. Sie kam jedoch von außen und wurde von einem älteren Schulkameraden verursacht, der von seinen Eltern in eine weitgelegene Schulstadt in ein Juvenat der Redemptoristen gesandt wurde, das als Pflanzstätte für spätere Priesteramtskandidaten galt. Mein sehnlichster Wunsch, den ich als förmliche Bitte in die Kommunionfeier einbrachte, ging dahin, es dem Freund gleichtun zu dürfen und ihm bald folgen zu können, was sich freilich unter den gegebenen finanziellen Verhältnissen als unmöglich erwies. So erlebte ich in diesem Jahre das erste Mal die (scheinbare) Nichterfüllung einer Gebetsbitte, eine Erfahrung, die mich auch später noch oft ankam. Dann aber stellte sich auch die Erkenntnis ein, daß nichts von dem Erbetenen gänzlich unerhört bleibt und daß es sich auf unge- ahnten Wegen und in unerwarteter Form doch wieder ein- stellt. Allerdings klang das erwähnte Erlebnis bald wieder ab und hinterließ keine merklichen Spuren.

Nach einem neuerlichen Umzug meiner Eltern in unsere Heimatstadt, der wohl auch von meinem Vater im Hinblick auf die sich nahelegende Ausbildung betrieben worden war, begann für mich nach Ostern 1930 die Gymnasialzeit am humanistischen Gymnasium. Sie besitzt nach heutigem Urteil den Charakter einer unmittelbaren Vorbereitung auf den Beruf, so daß am Ende dieser Zeit auch die Entscheidung fiel.

Wege zur Entscheidung

Der Eintritt ins humanistische Gymnasium erfolgte unter Umständen, die mich den Vorgang als ein besonderes Glück empfinden ließen, das ich bald mit der Güte der göttlichen Vorsehung zusammenbrachte. Von den weit über hundert zur Aufnahmeprüfung angetretenen Kandidaten konnten, auf zwei Klassen verteilt, nur achtzig zugelassen werden. Die Namen der erfolgreichen Bewerber wurden am frühen Nachmittag im Inneren des Hauses von einer Treppe den mit ihren Zöglingen gespannt wartenden Vätern verkündet. Die Reihung der Namen war, wie man bald feststellen konnte, nicht alphabetisch, aber auch sonst von keiner ersichtlichen Ordnung bestimmt, so daß die Annahme nahelag, es handele sich um eine Abfolge nach der Qualität der Prüfungsergebnisse. Als nach den ersten fünfzig Nominierungen mein Name immer noch nicht gefallen war und auch in den „Siebzigern" ausblieb, schwanden unsere Hoffnungen dahin. Ich sehe heute noch den mitleidsvollen, aber auch ermunternden Blick meines Vaters auf mir ruhen, als ob er sagen wollte: „Sei nicht traurig. Es hat wohl nicht sollen sein." Als dann an 78ster Stelle mein Name doch erklang, war die Freude doppelt groß, die ich, wie selbstverständlich, mit dem Gedanken an eine besondere Hilfe des lieben Gottes verband.

Im Rückblick muß ich feststellen, daß sich diese Hilfe in der Folgezeit in vielerlei Weise beständig erwies und dies nicht nur äußerlich bei einem schweren Unfall anläßlich eines „Kriegsspieles" der „Neudeutschen", sondern auch innerlich in der Bildung von Geist und Herz in der anregenden Atmosphäre des katholischen „Hindenburg-Gymnasiums". Es trug diesen Namen im Andenken an Feldmarschall Paul v. Hindenburg, der in dem Gebäude während des Ersten Weltkrieges als „Oberbefehlshaber Ost" zeitweise sein Hauptquartier aufgeschlagen hatte. Aber nicht nur von dieser Erinnerung, sondern auch von der politisch-gesellschaftlichen Zeitsituation her war der Geist dieser Anstalt von nationaler und christlicher Tradition geprägt, jedoch durchaus nicht in einem penetranten, engstirnigen Sinne, sondern in einer Weise, die von einem christlichen Humanismus mit Offenheit und Weite verbunden war. Der Einfluß des völkischen Gedankens war im Grenzland Oberschlesien und in der südöstlichsten Grenzstadt des Reiches wie naturgegeben, zusätzlich freilich vom Bewußtsein des geschichtlichen Unrechts der Abtrennung des östlichen Teils trotz der für das Deutschtum positiv ausgegangenen Wahl von 1921 geschärft, aber nie dem Fanatismus auch nur nahekommend.

Der Eintritt ins Gymnasium bedeutete, von meiner Abkunft her betrachtet, die Erhebung auf einen Höhenweg, den ich mit jugendlichem Eifer anging und in den ersten Jahren mit einer spielerischen Freude bewältigte. Dabei blieb mir die Tatsache nicht lang verborgen, daß die Anstalt immer wieder eine ansehnliche Reihe von Theologiestudenten und späteren Priestern, ja sogar Bischöfen, hervorbrachte, deren imponierendstes Beispiel Bischof Maximilian Kaller (+ 1947), Bischof von Ermland, war, der uns anläßlich eines Besuches im Jahre 1932 in der großen Aula mit dem staunenerregenden Satz beglückte: „Auf den Bänken, auf denen Ihr jetzt sitzt, habe ich auch einmal gesessen." Aber damit verband sich bei mir keineswegs schon der Gedanke, es den großen Vorbildern gleichtun und die Richtung auf die Theologie einschlagen zu können.

Dazu war offenbar das Ansetzen anderer Wirkfaktoren nötig, von denen mir heute der solide Religionsunterricht als der nicht unwichtigste erscheint. Von geistlichen Männern geleitet, die gediegene theologische Bildung mit literarisch-schriftstellerischen Interessen und weltmännischer Offenheit verbanden (einer von ihnen bereiste in diesen Jahren bereits die europäische Welt), wurden wir in einer Weise mit dem Sinn des christkatholischen Glaubens vertraut gemacht, die noch heute bei den meisten Mitschülern Anerkennung findet. Dieser Religionsunterricht war Festpunkt eines Erziehungs-konzeptes, das wir als entschieden leistungsbezogen und fordernd, aber keineswegs als bedrückend empfanden, wogegen allein schon die vielen Möglichkeiten zu Spiel und Sport gesprochen hätten. Dennoch standen die beginnenden dreißiger Jahre bereits unter den Vorzeichen der Katastrophe von 1933, die ihre Schatten vorauswarf. Das langsam erwachende politische Interesse, durch Schule und Elternhaus gefördert, nahm nicht nur (wenn auch noch unscharf) die Ereignisse im fernen Rußland wahr, es wurde auch schon von der Unruhe in Deutschland, von den Demonstrationen der Kommunisten und Nazis beeindruckt. Im Jahre 1932 gewann unsere Heimatstadt eine gewisse (traurige) Berühmtheit im sogenannten Potempa-Prozeß, in dem nationalsozialistische Fanatiker wegen Totschlags eines Kommunisten verurteilt wurden. Wir Schüler erlebten damals die prickelnde Atmosphäre einer polizeilich um das Gerichtsgebäude errichteten Bannmeile. Auch die Reichstagswahlen dieses Jahres mit dem Auf und Ab der Hitlerpartei weckten schon eine gewisse Aufmerksamkeit.

Bevor es aber zu dem Unheilstag vom 30. Januar 1933 kam, trat für mich ganz still und scheinbar peripher ein anderes Ereignis ein, das sich später mit dem großen politischen Geschehen innerlich verbinden und den Lebensweg entscheidend bestimmen sollte. Als Elfjähriger trat ich 1931 dem katholischen Schülerbund „Neudeutschland" bei, der einen ansehnlichen Teil der aufstrebenden katholischen Jugendbewegung repräsentierte. In dieser Gemeinschaft, die im Gegensatz zu einem in Welt und Religion verbürgerlichten Lebensstil die Kräfte des Ursprünglichen, Natürlichen und Echten wiedererwecken wollte, tat sich eine Heimstatt auf, in der die intellektuelle Schulung des Gymnasiums durch die charakterliche Bildung aus dem Geist moderner Katholizität

ergänzt wurde. Ein aus der Einheit von Natur und Gnade kon-
zipiertes idealgesinntes jugendliches Gemeinschaftsleben, das
sich in Gruppenstunden, in Fahrt und Zeltlager, in Spiel und
Gesang, in Gemeinschaftsmesse und im verpflichtenden
„Bundesave" realisierte, erwies sich immer deutlicher als
Fundament und Stütze eines sich vertiefenden praktischen
Glaubens, der nun durch die Zeitereignisse in besonderer
Weise auch herausgefordert war. Das Programm der „neuen
Lebensgestaltung in Christus" war den Gliedern des Bundes
keine Theorie, sondern ein Leitbild, das ins Leben griff. In der
umgebenden bürgerlichen Welt mußte diese Programmatik auf
den Einwand der „Elitebildung" stoßen, die aber im Bund
bewußt nicht intendiert war. Die auf das organisch
Katholische, auf Werte und Ideale ausgerichtete Geistes-
haltung, die eine charakteristische Ausformung in den
„Christuskreisen" fand, vermochte nicht nur die Fähigkeit zur
Kritik gegenüber dem Ungeist der aufziehenden Zeit auszubil-
den, sondern auch die Kräfte des Widerstandes zu formieren.
So ist es verständlich, wenn es auch überraschend klingen
mag, daß schon in der Zeit der „Machtergreifung" von seiten
der Älteren des Bundes das Wort zu hören war: „Das ist der
Untergang Deutschlands."

So war denn auch, rückblickend betrachtet, die Intention
der Aktivitäten dieser Jugendgemeinschaft faktisch darauf
gerichtet, dem erahnten Verderben Deutschlands entgegenzuwirken unter Aufnahme der bald auch einsetzenden
Schwierigkeiten und Repressionen durch die Staatsmacht.
Davon legen ein beredtes Zeugnis die kontinuierlich herausgegebenen Jahresparolen ab, vor denen mir eine besonders in
Erinnerung geblieben ist. Sie hieß: „Christus in Deutschland
muß leben, auch wenn wir sterben müssen." Auch wenn man

bei Aufnahme dieses Programmwortes manchen jugendlichen Überschwang und naive Unbekümmertheit einberechnen darf, so war es den Jungen doch durchaus ernst. Was in heutigen Ohren (im Hinblick auf die Mentalität der gegenwärtigen katholischen Jugend) als übertrieben und realitätsfern angesehen werden mag, war den meisten Bundesbrüdern damals verpflichtende Wirklichkeit. Das Ideal eines lebensbestimmenden Christusglaubens, der verbunden war mit hochgesinntem Streben nach edler Menschlichkeit und Reinheit (bestimmt von H. Muckermanns Losung „Stauungsprinzip und Reifezeit") wurde nun auch ergänzt durch ein kämpferisches Ethos, das von früh an lautete, „pro nomine Jesu contumeliam pati" (Apg 6,51).

In diesen Jahren kam zu den beiden vorrangigen Bereichen, in denen sich das Leben vollzog, nämlich „Gymnasium" und „Bund", noch ein dritter hinzu, der für die weitere Entwicklung auch folgenreich werden sollte: die Übernahme des Ministrantendienstes an der neugegründeten Pfarrei St. Barbara, dem ich bis zum Abitur und auch noch danach oblag. Die drei Bereiche oder Schichten durchdrangen sich so organisch, daß sie lebensmäßig als Einheit empfunden wurden. Die aus den drei Quellen strömenden Kräfte prägten vor allem das werdende Kirchenbild, das für den heranwachsenden Gymnasiasten etwas von der vergeistigten Ordnung klassischer Latinität, etwas von zeitgemäßer missionarischer Agilität und vom Dienst am Altar herrührender Sakralität annahm.

Es ist verständlich, daß auf diesem Humusboden die zuvor unbewußt eingesenkten Keime wachsen und ins Bewußtsein dringen konnten. Das hätte wohl aber nicht geschehen können ohne das Hinzukommen von lebendigen priesterlichen Persönlichkeiten, welche die Wahrheit und Lehre, die Schule,

Kirche und Bund anboten, in lebendigen Gestalten verkörperten. Dazu gehörten nicht nur markante Religionslehrer, auch nicht allein die prägenden Gestalten des Bundes (wie P. L. Esch), die mehrheitlich aus der damals eine große Anziehungskraft entfaltenden Societas Jesu stammten, sondern es gehörten dazu auch die „einfachen" Kapläne der Pfarrei, die sich der Jugend persönlich und engagiert annahmen und ihr das Bild einer in den Strömen der Zeit wachen und kämpferischen Kirche vermittelten.

Wenn R. Guardini am Anfang der zwanziger Jahre die Losung von der „in den Seelen erwachenden Kirche" ausgab, so übersetzte sich für uns in den dreißiger Jahren das „Beseelte" und „Beseelende" geradezu ins Leibliche des tathaften Bekenntnisses und der kirchlichen Aktion. Aus dieser Grundhaltung konnten wir an den großen Bekenntnistagen und am Christkönigs-Fest begeistert „Ein Haus voll Glorie schauet" singen, wohl wissend, daß wir damit die Kirche nicht triumphalistisch (wie heute unterstellt wird) vergöttlichten. Aber eine Kirche, die auf die Jugend gar nicht mehr begeisternd wirkt, muß wohl den Anspruch der „Stadt auf dem Berge" und des „Leuchters" unter den Menschen aufgegeben haben.

Die Attitüde eines selbstgefälligen Triumphalismus konnte umso weniger aufkommen, als mit der Erfahrung der Wahrheit und Schönheit der Kirche das Wissen um ihre menschliche Schwäche einherging. Es ist schwer, überzeugend darzulegen, daß beide Erfahrungen (die der Größe und der Schwäche der Kirche) miteinander existierten und daß sich dabei der Blick für das Große an ihr nicht trübte. Es gehört zur realistischen Beschreibung der Situation auch im Bereich der katholischen Jugend, daß der Druck der antichristlichen Mächte immer stärker wurde und daß viele aus unseren Reihen, vor allem auch aus dem Kreis der Eltern, den Pressionen erlagen. Die nicht wenigen Treubleibenden hatten neben den äußeren Bedrängnissen durch Schule und Umwelt nun auch die zusätzliche psychische Last zu tragen, die im Erleben des „Abfalls" mancher ehemals enger Freunde und Weggefährten gelegen war. Als inzwischen mit besonderer Verantwortung ausgestatteter Leiter des „Oberschlesiengaues" konnte ich den Überlebenskampf der neudeutschen Gruppen als Mitbeteiligter erleben und Zeuge sowohl von außergewöhnlichem Mut der Jungenführer wie auch von vielfachem Versagen werden.

Zu den tiefgreifendsten, nahezu unerklärlichen Eindrücken gehörte die Feststellung, daß manche der im Bund hochgeschätzten Jugendlichen zur Gegenseite übertraten und dort Karriere machten. Erst später (z.T. erst in letzter Zeit) lernte ich verstehen, daß diese bedauernswerte Tatsache und die sich aus ihr ergebende leidvolle Erfahrung auch zu einer Kirche und Gemeinde gehört, die auf dem Wege ist und der Versuchlichkeit und Schwäche ausgesetzt bleibt. Nur darf man diese Schwäche, von der heute Klerus wie Laien befallen sind, nicht als Ausdruck größerer Freiheit und mündigen Bewußtseins deuten und umwerten.

Die sich durch all diese Umstände und Ereignisse vertiefende Einsicht in das Wesen einer für das Heil der Menschen bestimmten unersetzlichen Kirche, die auf Bekenntnis und hochherzige Hingabe in der Nachfolge Christi angewiesen war, ließen langsam die Überzeugungen reifen, daß ich mich dieser Kirche ganz zur Verfügung stellen sollte. Es war das kein Akt spontaner Entscheidung, sondern ein Geschehen wachsender Entschiedenheit, das sich dann allerdings in einem einzelnen Akt ausdrückte. Als ich anfangs 1937 meine

111

Anmeldung zum Hebräisch-Unterricht abgab (was als äußeres Zeichen in Richtung auf das Theologiestudium hin galt), war die Entscheidung gefallen, auch wenn sie noch durch eine Prüfung hindurchmußte.

Diese ergab sich wiederum aus der sich zuspitzenden Zeitlage, der schließlich auch der Bund „Neudeutschland", ein tragender Pfeiler des jungen Lebens, zum Opfer fiel. Die in Oberschlesien im Oktober 1937 erfolgende Auflösung der Gemeinschaft, die nicht unerwartet kam, wirkte einerseits als eine große Entlastung von überreicher Arbeit und drückender Verantwortung. Aber sie brachte andererseits, wie immer, wenn eine schwere Aufgabe fortfällt, eine gewisse Ernüchterung und seelische Leere mit sich, die vielleicht auch in Reaktion auf die vorausgehende psychische Überforderung erfolgte. Es waren deshalb nicht die vielen Unannehmlichkeiten, die im Zusammenhang mit dem Eingriff der Gestapo erfolgten und eine gewisse seelische Gleichgewichtsstörung erbrachten: die Hausdurchsuchung in der Morgenfrühe, die Abführung ins Polizeiauto, die stundenlangen Verhöre mit kurzem Polizeigewahrsam und einigen Tagen Hausarrest. Es war vielmehr die lähmend wirkende Einsicht in die Ohnmacht des Guten, in die Schwäche der Kirche und in die Vergeblichkeit so vieler bester Bemühungen und idealster Strebungen, die eine gewisse Irritation in der weiteren Verfolgung des Zieles aufkommen ließen. So verblaßte für einige Zeit der ideale Gedanke und wurde von einer pragmatischen Einstellung abgelöst, die zunächst gänzlich auf die Vorbereitung des Abiturs gerichtet war. Daneben keimte die Vorstellung auf, der auch meine von der politischen Entwicklung beeindruckten Eltern zuneigten, daß man doch der Kirche und der guten Menschheitssache auf andere Weise dienen könne als im Priesterberuf. Diese Ansicht eröffnete ich auch unserem ehemaligen geistlichen Gruppenführer, der uns immer noch geistlich begleitete, mit der konkreten Zielangabe, vielleicht doch eine Beamtenlaufbahn einschlagen zu wollen. Er gab nur die lapidare Antwort: „Das kann doch für Dich ernstlich nicht in Frage kommen." Es war nicht zuletzt diese Antwort, die mir wieder Mut machte.

Die Festigung des Entschlusses

An der getroffenen Wahl konnten die folgenden sieben Monate im nationalsozialistischen Arbeitsdienst (wie der nach der Aufnahme des Studiums fast fünf Jahre dauernde Kriegsdienst mit Gefangenschaft und Heimatlosigkeit) nichts ändern. Es wuchs aber in diesen Zwischenperioden unter dem Eindruck eines völlig anders gearteten, z.T. denaturierten Lebens das Verständnis für die Schwere der gewählten Aufgabe, die ja damals unter den Auspizien eines tausendjährigen Reiches aufgenommen wurde, dessen Ende nicht so leicht vorauszusehen war, wie es heutige Beurteiler weismachen möchten. Doch schreckte man im Kreis der damaligen Theologiestudenten auch vor den unausdenkbaren Gefahren einer solchen Berufswahl nicht zurück. Die geistige Kraft dazu vermittelte uns das Studium, das ich an der Katholisch-Theologischen Fakultät der Universität Breslau und im dortigen Theologenkonvikt persolvieren durfte. Was unser damaliger Oberhirte, Kardinal Adolf Bertram (+ 1945), in seinen „Charismen priesterlicher Gesinnung und Arbeit" den Alumnen des Priesterseminars vor Augen stellte, daß sich nämlich diese Zeit der geistigen und aszetischen Schulung dem Hochstand geistlichen Lebens aufs engste annähere, das durfte ich in etwa schon zuvor an den beiden genannten Bildungsanstalten erfahren. Das Theologenkonvikt zeichnete sich durch eine für die damalige Zeit bemerkenswerte Offenheit und Weltzugewandtheit aus, in der die geistliche Ausbildung und die gestraffte Lebensordnung als natürliche Korrektive wie selbstverständlich angenommen wurden. Die vielen aus der Jugendbewegung kommenden Theologiestudenten empfanden nicht, daß sie ihren Lebensstil gänzlich aufgeben mußten, wenn er auch unmerklich eine gewisse Vergeistigung und Entgrenzung in Richtung auf das Leben in der Gemeinde im ganzen und in der vielfältigen Kirche erfuhr.

Was im Theologenkonvikt für die charakterliche und geistliche Prägung geleistet wurde, stand in glücklichem Konnex mit der wissenschaftlichen Ausbildung an der Fakultät. Die harmonische Verbindung wurde vor allem von den Regenten und geistlichen Leitern des Theologenkonviktes bewerkstelligt, die, selbst theologisch gebildet und wissenschaftlich ausgewiesen, den Studenten die Erkenntnis zu vermitteln wußten, daß Glauben und Erkennen, Gebet und Studium, Weisheit und Wissenschaft keine Gegensätze bilden, sondern im Bild des katholischen Geistlichen zusammengehören. Deshalb kamen von ihrer Seite immer auch Anregungen zur wissenschaftlichen Vertiefung und zum Weiterstudium, wo immer sich Neigungen in dieser Richtung abzeichneten.

Die Professoren der Fakultät waren, bis auf eine einzige (tragische) Ausnahme, vom Geist des Nationalsozialismus unberührt. In Forschung und Lehre vom wissenschaftlichen Eros bestimmt, stand doch ihre kirchliche Gesinnung außer jedem Zweifel. Daß manchen von ihnen auch Auseinandersetzungen mit dem kirchlichen Lehramt nicht erspart blieben (wie im Fall des angesehenen Neutestamentlers Fr. W. Maier) und daß sie auch sonst Spannungen zwischen Glauben und Wissenschaft auszutragen hatten, war für sie kein Anlaß, ihre Probleme vor den Studenten auszubreiten und mit dem Widerspruch zu Rom zu kokettieren, um besser anzukommen. Dessen bedurften sie nicht wegen ihrer fraglos anerkannten wissenschaftlichen Autorität. Sie verstanden die Theologie auch in ihrer kritischen Ausrichtung uneingeschränkt als kirchliche Wissenschaft, die dem Glauben, zumal dem der kommenden Priester, zu dienen hatte.

Dabei führte ihre kirchliche Grundhaltung keineswegs zu der heute von vielen behaupteten Uniformität und Monotonie der Theologie. Ein neuerer Autor will, gänzlich unbegründet, die Theologie der Weimarer Zeit von A. Rademacher bis R. Guardini, die auch in den dreißiger Jahren nachwirkte, insgesamt als gescheiterten Versuch zum Erweis der „Nützlichkeit der Religion" und der „Rekatholisierung" der Moderne abstempeln. Dabei ging ihr Anliegen auf die Erschließung des geistigen Reichtums und der Weite der Katholizität, die auch schon eine natürliche Pluralität anerkannte (wenn auch keinen schrankenlosen Pluralismus). An der Breslauer Fakultät bot ein einprägsames Beispiel dafür das Nebeneinander von augustinisch-franziskanischer Erfahrungstheologie (B. Rosenmüller) und thomasischer Rationalität (J. Koch), das von den Studenten nicht als unversöhnlicher Gegensatz empfunden wurde, sondern als Möglichkeit von zwei Wegen, die beide vor dem Mysterium endeten.

Die so vermittelte Theologie bot die Garantie für das Festhalten an dem einmal gewählten Ziel. Sie bildete aber auch ein verläßliches wissenschaftliches Fundament, das in den geistigen Stürmen der Kriegszeit standhielt und unter den veränderten Verhältnissen der Nachkriegszeit zur Grundlage weiterer Studien genommen werden konnte (besonders bei Fr. X. Seppelt und bei M. Schmaus), die mir von meinen kirchlichen Oberen ermöglicht wurden.

Das Medium der Zeit - damals und heute

Wer in Leben und Beruf alt geworden ist, wird von Jüngeren oft gefragt, ob er die damals getroffene Entscheidung heute noch einmal fällen würde. Die Frage ist freilich nicht richtig gestellt und kann darum auch nicht eindeutig beantwortet werden. Sie übersieht nämlich die Bedeutung des Mediums der Zeit, in dem solche Entscheidungen situiert sind, ohne daß sie deshalb von der Zeit erzwungen und unfrei sein müssen. Aber die jeweilige Zeit ist, ganz im Sinne des Wahlspruchs meines Weihebischofs, Kardinal Faulhabers, „vox temporis [nicht populi] vox Dei", das uns von Gott Zugeschickte, ja das Gnadenhafte, das wir freilich richtig hören müssen und das uns dann frei zur Annahme bewegt.

Deshalb wüßte ich nicht zu sagen, ob ich aus der gegenwärtigen kirchlichen Situation den Ruf zum Priestertum heraushören könnte. Es ist ja unleugbar die Zeit nicht nur des schwindenden Priesternachwuchses, sondern auch der vielfachen Desertion vom Amt, da bei vielen die schon vorhandene Berufung auch wieder erstickt wird. Der beinahe schon volkstümlich gewordene Spruch, daß das, was „die Nazis" mit ihren Sittlichkeits- und Devisenprozessen nicht vermochten, von den Christen selbst vollbracht wird, nämlich die Erschütterung der Grundlagen des Glaubens und damit auch die Aushöhlung des Priesterstandes, ist heute fraglos zur Realität geworden.

Deshalb dürfte ich, nochmals auf die obige Frage zurückkommend, eine ähnlich unpräzise Gegenfrage (wenn auch in etwas launiger Art) stellen und sagen: Es ist heute nicht so sehr das Problem, ob *ich mich nochmals* für das Priestertum *entscheiden* würde; es geht vielmehr darum, *ob man mich* in dieser katholischen Façon *als Kandidaten akzeptieren* würde. Vieles spricht tatsächlich dagegen. Die Lage des Glaubens und der Kirche in unseren Landen ist kein guter Nährboden mehr für das Aufgehen von Berufungen.

Das war in der Zeit vor dem Zweiten Weltkrieg und danach anders. Die damalige Ära kommt ja im Urteil der Zeitgeschichtler (Ausnahmen wie H. Hürten sind selten) gemeinhin nicht gut weg. Man kann die Gründe für diese Fehlbeurteilung in dem gegenwärtigen Wesenswandel von Glaube und Kirche gut ausmachen. Das neue Zeitalter einer aufklärerischen Gnosis kann gegen das alte Wahre, das eindeutig Katholische, nur Ressentiment empfinden und muß es in der den Gnostikern eigenen Selbstgefälligkeit jener „damnatio memoriae" (Cicero) preisgeben, die aufgeklärten Zeiten immer eigen war. Besonders das von der Kraft eines übernatürlichen Christusglaubens getragene Priesterbild mit seinem unleugbar hohen Anspruch zur Ganzhingabe, die in Bekennern und Märtyrern (auch unter Bischöfen) fruchtbar wurde, kann einem Denken nicht mehr aufgehen, das unter dem Vorwand höherer wissenschaftlicher Erkenntnis mehr dem Hedonismus und Libertinismus der Massen folgt. Aber die den Neuerern als letztes Ziel vor Augen schwebende geschwisterliche Laienkirche, die den Priester nicht mehr braucht, wird nicht nur an ihrem illusionären Charakter, sondern auch an ihrer Unoriginalität scheitern; denn was da angeboten wird, ist weithin nur der Abklatsch anderswo längst bekannter und überholter Modelle.

Angesichts dieser auflösenden Tendenzen geht es nicht um eine Glorifizierung der traditionellen Kirche, wohl aber um das Festhalten an den in ihr lebendig gelebten bleibenden Werten. Diese Kirche war vor allem im Glauben und in der Wahrheit festgegründet und verstand sich als für die Wahrheit streitende „ecclesia militans", während die verweltlichte Kirche von heute auf immer mehr Anpassung, auf Beschwichtigung und Konformismus mit der Konsumgesellschaft aus ist. So werden auch das Religiöse, das Geistliche, das Göttliche an ihr immer mehr zum Gebrauchsartikel für ein geglücktes irdisches Leben. Der der „ecclesia militans" immer notwendige „Streit" aber wird in das Innere der Kirche hineingetragen. Was das Wahrheitsverständnis angeht, so wird es heute ersetzt durch die Forderung nach „Überwindung des übergeschichtlichen und objektiven Wahrheitsbegriffes", eine Forderung, die bei Fortfall einer überzeitlich-objektiven Wahrheit natürlich auch selbst nicht wahr sein kann und in einem inneren Widerspruch endet.

Damit ist die Kirche der Vergangenheit nicht um ihrer selbst willen und in allen Belangen zum Vorbild erhoben, sondern nur insofern rehabilitiert, als sie aus der empfangenen Wahrheit des Glaubens lebte. Wer die heutige Kirche davon abbringen und sie in eine „universale Such- und Lerngemeinschaft" umwandeln möchte, der macht sie im Grunde überflüssig; denn suchen und lernen kann man auch bei anderen. Auch wenn die heutige kirchliche Epoche nicht auf eine vergangene Ära zurückgeführt werden kann, so muß die Kirche der Gegenwart, gerade wenn sie geschichtlich denken will, sich an der Vergangenheit orientieren und das bleibend Wahre von damals in das neue Medium des Jetzt hinübernehmen.

Hans Albert Höntges

Hans Albert Höntges wurde 1928 in Krefeld geboren. Nach dem Abitur studierte er Theologie in St. Georgen in Frankfurt an der Phil.-Theol. Hochschule der Jesuiten. Von 1956 bis 1962 war er als Kaplan in Düren tätig, von 1962 bis 1977 im Internat Haus Eich, das er seit 1967 leitete. Seit 1977 ist er Pfarrer von St. Gregorius in Aachen. Er veröffentlichte Bücher, Zeitschriften- und Rundfunkbeiträge.

Wir sind Gerufene, keine Zufälligen

von Hans Albert Höntges

Wenn in den Lesungen oder Evangelien der Gottesdienste von Berufungen die Rede ist, dann denken manche: das ist lange her, und etwas ganz Ungewöhnliches ist das auch, damit habe ich nichts zu tun.

Das denkt man so. Das habe ich auch lange gedacht. Ich gehöre jener Generation an, die mit fünfzehn Jahren Luftwaffenhelfer wurde und zu den jüngsten Kriegsgefangenen vor Kriegsende zählte. Als ich als Sechzehnjähriger aus der Gefangenschaft heimkam, da war die Adresse noch dieselbe – aber innerlich wußte ich nicht so richtig, wo ich hingehörte. Im Krieg waren ja nicht nur die Fassaden aus der Zeit meiner Kindheit umgefallen. Diese Generation, die um so vieles betrogen worden war, wurde später die „skeptische" Generation genannt.

In dieser Zeit geschah es, daß Montag für Montag ein gleichaltriger Junge kurz vor 20 Uhr bei uns schellte und mich fragte, ob ich nicht mitgehen wollte zur Jugendgruppe um den Kaplan. Ich hatte nicht die geringste Ahnung, was mit dieser Gruppe und mit dem Kaplan los war. Aber ich war der festen Überzeugung, daß es sich für mich nicht lohnen würde, mit ihm dorthin zu gehen. Das sagte ich ihm natürlich nicht!

Jeden Montag hatte ich eine andere Ausrede, mal mußte ich etwas für Erdkunde vorbereiten, mal für Englisch. Aber mit treuer Regelmäßigkeit erschien der Junge am nächsten Montag wieder. Bis – ja bis eines Abends mein Vater zu mir sagte: „Geh' doch mal mit und schau' dir das an. Wenn es dir da nicht gefällt, mußt du ja nicht wieder hingehen." Gegen soviel väterliche Vernunft kam ich nicht an. Ich ging mit. „Und jener Tag war meines Lebens Wende", könnte ich mit Hermann Hesse sagen.

Ich traf einen Kreis von Jungen und Mädchen, an denen nichts war, was mir nicht gefallen hätte. Die waren so natürlich wie ich. Munter waren die, offen für mich, „den Neuen". Niemandem wurde da etwas übergestülpt, niemand trug da „Uniform". Den stärksten Eindruck machte der Kaplan: ein Mensch, bei dem Platz war für alle und für alles. Gelacht wurde viel an jenem Abend. Neben meinem Elternhaus hatte ich ein neues Stück Heimat gefunden. Ich wurde angenommen, wie ich war.

Ich habe oft darüber nachgedacht, wie mein Leben weiterverlaufen wäre, wenn ich an jenem Abend dem Rat meines Vaters nicht gefolgt wäre, wenn ich nicht mitgegangen wäre. Vielleicht wäre es der Junge von gegenüber leid geworden mit mir, und er hätte das Schellen eingestellt. Ich wäre dann nicht in diese Gruppe und an diesen Kaplan geraten. Diese eine Tür hat mir viele andere geöffnet, die alle wichtig waren – bis es zur Entscheidung für den Priesterberuf kam.

Damals war ich mir keiner Berufung bewußt. Aber da fing das an, was mich dahin geführt hat.

Im 12. Kapitel des Johannesevangeliums wird von Griechen erzählt, die Jesus sehen wollen. „Griechen", das waren

Heiden, die zum jüdischen Glauben übergetreten waren. Die wollen, wie sie sagen, Jesus sehen. Sie wenden sich an Philippus. Der ist nicht ganz sicher und bespricht sich mit Andreas. Beide gehen dann zu Jesus. So sieht Vermittlung aus zwischen Menschen, die suchen und Gott, der sie ruft. So geht das zu, wen(n) Gott ruft.

Bei mir war es der „Junge von gegenüber"

Dieser kirchliche Lebensraum, den ich an jenem Montag-abend betrat, war nie eng. Alles atmete Weite. Ich mußte meine menschliche Ausstattung nicht an der Garderobe abge-ben. Meine natürlichen Begabungen waren willkommen und wurden in einer Weise gefördert, wie das außerhalb dieses Lebensraumes für mich nicht möglich geworden wäre. Es war der Kaplan, der diesen Lebensraum garantierte – und die Menschen, die er für uns Jugendliche gewinnen konnte. Mehr als durch die Schule fand ich hier Zugang zu Dichtung, Malerei, Philosophie und Theologie. Werner Bergengruen, Gertrud von le Fort, Paul Claudel, Fjodor Dostojewski, Max Beckmann, August Macke, Marc Chagall, Peter Wust, Romano Guardini. Jeder Name eine Tür zu neuen Türen. Wir spielten Theater, feierten Karneval – es war die zweite Hälfte der vierziger Jahre. Eine Zeit, von der heute keiner mehr spricht. Eine ungewöhnlich lebendige Zeit, ein Aufbruch in einer äußerlich armen Welt. Wir Jugendlichen mieteten den Oberlichtsaal vom Museum, einen der wenigen erhaltenen Säle, und trugen Gedichte vor. Kirchliche Jugendarbeit hatte damals wenig Konkurrenz (mit den „Roten Falken" haben wir gestritten). Es gab kein Fernsehen, ein einziges Kino zunächst. Da war das leidlich durch den Krieg gekommene Pfarrheim ein Kulturzentrum.

Ich merke, wie ich jetzt, fünfzig Jahre danach, wieder ins Schwärmen komme.

Das „Herz" war die Jugend-Frühmesse mit dem Kaplan um einen Holzaltar in der Kirche. Da fing die Messe an, lebendig zu werden. Eines Tages hatten wir mit dem Kaplan einen Riesenkrach. Ich weiß nicht mehr, um was es ging. Aber ich weiß noch, daß es weder vor noch zurück ging. Dickköpfigkeit auf beiden Seiten. Da sagte uns jemand, wir sollten doch einmal zu dem Kaplan der Nachbargemeinde gehen, der würde uns bestimmt helfen. Wir hatten nichts mehr zu verlieren. Also gingen wir dahin. Ich sehe uns noch in seinem Studierzimmer sitzen. Wir schilderten ihm unseren Krach. Er hörte zu, schwieg eine Weile. Und dann sagte er einen Satz, den ich bis heute nicht nur nicht vergessen habe, der mich damals so getroffen hat, daß ich beinahe vom Stuhl gerutscht wäre. Er sagte: „Jetzt überlegt doch mal, was Jesus an eurer Stelle machen würde!"

Das war nun wieder was ganz Neues: Jesus so konkret wie unser Krach! Jesus nicht nur in biblischen Geschichten, nicht nur in Liturgien – nein so wirklich wie unser tägliches Verhalten und eine Orientierungshilfe dazu.

Vom Priesterberuf war damals noch nicht die Rede. Meine Berufswünsche waren: Arzt oder Lehrer. Durch Krieg und Kriegsgefangenschaft kam ich erst 1950 zum Abitur. Eineinhalb Jahre vorher, Mitte Unterprima – ich war neunzehn Jahre alt – brachte ich einem Bekannten ein geliehenes Buch zurück. Wir redeten über dies und das. Ohne jeden Zusammenhang fragte der mich: „Warum wirst du eigentlich nicht Priester?" Die Frage war so weit weg von meiner Vorstellungswelt, daß ich als erste Reaktion einen Lachanfall bekam. „Ich?" Das war nachmittags um 17 Uhr. Ich weiß die Uhrzeit wirklich noch. „Es war um die zehnte Stunde", schreibt der alte Johannes über seine erste Begegnung mit Jesus. Es gibt Stunden, die vergißt man nicht. Ich ging nach Hause und war jetzt wütend über diesen Bekannten: Was ging den denn mein Leben an, in was mischte der sich da ein? Aber die Frage saß – wie ein Angelhaken. Die Frage tauchte wieder unter und wieder auf.

Warum werde ich nicht Priester? Ich fand kein Argument dagegen. Dann hieß die Frage auf einmal: möchte ich Priester werden? Arzt und Lehrer waren auch gute Berufe. Ich entdeckte, daß mein eigentlicher Berufswunsch darin bestand, für Menschen da zu sein. Ich kam zu dem Ergebnis, daß ich das im Beruf des Priesters sehr gut verwirklichen könnte. So fiel die Entscheidung, soweit sie bei mir lag.

Mitte Oberprima sagte der Klassenleiter, Ende der Woche würde er jeden von uns nach seinem Berufswunsch fragen. Wir waren eine Klasse von Kriegsteilnehmern, alles andere als pflegeleicht. Die Sensation war perfekt, als am Samstagmorgen von uns 25 Primanern vier als Berufsziel „Theologie" angaben. Zwei, ein evangelischer und ich, sind dann auch tatsächlich Pastöre geworden.

Eigentlich war es für mich immer selbstverständlich, daß ich heiraten und Familienvater werden würde. Dem Priesterberuf zuliebe habe ich darauf verzichtet. Der lebendige Austausch in der Gemeinde hilft mir. Um des Zeichens willen wünsche ich mir die Freiwilligkeit des Zölibates, nicht seine Abschaffung. Um des Lebens der Gemeinde willen wünsche ich mir, daß die Zulassung zum Amt geöffnet wurde.

Als ich den Eltern meine Berufsentscheidung mitteilte, war mein Vater tief besorgt. Das hatte nicht mit mir zu tun   wohl aber mit den Eindrücken, die autoritäre Priester in seiner Kindheit und Jugend auf ihn gemacht hatten. „Junge“, sagte er, „du gehst einen schweren Weg.“ Es fiel ihm schwer, sich vorzustellen, daß sein Sohn sich unter solchen Priestern wohlfühlen könnte. Er hat durch mich andere Priester kennengelernt, mein Studium erlebte er zur Hälfte noch mit – bevor er 1953 starb: zuversichtlich über meine Zukunft. Meine Mutter sagte an jenem Abend: „Das hatte ich mir schon gedacht.“

So waren die Anfänge meiner Berufung. Die vier Jahre an der Jesuitenhochschule St. Georgen in Frankfurt haben mich bis heute geprägt. Das meiste aus den Vorlesungen habe ich vergessen. Aber mit den Lehrern aus dem Jesuitenorden, die geistig kompetent und menschlich überzeugend waren, unter einem Dach zu leben – das war für mich sehr wichtig.

Seit einundvierzig Jahren bin ich Priester. Wenn ich auf diese lange Zeit zurückblicke und auf die Erfahrungen, die ich in dieser Zeit gemacht habe und ich mich frage, würde ich es – wenn ich könnte – noch einmal so machen, meine Antwort hieße: Ja!

Nun habe ich das alles von mir erzählt, wie es zu meinem Beruf gekommen ist, doch ist es ein großer Irrtum zu glauben, Berufungen seien beschränkt auf einige-wenige. „Viele sind berufen.“ Auch dieses berühmte Wort ist so ungenau übersetzt: Die vielen sind berufen – das sind nämlich alle. Alle sind gerufen! Das betrifft uns alle viel konkreter, als uns das bewußt ist. Wir werden dieses Wort nicht los, wenn wir es abschieben auf die, die einen Lebensberuf daraus machen. Ich möchte zwei Ebenen nennen, auf denen sich das für uns alle abspielt.

Daß ich ein Gerufener bin und kein Zufälliger, das spüre ich zunächst auf der Ebene, über die wir viel zu wenig nachdenken: auf der Ebene unserer Existenz. Es ist nicht selbstverständlich, daß es mich gibt. Gott hat mich ins Dasein gerufen, und ich wurde nicht gehindert, dem Ruf zu folgen. Anderthalb Jahre bevor ich geboren wurde, starb das erste Kind meiner Eltern während der Geburt. Ich begreife die Dunkelheiten dieses frühen Sterbens und viele andere Dunkelheiten nicht. Aber ich begreife, daß mein Leben keine Selbstverständlichkeit ist. Stellen Sie sich doch einmal für einen Augenblick vor, es gäbe Sie nicht. Dann säßen die anderen jetzt auch hier. Nur Sie nicht. Keiner würde von Ihnen wissen. Keiner würde Sie vermissen. Es kann einem schwindelig werden bei diesem Gedanken. Keiner ist selbstverständlich, keiner ist zufällig. Kein anderer Ruf hat solche Folgen wie der, der uns ins Leben holt. Nichts Größeres hat Gott uns zugedacht als das Leben.

„Das Leben ist der Güter höchstes nicht", hatte Schiller behauptet. Vielleicht hat er sich da geirrt. Und jeder wird da nicht nur an sich selber denken, sondern auch an Menschen, durch die er geworden ist und an Menschen, die ohne ihn nicht so wären, wie sie sind.

Wo ist eigentlich unsere unbefangene Freude am Leben hingekommen? Wie oft und wie schnell denken wir an das, was uns Sorgen macht: an Krankheiten, Entbehrungen, an Enttäuschungen! Wie oft und wie schnell denken wir an das, was an uns selber immer noch so ungeordnet ist. Lassen wir doch für einen Augenblick einmal, was uns die Flügel stutzt und den Blick trübt. Wie schnell verwirren wir uns in Unsicherheit und Mißtrauen. Wie schnell fixieren wir uns auf das Negative, als ob es das andere alles nicht gäbe. Wie widerstandslos lassen wir uns oft einfangen von unseren Ängsten und Befürchtungen. Wir können die Wirklichkeit weder leugnen, noch dürfen wir sie retuschieren. Aber die Wirklichkeit

ist reicher, als wir in den verhangenen Stunden unserer Rat-
losigkeit und Einsamkeit wahrnehmen. Wir sind keine Sinn-
losen, wir sind keine Zufälligen. Wir sind und bleiben Gerufene, wie immer unser Leben verläuft und welche Wendungen es nimmt.

Die zweite Ebene, in der wir alle Gerufene sind, ist unsere
christliche Existenz. „Bei deinem Namen habe ich dich gerufen." Das ist nicht Literatur. Das hat sich abgespielt bei unserer Taufe. Und das war mehr als eine kirchliche Zeremonie
mit anschließendem Familienkaffee. Damals fing etwas an,
was vielleicht oft übertönt und dann vergessen und schließlich als unwirklich empfunden wurde, was aber nie zu Ende ist
und immer wieder durchkommt: der neue Lebensruf.

Wissen Sie, wo ich das immer wieder spüre? Hier!

Sonntag für Sonntag, wenn ich die Menschen in der Kirche
sehe: jeden mit seinem eigenen, einmaligen Leben, jede und
jeden mit seinen menschlichen Sorgen und Lasten, die er oft
ganz alleine tragen muß, mit den Fragezeichen und Problemen, die auch hier nicht gelöst werden – dann hilft mir das
doch zum Leben. Dann hilft mir das für meine Sorgen und
Lasten und nicht beantworteten Fragen.

Es steckt eine große Kraft darin, daß andere neben uns aus-
halten in der Hoffnung des Glaubens.

Wenn ich die Menschen Sonntag für Sonntag in der Kirche
sehe, wird mir bewußt, daß wir nicht nur Bürger einer Stadt
sind, Bewohner eines bestimmten Viertels, sondern auch
Brüder und Schwestern. Und Kinder unseres Vaters, der zu
jedem von uns sagt: „Du bist mein liebes Kind, an dem ich
Freude habe."

Wir haben alle unsere Adressen – und sind doch miteinander unterwegs zu Zielen, zu denen wir von woanders her gerufen sind. Diese Tuchfühlung mit denen, die demütig von sich glauben, daß sie auch als Christen keine Zufälligen und keine Selbstverständlichen sind, sondern Gerufene!

Die wie alle anderen leiden an den Ungereimtheiten des Lebens, die sich selber aber die unbefangene Freude nicht haben nehmen lassen: ein Christ zu sein. Der Mensch verwirklicht sich nicht dadurch, daß er sich den anderen entzieht und sich in selbstgefälliger Genügsamkeit das eigene kleine Glück sucht, sondern durch den Austausch, der ihn verwandelt. Ein letztes Mal werden wir alle gerufen, wenn wir aus diesem Leben in das andere größere Leben gehen.

Die Einladung des Herrn an uns wird niemals enden: „Kommt und seht!"

Heinrich M. Robben

Heinrich M. Robben wurde 1958 geboren. Er ist ausgebildeter Konditor, Hüttenfacharbeiter und Krankenpfleger. Er war fünfzehn Jahre als Krankenpfleger tätig und absolvierte nebenher ein weitgehend autodidaktisches Studium der Philosophie. Seit 1989 ist er Lehrbeauftragter für Philosophie an verschiedenen Hochschulen. Er veröffentlichte mehrere Bücher zur Philosophie (Phänomenologie und Ontologie).

Seit 1996 ist er wissenschaftlicher Mitarbeiter an einem privaten interdisziplinären Institut.

Heinrich M. Robben ist ein Pseudonym. Der Autor möchte aus persönlichen Gründen unbekannt bleiben.

Von Mao zu Christus

von Heinrich M. Robben

„Philosophie", so sagt Novalis, „ist Heimweh, die Sehnsucht, überall zuhause zu sein." Zur Wesensart des Philosophen gehört demnach die Suche. Als eine Suche verstehe
ich meinen Lebensweg. Die Suche war immer auf etwas
Absolutes und Letztes aus, Suche nach einer Auf-Gabe im
doppelten Wortsinn: etwas Aufgegebenem, etwas, bei dem
man sich selbst aufgeben, bei dem man sich selbst vergessen
kann. Mein bisheriger Weg war oft Umweg, Abweg, Holzweg.
Umsonst waren diese nicht. Von dem Ort aus, an dem ich jetzt
stehe, erscheinen sie mir sinnvoll.

Ein Philosoph hat es nach allgemeiner Auffassung mit dem
Abstrakten zu tun. Es fällt ihm nicht ganz leicht, über sich
selbst zu schreiben. Aber der Verlag will meine persönliche
Geschichte. Es ist die Geschichte einer Bekehrung. Diese
Bekehrungsgeschichte muß ich mit der Philosophie verbinden, weil dies mein Weg zu Christus war.

Vorweg soll noch gesagt sein, daß ich mich nicht als Objekt
meines Lebens verstehe, also nicht von außen manipuliert
wurde und deshalb diese Abwege und Irrwege gegangen bin.
Meiner Verantwortung für das, was ich getan habe, möchte
ich mich nicht dadurch entledigen, daß ich dem Zeitgeist, den

berühmten „gesellschaftlichen Verhältnissen" oder anderen anonymen oder auch nicht-anonymen Mächten die Schuld auflade für das, was ich aus freier Entscheidung, die auch oft eine Entscheidung gegen das Gute war, getan habe. Freilich spielen alle diese Momente auch als Bedingungen mit in mein Leben hinein. Unter heutigen gesellschaftlichen Verhältnissen wird wohl kaum jemand in jungen Jahren Maoist werden. Aber der Einfluß der „Öffentlichkeit", des Zeitgeistes, der Einfluß von Lehrern und Freunden bleibt immer nur Bedingung. Bedingungen aber sind keine Ursachen, denn was ich tue, das will ich auch. Oder?

Als ich fünf Jahre alt war, ließen meine Eltern sich scheiden. Mein Vater erhielt das Sorgerecht und gab uns in die Obhut seiner Mutter, meiner Großmutter, die in Norddeutschland auf einem Bauernhof mit einer ihrer verheirateten Töchter, meiner Tante, lebte. Dies war ein entscheidender Bruch in meinem Leben. Nicht nur, daß ich meine Mutter verlor und sie erst 18 Jahre später zum erstenmal wiedersah, auch mein Vater lebte dreihundert Kilometer entfernt und kam nur gelegentlich am Wochenende. Dadurch geriet ich gewissermaßen „ins Abseits". Meine Eltern hatten mich verlassen, und ich sollte später die Gesellschaft verlassen und mich immer weiter ins Abseits begeben.

Eine wirkliche Stütze in dieser Situation fand ich aber zunächst in meiner Großmutter. Sie lebte mir einen Weg vor, der für mich heute wieder Vorbild ist. Mit ihr bekam ich eine Erzieherin, die ein heiligmäßiges Leben führte. Ohne viele Worte lebte sie ihren Glauben vor. Ihr ganzer Tag war mit Gebet und Arbeit ausgefüllt, vom frühen Morgen, wo sie die Tiere versorgte, anschließend die heilige Messe besuchte und dann das Frühstück vorbereitete bis zum Rosenkranz am

Abend. Arbeit und Gebet waren bei ihr nicht getrennte Bereiche, sondern miteinander verbunden. Als Erbin eines mittelgroßen Hofes, den sie übernommen hatte, obgleich sie lieber im Kloster gelebt hätte, kannte sie nichts anderes als ein Leben der Arbeit. Gleichwohl nahm sie sich am frühen Morgen und am Abend, trotz der vielen Arbeit Zeit, um mit Gott allein zu sein. Gelegentlich erzählte sie uns am frühen Abend vor dem zu Bett gehen Geschichten von Heiligen. Sie konnte Himmel und Hölle, die Qualen des Fegefeuers und die freudige Aussicht auf deren Ende bilderreich und genau beschreiben. Gut erinnere ich mich noch an ihre Erzählung von der Hölle: dort steht eine große Wanduhr, so wußte sie zu berichten, als habe sie selbst es gesehen, die nicht, wie gewöhnliche Uhren „tick-tack-tick-tack" geht, sondern die in nie endendem Rhythmus sagt: „Immer-nimmer-raus – immer-nimmer-raus". Das beeindruckte uns Kinder natürlich und wir waren bemüht, diesen Ort nicht weiter kennenzulernen. Ihr ging es dabei nicht darum, uns Angst zu machen, damit wir „schön brav" waren. Sie wollte uns vielmehr an ihrer Glaubensfreude teilnehmen lassen, die sie durch ihre schlichte und unkomplizierte Art immer ausstrahlte.

Auch der Religionslehrer in der Dorfschule – ein junger Kaplan, dem man es anmerkte, wie gerne er mit Kindern zusammen war – hatte einen großen Anteil an meiner religiösen Bildung. Während meiner ganzen Schulzeit habe ich es eigentlich immer nur mit vorbildlichen Priestern zu tun gehabt. Vielfach hört man, daß Menschen den Glaubensweg verlassen haben, weil sie Religionslehrer hatten, die das, was sie unterrichteten, und das, was sie taten, nicht in Einklang zu bringen verstanden, um es mal gelinde auszudrücken. Dies trifft für mich nicht zu. Der junge Kaplan – der wohl von der katholischen Jugendbewegung geprägt war – sang mit uns Lieder und spielte dazu Gitarre, was damals für uns 'ultramodern' war. Er wußte aber genauso gut den Katechismus für uns Kinder spannend und interessant zu vermitteln. Daß das Jesuskind im Tabernakel wohnt, war für mich damals eine so absolute Gewißheit, wie ich sie später in der Philosophie zwar immer gesucht, aber nicht gefunden habe. In der heiligen Messe blickte ich mit einer Spannung in den Tabernakel, wenn der Priester ihn zur Kommunion öffnete, daß ich alles um mich herum vergaß und wegen der damit verbundenen Kopfverrenkungen gelegentlich zuhause gerügt wurde. Das Jesuskind bekam ich zwar trotzdem nie zu Gesicht, doch das lag an dem Vorhang, der das Innere des geöffneten Tabernakels weiterhin verdeckte. Daß das Jesuskind eigentlich in der Hostie verborgen ist, begriff ich erst später.

Drei Jahre nach der Scheidung hatte mein Vater wieder geheiratet und holte mich und meine beiden Geschwister aus der ersten Ehe zwei Jahre später zu sich und seiner neuen Frau. Ich lebte jetzt in einer Großstadt und mußte mich auf all das Neue einstellen. Als Kind vom Dorf war ich zudem in der Großstadt in einer Außenseiterrolle. Als ich in die Stadt kam, war der Glaube für mich so selbstverständlich, daß ich nicht einmal wußte, daß man daran zweifeln kann. Es war die Zeit um 1968, Öffentlichkeit und Gesellschaft waren geprägt von der Studentenrevolte und dem großen Umbruch im Zeitgeist, und dies war auch in der Schule und im gesamten Umfeld zu spüren. Als ich erfuhr, daß das Christkind nicht die Weihnachtsgeschenke bringt, begannen auch bei mir erste Zweifel am Glauben sich bemerkbar zu machen. Doch wurde ich fest in die noch halbwegs intakte Jugendarbeit der katholischen Gemeinde eingebunden und wurde Ministrant. Wöchentliche

Beichte und heilige Messe gehörten zunächst noch zum festen Bestand. Meine Eltern legten weiterhin großen Wert auf eine gute katholische Bildung und Erziehung.

Mein frühes Interesse an Politik verdrängte aber allmählich das Interesse am Glauben. Den Vietnam-Krieg, von dem täglich im Fernsehen mit schrecklichen Bildern ausführlich berichtet wurde, den Krieg der mächtigen Supermacht USA gegen das kleine, nach Unabhängigkeit und Selbständigkeit strebende Vietnam empfand ich als ungerecht. Dieses Ungerechtigkeitsempfinden politisierte mich zunehmend. Psychologisch gesprochen projizierte ich mein pubertäres Unabhängigkeits- und Gerechtigkeitsstreben auf einen Krieg, der tausende Kilometer entfernt am anderen Ende der Erde stattfand. Freilich ist durch diese psychologische Interpretation nicht viel erklärt, denn nach wie vor halte ich das damalige Vorgehen der USA in Vietnam für völlig ungerechtfertigt. Auf jeden Fall hatte ich den Eindruck, daß ich den Vietnamesen helfen mußte und fertigte kleine Zettel an mit Aufschriften wie „Amis raus aus Vietnam" oder „Nixon ist ein Mörder" und klebte sie überall hin, wo ich gerade vorbei kam; selbst den Eingang zur Kirche verschonte ich nicht.

Durch den Sohn eines SPD-Stadtratabgeordneten, der im selben Haus wohnte, suchte ich Kontakt zu den Jungsozialisten und begann Karl Marx und marxistische Literatur zu lesen. Allerdings waren die Jusos so sehr mit sich selbst und ihren örtlichen Problemen beschäftigt, daß sie nur wenig Interesse für den Krieg in Vietnam aufbrachten und meine Kontakte zu ihnen verflüchtigten sich wieder. Dafür sah ich jeden Samstag, wenn ich in der Stadt war, einen Stand einer „Liga gegen den Imperialismus", die mit großem Aufwand an Personen und Informationsmaterial gegen den Vietnamkrieg

„agitierte", wie man damals sagte. Sofort erwachte mein Interesse und ich besorgte mir Abzeichen, Zeitschriften und weiteres Informationsmaterial von dieser „Liga". Darin fand ich genau das, was mir im Kopf herumspukte, wenn auch immer verbunden mit Propaganda für den Kommunismus, gegen den ich zunächst noch eine gewissermaßen instinktive Ablehnung hegte, weil ich doch einigermaßen gut über die Verhältnisse in der DDR und der Sowjetunion Bescheid wußte.

Diese Bedenken legten sich jedoch recht bald, als ich erfuhr, daß es zwei unterschiedliche Gattungen von Kommunisten gab: richtige und falsche. Die „Falschen" wurden von den „Richtigen" als „Revisionisten" und „Sozialimperialisten" bezeichnet, und diese „Falschen" waren die, die auch mir nicht gut gefielen: die russischen Kommunisten und ihre „Vasallen", also die Länder des Ostblocks und deren Ableger in Deutschland-West, die „fünfte Kolonne", also die DKP. Die „richtigen" Kommunisten waren hingegen diejenigen, die Stalin nicht verraten hatten und außerdem die sogenannten „Mao Tse-tung Ideen" vertraten. „Maoist" war für einen echten Maoisten ein Schimpfwort. Nun war China ziemlich weit weg, und was ich zu lesen bekam – Zeitschriften wie „China im Bild" oder „Peking-Rundschau" –, machte einen freundlichen und sympathischen Eindruck, dem ich vertraute und wohl auch vertrauen wollte. Außer China galt noch Albanien als echt, d.h. als „richtiges" kommunistisches Land, als „Leuchtfeuer des Sozialismus in Europa", wie es sich damals selbst nannte, bevor es nach dem „Verrat der Chinesen am Kommunismus" unter Deng Xiao Ping zum „Leuchtfeuer des Sozialismus in der Welt" aufstieg. Albanien lag zwar deutlich näher als China, doch waren die Informationen aus diesem

Land noch spärlicher. Später lernte ich auch Leute kennen, die dort gewesen waren und berichteten, daß dort tatsächlich das Paradies zu finden sei. Deshalb waren meine instinktiven Bedenken gegen den Kommunismus schnell beseitigt.

Zu diesen außenpolitischen Interessen kam noch hinzu, daß ich einen Ausbildungsplatz suchte und keinen fand. Ich lernte recht schnell, das mit einer Kritik am „Kapitalismus" zu verbinden, der also auch verhinderte, daß ich eine anständige Berufsausbildung erhielt. Statt dessen unterdrückte er meine Fähigkeiten. Ich gründete ein „Schülerkomitee Aktuelles Lehrstellenproblem", das abgekürzt den bedrohlichen Namen SKALP trug. Mein Ansehen bei den Kommunisten stieg erheblich. Ich wurde von mehreren kommunistischen Organisationen gleichzeitig hofiert. Von nun an ging ich regelmäßig zu Veranstaltungen und Diskussionskreisen der maoistischen, 1970 neu gegründeten KPD. Ich führte längst ein Leben ohne Gott, ja gegen Gott. Der Kampf gegen den Glauben wurde insbesondere in Auseinandersetzung mit meinen Eltern zu einem Teil meines Lebens. Der Kaplan meiner Gemeinde war zwar mit größter Toleranz und Geduld darum bemüht, mich aus meiner Verblendung herauszuholen, aber ich hielt ihn für den eigentlich Verblendeten und zog mich ganz aus der KJG, zu der ich damals noch gehörte, zurück.

Gesellschaftlich gesehen stand ich nun mit meiner Position gegen den Rest der Welt. Aber ich hatte Freunde gefunden, bei denen ich auf Anerkennung und Zuspruch stieß. Innerhalb der kommunistischen Organisationen gab es echte Kameradschaft und ein tiefes Gefühl der Zusammengehörigkeit. Zudem nahm man mich hier, trotz meiner Jugend, ernst. Daß der Staat uns bekämpfte, verstärkte nur noch das Gefühl der Zusammengehörigkeit und war ein weiteres Zeichen dafür, daß man mich ernst nahm. Hatte doch Mao Tse-tung in seiner Mao-Bibel, die ich stets bei mir trug, geschrieben: „Wenn der Feind uns bekämpft, ist das gut und nicht schlecht."

Mit Beginn der Arbeitsaufnahme – ich begann eine Lehre als Konditor – entfernte ich mich zugleich weiter von meiner Familie, die mich noch immer gelegentlich an Gott erinnerte. Heftigste Auseinandersetzungen mit meinen Eltern, vor allem mit meinem Vater waren vorhergegangen und entbrannten bei fast jeder neuen Begegnung. Ich stürzte mich ganz in die neue Aufgabe bei der KPD: „Agitation und Propaganda". Man sprach abgekürzt von „Agitprop" für die proletarische Revolution. Täglich stand ich nachts um 3.30 Uhr auf, um zur Arbeit zu fahren und sofort nach der Arbeit ging ich ins Parteibüro, wo verschiedene Aufgaben warteten: Diskussionskreise, die sogenannte MASCH, das war die Abkürzung für „Marxistische Arbeiterschulung", bei der ich übrigens regelmäßig einschlief, u.a. wohl auch, weil mir als Handwerkslehrling das „proletarische Bewußtsein" noch fehlte. Einmal wöchentlich mußte ich die Zeitung der KPD, die „Rote Fahne" auf der Straße verkaufen. Dann mußten im Schutz der Dunkelheit des späten Abends Plakate geklebt werden. Oder wir pinselten Parolen auf Fabrikmauern, die die Arbeiter von der Notwendigkeit der proletarischen Revolution überzeugen sollten. Das alles machte mir wirklich viel Spaß und stärkte trotz vieler Anfeindungen mein Selbstbewußtsein.

Eigentlich war ich zu dieser Zeit immer müde. Da ich auch am Samstag Brötchen backen mußte und der Arbeitstag noch früher als sonst begann, blieb eigentlich nur der Sonntag zum Ausschlafen. Doch damit erst gar keine bürgerliche Dekadenz aufkam, gab es am Sonntag vom Jugendverband der KPD, dem KJVD (Kommunistischer Jugendverband Deutschlands) die sogenannte „Wehrertüchtigung". Das hörte sich gefährlicher an, als es war. Eigentlich handelte es sich dabei nur um normale sportliche Übungen: Gymnastik, Laufen – und dann Fußballspielen. Der Effekt der gesundheitlichen und körperlichen Ertüchtigung allerdings war angesichts des anschließenden Frühschoppen in der Regel gleich Null. Es war aber Pflichtteilnahme angesagt. Drücken ging nicht, was ich gerne getan hätte, denn auch unabhängig von meiner Müdigkeit war ich zutiefst unsportlich und wurde deshalb auch gelegentlich von meinen Genossen verlacht.

Wehrdienstverweigerung war übrigens bei allen K-Gruppen, wie uns die Presse damals nannte, verpönt. Statt dessen war jeder verpflichtet, zur Bundeswehr zu gehen, um das Kriegshandwerk zu erlernen, schließlich wollten wir nicht durch Wahlen, sondern im bewaffneten Kampf an die Macht kommen. Zugleich sollte aber in der Bundeswehr „Wehrkraftzersetzung" betrieben werden. Alle Genossen, die hingegangen waren und die ich kannte, waren vom „Bund" entweder unehrenhaft entlassen worden, was gleichbedeutend mit einer Vorstrafe ist, oder auf einen „unschädlichen Posten" versetzt worden, z.B. als Gerätewart der Sporthalle.

Weil für mich der Samstag Arbeitstag war, hatte ich am Montag frei. Deshalb fuhr ich regelmäßig am Montagmorgen nach Köln, wo sich die Zentrale der KPD befand: das sogenannte „Zentralkomitee" und das „Politbüro", sowie der Verlag „Rote Fahne". Vom Morgen bis zum Abend arbeitete ich im Verlag: Buchversand, die Parteizeitung versandfertig machen usw. Mittags hatte ich die ehrenvolle Aufgabe, das Politbüro zu bekochen, da ich als Konditor auch etwas vom Kochen verstand und dies auch gerne tat. Damals hatte die KPD noch keinen Vorsitzenden, sondern eine kollektive

Leitung, aber es gab zwei dominierende Gestalten: Jürgen Horlemann und Christian Semmler. Der letztere wurde dann später Parteivorsitzender. Horlemann war ein blasser, schmächtiger Mann, der immer einen blauen Chinaanzug trug, den er wohl bei einem seiner zahlreichen Besuche in China erhalten hatte. Er war eher introvertiert, sehr intelligent und konnte bei öffentlichen Auftritten ausgezeichnet und mitreißend reden. Immer habe ich mich gefragt, warum nicht er später Parteivorsitzender wurde. Christian Semmler hat bis heute eine gewisse Bedeutung, zumindest in der Presselandschaft. Als freier Journalist schreibt er regelmäßig für die Berliner „Tageszeitung" (taz), meist zu Themen der „nationalen Frage", die schon damals sein zentrales Anliegen war. Christian Semmler, ein kräftiger, großer, untersetzter Mann mit einer sehr starken Brille, gab sich eher väterlich und war immer sehr freundlich und umgänglich.

Am sympathischsten war mir Frau Horlemann, mit der ich zusammenarbeitete. Sie leitete den Verlag. Sie war eine zierliche, ebenfalls blasse Frau, die Ruhe und Gelassenheit ausstrahlte und mir viel Vertrauen entgegenbrachte. Mit ihr zusammen bereitete ich auch das Mittagessen für das Politbüro. Feministische Kategorien waren der KPD völlig fremd. Die Rollenverteilung war selbstverständlich: Frauen machten die Hausarbeit und was dazu gehört, und Männer machten die große Politik. Ein verheirateter Genosse, mit dem ich auch persönlich befreundet war, war arbeitslos, während seine Frau im Nachtdienst arbeiten mußte. Gleichwohl war es die Aufgabe der Frau, den Haushalt und die Kinder nach der Nachtschicht zu versorgen. Nur selten kümmerte sich der Mann um diese Aufgaben und wenn, dann auch nur nach größeren Auseinandersetzungen. Er war hingegen damit beschäftigt, Plakatständer und Stände für die „Agitprop" zu bauen, die „Rote Fahne" zu verbreiten, Plakate zu kleben, Parolen auf Fabrikwände zu schmieren usw. Insbesondere zum Erlernen dieser Fertigkeiten war jener arbeitslose Genosse lange Zeit mein Lehrer und so etwas wie ein Vaterersatz. Oft habe ich bei ihm übernachtet, um dann um 2.00 oder 3.00 Uhr in der Nacht aufzustehen und Plakate zu kleben.

Auf die Arbeit im Verlag war ich natürlich sehr stolz. Ich hatte direkten Zugang zu dem Führungsgremium der Partei, das andere allenfalls einmal aus der Ferne auf sogenannten „Großveranstaltungen" sehen und hören konnten. Mit kindlich-naiver Bewunderung schaute ich deshalb auf diese Personen, wenn sie gelegentlich die Räume des Politbüros verließen, die durch besondere Sicherungsanlagen verschlossen waren. Kein normal Sterblicher kam in diese Räume. Auch ich bin nie in die Räume des Politbüros vorgedrungen.

Um die Mitte der 70er Jahre gab es in der KPD einen Linienwechsel. Er hing mit der veränderten Außenpolitik Chinas zusammen und setzte sich nach dem Tode von Mao Tse-tung immer mehr durch. An den Tod des „Großen Vorsitzenden" erinnere ich mich noch recht deutlich. Wie fast jeden Tag ging ich von der Arbeit zum Parteibüro, um mich für Aktivitäten bereitzuhalten. Im Fenster des Büros hing ein großes Bild von Mao. Das Bild war schwarz umrandet. Ich war sehr erstaunt. Als ich das Büro betrat, herrschte dort betretenes Schweigen, ganz im Unterschied zur gewöhnlichen Unruhe. Auf meine Frage, ob etwas passiert sei, war man total verwundert, daß ich noch nichts wußte. Mao Tse-tung, der „Große Vorsitzende" war tatsächlich tot. Ich konnte es kaum fassen. Ich hatte ihn wie einen Übervater verehrt. Unbewußt

141

hatten wir ihn für unsterblich gehalten. Die Vorbereitungen für einen Trauerumzug waren schon im Gang. Um 20.00 Uhr gab es, gemeinsam mit anderen kommunistischen Parteien – ich glaube die KPD/ML und der KBW waren mit dabei –, einen Fackelmarsch durch die Innenstadt. Ca. 200 Personen nahmen teil. Es war erstaunlich, wie schnell diese Gruppen spontane Aufmärsche organisieren konnten.

Kurz nach dem Tode Maos wurde, wie gesagt, einiges anders. Es begann zunächst die Auseinandersetzung in China um die sogenannte „Vierer-Bande", einer Gruppe des chinesischen Politbüros um die Frau von Mao, die eine weiterhin radikal-kommunistische Linie verfochten, aber von den gemäßigten Kräften um Deng Xiao Ping überwältigt wurden. Die KPD stellte sich auf die Seite von Deng und wurde daraufhin zur offiziellen Bruderpartei der Kommunistischen Partei Chinas; früher hatte die KP Chinas sich nicht auf eine der vielen Splittergruppen festgelegt, weil sie wohl hoffte, daß sich die Gruppen vereinigten. Wir alle waren sehr stolz, jetzt Bruderpartei der großen KP Chinas zu sein. Ich hatte jetzt sozusagen eine Milliarde Verbündete in China. Vermutlich kamen jetzt auch Gelder zur Finanzierung der Parteiarbeit aus China. Früher, in den Anfängen der KPD um 1970, hatte man gemunkelt, das Geld für die Arbeit käme aus Nordkorea. Aber einen großen Beitrag leisteten auch die Mitglieder und Sympathisanten der K-Gruppen. Keiner durfte mehr als 1200,- DM für sich behalten; der Rest ging an die Partei. Die KPD/ML hingegen schlug sich mit Albanien auf die Seite der Vierer-Bande und sagte sich von China los, um sich dadurch um so stärker an die Seite der Partei der Arbeit Albaniens (PAA) zu stellen. Die Einheitsverhandlungen zwischen diesen beiden Gruppen – KPD und KPD/ML –, die damals tatsächlich schon einige Zeit gelaufen waren mit dem Ziel, sich zu einer Partei zusammenzuschließen, wurden eingestellt.

Dies alles hatte Auswirkungen auf die inhaltliche Ausrichtung der maoistischen Gruppen. Während die KPD/ML einen noch radikaleren Kurs fuhr als schon zuvor – sie galt im Lager der K-Gruppen ohnehin als die militanteste und revolutionärste Gruppe, die sich zeitweilig als politischer Flügel der RAF verstand –, kam es in der KPD zu einer „gemäßigteren" Linie, wobei man jetzt den „Hauptfeind der Menschheit" in der sozialimperialistischen Sowjetunion erkannte und den Kampf gegen den Sozialimperialismus der Sowjetunion wichtiger fand als den Klassenkampf im eigenen Land. Die außenpolitische Orientierung wurde immer wichtiger und die Arbeit in den Betrieben rutschte auf den zweiten Rang. Dies alles wurde innerparteilich heftig diskutiert und sorgte für einige Auseinandersetzungen. Schließlich kam es zu ersten Übertritten aus der KPD zur KPD/ML. Nun verstand ich nicht soviel von diesen Problemen, schließlich war ich mit 17 noch immer relativ jung. Ich bemerkte jedoch, daß die „proletarische Revolution" im eigenen Land nicht mehr so wichtig war. Dies wurde mir voll bewußt, als ich den „Aufruf zum internationalen Kampftag der Arbeiterklasse" der KPD las – gemeint war der 1. Mai als ein Höhepunkt der Aktivitäten des Jahres – und ihn mit dem „Aufruf" der KPD/ML verglich. Letzterer war deutlich radikaler.

Vor der Abreise zur Demonstration der KPD am 1. Mai entschloß ich mich am Bahnhof, wo ich Genossen der KPD/ML traf, mit auf deren Demo zu fahren. Sie nahmen mich mit großer Freude bei sich auf. Den ganzen Tag stand ich deshalb bei den Genossen von der KPD/ML im Mittelpunkt, denn ich gehörte jetzt zu denen, die die KPD verlassen hatten

143

und zur KPD/ML übergetreten waren. Darüber wurde regelmäßig im Parteiorgan der KPD/ML, „Roter Morgen", berichtet.

Damals wohnte ich bei dem Ortsvorsitzenden des KPD-Jugendverbandes KJVD. Als ich am Abend nach Hause kam, war er noch nicht zurück. Ich legte mich also schlafen. Mitten in der Nacht wurde ich von ihm geweckt: „Morgen verläßt Du die Wohnung!" sagte er. Ich war jetzt ein Verräter! Wo sollte ich so schnell eine neue Wohnung finden? Wohl aus Furcht, sein Verhalten könne später in der linken Presse breitgetreten werden, wurde mir eine Frist von zwei Wochen zum Auszug eingeräumt. Da mir meine neuen Genossen hilfreich zur Seite standen, fand ich auch in dieser kurzen Zeit eine Unterkunft.

Die KPD/ML war nicht nur erheblich radikaler, sondern vor allem auch militanter als die KPD. Ihr Parteiemblem bestand aus einem gelben Stern auf rotem Grund. Im Stern waren die obligatorischen Hammer und Sichel und zusätzlich noch ein Gewehr abgebildet. Nach innen war die Truppe deutlich disziplinierter. Lange Haare waren verpönt, zu moderne Kleidung war nicht erlaubt. Wie die KPD hatte auch die KPD/ML kaum Arbeiter in ihren Reihen, doch gab es hier eine große Bereitschaft von Akademikern, als Arbeiter in die Industrie zu gehen, um dort Agitprop zu betreiben. Mit dem Schritt zur KPD/ML hatte ich mich noch weiter außerhalb gestellt, da selbst für die anderen K-Gruppen die Partei als sehr radikal galt. Auch hatte mir das undisziplinierte Chaotentum in der KPD nie so richtig gefallen, die Disziplin der KPD/ML lag mir viel eher. Die Genossen der KPD/ML waren zudem im Durchschnitt etwas älter und reifer als die der KPD, und ich fand hier mehr Genossen, mit denen ich mich identifizieren konnte. Auch empfand ich nach den Jahren in der KPD Langeweile, und alles war mir zur Routine geworden. Meine Suche, die Sehnsucht nach dem Heilen und Ganzen war schon seit längerem wieder aufgebrochen. Durch immer stärkeres Engagement hatte ich versucht, diese Suche zu kompensieren.

Nun war auch ich als Konditor für die echte Agitation und Propaganda nicht der Richtige, denn Handwerker gehörten nicht zur Arbeiterschicht, die für die proletarische Revolution die wichtigste war. Von einem Genossen erfuhr ich, daß man in einem Edelstahlwerk Lehrlinge für den neuen Beruf des Hüttenfacharbeiters suchte. Der Genosse, eigentlich Akademiker, hatte seine akademische Karriere an den Nagel gehängt, um das „Industrieproletariat", die eigentliche „Vorhut der Arbeiterklasse", für die Ideale des Kommunismus zu gewinnen. Er war als Hilfsarbeiter im selben Werk tätig. Das war, wie gesagt, in dieser Szene nichts besonderes. Viele Akademiker gingen, getreu dem Vorbild, das die Volksrepublik China und die „Sozialistische Republik Albanien" boten, nach dem Studium in Fabriken, um dort als Hilfsarbeiter zu arbeiten, und versuchten, Arbeiter anzusprechen und zu Veranstaltungen einzuladen. Dies war alles andere als ungefährlich, denn wenn so etwas im Werk bekannt wurde und die Betriebsleitung oder die Gewerkschaft davon erfuhren, führte dies in der Regel zur fristlosen Entlassung und zum Ausschluß aus der Gewerkschaft. Wer so seinen Arbeitsplatz verlor, hatte kaum eine Chance, eine neue Stelle zu finden. Da einige der Genossen, denen dies passierte, schon Familien hatten, waren die Folgen oft sehr bitter. Noch heute bewundere ich diese echte Bereitschaft, für Ideale wirkliche Opfer zu bringen! Das habe ich bei Christen weit seltener gefunden. Sich mit seiner gesamten Kraft und allen Mitteln für Christus einzusetzen, wird in Zukunft vermutlich immer wichtiger werden. Ein gut bürgerlicher Teilzeitglaube wird immer mehr zur Entscheidung herausgefordert werden.

Mit einem anderen, zwei Jahre älteren Genossen, der nach dem Abitur auf ein Studium verzichtete, um statt dessen ebenfalls als Hüttenfacharbeiter eine Lehre zu machen, ging ich also in die Schwerindustrie. Die Ausbildung war wirklich ausgezeichnet und im Unterschied zur Lehre als Konditor, die ich abgebrochen hatte, war hier wirklich von Ausbeutung gar nichts zu spüren. Im Gegenteil: das Unternehmen investierte viel in seine Lehrlinge oder, wie sie damals in sozialdemokratischem Edeldeutsch hießen, in die „Auszubildenden", um ihnen eine hochwertige und qualifizierte Ausbildung zu bieten. Die Berufsschule war nach meinem Geschmack für die Katz. Diese Meinung teilte das Unternehmen offenbar auch, denn es wurde eine eigene Werkschule eingerichtet, in der wir einmal wöchentlich ganztägig lernten. Damit gingen dem Unternehmen zwei Wochentage als Arbeitstage verloren. Im ersten Ausbildungsjahr wurde zudem nur in der Lehrwerkstatt unproduktiv „herumgefeilt".

Trotz dieser guten Situation mußten nun aber Ansatzpunkte gefunden werden, um Unzufriedenheit auch unter den Lehrlingen zu schüren, was in der Tat nicht leicht war. Die meisten schätzten sich schon allein deshalb glücklich, weil sie überhaupt eine Lehrstelle gefunden hatten. Aber Unzufriedenheit läßt sich überall finden. So publizierten mein Freund und ich eine regelmäßig erscheinende kommunistische Betriebszeitung mit dem schönen Titel „Stahlhart". Außer der Betriebszeitung unserer „Betriebszelle der KPD/ML" gab es noch eine Betriebszelle des „Kommunistischen Arbeiterbundes Deutschlands (KABD)" und eine Betriebszeitung der

DKP. Sie waren für uns die „Sozialfaschisten", hatten viel Einfluß in der Gewerkschaft und übten auch grundsätzlich nie Kritik an ihr. Auf den Titel der DKP-Betriebszeitung waren wir alle neidisch. Er lautete „Heißer Draht", denn das Werk hatte eine große Drahtproduktion. So gab es kaum einen Tag, an dem nicht am Morgen zur Frühschicht eine der „kommunistischen Eliten" vor dem Betriebstor stand und Flugblätter, Zeitungen und anderes feilbot.

Außer den Gruppen, die direkt Leute in den Betrieb eingeschleust hatten, gab es auch noch viele andere Gruppen die ebenfalls versuchten, die Arbeiterklasse auf ihre Seite zu bringen. So der „Kommunistische Bund Westdeutschlands (KBW)" oder meine ehemaligen Genossen von der KPD. Die Verteilung mußten Schüler und Studenten übernehmen und unsere Aufgabe war es, die Arbeiter in den Pausen auf die Blätter anzusprechen und ihre Meinung dazu zu hören. Gab es ausnahmsweise mal eine positive Resonanz, denn dies war doch recht selten, so wurde der Mann intensiv weiterbearbeitet. Trotz der Probleme, Arbeiter für den Kommunismus zu gewinnen, hegten meine Genossen und ich immer eine große Sympathie für die Arbeiter. Diese Sympathie, ja Zuneigung war echt und nicht bloß Mittel zum Zweck. Die „Arbeiterklasse" – etwas, das es schon damals nicht mehr gab – gehörte zu der am stärksten unterdrückten und ausgebeuteten Klasse im Kapitalismus und war doch zugleich die Klasse, die allen „Mehrwert" produzierte, so dachten wir. Selbst wenn mal ein Arbeiter über uns schimpfte, wurde ihm das nachgesehen, denn ihm fehlte nur der Durchblick, er war von den bürgerlichen Medien verblendet, und wenn er sich erst einmal auf ein Gespräch einlassen würde, würde er schon überzeugt werden. Bei all dem spielte vielleicht sogar so etwas wie Mitleid eine

147

Rolle. Da ich mich selbst als Außenseiter, als Unterdrückten und Verlorenen erfuhr, war dieses Mitleid mit der „entrechteten Arbeiterklasse" gewiß mit einem gehörigen Schuß Selbstmitleid durchtränkt.

Zu dieser Zeit hatte ich den Kontakt mit meinem Elternhaus auf ein Minimum beschränkt. Meine Eltern waren mir reichlich fremd, jeder Bezug zum christlichen Glauben außer Reichweite. Ich hielt sie für kleinbürgerlich verdorbene Spießer. Auch im moralisch-sittlichen Verhalten verrohte ich zunehmend: Alles, was nicht von der „Partei" verboten war und was der Partei nicht schadete, war erlaubt. So lebte ich auch. Unbedingter Gehorsam gegenüber der Partei und den Führungsorganen war aber selbstverständlich. Regelmäßig wurde das alte stalinistische Lied gesungen, das ich aus der KPD nicht kannte: „Die Partei, die Partei, die hat immer recht, Genossen es bleibt dabei ... ." Überhaupt wurde die Stalin-Verehrung in der KPD/ML groß geschrieben. Die Köpfe von Marx, Engels, Lenin und Stalin zierten die Kopfleiste der Parteizeitung „Roter Morgen". Mao Tse-tung hatte man nach dem Streit mit China weggelassen. Die Partei brachte auf „Beschluß des Zentralkomitees" und mit finanzieller Hilfe der Albaner die damals einzige deutsche Stalin-Ausgabe in elf Bänden heraus, einschließlich der „Geschichte der KPdSU/B", die eigentlich auch aus der Feder Stalins stammte. Ich war einer der ersten stolzen Besitzer dieser 200,- DM-Stalin-Ausgabe und studierte intensiv die „Weisheiten" dieses großen Führers im „vaterländischen Krieg". Ich glaubte alles, was ich von Stalin las, und die Wahrheit über Stalin, sein Terrorregime ignorierte ich oder hieß es sogar gut, denn zum endgültigen Sieg des Kommunismus waren Opfer notwendig, so dachte ich, weil es immer einige Uneinsichtige geben würde, die verhindern, daß die „überwältigende Mehrheit" der Menschen zum Glück gelangt und die deshalb ihre egoistischen Interessen vor die des Volkes stellen. Solche Menschen, so war meine Überzeugung, bedurften einer Umerziehung und wo diese nicht möglich war, mußten sie für immer aus der Gesellschaft ausgeschlossen werden. Die Achtung vor dem menschlichen Leben hatte ich verloren.

Übrigens war das, was man „freie Liebe" nannte, in den K-Gruppen nicht üblich. Es wurde sogar als kleinbürgerliche Spinnerei verurteilt, zumal es auf die Arbeiterklasse abschreckend wirkte. Viele Genossen der K-Gruppen stammten zwar aus der 68iger Studentenbewegung und hatten dort wohl auch Kommunen kennengelernt. Bei den Mitgliedern der K-Gruppen, besonders bei denen der KPD/ML, waren aber selbst Wohngemeinschaften äußerst unüblich. Die meisten Mitglieder lebten allein oder waren ordentlich, standesamtlich verheiratet. Auch in diesen Fragen orientierte man sich an Albanien und China.

Mit meinem Genossen aus dem Stahlwerk hatte ich mich eng befreundet. Wir pflegten jetzt einen intensiven „Proletkult". Dieser Kult bestand vor allem in heftigen Saufgelagen. Als Genosse der KPD/ML war man weit weniger intensiv gefordert als in der KPD, und es blieb mehr Freizeit. Am Wochenende verbrachten wir die ganze Zeit in seiner Wohnung. Am Freitagnachmittag ging es in den Supermarkt, wo wir uns gemeinsam einen Kasten Bier und für jeden eine Flasche Whiskey oder Rum kauften, die im Laufe des Abends irgendwann leer waren. Am nächsten Morgen waren wir zwar ziemlich niedergedrückt, aber sofort ging es erneut in den Supermarkt. Wir besorgten die gleiche Ration für den Samstagabend. Der Sonntag diente dann der Erholung.

Gelegentlich nahm an diesen Saufereien auch ein dritter Genosse teil, den die anderen Genossen der KPD/ML wegen seiner mangelnden Disziplin und Angeberei mieden. Er galt als „ausgeflippt". Ausgeflippt wurden alle genannt, die nicht die nötige Disziplin besaßen oder aus der K-Gruppen-Szene ausgestiegen waren und jetzt ein – wie man sagte – „bürgerliches Leben" führten. Die Anwesenheit dieses Genossen war in der Tat nicht ungefährlich. Wenn er betrunken war, wurde er völlig unberechenbar. Jedesmal gab es irgendeinen Ärger. Zudem war er zumeist bewaffnet; er trug eine Gaspistole bei sich, die er gelegentlich im Vollrausch abfeuerte. Einmal trat er, wieder im Vollrausch, einen Werbekasten der CDU ein und verletzte sich dabei die Achilles-Schlagader. Er verlor große Mengen Blut. Nach einigen solcher Vorfälle zogen wir es vor, uns zukünftig allein zu betrinken.

Allerdings hatten die Saufgelage auch noch andere Motive als die Pflege des sogenannten „Proletkultes". Trotz meiner intensiven Einspannung in die kommunistische Arbeit blieb immer eine Sehnsucht, die durch nichts befriedigt werden konnte. Es war die Sehnsucht nach etwas Absolutem, die sich vor allem in Zeiten der Ruhe, wie beispielsweise an Wochenenden meldete. Der Bruch zwischen den Idealen des Kommunismus und der Realität brach immer wieder auf. Nach dem Wechsel von der KPD zur KPD/ML war es zunächst einige Zeit besser gegangen, doch schon nach einigen Monaten war das schale Gefühl wieder da und die Sehnsucht erneut erwacht. In den Sauforgien wurde sozusagen künstlich eine Versöhnung hergestellt; der Alkohol bewirkte ein Gefühl des Einsseins mit allem, und so konnte die Verlorenheit für einige Stunden überwunden werden. Aber sobald man aus diesem Traum erwachte, hatte die Realität wieder gesiegt, und diese wiederum konnte nur durch noch mehr Alkohol oder durch wachsende Radikalität in politischen Auffassungen besiegt werden.

Irgendwann um die Zeit des sogenannten „heißen Herbstes", als die Aktionen der RAF-Terroristen ihren Höhepunkt erreichten, also etwa 1976 (an die genaue Zeit erinnere ich mich nicht mehr), standen die K-Gruppen, aber insbesondere die KPD/ML, ständig in der Gefahr, verboten zu werden. Vermutlich war damals die Partei schon stark vom Verfassungsschutz unterwandert. Man mißtraute sich untereinander. Nie war man sicher, ob der andere ein Genosse oder ein Spitzel des Verfassungsschutzes war. Jeder wurde irgendwie verdächtigt. Einmal stellte sich heraus, daß wir wohl mit einem Mitarbeiter des Verfassungsschutzes gemeinsam Plakate geklebt hatten. Wir klebten schon relativ früh, gegen 23.00 Uhr, was sehr gefährlich war. Um diese Zeit war mit Polizeipräsenz zu rechnen. Offenbar hatten kurz zuvor die „Sozialfaschisten" von der DKP geklebt. Wir rissen deren Plakate ab oder überklebten sie mit eigenen. Obgleich wir uns sehr auffällig verhielten, passierte nichts, jedenfalls nie, wenn dieser scheinbare Genosse anwesend war. Er war als Straßenhändler tätig, weshalb ihn die Partei ohnehin schon mit einem gewissen Mißtrauen beäugte. Da er aber mit großer Entschiedenheit und Radikalität redete und überall dabei war, ließ man ihn zunächst mitmachen. Später war er dann nie mehr zu sehen. Seitdem hieß es, er sei vom Verfassungsschutz gewesen.

Zu dieser Zeit der „heißen Herbstes" waren mein Freund und ich mit einem weiteren, schon älteren Genossen nachts unterwegs, um wieder einmal Plakate zu kleben. Ich erinnere mich noch gut an die Aufschrift des Plakates: Im Zentrum war ein großer gelber Stern mit Hammer, Sichel und Gewehr. Auf dem Plakat stand zu lesen: „Für ein vereintes, unabhängiges, sozialistisches Deutschland". Es war schon sehr spät und niemand mehr auf der Straße.

Wir hatten etwa schon 30 – 40 Plakate geklebt und nur noch eins übrig. Plötzlich bog eine Polizeistreife um die Ecke. Wir ließen alles stehen und liegen und liefen so schnell wir konnten. Dies hatten wir lange und oft eingeübt. Dennoch machte ich einen Fehler: Ich lief in dieselbe Richtung wie mein Freund, während es ausgemacht war, daß jeder im „Ernstfall" in eine andere Richtung laufen sollte. So würde maximal eine Person gefaßt. Die Beamten liefen also einige Schritte hinter uns her, blieben dann stehen, zogen ihre Waffen und riefen in Schießbereitschaft: „Stehenbleiben oder ich schieße". Ich überlegte blitzschnell und kam zu dem Schluß, die politische Situation sei so gefährlich, daß die Beamten wohl schießen würden. Wie sich dann herausstellte, hielten sie uns für Sympathisanten der RAF, was wir ja auch in gewisser Weise waren. Mit gespreizten, vor Angst schlotternden Beinen und erhobenen Armen, standen wir nun mehr als eine halbe Stunde mit dem Gesicht zur Mauer. Immer mehr Polizeifahrzeuge kamen an. Jeder Beamte war erst einmal damit beschäftigt, uns nach Waffen zu durchsuchen und immer wieder zu fragen, wer der dritte Mann gewesen sei und wo er hingelaufen sei. Selbstverständlich, so war uns beigebracht worden, sagten wir nichts und antworteten in den kommenden zwei Stunden nur auf Fragen zu Person, Name, Geburtsdatum, Wohnort, Straße. Ansonsten kein Wort.

Nachdem die Polizei sich davon überzeugt hatte, daß wir tatsächlich keine Waffen trugen, setzte sie jeden von uns beiden in ein Polizeifahrzeug und fuhr mit uns durch das ganze

Stadtviertel, in dem wir plakatiert hatten. Sobald die Polizisten ein Plakat entdeckten, stiegen sie mit uns aus und forderten uns auf, das Plakat wieder abzureißen. Ich wehrte mich nicht dagegen, doch mein Freund weigerte sich schon beim ersten Plakat. Daraufhin holte ein Beamter seine Pistole aus der Tasche, hielt sie meinem Freund vor das Gesicht und sagte: „Wenn Du das Plakat nicht entfernst, schlage ich Dir damit die Zähne aus". Nach dieser überzeugenden Rede entschloß auch er sich, den Anweisungen der Beamten für den Abend nachzukommen. Daß solche Reaktionen bei der Polizei möglich waren, zeigt, wie angespannt und gefährlich die Situation damals war. Es gab mehrere Terrorgruppen in Deutschland: außer der RAF die „Bewegung 2. Juni" und die „Revolutionären Zellen". Alle waren damit beschäftigt, kleinere oder größere Terroranschläge zu verüben. Auch in der K-Gruppen-Szene war die Gewaltbereitschaft sehr hoch. Und auch ich selbst spürte, wie meine Achtung vor dem Leben immer mehr schwand.

Zu dieser Zeit versuchte ich mit einigen anderen Genossen und unter Beteiligung von sogenannten Anarcho-Kreisen eine Rechtshilfeorganisation ins Leben zu rufen. Mit einem Genossen, der zum Sympathisantenumfeld der RAF gehörte, vereinbarte ich einen Termin für eine Woche später. Vor unserem Treffen gab es einen nächtlichen Brandanschlag auf ein Polizeirevier. Diesen „Anarcho" sah ich erst viele Monate später wieder. Er war vermutlich „abgetaucht".

Da die Situation in der KPD/ML für mich zunehmend trüber wurde, ich die Spannung zwischen den Idealen und der Realität immer tiefer spürte, meine Sehnsucht nach dem Absoluten wuchs und die Suche wieder einsetzte, wäre es leicht möglich gewesen, daß ich, wäre ich angesprochen worden, den Schritt zur totalen Verweigerung gegangen hätte und in die Illegalität der RAF abgetaucht wäre. Ich danke noch heute Gott, daß mir diese Versuchung erspart geblieben ist.

Die Arbeit für die KPD/ML wurde wie gesagt, für mich immer fader und ein tiefes Gefühl der inneren Leere breitete sich wieder aus. Mein Protest äußerte sich weiterhin in dem, was man „Proletkult" nannte. Mein Freund und ich verachteten die sogenannten „Intellektuellen". Damit machten wir uns in der Partei, vor allem bei den Intellektuellen, immer unbeliebter. Auch die Sitzungen der „Betriebszelle der KPD/ML" arteten zunehmend in Saufereien aus. Wir beschwerten uns über die mangelnde Unterstützung unserer Arbeit. Offenbar war dies dann doch zuviel. Eines Tages kam die Vorsitzende der örtlichen Gruppe der „Roten Garde", der Jugendorganisation der KPD/ML, in unsere Sitzung und teilte uns mit, daß die Betriebszelle hiermit aufgelöst sei, da wir den nötigen Gehorsam vermissen ließen und mit unserem „Proletkult" einen schlechten Einfluß ausübten.

Mein Freund verließ daraufhin die Partei. Ich hatte noch immer nicht genug vom Kommunismus, sah auch keinen anderen Weg und wandte mich der dritten Partei zu, mit der ich schon seit längerem sympathisierte. Doch war es diesmal nicht ein weiterer Schritt auf dem Weg ins Abseits, sondern der erste Schritt auf dem Weg zum Ausstieg aus dieser Szene. Daß ich schon länger Kontakte zum „Kommunistischen Arbeiterbund Deutschlands (KABD)" hatte, war mir ebenfalls in der KPD/ML übel genommen worden.

Der KABD existiert noch heute und ist von allen damaligen Gruppen das einzige Überbleibsel. Er nennt sich inzwischen Marxistisch-Leninistische Partei Deutschland (MLPD) und kandidierte bei den letzten Europawahlen. Innerhalb der

K-Gruppen war die MLPD Anfang der 70er Jahre aus einer Abspaltung von der KPD/ML in Baden-Württemberg entstanden. Ihr war es unter allen K-Gruppen am besten gelungen, Arbeiter für sich zu gewinnen. Das hing wohl mit ihrer stärkeren ökonomischen Ausrichtung auf relativ gewerkschaftsorientierte Forderungen zusammen. Statt des üblichen „Für ein vereintes, unabhängiges und sozialistisches Deutschland" (die KPD hatte denselben Slogan, nur mit veränderter Wortfolge) war die Hauptlosung des KABD „Für 35 Stundenwoche bei vollem Lohnausgleich" und „Arbeit, Freiheit, Sozialismus: die Zukunft der Werktätigen". Über die Hälfte der Mitglieder waren Arbeiter, zumeist in großen Industrieunternehmen. Im Unterschied zu anderen K-Gruppen war der KABD intensiv in der Gewerkschaftsarbeit tätig, obgleich die Mitglieder verdeckt arbeiten mußten. Wenn bekannt wurde, daß jemand zum KABD gehörte, wurde er unverzüglich ausgeschlossen. Zumeist meldete die Gewerkschaft die Mitgliedschaft auch dem Unternehmen. Das führte zur Entlassung.

Der KABD, zu dem ich nun also gehörte, verfügte ebenfalls über eine Betriebszelle in dem Stahlwerk, in dem ich tätig war. Ich wurde sofort eingegliedert. Im Vergleich zu den beiden anderen Organisationen, die ich kennengelernt hatte, ging es im KABD fast „vernünftig" zu. Es herrschte eine relativ freie Atmosphäre und ein kameradschaftlicher, fast familiärer Umgang. Zudem war die Arbeit auch noch vergleichsweise erfolgreich. Es gelang den Leuten vom KABD immer wieder, einfache Arbeiter zur Teilnahme an Veranstaltungen zu bewegen und sie zu einer lockeren Anbindung an den KABD zu bringen. Alle waren aufgefordert, aktiv und intensiv in der Gewerkschaft mitzuarbeiten, und so fing ich an, gewerkschaftlich aktiv zu werden. In der Werkshalle, wo ich

155

tätig war – am Elektrolichtbogenofen für die Edelstahlproduktion –, wurde ich von den überwiegend türkischen Arbeitern zum Vertrauensmann der IG Metall gewählt. Gleichzeitig nahm ich auch Kontakt zur IGM-Jugendgruppe auf und arbeitete schon kurze Zeit darauf regelmäßig mit. Ich lernte viele junge Arbeiter und Lehrlinge kennen und versuchte jetzt, die Forderung nach der 35-Stundenwoche populär zu machen und kommunistisches Gedankengut in der Gewerkschaft zu verbreiten. Dabei bemerkte ich erstmals, daß die Gewerkschaftler, sowohl Mitglieder als auch Funktionäre, keineswegs nur „Arbeiterverräter" und „Gewerkschaftsbonzen" zu sein schienen, wie ich immer gelernt hatte. Sie begegneten mir als vernünftige und umgängliche Menschen und standen den Ansichten, die ich vertrat, gar nicht so ablehnend gegenüber.

Da ich als Kommunist intensives Engagement gewohnt war, wurde ich immer stärker in die Arbeit integriert und lernte dadurch höhere Funktionäre der Gewerkschaft kennen. Zwar gab es auch den typischen „Bonzentyp", der vor allem auf den Erhalt und Ausbau seiner Position bedacht war, aber im allgemeinen waren die Betriebsräte und IGM-Funktionäre engagierte und an der Sache interessierte Leute. Beim KABD wuchs angesichts meiner Gewerkschaftsarbeit mein Ansehen ganz erheblich. Die Studenten im KABD bewunderten mich geradezu. Überhaupt war es mit den „Intellektuellen" im KABD eine ganz besondere Sache: ganz anders als in den anderen K-Gruppen, in denen regelmäßig die Intellektuellen das Sagen hatten. Im KABD war es umgekehrt. Alles bestimmten die Arbeiter und die Intellektuellen ordneten sich, oft fast devot, den Arbeitern unter. Die unangenehme Agitprop-Arbeit wurde fast nur von Studenten getan. Diese

Arbeit galt als Unterstützung der politischen Arbeit derjenigen, die in Betrieben waren. Überhaupt war die gesamte Agitprop auf Arbeiter ausgerichtet; vor den Werkstoren fast aller Großunternehmen in der Stadt wurden regelmäßig Flugblätter verteilt und Zeitungen verkauft, während man in der Stadt, auf Plätzen oder der Straße Agitprop kaum betrieb.

Durch den Wechsel zum KABD und das viele Neue, das mir hier begegnete, ging es mir nun wieder besser. Die Leere war zunächst nicht mehr zu spüren, ich lernte viele neue Menschen kennen. Schlimmer wurde es nur, wenn zuviel freie Zeit blieb. Dann besuchte ich meinen ehemaligen Genossen aus der KPD/ML, der, wie gesagt, aus allem ausgestiegen war, und ich erstickte diese Leere mit ihm gemeinsam im Alkohol.

Irgendwann Ende der 70er Jahre kam es in der Stahlindustrie zum Streik für die 35-Stundenwoche bei vollem Lohnausgleich, für mich ein Höhepunkt meiner KABD-Zeit. Auch das Unternehmen, in dem ich tätig war, wurde bestreikt, allerdings nur tageweise. Der KABD hatte in dieser Zeit ein eigenes Streikkomitee gegründet. Etwa dreimal die Woche kamen alle Mitglieder des KABD, die im Ruhrgebiet in der Stahlindustrie tätig waren, zusammen. Dazu stieß eine große Zahl Intellektueller. Sie hielten sich für die Umsetzung der Beschlüsse bereit. Anschließend, zumeist noch in der Nacht, erstellten sie Flugblätter oder Streik-Zeitungen. Während dieser Streiksitzungen wurde über die Stimmung in den Betrieben berichtet und die Linie für das weitere Vorgehen abgesteckt. Es war wichtig, Inkonsequenzen der Gewerkschaft herauszustellen und die Arbeiter gegen jede Art von Kompromiß aufzubringen. Der KABD hielt sich zugute, die erste Organisation in Deutschland gewesen zu sein, die die Forderung nach der 35-Stundenwoche bei vollem Lohnausgleich erhoben hatte. Soweit mir bekannt war, stimmte dieses Eigenlob. Dies war auch ein wichtiges Argument in den Gesprächen mit den Kollegen. Man glaubte, über den Kampf für die 35-Stundenwoche die „Arbeiterklasse" mobilisieren und mit dieser Taktik dann den „Kapitalismus" insgesamt angreifen zu können; so sollte schließlich der Weg für die sozialistische Revolution in Deutschland vorbereitet werden.

Natürlich kam es ganz anders. Es kam zu einem Kompromiß, der deutlich über 35 Stunden lag. Und die Gehaltserhöhung fiel knapp aus. Dies alles nach sechs Wochen Streik. Heute weiß ich, daß dieses Zugeständnis in der Arbeitszeitfrage zum weiteren Ruin der Stahlindustrie einen entscheidenden Beitrag geleistet hat. Zwei bis drei Jahre später hatten fast alle meiner ehemaligen Kollegen ihren Arbeitsplatz verloren. Das Unternehmen war von 3000 Beschäftigten auf ca. 300 geschrumpft; die Stahlproduktion als solche wurde völlig eingestellt und nur noch hochwertiger Werkzeugstahl für Spezialwerkzeuge und Schweißelektroden weiterproduziert. Heute ist meines Wissens der Betrieb völlig stillgelegt und dient als Lager.

Durch die stärkere Einbindung in die gewerkschaftliche Arbeit, durch die ich auch einen neuen Freundeskreis kennenlernte, entfernte ich mich nun zunehmend auch vom KABD und hatte nicht mehr viel übrig für die radikale Art von Gesellschaftsveränderung. Gegen den grundsätzlichen „Frust" und die innere Leere half die proletarische Revolution ohnehin nicht mehr. Ich verließ dann die Kommunisten ganz und stürzte mich nun voll in die Arbeit der Gewerkschaft, wobei mein Schwerpunkt in der IG-Metall und der DGB-Jugendarbeit lag. Nach einiger Zeit leitete ich bereits gewerkschaftliche Jugendseminare und übernahm gemeinsam mit einigen anderen Jugendfunktionären die Organisation und Durchführung der gesamten Jugendarbeit vor Ort.

Meine Wechsel von einer Organisation zur anderen waren immer schneller erfolgt. War ich in der KPD noch fast fünf Jahre gewesen, so blieb ich nur zwei Jahre bei der KPD/ML und nur ein Jahr beim KABD. Politisch gesehen hatte ich mich nun der Normalität angenähert.

Gleichzeitig wollte ich aber die politische Arbeit nicht völlig aufgeben. Ich wurde Mitglied der „arbeitsgruppe sozialistisches büro" Offenbach. Das SB war eine intellektuelle „Eliteorganisation", die von führenden Mitgliedern der Studentenbewegung, von Rudi Dutschke und anderen bekannten Studentenführern und Linksintellektuellen, als Auffangbecken für nichtkommunistische Linke gegründet worden war. Das SB war selber nicht direkt politisch aktiv. Vielmehr waren seine Mitglieder in verschiedenen Bürgerinitiativen, die sich damals zu gründen begannen, oder auch in der SPD tätig, um auf diesem Weg bestimmte „sozialistisch-libertäre" Ideen in bestehenden Institutionen zu verbreiten. Der Zusammenhang war nur sehr locker und die wesentliche Arbeit des SB bestand in der Organisation und Durchführung großer Kongresse zu aktuellen politischen Fragen und im Publizieren von Zeitungen, Zeitschriften und Büchern, die aber eine gewisse Pluralität im sozialistischen Spektrum abdeckten. Da es im weiten Umkreis meines Wohnortes keine Gruppe des SB gab, gründete ich selbst eine solche Gruppe. Ich ließ mir von der Zentrale in Offenbach das Verzeichnis der Abonnenten der vom SB herausgegebenen Zeitschrift „links" geben, und schrieb alle Abonnenten im Umkreis an. Bei der Gründungsveranstaltung waren ca. 20 Personen anwesend. Es gab gleich eine Strategiediskussion, die sich in der weiteren

Arbeit fortsetzte. Zu dieser Zeit begann ich gleichzeitig, mich intensiv mit politischen, soziologischen und philosophischen Theorien auseinanderzusetzen.

Man empfahl mir in gewerkschaftlichen Kreisen zur Absicherung meiner Karriere eine Mitgliedschaft in der SPD. So wurde ich also auch SPD-Mitglied und verbreitete dort meine sozialistischen, aber inzwischen radikal antikommunistischen Gedanken. Dieses „antikommunistisch" bezog sich vor allem auf die moskauhörigen Strömungen, die damals auch bei den Jusos in der „Stamokap-Fraktion" (staatmonopolistischer Kapitalismus – wir sprachen immer von „Stacheldrahtfraktion") weit verbreitet waren. Da ich Arbeiter war, – bei den Jusos eine totale Ausnahmeerscheinung –, und zudem sehr aktiv, machte ich auch hier recht schnell Karriere. Schon nach etwa neun Monaten wurde ich gefragt, ob ich nicht Mitglied im Bezirksvorstand der Jusos werden wolle. Normalerweise konnte man erst nach einem Jahr Mitgliedschaft Ämter übernehmen. Von einem damaligen Freund aus dem Bezirksvorstand wurde mir abgeraten, weil ich noch über keine innerparteiliche Basis verfügte, und so nahm ich diese Position auch nicht an. Gleichwohl hatte meine politische Aktivität jetzt ihren Höhepunkt erreicht: ich wirkte aktiv in der gewerkschaftlichen Jugendarbeit, im SB, in der SPD und hier sowohl in verschiedenen Ausschüssen und Arbeitsgruppen der Jusos als auch bei der Afa (Arbeitsgemeinschaft für Arbeitnehmerfragen). Ich war auf vielen Kongressen und Tagungen der Linken anwesend. Lange Zeit wußte niemand in den neuen politischen Kreisen, in denen ich jetzt zu Hause war, von meiner Mitgliedschaft in den kommunistischen Organisationen. Zudem nahm ich jetzt an gewerkschaftlichen und parteiinternen Weiterbildungsprogrammen teil und meine Karriere schien für die Zukunft schon bereit zu liegen. Doch dann kam alles anders.

Als ich von einem zweiwöchigen Gewerkschaftsseminar aus Berlin zurückkehrte, fand ich den Einberufungsbescheid für den Zivildienst im Briefkasten. Ich hatte den Wehrdienst nach meiner Wandlung vom Kommunisten zum Sozialisten verweigert und sollte nun in Süddeutschland meinen Zivildienst in einer großen Einrichtung für Körperbehinderte ableisten. Zwar war die Einspruchsfrist abgelaufen, doch da ich nachweisen konnte, vierzehn Tage nicht zuhause gewesen zu sein, war ein Einspruch dennoch möglich.

Doch ich verzichtete auf den Einspruch – ich wollte etwas ganz Neues anfangen. Die neue politische „Heimat" war mindestens ebenso unbefriedigend wie alles bisherige. Meine Genossen von der SPD beknieten mich, Einspruch einzulegen, um dann eine Stelle bei der Arbeiterwohlfahrt in meinem Wohnort anzunehmen; dabei könnte ich nebenbei für die Partei arbeiten. Aber mein Entschluß stand fest. So machte ich mich einige Wochen später auf den Weg zu meiner Zivildienststelle. Ich weiß noch genau, daß ich auf der Reise ein Buch von Herbert Marcuse mit dem Titel „Triebstruktur und Gesellschaft" gelesen habe. Dieses Buch nahm gewissermaßen vorweg, was mich in den kommenden Jahren bestimmen sollte: ich entfernte mich zunehmend von der Politik, obgleich ich zunächst noch in der „Antikriegsbewegung" aktiv mitwirken sollte und Vertrauensmann meiner Zivildienststelle wurde. Auch war ich noch bei verschiedenen Antikriegskongressen und Demonstrationen dabei. Vor allem studierte ich jetzt aber intensiv die Werke Sigmund Freuds und der Psychoanalyse und und machte bald die für die frühen achtziger Jahre typische „Wendung nach innen".

Erstmals begann ich, mich selbst in Frage zu stellen und damit das Gefühl der inneren Leere, der Sehnsucht nach dem Absoluten, die durch nichts zu stillen war, den Bruch, der mein ganzes Leben durchzog, in gewisser Weise ernst zu nehmen. Im Verlauf der Zeit wurde ich mir selbst immer fragwürdiger. Ich zog mich ganz aus der politischen Arbeit zurück, trat aus der SPD, später auch aus der Gewerkschaft aus und absolvierte eine Ausbildung zum Krankenpfleger. Auch die Psychoanalyse konnte mir keine Antworten auf wesentliche Fragen geben. Sie „erklärte" nur mein tiefes Unbefriedigtsein, die Sehnsucht nach dem Ganzen und dem Heil, indem sie „frühkindliche Erfahrungen" als kausale Ursachen für Gegenwärtiges heranzog und damit aber nichts versteht. Verstehen geht auf die Sinnfrage, und Sinn ist nicht aus Ursachen ableitbar, Sinn ist nicht erklärbar. So begann ich zunächst privat ein intensives Studium der Philosophie. Nach kurzer Einarbeitung in philosophische Fragestellungen konzentrierte ich mich ganz auf das Studium von Martin Heidegger, dessen Grundfrage nach dem „Sinn von Sein" in seinem Jahrhundertwerk „Sein und Zeit" mich mehr fesselte als alles andere zuvor.

Die Fragen, mit denen mich die Philosophie konfrontierte, erweckten anfangs auch wieder ein Interesse an religiösen Fragen. Mitte der achtziger Jahre besuchte ich zeitweilig sogar wieder gelegentlich die heilige Messe. Nicht etwa weil ich glaubte, sondern mehr aus Neugier und weil ich mich gewissermaßen unbewußt an die Sinnerfahrung meiner Kindheit erinnert fühlte. Vielleicht auch weil ich gerne geglaubt hätte, es aber nicht mehr konnte. Darüber sprach ich damals auch mit meinem Vater. Er sagte mir, ich solle beten, dann käme der Glaube von selbst. Dies verstand ich nicht und antwortete ihm, beten könne man nur, wenn man glaubt, und glauben könne ich eben nicht. Doch er beharrte darauf, daß ich auch ohne Glauben einfach Gebete sprechen solle, dann käme der Glaube. So drehte sich alles in einem Kreis.

Je mehr es mir gelang, in die schwierige Philosophie Heideggers einzudringen und zu verstehen, um so mehr traten die religiösen Fragen wieder in den Hintergrund. Immer stärker wuchs nun mein philosophisches Interesse, und ich studierte immer intensiver. In der Philosophie entdeckte ich intuitiv etwas von dem, was mich in meinem bisherigen Leben umgetrieben hatte. Hier ging es direkt um die Frage nach dem Ganzen, nach dem Absoluten, nach dem Zusammenhang von Einheit und Vielheit. Gerade Heidegger sprach mein Lebensgefühl zutiefst an. Zugleich aber geriet ich durch diese Fragen zunehmend in eine persönliche Krise. Dies war etwa um die Mitte der 80er Jahre. Es war für mich eine Zeit im tiefsten Dunkel des Nihilismus. Zwei Jahre litt ich unter Depressionen. Ich hatte an nichts mehr Interesse und zog mich aus allem zurück.

Ich begab mich in eine Psychoanalyse. Die aber war alles andere als hilfreich. Durch die ständige Selbstbetrachtung und Nabelschau wird die Enge, die der Depressive erfährt, noch verschlimmert. Der Egoismus, der mit einer Depression naturgemäß verbunden ist, wird noch verstärkt. So brach ich die Therapie nach einem Jahr ab. Diese Krise machte mir erstmals deutlich, wonach ich in meinem ganzen bisherigen Leben gesucht hatte, was ich aber nirgendwo finden konnte und auch jetzt wieder nicht gefunden hatte. Wie bei Psychotherapien häufig üblich wurde der Haß gegen meine Eltern erneut wachgerufen, und ich geriet in schwerste Auseinandersetzungen mit ihnen, da ich ihnen die Schuld an meiner Misere gab. Das abgründige Gefühl der Verlassenheit, die ständige innere Unruhe und Suche nach der Einheit, nach dem Heil, nach der Vollkommenheit und dem Absoluten und das damit verbundene Leiden lastete ich ihnen an. Besser wurde es dadurch aber auch nicht, ganz im Gegenteil nahmen diese Gefühle noch mehr zu. Hinzu kam jetzt noch die Einsicht, daß alles Bisherige gescheitert war und daß es aus diesem Scheitern keinen Ausweg gab. Ich stand vor dem Nichts.

Kurz darauf lernte ich einen Philosophie-Professor persönlich kennen. Er half mir, wieder einen neuen Zugang zur Philosophie Heideggers zu entdecken. Die Depression legte sich daraufhin bald. Bislang hatte ich mich vorwiegend im Alleingang dem philosophischen Studium gewidmet. Jetzt hatte ich einen Lehrer gefunden. Meine Studien wurden deutlich vertieft. Ich kam viel schneller voran. Für viele Philosophen mag die Philosophie eine bloße Materie sein wie jede andere. Für mich war sie von Anfang an existentiell bedeutsam. Ich suchte hier die Antwort auf die Sinnfrage, und Heidegger hatte diese Frage wieder aufgenommen. Ein Lehrer, der ähnlich dachte und mich verstand, das war es, was ich gesucht hatte. Zugleich lernte ich über ihn weitere Philosophen kennen und selbständig philosophische Probleme zu bearbeiten. Je tiefer ich in die philosophische Arbeit hineinfand, um so mehr wuchs auch wieder mein Interesse an Religion. Beide Bereiche, Philosophie und Theologie, lassen sich trotz aller neuzeitlichen Versuche, nicht sauber trennen.

Ende der achtziger Jahre beschloß ich, ganz in die Philosophie einzusteigen, ohne Rücksicht darauf, ob ich davon finanziell leben konnte oder nicht. In der Philosophie erkannte ich den Weg, der meine Sehnsucht und meine Suche befriedigen konnte. Eine endgültige Antwort erhoffte ich hier eigentlich nicht zu finden, aber da schon mein bisheriges Leben ein unbewußtes Suchen gewesen war, wollte ich nun dieses Suchen mit der Philosophie zu meinem eigentlichen Lebensinhalt machen. Ich nahm eine Teilzeitstelle als Krankenpfleger im Nachtdienst an und widmete mich ausschließlich der Philosophie. Durch die inzwischen erworbenen Kenntnisse und durch Beziehungen erhielt ich überraschenderweise schon kurz darauf einen Lehrauftrag für Philosophie an einer Hochschule. Das ermutigte mich, den eingeschlagenen Weg fortzusetzen. Gemeinsam mit dem befreundeten Professor, mit dem ich regelmäßig spannende philosophische Gespräche führte, begann ich, an einem Buch zu arbeiten, das sich mit der Philosophie Heideggers auseinandersetzte.

Zu dieser Zeit begann ich wieder, fast regelmäßig die Sonntagsmesse zu besuchen. Wiederum zunächst nur aus Neugier – ohne Glauben. Ich fühlte mich aber wie von einer nicht näher bestimmbaren Kraft gezogen. Der Glaube bot eine sinnvolle und in sich stimmige Gesamtinterpretation der Welt und war ein seit 2000 Jahren erprobter Sinnentwurf. So sah ich ihn damals. Der Glaube war mir gleichwohl so fremd geworden, daß ich fast nichts mehr von früher wiedererkannte. Selbst das „Vater unser" konnte ich nicht mehr auswendig. Allerdings hatte sich der Ritus der heiligen Messe gegenüber dem meiner Kindheit auch etwas verändert. Beeindruckt war ich von den Predigten des Pfarrers der Kirchengemeinde, zu der ich gehörte. Sie waren intellektuell durchaus anspruchsvoll und gaben mir fast regelmäßig zu denken. Allerdings gelang es mir überhaupt nicht, das „christliche Denken" mit meinem philosophischen Denken irgendwie in Einklang zu bringen. Heidegger und die Phänomenologie waren einfach andere Welten.

Unser Buch wurde Anfang 1991 publiziert. Nun suchte ich längere Zeit nach einem neuen Thema, das ich nun selbständig bearbeiten wollte. Da ich mich noch nicht reif fühlte, um einen eigenen philosophischen Ansatz auszuarbeiten, entschloß ich mich zu einem historischen Thema. Dazu regten mich Hinweise des Würzburger Phänomenologen Heinrich Rombach an, der in einigen seiner Veröffentlichungen auf die Notwendigkeit einer phänomenologischen Interpretation der Augustinischen Confessiones hingewiesen hatte. Ich machte mich also an das Studium der Bekenntnisse der Heiligen Augustinus, studierte die sehr umfangreiche Sekundärliteratur und arbeitete mich zugleich weiter in die Methode der Strukturphänomenologie Rombachs ein, mit der ich die Confessiones bearbeiten wollte.

Dabei kam mir immer wieder der Gedanke, ich sollte für diese Arbeit unbedingt stärkeren Bezug zur katholischen Religion suchen und mich intensiver mit dem Glauben auseinandersetzen. Warum ich so dachte, weiß ich nicht. Vielleicht spürte ich, daß der Sinn, den Augustinus erfahren hatte, sich nicht vom Glauben an Jesus Christus trennen ließ. Ich schrieb meinem Gemeindepfarrer einen Brief. Persönlich hatte ich bislang noch nie Kontakt mit ihm aufgenommen. Ich schrieb ihm, wie wichtig für mich seine Predigten seien, und ich wolle mich gerne mal mit ihm persönlich unterhalten. Sehr erfreut rief er mich sofort an und lud mich zu sich nach Hause ein. Ich erzählte ihm von meinem Verhältnis zum Glauben und meiner verwirrenden Vergangenheit. Er lud mich zur Mitarbeit in der Gemeinde ein. Bald darauf war ich Lektor und sammelte zweimal jährlich für die Caritas. Über einen „wirklich katholischen" Glauben verfügte ich nach wie vor nicht, vielmehr hatte ich mir inzwischen so etwas wie eine „Privatreligion" zurechtgebastelt, mit der ich meine Aktivitäten in der Kirchengemeinde und den Besuch der heiligen Messe, die ich inzwischen sogar gelegentlich auch während der Woche besuchte, rechtfertigen konnte.

Von den Augustinischen Confessiones war ich, ehrlich gesagt, vollauf begeistert. Ich erkannte in gewisser Weise mein eigenes Leben wieder und schrieb, entsprechend motiviert, an meinem Buch. Nach mehr als zweijähriger Arbeit war es auf dem Markt. Und ich hatte wieder einen Zugang zum Glauben gefunden, allerdings war dieser Glaube nicht im eigentlichen Sinne christlich. Ich glaubte nicht an ein Leben nach dem Tode, auch nicht an eine tatsächliche Himmelfahrt Christi oder an die Jungfrauengeburt. Die Bedeutung und der Sinn der Sakramente blieben mir völlig verschlossen. Im Grunde glaubte ich an kein einziges Dogma, ausgenommen eine Reihe von mir selbst errichteter Dogmen. Am ehesten neigte meine Privatreligion vielleicht noch zur Theologie von Bultmann, den ich schon wegen seiner großen Nähe zu Heidegger schätzte. Mein Pfarrer gehörte selbst eher zu den modernen Priestern in der Kirche, und er nahm an meinen Auffassungen keinen Anstoß. Dies ermutigte mich, meine Privatreligion für durchaus vereinbar mit dem katholischen Glauben zu halten.

Nach dem Abschluß der Arbeit am Augustinus-Buch hatte ich mir philosophisch eine weitere große Aufgabe vorgenommen: Eine neue Interpretation der Philosophie des Deutschen Idealismus mit Fichte, Schelling und Hegel auf der Grundlage der Strukturphänomenologie. Diese Arbeit hätte einen Aufwand von mindestens fünf bis sieben Jahren bedeutet. Ich vertiefte mich also in das Studium des Deutschen Idealismus.

Nach einigen Studien zu Fichte und Hegel kam ich zu Schelling, der mich sehr begeisterte. Ich entschloß mich, nur über Schelling zu schreiben. Schelling, insbesondere seine Spätphilosophie, gilt innerhalb des Deutschen Idealismus als der „katholischste" Philosoph, obgleich er Protestant war. Seine Philosophie ist im übrigen, wie ich später bemerkte, alles andere als mit dem katholischen Glauben vereinbar, auch wenn verschiedene Theologen das heute gerne behaupten.

Nach langwierigen und schwierigen, aber für mich sehr interessanten Studien über Schelling stieß ich erst zum Schluß auf seine Spätphilosophie. Vier große Bände enthalten die Manuskripte der Vorlesungen „Philosophie der Mythologie" und „Philosophie der Offenbarung". Diese Vorlesungen Schellings sind in der Tat der Höhepunkt des Deutschen Idealismus und von einer gedanklichen Weite und Tiefe, die ihresgleichen sucht. Gerade deswegen bergen sie auch die große Gefahr, gerade gläubige Christen endgültig in die Irre zu führen. Hier ist in gewisser Weise das ausgedrückt, was ich zeitlebens gesucht hatte: Der Gedanke des Absoluten, aus dem alles hervorgeht und in den alles zurückkehrt und von dem her alles zu begreifen ist. Schelling versteht gewissermaßen die ganze Welt- und Menschheitsgeschichte als Versuch der Rückkehr des Endlichen zum Absoluten, als die strebende Sehnsucht aller Dinge und besonders des Menschen, wieder in die Einheit mit dem göttlichen Absoluten zurückzukehren. Zumindest im Denken und in der Philosophie hatte ich so etwas wie einen Weg zurück zur Einheit und Ganzheit gefunden. Sobald ich die philosophische Arbeit beiseite legte, weil ich den Alltag zu bewältigen hatte, aber waren Öde und Leere wieder da.

In gewisser Hinsicht hat mich das Studium dieser Schriften wieder zum Glauben zurückgeführt. Es waren allerdings nicht die späten Vorlesungen Schellings selbst. Um dies verständlich zu machen, muß ich hier zumindest den Grundgedanken der Spätphilosophie Schellings kurz darstellen. Ich will mich bemühen, so verständlich wie möglich zu bleiben.

Nach zwei philosophischen Versuchen, alle Realität im Denken aufzulösen, gelangt der späte Schelling zu der Einsicht, daß die Faktizität der Wirklichkeit, das „Daß es etwas gibt" nicht durch das Denken einholbar ist. Dieses Daß-Sein können wir nur hinnehmen, es ist nicht von uns selbst gemacht. Um dieses Daß-Sein, das nicht in die Vernunft auflösbar ist, dennoch verstehen zu können, kommt Schelling zur Setzung eines absolut freien Willens. Dieser Wille ist der göttliche Wille, aus dem die Welt hervorgegangen ist. Schelling erläutert diesen Hervorgang als „Ausfluß" eines Weltprozesses aus der freien Willensentscheidung Gottes.

Das befriedigte mich damals schon nicht besonders. Doch die Fragestellung blieb bei mir hängen. Mein Ausgangspunkt war: Alles auf dieser Welt ist kontingent, d.h. es könnte genauso gut nicht existieren. Die Kontingenz der Welt – und nicht nur des Weltganzen, sondern auch und erst recht jedes einzelnen Existierenden – war und ist in der neuzeitlichen Philosophie immer unterbelichtet geblieben. Ist aber alles kontingent – zufällig da – dann ist es letztlich völlig sinnlos. Durch die weitere Arbeit an dieser Frage stieß ich schließlich auf die Arbeiten des bekannten christlichen Philosophen Hans-Eduard Hengstenberg, dem es in meinen Augen bis heute am besten gelungen ist, die klassische Philosophie von Thomas von Aquin mit den wesentlichen Anliegen der neuzeitlichen Philosophie und insbesondere der Phänomenologie zu einer fruchtbaren Einheit zu verbinden. Ich besorgte mir alle noch verfügbaren Schriften Hengstenbergs und begann ein intensives Studium insbesondere seiner Schöpfungsphilosophie. Im Unterschied zur traditionellen Philosophie steht in der Schöpfungsphilosophie Hengstenbergs gerade die Sinnfrage im Mittelpunkt. Hengstenberg hat einen Gotteserweis aus der Sinnfrage geführt, der zur Einsicht in einen personalen Gott führt.

Doch dies war nur die Seite des Denkens. Der Geist ist nur die eine „Seite" der menschlichen Existenz. Ohne eine philosophische Alternative zu Heidegger und zu der mir bis dahin vertrauten Philosophie wäre die Tür zum Glauben gewiß verschlossen geblieben. Zu einer Bekehrung gehört aber auch die Tat; das hatte ich von Augustinus gelernt. Die Tat ist aber ein Vollzug der ganzen Person, nicht allein ein Vollzug des Geistes. Eine allein geistige Existenz, wie ich sie in den vergangenen Jahren weitgehend versucht hatte, kann dazu führen, daß man nur noch tiefer von der Realität der Welt angewidert wird. Die zur Bekehrung notwendige Tat aber wird nur durch die Gnade möglich. Sie ist weit schwerer zu vollziehen. Meine philosophische Entwicklung und die tatsächliche Bekehrung ereigneten sich auch nicht nacheinander. Sie verliefen parallel.

In der Klinik, in der ich damals im Nachtdienst tätig war, um meinen Lebensunterhalt zu finanzieren, arbeitete auch eine sehr fromme und tief gläubige Krankenschwester, von der ich von einem befreundeten Arzt erfahren hatte. Mit ihr führte ich während des Nachtdienstes dann regelmäßig Gespräche. Zunächst war ich sehr erstaunt, wie man einen so „konservativen Glauben" heute noch vertreten konnte. Dennoch zog mich die selbstverständliche Art, mit der sie über den Glauben sprach, sehr an. Sie brachte mir auch Bücher mit. Und ich las sie.

Inzwischen war der Katechismus der katholischen Kirche erschienen. Diesen las ich sehr intensiv, ich konnte gar nicht mehr aufhören. Hier erfuhr ich zum ersten Mal wieder, was die katholische Kirche eigentlich glaubt. Ich war zutiefst erstaunt. Mit meinem Privatglauben hatte das nicht viel zu tun, erschien mir aber gleichwohl durchaus vernünftig. Nun versuchte ich mein philosophisches Denken mit dem Glauben der Kirche in Einklang zu bringen. Trotz schwerer innerer Kämpfe und Mühen wollte es mir nicht gelingen.

Diese beiden Begegnungen, diejenige mit der verheirateten Krankenschwester – auch sie hatte längere Zeit dem Glauben ferngestanden – und diejenige mit dem Katechismus hatten Spuren hinterlassen. Ein Onkel von mir ist Bildhauer. Mit diesem Onkel, der mit seiner Frau sein Leben lang ein entschiedenes christliches Leben geführt hat, freundete ich mich wieder an. Ich bat ihn, mir eine gotische Muttergottes aus Holz zu fertigen. Nach einigen Monaten schenkte er mir die fertiggestellte Statue.

Nun kannte ich den Katechismus, hatte eine größere Anzahl christlicher Bücher zu Glaubensfragen gelesen – Romano Guardini war mir besonders wichtig geworden – und hatte eine wunderschöne gotische Muttergottes zuhause stehen. Da kam mir der Gedanke, ich müßte jetzt eigentlich regelmäßig den Rosenkranz beten. Da mir der Rosenkranz nicht mehr geläufig war – überhaupt schien mir die Marienverehrung in der Zeit der Annäherung an den Glauben nicht besonders wichtig –, kaufte ich mir zunächst ein Gebetbuch, um den Text des Rosenkranzes noch einmal zu lernen. Nach einer Woche mit täglichem Rosenkranzgebet war alles anders geworden!

Wie von selbst fand ich die Entscheidung zum katholischen Glauben. Einige Tage darauf ging ich zum erstenmal nach fast 20 Jahren wieder zur Beichte. Kaum hatte ich den Beichtstuhl ziemlich erleichtert verlassen, spürte ich, daß es auch damit nicht genug war. Beim Verlassen der Kirche wurde ich auf ein Plakat aufmerksam. Es bot ignatianische Exerzitien an. Kurz darauf meldete ich mich zu Einzelexerzitien bei einem Jesuiten an. Ich mußte einige Monate warten, bis ich einen Termin bekam. In der Zwischenzeit las ich eine Unmenge Bücher über den katholischen Glauben. Wie sollte mein Leben weitergehen? Die Exerzitien brachten mich weiter: das Wichtigste würde ein Leben aus den Sakramenten sein und gleichzeitig das Streben, meine philosophischen Kenntnisse und Erfahrungen für Gott einzusetzen. Ich erkannte, daß derjenige, der heute in der Nachfolge Christi bestehen will, einen geistlichen Begleiter benötigt, der ihn rechtzeitig auf Fehler und Mängel, aber auch Verkrampfungen im inneren Leben aufmerksam macht.

Die Suche nach der Wahrheit, nach etwas Absolutem, die mich auf meinem ganzen Weg – die Um-, Ab- und Holzwege eingeschlossen – bis heute umgetrieben hat, ist nicht zu Ende. Die Sehnsucht nach dem Absoluten bleibt bestehen. Aber diese Sehnsucht hat jetzt ein konkretes Ziel, eine Person, von der ich nicht nur glaube, von der ich weiß, daß sie mich liebt, und zwar nicht wegen besonderer Leistungen, sondern einfach nur deshalb, weil es mich gibt. Diese Erfahrung des vollkommenen Geliebtseins und Angenommenseins durch Gott, unseren Vater, hat mich erst wieder mit der Welt und mit allen Menschen versöhnt, vor allem mit meinen Eltern.

Erst der Glaube und die Nachfolge Christi bieten eine ganzheitliche und sinnvolle Existenz, eine Existenz mit „Leib und

Seele"; die Philosophie, die immer eine primär geistige Existenz sein wird, kann diese ganzheitliche, personale Existenz nicht aus sich ermöglichen. Sie bedarf der Ergänzung durch den Glauben. Es gibt eine Ordnung der Zwecke und Mittel, in der ein seinsmäßig Niedrigeres einem Höheren dient. So dient die Zelle dem Organ als Mittel, während das Organ der Zweck der Zelle ist. Das Organ dient dem Organismus, dem Leib und dieser der ganzen Person. Letztlich dient aber alles Gott. Diese Ordnung wird zerstört, wenn etwas an die höchste Stelle, an die Stelle Gottes rückt, was diese Stelle nicht ausfüllen kann, weil es selbst ein Endliches ist. Wer etwas Vorletztes zum Letzten macht, zum Absoluten und Höchsten, der wird Sklave dieses Scheinunendlichen, der macht ein Mittel zum Zweck. Diese Einsicht habe ich durch mein eigenes Leben und nicht durch die Theorie gewonnen. Nur das Absolute selbst, und das ist Gott, ist absolut. Und nur in Gott findet die Suche Richtung und Sinn.

Die Nachfolge Christi ist für mich kein bloßer Standpunkt, sondern eine Auf-Gabe, ein Weg. Er, Christus, bezeichnet sich selbst als „der Weg, die Wahrheit und das Leben". Heute stehe ich nicht mehr an einer Wegkreuzung, von der aus alle Wege gleich möglich und dadurch auch gleichgültig sind. Jetzt zeigt ein Wegweiser die richtige Richtung, in der sich die weitere Suche lohnt, wenigstens für den, der nicht nur suchen, sondern auch finden will. Gott zu finden ist aber keine einmalige Angelegenheit, sondern eine täglich neue Aufgabe, die eine täglich neue Entscheidung voraussetzt – eine täglich neue Bekehrung.

Wo der Glaube als eine ruhige, alles erklärende Weltanschauung verstanden wird, wo er keine ständige Herausforderung mehr ist, die mich immer wieder zu einer Entscheidung zwingt, wo er kein Weg mehr ist, sondern ein bequemes Ledersofa, dort beginnt die Verbürgerlichung. Die Möglichkeiten eines Christentums, das sich in bürgerlicher Wohlanständigkeit genügt, sind allerdings zumindest in unseren Breiten wohl erschöpft. Nicht nur die „gesellschaftlichen Umstände" haben zum Glaubensverlust geführt, sondern mindestens ebenso die Verspießerung der Gläubigen in den letzten Jahrzehnten. Dabei ist gerade der katholische Glaube alles andere als bürgerlich. Er ist die radikalste Herausforderung, die die höchsten Ansprüche an den Menschen stellt, die es auf dieser Welt gibt. Und die Gnade erlaubt es, diesen Ansprüchen – kindlich – zu genügen.

Maria Lohre

Maria Lohre wurde 1947 in Warburg/Westf. geboren. Nach dem Abitur
studierte sie Anglistik und Geographie in Münster und London.
Sie schloß ihr Studium mit dem 1. Staatsexamen
für das Lehramt an Gymnasien ab.
1977 trat sie in das missionsbenediktinische Säkularinstitut St.
Bonifatius in Detmold-Heidenoldendorf ein. Von 1979 bis 1990 war sie
in der internationalen Jugendarbeit im Foyer Porta, einem deutschen
Jugendzentrum in Paris, tätig. Seit 1991 ist sie Leiterin der
Jugendbildungsstätte Kupferberg in Detmold-Heidenoldendorf, deren
Träger das Institut St. Bonifatius ist.

»Non, je ne regrette rien!«

von Maria Lohre

„Herr Pater Cyprian, eines muß ich Ihnen aber noch sagen: Fromm ist sie nicht!" Diese Worte meiner gütigen und liebevollen Mutter waren bei einem Besuch auf dem Kupferberg an den Gründer des Säkularinstitutes St. Bonifatius, Pater Cyprian Mayr, gerichtet, der sie schmunzelnd zur Kenntnis nahm. Unter dem Vorzeichen des „Nicht-fromm-Seins" also begann meine Formungszeit im Institut St. Bonifatius auf dem Kupferberg in Detmold-Heidenoldendorf.

Wie hatte mein Lebensweg bis dahin ausgesehen? Kindheit und Jugend verbrachte ich mit fünf Brüdern auf dem elterlichen Hof in einer westfälischen Kleinstadt. Meine Vorfahren mütterlicherseits waren immer recht bodenständig gewesen, mit Hof und Scholle und den heimatlichen Wäldern eng verwachsen, während die Familie meines Vaters eher mobil war. Um die Jahrhundertwende zog es drei Brüder meines Großvaters nach England. In der aufblühenden Tuchindustrie um Manchester und Liverpool gelangten sie zu ansehnlichem Wohlstand und blieben im angelsächsischen Raum. Von meiner Urgroßmutter wird berichtet, daß sie häufig mit der Postkutsche ans Meer, sprich an den Ärmelkanal fuhr, dort übersetzte und bei ihren Söhnen nach dem Rechten schaute. Diese

177

Neigung zum Reisen, gepaart mit einem europäischen Denken, ist gewissermaßen in die „Erbmasse" eines Teils der Urenkel eingegangen. Und zwei andere Veranlagungen haben meine Brüder und ich geerbt: die Brüder von der Mutter die Jagdleidenschaft, ich vom Vater die Reiselust.

Die katholische Frömmigkeit und der überzeugte Glaube meiner Eltern waren uns Vorbild. Vor allem meine Mutter verstand es, die großen Feste im Kirchenjahr für den Kreis der bäuerlichen Großfamilie zu gestalten, zu der ganz selbstverständlich die beiden unverheirateten „Lehrerinnen-Tanten", Schwestern meines Vaters, dann die Landarbeiter und Hausangestellten, das Kindermädchen und die alte Köchin gehörten. Als Kinder und Jugendliche wuchsen wir nicht nur in eine lebendige Tradition hinein, wir erfuhren auch ihre prägende Kraft für unser Leben.

Zu diesen Traditionen gehörte auch das Rosenkranzgebet. Vor allem an den Winterabenden, wenn in Haus und Hof die Arbeit getan war, versammelte mein Vater die Hausgemeinschaft. In dem geräumigen Wohnzimmer hatten alle Platz. Wir Kinder liebten diese Abendstunde nicht so sehr wegen des Betens, sondern vielmehr wegen des Streichespielens. Still, verdächtig still, saßen wir auf dem Boden, lauschten zunächst der für Kinderohren eintönigen Sprechmelodie der Gesätze und begannen dann, uns auf unsere Art und Weise zu beschäftigen, die – nicht zu oft – darin bestand, der alten, behäbigen und in ihren Bewegungen schwerfällig gewordenen Köchin mit schwarzem Zwirn, passend zu ihren Strümpfen, die Beine an den Stuhlbeinen festzubinden, ohne daß sie es merkte. Am Ende von Rosenkranz und Litanei stand sie gewöhnlich als erste auf, um ins Bett zu gehen. In der dunklen Ecke des Eßzimmers freuten wir uns auf diesen Augenblick, wenn sich nicht nur ihre Beine, sondern der ganze Stuhl in Bewegung setzte und sie so natürlich nicht vom Fleck kam. Meine Mutter hatte etliche Mühe, die vielen Meter Garn von den Beinen zu entfernen, damit die alte, treue Seele zum wohlverdienten Schlaf kam.

Unsere Gespräche am sonntäglichen Mittagstisch, Höhepunkt der Woche, weil hier die ganze Familie dabeisein konnte, standen dem „Internationalen Frühschoppen mit Werner Höfer" in nichts nach: Reisen und Jagen waren zentrale Themen, aber auch „Gott und die Welt" interessierten uns. Jeder warf seine Meinung in die Diskussion, und das umso mehr, als die Unterrichtsfächer auf dem Gymnasium, die Lektüre der Zeitung und verschiedener Magazine uns zur Auseinandersetzung herausforderten. Der Glaube wurde von uns Heranwachsenden kritisch angefragt, hinterfragt. Das ging so weit, daß eines Abends mein jüngerer Bruder erklärte, er habe sich bei unserem Dechanten nach den Modalitäten für seinen bevorstehenden Kirchenaustritt erkundigt.

Die in unserer Familie als selbstverständlich geltende Teilnahme an der sonntäglichen Eucharistiefeier wurde nicht mehr ohne weiteres akzeptiert. Meine „kirchliche Sozialisation" war bis dahin lückenlos katholisch gewesen: der katholische Kindergarten, geleitet von den Armen Schulschwestern unserer Lieben Frau, die katholische Grundschule und schließlich der Besuch des katholischen Mädchengymnasiums bis zum Abitur. Prägende Persönlichkeiten dieser Zeit waren aber nicht in erster Linie der Pfarrer unserer Gemeinde, sondern eher die Sportlehrerin, weil sie jung, dynamisch, gerecht und mit verständnisvoller, mütterlicher Zuneigung ihren Schülerinnen begegnete.

Nach dem Abitur veränderten sich Leben und Glaube für mich einschneidend. Noch gab es keinen Numerus clausus an den Universitäten; alle Arten von Studienfächern waren möglich für den, der die Allgemeine Hochschulreife erlangt hatte. Ich entschied mich für das Studium der Fächer Englische Philologie und Geographie. 1967 folgte der Start in diese neue akademische Welt.

Bald begannen die wilden 68er Jahre und in ihrem Gefolge der nicht unbedeutende soziale Umschwung auf nahezu allen Ebenen der Gesellschaft. Bürgerkriegsähnliche Zustände wie in Frankreich herrschten zwar nicht in den deutschen Universitätsstädten, aber Daniel Cohn-Bendits Auftritt in Frankfurt bildete den Auftakt eines „heißen Sommers" an den Hochschulen der Bundesrepublik. Harmlos wirkte der plakative Reim „Unter den Talaren – Muff von 1000 Jahren" gegen die Ohrfeige, die ein angesehener Germanistik-Professor während einer Vorlesung im Auditorium Maximum der Universität Münster von einem Studenten bezog. Reformen standen an, aber sie kamen nicht dran, weil der Tumult überhand genommen hatte. Wasserwerfer trieben zwar eine aufgebrachte Studentenschar auseinander, aber sie konnten die Bildung der Rote-Armee-Fraktion und der Revolutionären Roten Zellen nicht verhindern.

Meine Zugehörigkeit zur Generation der 68er blieb nicht ohne Folgen für meinen Glauben. Auf der Woge des politischen Protestes hatte ich Gott aus den Augen verloren. Seine Gebote und die Gebote der Kirche hatten ihre Bedeutung für mich eingebüßt. Anderes war mir wichtiger geworden; über den Glauben wurde höchstens noch diskutiert bzw. er hatte den Status einer „Gleich-Gültigkeit" neben anderen Ideologien bekommen.

Unter diesen Vorzeichen gingen die 60er Jahre zu Ende. Anfang 1970 begann die Gemeinschaft der Brüder von Taizé das Konzil der Jugend vorzubereiten. Eine Studienfreundin von mir setzte sich nach ihrem Examen unentgeltlich in Taizé ein, um die Arbeit der Brüder zu unterstützen. Ich war neugierig auf das, was sie dort tat, liebte obendrein internationales Flair und war Ostern 1972 dabei, als Frère Roger Schutz vor 16.000 Jugendlichen das Konzil der Jugend ankündigte. In Taizé brannte ich vor Begeisterung, aber bei der Rückkehr in meinen Studienalltag erwies sich dieser Brand als Strohfeuer.

Viel glutvoller und erlebnisreicher war dagegen für mich das Sommersemester an der London University; eine Exkursion in die nordischen Länder jenseits des Polarkreises, Ferien in Israel und Badeaufenthalte an den Gestaden des Mittelmeeres. Auf diesen Kreuzfahrten spürte ich keineswegs das Bedürfnis oder den Wunsch, an einem Gottesdienst teilzunehmen, nicht einmal in Israel. – Während meines Studienaufenthaltes in London waren Mitglieder einer Sekte meine besten Freunde geworden; sie luden mich zu ihren Versammlungen ein, an denen ich gern und häufig teilnahm. Es hätte nur noch wenig bedurft, und ich wäre von einer behüteten, kultivierten Christlichkeit in die Gottlosigkeit abgedriftet.

1973 legte ich das erste Staatsexamen ab; das Studentenleben, das ich reichlich genossen hatte, war zu Ende. Es galt, sich ernsthaft zu orientieren im Hinblick auf das Berufsleben. Obgleich mein Studium auf das Lehramt an Gymnasien ausgerichtet war, hatte ich keineswegs die Absicht, in den Schuldienst zu gehen. Eine andere Berufslaufbahn schien mir wesentlich attraktiver: die des diplomatischen Dienstes. Der Leiter der Personalabteilung für den diplomatischen Nachwuchs im Auswärtigen Amt in Bonn lud mich zu einem Vorstellungsgespräch ein, überreichte mir die Unterlagen für das Bewerbungsverfahren und nannte mir den Prüfungstermin. Mit diesem Berufsziel vor Augen verließ ich die Universität, entschied mich aber aus „Sicherheitsgründen", zunächst noch das zweite Staatsexamen abzulegen.

Gott klopft an

In dieser Zeit bemerkte ich erste zaghafte Anzeichen meiner Berufung.

Bei einem meiner häufigen Aufenthalte in London lernte ich die Gemeinschaft des Säkularinstitutes St. Bonifatius kennen. Was wie zufällig aussah, nämlich die Absagen etlicher Studentenwohnheime, in denen ich wegen Übernachtungsmöglichkeiten angefragt hatte, offenbarte sich im nachhinein als sichtbares Zeichen der Zusage Gottes, mich auf meine Weise ernst zu nehmen, aber gleichzeitig meine Pläne zu durchkreuzen. Alle mir bekannten Häuser in London waren für die Osterferien ausgebucht, nur das German Center Haus Lioba, Au-pair-Kontaktstelle und Wohnheim, hatte noch ein Notbett für mehrere Nächte anzubieten.

Nach etlichem Zögern entschied ich mich für die Notunterkunft und machte so die Bekanntschaft mit den Frauen des Instituts. Was mich beeindruckte, war nicht so sehr die Arbeit, die sie für die deutschsprachigen Jugendlichen verrichteten, sondern vielmehr *wie* sie sie taten, ihr Sein, ihre Art des Umgangs mit den Gästen des Hauses, ihre Unaufdringlichkeit und Freude, die überall zu spüren war. Die

Begegnung mit ihnen hatte mich irgendwie betroffen gestimmt, sie ließ mich nicht mehr los. Bei der Rückreise nach Deutschland lehnte ich während der Kanalfahrt in der warmen Frühlingssonne an der Reling der Fähre und dachte über ihren Lebensstil nach. „Das ist nicht dein Weg", sagte mir meine Vernunft. „Deine Pläne sehen keine Karriere nach unten vor – bloß sich jetzt nicht auf irgendetwas einlassen, da endlich das Studium beendet ist und du dich in der Welt ansiedeln willst."

Doch – hier war der Punkt, wo ich deutlich spürte, daß ER in meine Seele Einlaß begehrte, ER, der von sich sagt: „Ich stehe vor der Tür und klopfe an. Wer meine Stimme hört und die Tür öffnet, bei dem werde ich eintreten, und wir werden Mahl halten, ich mit ihm und er mit mir" (Offb 3,20). Ich hatte sie geöffnet, diese Tür meines Herzens, aber zunächst nur einen kleinen Spalt breit. – Zwei Jahre vergingen, ehe ich diese Tür ganz öffnete. Dazwischen lag eine Zeit der Prüfung, des Überdenkens, der Zweifel, bis ich wußte: Das ist es! Deine Antwort kann nur ein bedingungsloses Ja zu Jesus Christus sein.

In meiner Familie stieß ich auf Erstaunen, Erschrecken, Unverständnis, Ablehnung, denn der Eintritt in die geistliche Gemeinschaft – das hatte es in der Familie und Ahnenreihe noch nie gegeben. In dieser Zeit war meine Mutter mir eine große Stütze, obwohl sie es war, die ihre einzige Tochter „hergeben" sollte. Sie war die einzige, die meine eigenartige Berufung in ein Säkularinstitut, das bis dahin niemand von ihnen kannte, verstand und bejahte, wenn auch unter Tränen: „Wenn es dein Weg ist und wenn du glücklich wirst, bin ich es auch." Mein Vater, der schon 1966 verstorben war, hätte sicher genauso reagiert.

So trat ich am 4. Januar 1977 in das Institut St. Bonifatius ein, eine Weltgemeinschaft mit missionsbenediktinischer Spiritualität. 1949 gegründet, zählt die Gemeinschaft heute 240 Frauen, die mitten in der Welt – ohne äußeres, erkennbares Zeichen – den Menschen die Frohbotschaft der Liebe Gottes verkünden wollen. Gebet und gemeinsames Gotteslob, die Feier der Eucharistie, der Versöhnung, Schriftlesung und Meditation, Arbeit und Fest, Schweigen und Gespräch – in allem wächst die Bindung an Gott und an die Gemeinschaft, die in ihrer Apostolatsarbeit teilhat an der Heilssendung Christi. Sie hat verschiedene Aufgabengebiete in Deutschland, Europa, Zentralamerika und Afrika. Gemäß den Worten des heiligen Bonifatius „sentire cum ecclesia" verwirklichen die Frauen die Liebe zur Kirche in ihrem Dienst an der Kirche durch ein Leben aus der Kirche.

Ein Leben mit der Jugend

Nach meiner zweijährigen Formungszeit erfolgte meine erste Sendung nach Paris in das Foyer Porta, einem Jugendzentrum mit Au-pair Vermittlungsstelle und Wohnheim mit 70 Betten. In den 12 Jahren meiner Tätigkeit dort habe ich erfahren, wie eng Glanz und Elend in dieser Weltstadt beieinander liegen. Die Begegnung mit den jungen Menschen in Paris war für mich Aufgabe und Herausforderung zugleich, denn sie hatten ein Recht auf geduldiges Anhören ihrer Probleme, auch wenn ihre Wertewelt und ihre Vorstellungen desorientiert waren.

Ehrfurcht, die den Jugendlichen als Person achtet und ernst nimmt, liebende Zuwendung, die Basis für das Vertrauen schafft, sind die Eckpfeiler einer jeden Arbeit mit den

Jugendlichen. Es genügt nicht, die „Verdunstung des Glaubens" bei so vielen jungen Menschen zu beklagen; wir sind eher dazu aufgefordert, die eigenen Verhaltensweisen an den Maßstäben des Evangeliums zu orientieren, wie es im Apostolischen Schreiben „Evangelii nuntiandi" von Papst Paul VI. zum Ausdruck kommt:

„Die Verkündigung muß vor allem durch ein Zeugnis erfolgen. Das geschieht z.B., wenn ein einzelner Christ oder eine Gruppe von Christen inmitten der menschlichen Gemeinschaft, in der sie leben, ihre Verständnis- und Annahmebereitschaft, ihre Lebens- und Schicksalsgemeinschaft mit den anderen, ihre Solidarität ... zum Ausdruck bringen. Ferner auch dadurch, daß sie auf ganz einfache und spontane Weise ihren Glauben in Werte bekunden, die über den allgemeingängigen Werten stehen, und ihre Hoffnung in etwas, das man nicht sieht und von dem man nicht einmal zu träumen wagt. Durch dieses Zeugnis ohne Worte wecken die Christen in den Herzen derer, die ihr Leben sehen, unwiderstehliche Fragen (21)."

1990 verließ ich das von mir so geliebte Paris und das Foyer Porta, um im Frühjahr 1991 die Leitung der Jugendbildungsstätte in der Zentrale unserer Gemeinschaft in Detmold zu übernehmen. Dieses Haus mit seinen 60 Betten möchte ein Ort der Begegnung, Bildung und Orientierung sein. Die jungen Menschen, die in unsere Jugendbildungsstätte kommen, bilden nach Alter (zwischen 14 und 28 Jahren), Herkunft, sozialem Umfeld, Ausbildung oder beruflicher Tätigkeit eine bunte Truppe.

Hier muß man zunächst einmal zwischen den Zielgruppen unterscheiden: An Tagen religiöser Orientierung (Schulendtagen), die den größten Teil unserer Bildungsarbeit ausmachen, nehmen ganze Klassen oder Jahrgangsstufen teil, während die Veranstaltungen des offenen Kursangebotes (Geistliche Atempausen, Schweigeexerzitien, Bibelwochenenden, Ferienseminare, Pfingsttreffen, internationale Begegnungen) die bewußte Entscheidung des einzelnen voraussetzen, der nach einem tieferen religiösen Leben sucht.

Die Jugendlichen, die an den Tagen religiöser Orientierung teilnehmen, unterscheiden sich natürlich sehr in Interesse und Aufgeschlossenheit für Fragen des Glaubens. Die Jugend ist einfach nicht jene homogene Gruppe, die sie im Denken so vieler Erwachsener darstellt. Im Gespräch mit Schulklassen möchte man auf den ersten Blick oft meinen, daß Gott in ihrem Leben nicht vorkommt oder bestenfalls eine Randstellung einnimmt. Bohrt man aber und gibt sich mit den vordergründigen Aussagen über Glaube und Kirche nicht gleich zufrieden, so stellt man rasch fest, daß unter der dünnen Haut von Klischees und dürftigem Glaubenswissen eine Suche zutage tritt, die nicht allein vom Defizit kündet, sondern die große Chance zur Neuevangelisierung in sich birgt.

Natürlich darf man nicht verkennen, daß die Mehrzahl der jungen Menschen heute aus einem Milieu stammt, in dem das Christliche keine große Bedeutung mehr hat, in dem tragende Beziehungen häufig gescheitert sind und Wertordnungen den Charakter des Unverbindlichen angenommen haben. Zwei kleine Beispiele: Anfang des Jahres saß ich in einem Gesprächskreis über Liebe, Freundschaft, Partnerschaft neben der 16jährigen Nina N., die gerade ihr Kind abgetrieben hatte. Sie war maßlos enttäuscht über das Verhalten des Freundes, der die Abtreibung erzwungen hatte, um sie dann zu verlassen.

Oder ich denke an die ebenfalls 16jährige Babsi S., die sich nach der Scheidung der Eltern mit der neuen Mutter vertraut machen mußte, die nur wenige Jahre älter als sie ist. Zwei Beispiele von vielen, in denen uns die Not junger Menschen anrührt, ihr Schrei nach Heil in soviel Ungeborgenheit und Zerbrochenheit.

Was wir in unserer täglichen Arbeit hier beobachten, ist nicht ein kategorisches Nein der Jugendlichen zum Glauben. Das gilt eher für ihre Beziehung zur Kirche. Das Mitfeiern der Eucharistie, der Empfang der Sakramente und die Teilnahme am Leben der Kirche hat nur noch für einen geringen Prozentsatz der jungen Leute Bedeutung. Wachsendes Interesse hingegen stellen wir an jeder Art von Okkultismus und Esoterik fest. Hier aber schwingt wohl mehr der Drang nach Erfahrung des Geheimnisvollen mit, der Wunsch nach Beschäftigung mit Phänomenen, die prickelndes Abenteuer versprechen.

Kennzeichnend für viele Jugendliche ist die Patchwork-Religiosität, die man sich aus dem Angebot des Supermarktes „Neue Kulte und Religionen" zusammenstellt. Die jungen Menschen orientieren sich immer weniger an äußeren Vorgaben und Erwartungen und immer mehr an inneren Befindlichkeiten und Ideen. Die Suche nach Sinn gerät zunehmend zur Suche nach Sinnlichkeit. Die Frage ihrer Religiosität ist aber nicht zuletzt eine Frage an meine eigene Religiosität. Was trägt mich, was läßt mich glauben, hoffen, lieben? In der Jugendbildungsstätte können wir lediglich Berührungspunkte schaffen für die Suche junger Menschen nach Gott. Unser wichtigster Dienst ist, durch das eigene Zeugnis, durch die eigene Glaubensüberzeugung die Jugendlichen neugierig zu machen, sie anzustoßen, sich auf Kirche und Glaube doch einmal einzulassen.

Meine Aufgaben in Paris und in der Jugendbildungsstätte haben mir gezeigt, daß ich mich auf einen guten Weg eingelassen habe, daß mein ursprünglicher Wunsch, mich in der Welt anzusiedeln, in Erfüllung gegangen ist – wenn auch auf andere Art und Weise als geplant, doch sicher nicht weniger spannend und abenteuerlich.

Der Weg des gottgeweihten Lebens in der Weltgemeinschaft des Instituts St. Bonifatius hält immer neue Überraschungen bereit. Dennoch ist seine vorrangige Aufgabe das „Sichtbarmachen der Wunder, die Gott in der schwachen Menschlichkeit derer wirkt, die er berufen hat" (P. Johannes Paul II., Apostolisches Schreiben Vita consecrata).

Die Eckpfeiler meines Engagements in der Kirche für die Welt sind geprägt von dem monastischen Wahlspruch „Ora et labora". Und nach den 20 Jahren, die zwischen dem leisen Klopfen des Herrn an mein Herz und dem heutigen Tage liegen, klingen mir immer wieder neu die Worte aus dem bekannten Chanson von Edith Piaf in den Ohren: „Non, je ne regrette rien" – nein, ich bereue nichts!

Joachim Kardinal Meisner

Joachim Kardinal Meisner wurde 1933 in Breslau-Lissa geboren. Er wuchs zusammen mit seinen drei Brüdern auf, sein Vater fiel im Krieg. Seit 1945 lebte die Familie in Körner bei Mühlhausen/Thüringen. Nach dem Abitur studierte er von 1956 bis 1962 Philosophie und Theologie in Erfurt. 1962 empfing er die Priesterweihe in Erfurt. 1963 wurde er Kaplan in Heiligenstadt und 1966 in Erfurt. Von 1966 bis 1975 war er Rektor im Caritasverband. 1969 promovierte er an der Gregoriana in Rom zum Dr. theol.

1975 wurde er zum Bischof geweiht und wurde Weihbischof in Erfurt/Meiningen. 1980 erfolgte die Ernennung zum Bischof von Berlin. 1982 wurde ihm der Vorsitz der Berliner Bischofskonferenz übertragen. 1983 erfolgte die Ernennung zum Kardinal sowie die Erhebung zum Kardinal im Konsistorium zu Rom. 1988 wurde er zum Erzbischof von Köln ernannt.

Er ist Träger des Ehrendoktortitels in Ateneo (Manila), Breslau und Mexico-City sowie Mitglied mehrerer römischer Kongregationen und Päpstlicher Räte, darunter des Kardinalrates zum Studium der organisatorischen und wirtschaftlichen Fragen des Heiligen Stuhls. Meisner ist Vorsitzender der Kommission V für liturgische Fragen der DBK, der Unterkommission X für die Beziehungen der DBK mit Mittel- und Osteuropa und der Solidaritätsaktion „RENOVABIS".

190

Worte belehren,
Beispiele reißen mit!

von Joachim Kardinal Meisner

Schon immer hat mich als Kind die Höhe des Himmels mit der Sonne und den Wolken bei Tag und dem Mond mit den Sternen bei Nacht fasziniert. Das Anschauen des nächtlichen Sternenhimmels und das Hineinblicken in den bewölkten Tageshimmel gehört mit zu meinen tiefsten Kindheitserlebnissen, die auch nicht nach meinen Erfahrungen als Flugpassagier verblaßt sind. Mit dem Himmel über unserer Erde wußte ich unsere Welt im Großen und meine kleine Welt im Speziellen geborgen und geschützt. Das ließ mich voller Glück und Neugier durch die Welt gehen. Ich war einerseits ein „Hans guck in die Luft", aber andererseits auch voller Neugier, die Dinge auf Erden zu entdecken. Ich fand so viele Spuren des Himmels auf Erden wieder, daß ich manchmal den Eindruck gewann, dem Schöpfergott in seiner Schöpfung auf die Füße zu treten.

Meine heimatliche Pfarrkirche erschien mir wie der Horizont, an dem der Himmel die Erde direkt berührt. Mit ihrem kurzen Turm zeigte sie zum Himmel empor und stand mit ihren festen Mauern tief in der Erde. Schon als Kind habe ich den barocken Hochaltar der Heimatkirche intuitiv richtig verstanden, wie ich heute nach dem Studium der Kunstgeschichte weiß, indem mir das Altarbild immer als die Tür zum Himmel erschien, der allerdings schon so voll von Heiligen und Engeln ist, daß sogar alle Ritzen, Ecken und Enden von ihnen überquellen. So viele Engelsfiguren und Heiligenstatuen waren auf dem Altar zu sehen und im Gewölbe der Kirche als Bilder zu entdecken.

Grundsätzlich positiv

Die Weihrauchwolken, der Orgelklang, die gläubigen Eltern und Geschwister neben mir sowie die große Gemeinde haben mir Himmelserfahrungen schon damals geschenkt, die mir bis heute gegenwärtig geblieben sind. Für mich war damals als Kind – freilich unbewußt – das Vater unser-Wort austauschbar: „Wie im Himmel, so auf Erden" und „wie auf Erden, so im Himmel". Das hat mir eine grundsätzliche positive Einstellung zum Leben und zur Welt gegeben.

So ist das Dasein allein für mich schon positiv, auch wenn ich heute die Gefährdung durch das Böse und die Sünde schmerzlich kenne. Zu diesem grundsätzlich positiven welthimmlischen Lebensgefühl kam noch hinzu, daß im Elternhaus das Kirchenjahr sein Echo im ganz normalen Familienleben fand. Gemäß dem Kolorit schlesischer Lebensart gab es ganz bestimmte Speisen nur an ganz bestimmten Festen, so daß der Duft dieser Mahlzeiten und ihr Geschmack gleichsam zu einem Bestandteil meiner Glaubenswelt geworden sind. Ich habe den Glauben im Elternhaus nicht nur über Verstand und Herz, sondern buchstäblich auch über den Gaumen und über die Nase in mich aufgenommen, den ich in der Kirche im Weihrauch ebenfalls riechen, im Gotteshaus schauen und hören konnte. Der kleine Hausaltar mit der großen Herz-Jesu-Statue vermittelte mir ebenfalls den Eindruck, daß Kirche und Elternhaus, Gott und Welt, Himmel und Erde eine große Einheit bilden, in der ich mich wirklich zu Hause zu fühlen vermochte.

Zuerst waren es die großen biblischen Geschichten des Alten und Neuen Testamentes, die die „Tabula-Rasa" meiner Seele, d.h. die unbeschriebene Tafel meiner Seele „bedruckten". Abraham, der unter dem weiten, nächtlichen Sternenhimmel steht und den Gott im Hinblick auf die vielen Sterne ermutigt, Gottes Wege zu gehen, gehört zu den ältesten und liebsten Mitbewohnern meiner Seele. Wieviele Male bin ich mit ihm den Gang auf den Berg Moriah gegangen, neben sich Isaak mit dem Holzbündel auf der Schulter, um ihn diesem unbegreiflichen Gott zu opfern. Freilich habe ich mich dabei mehr mit Isaak identifiziert, schon aus Altersgründen, als mit Abraham, aber sein Gehorsam im Glauben hat sich tief in meine Seele eingeprägt.

Unvergeßlich ist mir auch das Schicksal des ägyptischen Josef. Ich hatte damals einen älteren Bruder, so konnte ich mich gut in die Rolle des ägyptischen Josef als jüngeren hineindenken und – meditieren. Vor dem Einschlafen war er es, der meine Phantasie immer wieder beschäftigte und zum Mitleid anregte. Daß Gott alles Negative ins Positive wendet, ist mir damals durch den ägyptischen Josef offenbar geworden. Die Geschichten des Neuen Testamentes – wie die Heimkehr des verlorenen Sohnes, der barmherzige Samariter, aber ganz besonders die Ereignisse um die Person des Herrn, namentlich seine Passion – brachten meine kindliche Seele zum Vibrieren. Was Gott alles auf sich nimmt, um mich zu suchen und zu finden, so ging es mir durch den Kopf. So wurde mir damals ein bis heute lebendiges demütiges Selbstbewußtsein geschenkt. Nicht, weil ich so tüchtig bin, sondern weil der mich berufende Gott so gut ist.

Jahre nach Krieg und Flucht

Bis zum heutigen Tag wäre es für mich anstrengender, ungläubig als gläubig zu sein. Nicht den Himmel betrachten zu dürfen, wäre für mich eine größere Anstrengung, als nur auf die Erde blicken zu müssen, trotz der vielen Eindrücke und Überraschungen, die unsere Welt zu bieten hat. Doch wenn etwa eine Pfütze am Wegesrand nicht mehr die Wolken des Himmels und die Sonne widerspiegelt, dann ist sie platt, trüb und langweilig.

Durch unsere Flucht aus Schlesien im Winter 1945 erlitt diese Welt bei mir – trotz eines schmerzlichen Abschieds – keinen eigentlichen Bruch, da ich sie in ihrem Wesen in mir trug. Obwohl meine irdische Heimat nicht mehr zu sehen war, blieb derselbe Himmel mit seinen Sternen und seiner Sonne weiterhin über mir und meine bisherigen Welterfahrungen in mir. Das Leben mit der Kirche nun in einer extremen Diasporasituation ließ mir schnell wieder die äußerliche Fremde zur Heimat werden.

Ganz natürlich, ohne ein besonderes Erlebnis oder ohne ein ausdrückliches Ansprechen seitens anderer Menschen wuchsen Wunsch und Sehnsucht immer stärker in mir, Priester zu werden. Im nachhinein erscheint mir das Gefüge meiner Kindheit und frühen Jugendzeit wie eine permanente Einladung zum priesterlichen Weg der Nachfolge Christi. Ein großes Glockengeläut kennt den tiefen Unterton der größten Glocke, auf dem sich die kleineren Glocken artikulieren. „Du aber folge mir nach!", so klang für mein frühes Leben der tiefe Ton der großen Glocke, auf dem sich dann das übrige Leben artikulierte – mit all den Hochs und Tiefs, die einem Dorfjungen begegnen können.

Unsere Mutter, die nach dem Tod des Vaters im Krieg für uns auch Vater sein mußte, schuf gleichsam die selbstverständliche Atmosphäre, in der meine Berufung zum Priestertum reifen konnte. Sie war der gute Geist unserer Familie schlechthin. Nie hat sie mich unmittelbar auf das Priestertum angesprochen, und doch wußte ich, daß sie ihr frohes „Ja" sagen und die mit meiner Entscheidung verbundenen Opfer auf sich nehmen würde.

Unsere Mutter war eine bildhübsche Frau, mit ihr konnten wir Geschwister uns sehen lassen. Und diese schöne und vornehme Frau schuftete jede Woche einen ganzen Tag in der Waschküche, um für uns Kinder mit primitivsten Mitteln die Wäsche zu waschen. An den übrigen Tagen ging sie zur Arbeit, um den nötigen Lebensunterhalt zu verdienen. Bei ihr habe ich unbewußt erlebt, was der Herr zu Petrus sagte: „Amen, Amen, das sage ich dir: Als du noch jung warst, hast du dich selbst gegürtet und konntest gehen, wohin du wolltest. Wenn du aber alt geworden bist, wirst du deine Hände ausstrecken und ein anderer wird dich gürten und dich führen, wohin du nicht willst." (Joh 21,18).

Unsere Mutter hat sich durch Ehe und Familie in eine Richtung gurten und führen lassen, wohin sie eigentlich als junge Frau nicht wollte: wöchentlich in die Waschküche, täglich zur Arbeit fort von der Familie, in einen Alltag, in dem sie für ihre vier Kinder als Vater und Mutter zugleich gefordert war. Ihr werktätiger Glaube, ihre Opferbereitschaft und die Standhaftigkeit ihrer Hoffnung (vgl. 1 Thess 1,2 u. 3) bildeten den selbstverständlichen Hintergrund, vor dem meine Berufung reifen konnte. Weiter als meine Mutter habe ich es in meinem Glaubensleben bisher nicht gebracht!

Da wir nach dem Krieg keine Möglichkeiten hatten, ein Gymnasium zu besuchen, habe ich mich erst nach kurzer Berufsausbildung wieder auf die Schulbank setzen können, um Latein und Griechisch, Mathematik und Physik, Biologie und Deutsch zu pauken. Das notwendige Abitur für das Theologiestudium mußte nachgeholt werden. Vier Wochen später als die anderen kam ich in die Schule, da in der Personalabteilung des bischöflichen Amtes in Erfurt vergessen worden war, meine Anmeldung für das Spätberufenengymnasium in Magdeburg zu bearbeiten.

Gleich in der ersten Lateinstunde wollte der Lateinlehrer „den Neuen" provozieren und fragte mich nach einer lateinischen Vokabel, die ich natürlich noch nicht kennen konnte. Mein Schweigen und Kopfschütteln kommentierte er ein wenig zynisch: Er könne sich vorstellen, eher ein Pferd abzurichten und zu dressieren, als mir jemals Latein beizubringen. Still dachte ich mir: Red' du nur, was du willst. Ich will Priester werden und werde alles in Kauf nehmen, was ihr mir hier an Hindernissen in den Weg legen werdet.

Das sinnliche Erfahren unserer katholischen Glaubenswelt in meiner Kinderzeit, es macht mich noch heute froh. Die Krippe unter dem Christbaum, das gebackene Osterlamm zu Ostern, der heilige Martin und Nikolaus, die Wallfahrt zur heiligen Hedwig nach Trebnitz und zur Muttergottes nach Wartha, die geheimnisvollen Wochen des Advent – von heute aus betrachtet sind dies alles Etappen gewesen, die mich auf das Priestertum mit Leib und Seele, mit Geist und Blut hingeführt haben. Sie haben mich gestärkt und es mir erst ermöglicht, als „Vollblutpriester" meinen Dienst zu tun, der nicht nur gequält, depressiv und resignativ seine Aufgaben verrichtet, sondern in der Freude des Herrn, die als Kraft erfahren wird.

Leben in der Diasporagemeinde

Vieles verdanke ich den Diasporachristen unserer katholischen Minigemeinden in Thüringen. Schon seit der Reformationszeit kannte man dort keine katholischen Christen mehr als Mitbewohner. Als wir im Jahre 1945 aus dem Osten kamen und in die Dörfer zwischen Thüringer Wald und Kyffhäuser verstreut wurden, empfanden uns unsere Mitbewohner zunächst als Fremdkörper. Unser Pfarrer hatte 30 Dörfer zu betreuen, in denen jeweils nur einige wenige katholische Christen als Flüchtlinge lebten und in denen es kein einziges katholisches Gotteshaus oder eine Kapelle gab. Nach jeder heiligen Messe mußte der Priester die übriggebliebenen konsekrierten Hostien selbst sumieren, weil wir keinen Tabernakel zum Aufbewahren der heiligen Eucharistie hatten. Aus diesem Grund brannte auch im Bereich unserer Großgemeinde von dreißig Dörfern nirgendwo das Ewige Licht.

Der Pfarrer mahnte uns immer wieder: „Was die katholische Kirche ist und bedeutet, können wir den anderen Menschen nicht durch imposante Kirchenbauten, durch Statuen oder Bilder, durch Monstranzen oder kostbare Meßgewänder zeigen. Das können wir anderen nur deutlich machen durch das, was wir sind und was wir vorleben." Wir folgten der Mahnung des Pfarrers, und es wurde für uns zu einer besonderen Verpflichtung, unseren katholischen Glauben nicht nur nach innen, sondern auch nach außen hin zu leben. Besonders deutlich wurde das, wenn wir an den Sonntagen, an denen in unserem Dorf keine Eucharistie gefeiert wurde, in den Nachbarorten den Gottesdienst besuchten, was die anderen Christen nicht einmal in ihrem eigenen Dorf taten.

Bis zum Nachbardorf waren es sieben Kilometer. Und waren wir unterwegs, so beteten wir auf dem Hin- und Rückweg den Rosenkranz oder den Kreuzweg und sprachen über Glaube, Kirche und Welt. Hier, auf diesen Touren, habe ich Rosenkranz und Kreuzweg gelernt; heute noch gehören beides zum Grundbestand meines Glaubenslebens. Unterwegs beeindruckten mich stets die ostpreußischen Katholiken, die die weiten Wege zum Gotteshaus schon aus ihrer Heimat gewöhnt waren. Die ermländischen Katholiken waren sehr gut zu Fuß und trieben uns an, wenn es zum Gottesdienst ging. Beobachtete man sie, so verstand man, warum die Heiden ihre christlichen Zeitgenossen und Landsleute früher „Anhänger des neuen Weges" (Apg 9,2) genannt hatten. Dank der tiefen Gespräche jedenfalls, die wir auf diesen langen Wegen führten, wurde mir klar, daß das ganze Evangelium rekonstruierbar wäre, falls die Heilige Schrift einmal verloren gehen sollte und es nur noch einen einzigen wirklichen Nachfolger Jesu gäbe.

In dem Hauptort unserer riesigen Gemeinde lebte ein alter pensionierter Soldat, dessen äußere Erscheinung uns Kindern imponierte und dessen Haltung beim Gottesdienst für uns ein Vorbild war. Wir nannten ihn immer respektvoll „unser Herr Major". Er stammte aus dem Sudetenland, hatte seine ganze Familie verloren und lebte nun als hochgeachtetes Mitglied unserer Pfarrfamilie. Als es sich eines Tages herumsprach, daß ich Priester werden wollte, nahm er mich auf die Seite, legte mir seine schweren Hände auf die Schultern und sagte, er möchte mir gratulieren zu meinem Entschluß und mich ermahnen, auf dem Weg zum Priestertum treu zu bleiben. Er wolle für mich auch immer beten. Er wisse, was er mir damit sage, denn er habe als Berufssoldat dreimal die Fahne wechseln müssen. Erst habe er gedient unter den Österreichern, dann unter den Tschechen und schließlich zu guter Letzt unter den Deutschen. Ich aber würde als Priester für immer nur einem Herrn dienen, bei ihm bräuchte man nie die Fahnen zu wechseln. Darum wolle er mich ermutigen, diesem König und Herrn zu folgen, koste es, was es wolle. Diese Begegnung hat mir mehr Kraft und Mut gegeben als etwas später ein ganzer Einkehrtag im Priesterseminar.

Von dem Glaubenszeugnis der Frauen und Männer unserer Diasporagemeinden zehre ich bis heute. Es bildet gleichsam das Fundament, auf dem ich – selbst als Erzbischof und Kardinal – stehe. Hier darf ich dankbar und demütig beteuern, daß ich in meinem Glauben an Gott und in meiner Liebe zu Gott bis jetzt noch nicht all diejenigen erreicht habe, die als schlichte Frauen und Männer im Diasporaalltag der schweren Jahre nach dem Krieg meinen Lebensweg gekreuzt haben.

Hier darf ich auch unsere fromme und gute Tante Anna nicht unerwähnt lassen. Ihr einziger Wunsch war es, einmal ein ganzes Kirchenjahr hindurch täglich die heilige Messe besuchen zu können. Es war ihr nicht vergönnt. Sie war „nur" eine Bauernmagd aus dem ermländischen Ostpreußen, schlachtete im Dorf fast alle Enten und Gänse der Bauern und betete täglich alle drei Rosenkränze. Sie trug mehr Dogmatik in sich als meine späteren Professoren, und ich habe gute und große Theologieprofessoren als Lehrer erleben dürfen! Ihr Lebensmotto lautete: Das Schönste auf der Welt sind

Rosenkranz und Bohnenkaffee. Natur und Gnade bildeten bei ihr eine glückliche Einheit.

Eine Begegnung mit der guten Tante Anna bleibt mir unvergessen. Sie war damals tagelang Dorfgespräch. Der obligatorische Dorfpolizist hatte sich durch seine Trunksucht einiges zu Schulden kommen lassen und sollte nun seinen Titel als „Schützer und Hüter des Sozialismus" durch eine besondere sozialistische Leistung rechtfertigen. So versprach er der Parteileitung öffentlich, zehn Leute zum Austritt aus der Kirche zu bewegen. Der Unglückliche geriet als erstes gleich an die besagte Tante Anna, die auf dieses Ansinnen entrüstet mit der Faust auf den Tisch schlug und schrie: „Das haben die Russen schon nicht fertig gebracht, als sie im Januar 1945 meine ostpreußische Heimat erobert haben, und auch die Nazis haben das in den Jahren davor nicht erreicht. Und ihr Kommunisten werdet das erst recht nicht schaffen!"

Solche Äußerungen waren damals in der Öffentlichkeit zur Zeit des Stalinismus nicht ungefährlich. Umso mehr stärkte und ermutigte uns Jüngere solche Tapferkeit und Entschlossenheit. Diese schlichte Bauernmagd war für uns Jüngere so etwas wie eine normative Gestalt des Glaubens. Gerade von der Erfahrung und Begegnung mit solchen Christen, die von der Würde ihrer Gotteskindschaft überzeugt waren, ging für uns Orientierung und Ermutigung aus. Bis heute ist es für mich unvorstellbar, daß unsere von allen verehrte „Tante Anna" durch irgendeine feministische Versuchung hätte verführt werden können.

Wie ein Magnet fühlte ich mich weiterhin ebenso unmerklich wie unwiderstehlich zum Priestertum hingezogen. Im nachhinein höre ich aus all diesen Begegnungen und Ermutigungen heute noch die Stimme des rufenden Gottes:

„Komm!" Wie ein Mosaikbild trugen all die vielen alltäglichen und unauffälligen Begegnungen zu meiner Berufung zum Priestertum bei. Das war keine fromme Idylle, wie man vielleicht heute aus der Retrospektive behaupten würde, sondern harter Kampf ums Dasein – aber unter dem Himmel Gottes.

Hier darf auch eine andere Gestalt aus meiner alltäglichen Glaubenswelt von damals nicht unerwähnt bleiben, die den Ruf Gottes zum Priestertum gleichsam verstärkt hat: der gute „Opa Elsner", der in einer großen Firma des Sudetenlandes als Prokurist gearbeitet hatte. Er lebte bei der Familie seines Sohnes, hatte die Gestalt eines Einsiedlers, trug meistens ein grünes Lodencape, ging an einem langen Stock und fehlte bei keinem Gottesdienst oder frommen Versammlung – ganz gleich, ob ein Priester dabei war oder nicht. Er sprach wenig, doch was er sagte, das hatte für uns Gewicht. Seine Hochschätzung und Ehrfurcht vor der Gestalt unseres Pfarrers waren sprichwörtlich. Schon sehr viel früher als wir machte er sich auf den Weg zur heiligen Messe in die Nachbarorte. Er war kein Mann des Gesprächs, sondern des Gebetes.

Eines Sonntagsmorgens in der Winterzeit, bei sehr schlechtem Wetter, ging ich allein zur heiligen Messe in den Nachbarort. Unterwegs entdeckte ich frische Spuren im Schnee und ahnte, daß der uralte Opa Elsner sich vom schlechten Wetter nicht hatte abhalten lassen. Nach einer halben Stunde fand ich ihn dann bewußtlos im Schnee liegen. Er war ausgerutscht und hatte sich beim Fallen eine Gehirnerschütterung zugezogen. Mit viel Mühe konnte ich ihn aufrichten und Hilfe holen. Solch handfester Glaube, der sich nicht von Minusgraden und glatten Straßen, nicht von Schnee und Frost abhalten ließ, war für mich ein unüberhörbarer Anruf des Herrn, solche Menschen nicht ohne

Sakramente und ohne Verkündigung des Wortes Gottes zu lassen.

Ein anderes Mal, es war an einem Samstag, erzählte uns Opa Elsner unterwegs, er sei schon zum zweitenmal innerhalb von 24 Stunden auf dem Weg zur heiligen Messe. Er hatte sich wohl zum Mittagsschlaf niedergelegt und war so fest und tief eingeschlafen, daß er am Abend beim Erwachen dachte, es sei schon Sonntagmorgen. Er zog sich an und machte sich auf den Weg. Unterwegs allerdings merkte er, daß die Sonne im Westen stand. Da er aber auf halbem Weg war, wollte er nicht mehr umkehren und hoffte, in einer Gastwirtschaft übernachten zu können. Weil ihn aber niemand dort aufnahm, wanderte er wieder geduldig zurück, kam spätabends nach Hause, um dann aber am frühen Morgen wieder aufzustehen und den Weg nochmals zu gehen.

Welchen unermeßlichen Wert die heilige Eucharistie als Darbringung des einzigartigen Opfers Christi für Menschen darstellt, beweisen solche Begegnungen sehr anschaulich. In späteren theologischen Vorlesungen lernte ich natürlich theologische Einzelheiten über die Bedeutung der heiligen Eucharistie, das Fundament aber brauchte hierfür nicht mehr gelegt zu werden. Das hatten Glaubenszeugen meiner Diasporagemeinde längst getan. Sie waren Dolmetscher meiner Berufung zum Priestertum.

Unterwegs zum Priestertum

Einen sehr starken Impuls, meiner Berufung zu folgen, gab mir der Schauprozeß von Kardinal Mindszenty in Budapest und Stepinacz in Zagreb. Obwohl ich den Prozeß nur aus den kommunistischen Zeitungen der damaligen DDR verfolgen konnte, in denen diese Glaubenshelden als Konterrevolutionäre, als Faschisten und Spione des Vatikans verurteilt wurden, waren sie für mich – gerade deswegen – leuchtende Vorbilder des Glaubens und echte Zeugen Jesu Christi. Ich bin stolz, daß ich ein Zeitgenosse großer Märtyrer sein durfte. Bis heute trage ich eine große Verehrung für diese Märtyrerbischöfe im Herzen.

Bestärkt auf meinem Weg, Priester zu werden, hat mich auch der Schriftsteller Wilhelm Hünermann, der in seinem Buch „Priester der Verbannten" über den Apostel der Aussätzigen, Damiaan Deveuster, geschrieben hat, ferner in seinem Buch „Die Herrgottschanze" über heldenhafte Christen während der Französischen Revolution und in seinem „Brennenden Feuer" über das Leben des heiligen Papst Pius X.. Da wir in der DDR keine westlichen Bücher lesen durften, wurden die wenigen, die es gab, ausgeliehen – gleichsam unter der Hand und stets nur für wenige Tage. Es gab so manche Stellen in diesen Büchern, die ich gerne immer wieder gelesen hätte, doch war bei der Lektüre Eile geboten, die Liste der Wartenden war lang. So konnte ich über die Inhalte nur aus dem Gedächtnis nachdenken und sprechen, das erneute Lesen blieb mir verwehrt. Heute weiß ich, daß diese aus der Not geborene Methode die Buchinhalte tiefer verankerte als die normale Lektüre.

Solche Begegnungen mit Glaubenden in Alltag und Literatur haben mich zum Priestertum geführt: es stimmt schon: Worte belehren, doch Beispiele reißen mit.

Gott ist der Rufende. Er legt seine Berufung in das Herz eines Menschen, doch die Mitmenschen sind aufgerufen, sie mitzuentdecken und zu fördern. So können Mitchristen in Familie, Gemeinde und Beruf zu Helfern werden, damit der andere seine Berufung erkennt und verwirklicht.

Später dann als Priester begegnete mir ein Familienvater, der eigentlich nie ganz glücklich war, man sah es ihm an. Auf meine Frage, warum er immer einen traurigen Eindruck mache, antwortete er, er habe seine Berufung verfehlt. Er lebe in einer glücklichen Ehe und Familie, habe eine gute Frau und sehr dankbare Kinder, doch eigentlich hätte er Priester werden müssen. Ich fragte ihn, warum er es nicht wurde. Darauf gab er mir die erschütternde Antwort: „Mich hat nie jemand darauf angesprochen." Es sind also häufig Menschen nötig, die dem anderen helfen, seiner Berufung gewiß zu werden und ihr zu folgen. Der Christus im anderen ist oft gewisser als der Christus in mir selbst.

Der Pfarrer meiner Jugendzeit hat mich nie offen auf das Priestertum hin angesprochen, doch indem er mir Verantwortung übertragen und mich in seine Seelsorge mit einbezogen hat, wuchs in mir die Gewißheit der eigenen Berufung. Dreimal im Jahr versammelte unser kluger Seelsorger die katholische Jugend aus unseren 30 Dörfern zu einer gemeinsamen Karnevalsveranstaltung, zu einem Sommerfest und zu einem Winzerfest im Herbst. So sollten die jungen Menschen die Gelegenheit haben, sich kennenzulernen – auf daß katholische Familien in unserer Diasporasituation nicht zum Aussterben kamen.

Ich erinnere mich noch gut an einen solchen Karnevalsabend. Die Jugendlichen hatten begonnen, zu tanzen. Der Pfarrer nahm mich zur Seite und sagte: „Du tanzt lieber nicht mit, bete mit mir jetzt den Rosenkranz mit dem Gesätz, ‚daß du die Liebe in ihnen entzünden wollest'." Er wußte als erfahrener Diasporapriester, daß die Kirche in der äußersten Diaspora gute katholische Familien braucht. Solche Teilnahme an der priesterlichen Sorge um die Zukunft der weit verstreuten Gemeinde ließ mich in die Verantwortung für unsere kleinen Gemeinden hineinwachsen. Als Weihbischof von Erfurt habe ich dann später im Heimatdekanat das Sakrament der Firmung gespendet. Bei dieser Gelegenheit konnte ich vielen Firmanden sagen, bei welcher Karnevalsfeier oder welchem Sommerfest der Funke zwischen seinen Eltern übergesprungen war... .

Ende der 40er Jahre, bevor ich aus der Volksschule entlassen wurde, hörte ich am Dreikönigstag die Rundfunkübertragung des festlichen Epiphaniegottesdienstes im Kölner Dom. Wir katholischen Kinder hatten unseren Glauben unter den nichtkatholischen Kindern dadurch besonders attraktiv gemacht, daß wir alle kirchlichen Feiertage peinlich genau einhielten und daher an diesen Tagen nicht die Schule besuchten. Ein solch sympathischer Glaube, der den Menschen so viele Feiertage bescherte, ließ uns in den Augen unserer Mitschüler als „Auserwählte" erscheinen. Sehr wohl ist mir von diesem Gottesdienst, den ich am Rundfunkgerät miterleben durfte, die hohe Stimme von Kardinal Frings in Erinnerung geblieben. Und natürlich sehnte ich mich als kleiner Bub danach, den Kölner Dom eines Tages einmal zu sehen.

Als ich dann das erste Mal als Erzbischof von Köln im Jahre 1990 den Gottesdienst zum Epiphaniefest feiern durfte, hat mir dieses Erlebnis fast die innere Fassung geraubt: Damals saß ich am Rundfunkgerät in unserem thüringischen Dorf und nun auf der Kathedra der Kölner Erzbischöfe, um das hohe Fest der Erscheinung des Herrn zu zelebrieren. Gott holt seine Diener nicht von den Podesten der Geschichte, sondern sammelt sie gleichsam aus den Mülltonnen auf.

Ein erstes größeres theologisches Problem, unter dem ich als Student gelitten habe, löste sich für mich auf glückliche

205

Weise. Ich war immer der Meinung gewesen, als Kind Gottes durch besondere Zeichen der Liebe Gott Freude bereiten zu können und ihn durch Sünden und Verfehlungen traurig zu stimmen. Später dann hämmerte uns Studenten unser Dogmatikprofessor in einer Vorlesung über die Gotteslehre immer wieder die Unveränderlichkeit Gottes ein. Nichts Äußeres könne ihn nach innen hin verändern oder bewegen, sonst wäre er ja nicht mehr Gott. Gott also Freude bereiten zu wollen, wäre zwar fromm gedacht, doch theologisch unmöglich.

Das war für mich in der Tat ein Schlag. Wenn Gott sich über mich und mein Tun nicht mehr freuen könnte, was sollte dann mein Streben in der Nachfolge Christi und mein Wunsch, ihm immer ähnlicher zu werden? Sollte Gott denn wirklich ein ewig lächelnder Buddha aus Bronze sein, der durch nichts Äußerliches zu bewegen ist? Auf meine Frage hin, daß wir doch als Christen gar nicht im Äußeren Gottes, in seinem Externum, lebten, sondern durch Taufe und Firmung in ihm wohnten, gleichsam seine Kinder geworden seien, wie der Apostel sagt: „In ihm leben wir, bewegen wir uns und sind wir" (Apg 17,28), und ihm deshalb auch Freude und Kummer bereiten könnten, schaute mich der fromme und gelehrte Dogmatikprofessor groß an und entgegnete: „Sie haben recht. Ich muß in meinem Kolleg diesen Paragraphen neu durchdenken, überarbeiten und vortragen." Wie die Wirklichkeit des Himmels die Erde erst schön und lebenswert macht, so verleiht die Freude an Gott unserem Leben – trotz allem – auch rein irdisches Glück.

Am Vorabend meiner Priesterweihe, am 21. Dezember 1962, stand ich am Fenster des Erfurter Priesterseminars, schaute zum Dom hinüber und überließ mich meinen Gedanken. Morgen um diese Zeit würde ich schon Priester sein. Ein langer Weg mit vielen Wegbegleitern sollte damit zu Ende gehen, ein Weg, der zugleich aber wieder der Beginn meines Wirkens als Priester war. Morgen früh beim Weihegottesdienst würde ich mein „adsum" sprechen, meine Bereitschaftserklärung vor Gott und der Kirche: „Ich bin bereit zu allem und auch dorthin zu gehen, wohin du mich schicken wirst." Ich dachte an die drei pastoralen Regionen unseres damaligen bischöflichen Amtes Erfurt: das Eichsfeld, die Thüringische Diaspora und die Rhön.

Und meine Gedanken gingen weiter: In der Aufregung des Weihegottesdienstes würde ich das „adsum" vielleicht nur so gedankenlos dahersagen. Ich wollte aber Gott meine Aufrichtigkeit und Ehrlichkeit von morgen schon heute unter Beweis stellen, und so stellte ich ihm jetzt am Vorabend der Priesterweihe einen Blankoscheck aus. Ich nahm einen Zettel, schrieb den Ort darauf und das Datum: Erfurt, den 21.12.1962, setzte meine Unterschrift drunter und ließ die Spalte, in den man den Betrag notierte, frei, und betete: „Herr, ich gehe, wohin du willst: in die Thüringische Diaspora, in die Rhön oder ins Eichsfeld." Daß die Kirche Gottes aber größer ist als das bischöfliche Amt Erfurt, habe ich damals nicht bedacht. Daß Gott mich eines Tages nach Berlin oder Köln schicken würde, ahnte ich nicht, und ich bin auch froh darüber. Denn ich weiß nicht, ob ich sonst damals den Mut aufgebracht hätte, dem Herrn einen Blankoscheck auszustellen. Natürlich will und kann ich mich aber heute nicht über die Wege beklagen, die Gott mich seitdem gehen ließ. Ich hatte ja den Blankoscheck ausgestellt und Gott hat mich beim Wort genommen. Kann es ein schöneres Zutrauen Gottes zum Menschen geben?

Meine erste Kaplanstelle in der größten Pfarrei der damaligen DDR war St. Aegidien in Heiligenstadt. Die Pfarrei umfaßte sieben- bis achttausend Katholiken, von denen viele ihren Glauben praktizierten. Den Pfarrer habe ich als schwerkranken Priester erlebt, der von der Alzheimerkrankheit gezeichnet war. Und doch konnte man Ausstrahlung und Format dieses gottbegnadeten Priesters erahnen. 25 Jahre lang war er Pfarrer in St. Aegidien und durfte in dieser Zeit auch 25 Primizen feiern! Vielleicht vermittelt das einen Eindruck von der charismatischen Größe dieses Priesters.

Einer meiner Mitbrüder, der es gut mit mir meinte, sagte mir nach meiner Anstellung in St. Aegidien, ich täte ihm leid, dort Kaplan sein zu müssen, denn von diesem Pfarrer könne man ja pastoral nichts oder nur sehr wenig lernen. Schon nach wenigen Wochen jedoch spürte ich bereits, daß ich bei ihm genau das lernen konnte, was man bei vielen modernen Geistlichen nur noch selten antrifft: eine tiefe und selbstverständliche Identität mit der Kirche und eine gleichsam mystische Glaubensverbundenheit mit Christus.

Fast jeden Abend, bei Wind und Wetter, schritt der Pfarrer, den Rosenkranz in der Hand, die Grenzen seiner Pfarrei ab und betete dabei den Rosenkranz für seine Pfarrgemeinde. Vor manchen Häusern blieb er stehen und spendete einen besonderen Segen, weil er um die verborgenen Kreuze und Tragödien wußte, die sich hinter mancher glänzenden Hausfassade verbargen. Wenn es die Zeit erlaubte, begleitete ich den Pfarrer auf diesem Gang. Zehn Jahre lang nach seinem Verzicht auf das Pfarramt wurde er durch die dunkle Nacht der fortschreitenden Alzheimerkrankheit geführt. Gott allein weiß, wie groß die Konfiguration seines Priesters mit ihm selbst in dieser Zeit geworden ist. Ich rechne es zu den größten Gnaden, die ich während meines Priesterlebens empfangen habe, einen solchen Priester als ersten Pfarrer erleben zu dürfen, der mich meiner Berufung sicherer und fester gemacht hat. Auch dank seines Beispiels schrieb ich viele Jahre später in mein Bischofswappen das Wort aus dem 2. Korintherbrief: „Spes nostra firma est pro vobis" – „Unsere Hoffnung für euch steht fest und unerschütterlich".

Unter die Wolke der Glaubenszeugen – wie der Hebräerbrief sagt –, die über meinem Leben steht und mich begleitet, gehört gleichsam als mein geistlicher Vater, Bischof Hugo Aufderbeck von Erfurt, der mich zum Bischof geweiht hat. Mein Arbeiten an seiner Seite empfand ich immer als ein Geschenk Gottes dafür, daß ich meinen irdischen Vater so früh verloren habe. Am Abend meiner Bischofsweihe sagte mir Bischof Hugo: „Du bist jetzt mit mir unter das gleiche Joch gespannt. Wir werden viele Schläge bekommen, aber du versprichst mir, daß wir nicht zurückschlagen werden." Versprochen habe ich es damals, doch wohl nicht immer gehalten. Von dem strahlenden Christusglauben dieses Diasporabischofs zehre ich bis heute.

Berufung ist kein punktueller, einmaliger Vorgang. Berufung ist ein Weg, der lebenslang fortdauert und sich in vielen verborgenen Anrufungen und Ermutigungen zeigt – etwas mit der Ehe vergleichbar. Hierher gehören auch die vielen Christen, denen ich im Bußsakrament die Vergebung Gottes spenden durfte. Ihre Bußgesinnung, ihr Glaube und ihre Liebe gaben mir die stärksten Impulse, immer wieder zu der ersten Liebe meines Lebens zurückzukehren. Unseren vielen Laienchristen nicht zu weit in der Nachfolge Christi hinterherzuhinken, war mir immer ein echter Ansporn, den ich als Beichtvater aus dem Beichtstuhl mit nach Hause nahm. Daß unseren Priestern heute dieser Impuls zum geistlichen Leben weithin fehlt, weil kaum noch gebeichtet wird, ist ein großer Schaden für das Leben unserer Priester.

Auch ist Berufung immer die Konsequenz einer Begegnung. Der Herr ist mir in Welt und Kirche in sehr vielen Menschen begegnet, und hat mir vor allem die innere Antenne für alle Funksignale geschenkt, die von solchen Begegnungen ausgingen. Sie haben mich an den Weihealtar im Erfurter Dom geführt, von dort nach Heiligenstadt, dann wieder zurück nach Erfurt und weiter nach Berlin und Köln als Stationen meines priesterlichen und bischöflichen Wirkens. Daß der rufende Gott einmal im himmlischen Jerusalem sein Ja und Amen dazu sagen wird, ist meine Hoffnung und Zuversicht. Die „Geschichte" meiner Berufung setzt sich aus vielen Geschichten überzeugender Christen im Alltag zusammen. Sie hatten das Wort des Herrn an Petrus verstanden: „Du aber stärke deine Brüder!" (vgl. Lk 22,32). Ich bin einer von ihnen.

Irene Rothweiler

Irene Rothweiler wurde 1958 in Aachen geboren. Nach dem Abitur studierte sie zunächst Tanz- und Musikpädagogik in Köln, bevor sie sich nach dem Examen 1980 der modernen Glasmalerei zuwandte. Begleitend zur Ausbildung als Glasmalerin absolvierte sie an den Universitäten Köln und Aachen ein Kunstgeschichtsstudium. Nach ersten Wettbewerbspreisen wurden zahlreiche Glasfenster nach ihren Entwürfen in Deutschland, Belgien und Israel ausgeführt. Irene Rothweiler lebt in Bonn. Sie ist seit 1979 Mitglied der Personalprälatur Opus Dei. Sie ist verheiratet und hat vier Kinder.

Ohne Blitz und Donner

von Irene Rothweiler

Vom Beruf her – ich bin Glasmalerin und entwerfe vor allem Kirchenfenster – fallen mir bei diesem Wort Bilder ein: Bilder von Rufenden und von Gerufenen. Da sind rufende Engel, hörende Menschen, Symbole, Zeichen, Farben des Unterwegsseins, die auf Hören, Empfangen, Antworten verweisen, Muschel oder Pilgerstab, sprechende Münder, ausgestreckte Hände... Manchmal sind diese Bilder Frucht des Hineinhorchens in sich selbst, manchmal Folge einer geistlichen Aussprache mit einer alt- oder neutestamentlichen Gestalt. Von diesen Bildern möchte ich ausgehen, bis die Begriffe und Gedanken aus ihnen hoffentlich herauswachsen, die dieser Beitrag erfordert – dabei einer wunderbaren Mahnung von Romano Guardini eingedenk: „Man kann ja auch nicht mit Begriffen sagen, was das Licht ist. Wohl, wie es sich verhält, und welche Gesetze es bestimmen; wie es wirkt, und was geschieht, wenn es fehlt – nicht aber, was es selbst ist. Dazu kann man nur sagen: 'Tu deine Augen auf und sieh!'"

Was kann ich über Gottes Ruf an mich sagen? Vor kurzem las ich im *Katholischen Erwachsenen-Katechismus*, die Kirche sei stufenweise gegründet worden – läßt sich da nicht etwas ähnliches über die meisten Berufungen sagen? Daß – wenn man von Fällen à la Paulus absieht – man die Berufung etappenweise erfährt? Daß sie sich aus vielen Mosaiksteinchen zusammensetzt? Kann ich sagen, daß Gott mich in einem bestimmten Augenblick berufen hat? Ich empfinde es nicht so. Natürlich: Zeugung und Geburt, Taufe... aber ich sehe sie mehr als Geschenke denn als Rufe – oder, wenn man so will, als ein Ruf, wo noch keine Antwort möglich ist, weil ich noch nichts hiervon wußte.

Wie und *wann* hat Gott mich also gerufen? Und: *Wozu?* Ist das nicht die erste Frage überhaupt, die Frage nach dem Wozu – allerdings anders als mit dem pragmatischen Klang in unserer technischen Zivilisation? *Wozu sind wir auf Erden?* – begann der alte Katechismus meiner Mutter. Ich kenne die wunderbare kurze Antwort. In meinem Leben hat sich die Antwort auf diese Frage allmählich im Geflecht der geschichtlichen Ereignisse und Erfahrungen herausgebildet, von zwei Quellen, zwei Strömen geführt: Familie und Kirche.

Am Anfang meines Weges stehen natürlich die christlichen Wurzeln des Elternhauses. In der Familie erfuhr ich das, was ich später als Erwachsene *Berufung* nannte, anfanghaft, wurzelhaft, intensiv – aber namenlos. Als Kind spricht man natürlich das Wort *Berufung* nicht; aber alles ist klar. Später verschwimmt nicht selten diese Klarheit.

Die erste Glaubenserziehung habe ich meiner Mutter zu verdanken, die mit uns Kindern, seit wir denken konnten, bereits betete, aus der Bibel vorlas und uns die Sakramente erklärte. Ich erinnere mich auch, daß ich schon als Kind, wenn ich vom Ballettunterricht nach Hause zurückkehrte, an unserer Pfarrkirche vorbeikam. Im Überschwang der von guter Musik untermalten Bewegungsfreuden sprang ich auf einen

Abstecher zum wunderschönen Tabernakel in der Kirche, um dem lieben Gott „Guten Tag" zu sagen.

Von meinem Vater, der als Architekt, Aachener Dombaumeister und Stadtkonservator ein unglaublich reiches Berufsfeld hatte, lernte ich herausragende, berufliche Eigenschaften kennen: schöpferische Gestaltungskraft, Feinsinnigkeit in stilistisch-künstlerischen Zusammenhängen, überlegtes Durchsetzungsvermögen, ausdauernde Disziplin, sorgfältige Pflichterfüllung, Herzlichkeit und Humor, dabei verständnisvolle Toleranz und gütig geduldigen Umgang mit seinen Mitmenschen. Gerade zu Beginn meines Erwachsenwerdens hat mich mein Vater ganz entscheidend geprägt. Mein Vater starb sehr plötzlich während seiner Arbeit im Büro an einem Herzinfarkt. An jenem Vormittag zeichnete ich unweit entfernt (ich hatte damals mein Atelier in einer hohen Dachstuhlkammer im Aachener Dom) an einem Fensterkarton 1:1 für die St. Jakob-Kirche in Aachen. Das Thema des Fensters: der Pilgerweg des Christen, aufgezeigt am Symbol der Jakobsmuschel.

Das Opus Dei

Die Prägung in der Familie hatte mich vorbereitet, damit ich eine zweite, nicht minder intensive Prägung erfahren konnte: meine Begegnung mit dem Opus Dei, die Entdeckung seiner Spiritualität. Auch hier war es die Familie gewesen, die mich zu diesem spirituellen Weg, der entscheidend für mich werden sollte, hinführte. Denn ich erfuhr zum ersten Mal von der Existenz des Opus Dei durch meinen jüngeren Bruder, der einige Freunde im Opus Dei hatte, selbst aber nicht dazu gehörte, und – da ich gerade mein Studium in Köln begonnen hatte, einer für mich fremden Stadt – mir die Adresse eines Studentinnenheims in Köln gab, „damit du nicht so allein bist."

Ich erzähle gerne, wie es weiterging, weil dies für mein Leben so wichtig geworden ist. In diesem Studentinnenheim schloß ich Freundschaft mit einer Studentin, die wie ich Kunstgeschichte studierte. Wir eroberten zunächst das mittelalterliche Köln mit vielen Besichtigungen romanischer Baukunst. Im Mai kam meine Freundin auf die Idee, unsere kunsthistorische Fährte zu durchbrechen und einen Besuch bei der schwarzen Madonna in der Kupfergasse einzuschieben. Sie schlug mir vor, mich an der Haltestelle am Neumarkt abzuholen und ein Rosenkranzgesätz auf dem Weg bis zur Kupfergasse zu beten. Ich war innerlich in Aufruhr und Abwehrhaltung und mußte meiner Freundin gestehen, daß mir die Praxis des Rosenkranzgebetes nicht geläufig war. Sie reagierte gelassen mit dem Vorschlag „learning by doing", und ich willigte abwartend ein.

Bis zu unserer Verabredung machte ich mir viele Gedanken, so zum Beispiel, warum ich, obwohl katholisch erzogen, so viele Frömmigkeitsübungen hatte einschlafen lassen. Meine Eltern hatten so viele Male erzählt, daß ich ein echtes Marienkind sei, im Jahr der Aachener Heiligtumsfahrt geboren, genau an dem Tag, als mein Vater mit dem Einbau der tiefen Marienglocke im Aachener Dom beschäftigt war.

In meinem zweiten Studienjahr nahm ich mit dreizehn weiteren Studentinnen an einer Fahrt nach Torreciudad, einem Marienwallfahrtsort in den Pyrenäen, teil. Der Priester, der sich um uns kümmerte, verstand es, seine Begeisterung für die Vegetation und für die Landschaft auf die Landschaft des Glaubens zu übertragen. Mich beeindruckte die Einheit von Natur- und Gottesbegegnung. In diesen gemeinsam verbrachten Tagen lernte ich eine neue „Einheit des Lebens" kennen. Wie beeindruckte mich die Selbstverständlichkeit, mit der verschiedenste Unternehmungen auf sportlicher, kultureller oder geselliger Ebene untermauert wurden mit geistlichen Zeiten, die ich bislang mehr passiv oder vom Hörensagen kannte, wie geistliche Betrachtung, persönliches Gebet, Rosenkranz, geistliche Lesung, täglicher Besuch der heiligen Messe... Und wie froh und gleichsam überrascht war ich, trotz dieses intensiven geistlichen Klimas nirgendwo auf Frömmelei oder klerikales Getue zu stoßen.

Rückblickend merke ich jetzt, wie entscheidend jene Tage für mich waren: Zum ersten Mal blieben dort das Wort „Heiligkeit" und meine Aufgabe als Christ, hiernach zu streben, nicht abstrakt. Ich begann unruhig zu werden, weil mir sehr klar vor Augen stand, daß Gott mehr von mir verlangte, daß diese Reise nach Torreciudad Konsequenzen für meinen Alltag haben könnte. Ich wurde wachgerufen aus meinem eher lauen und bürgerlichen Glaubensleben, das zudem viele Vorurteile und manches Halbwissen über Glaube und Kirche zuließ.

Später folgte der Augenblick der Entscheidung – so konkret feststellbar, daß es möglich ist, ihn zu feiern: mit einem Glas Sekt, auch wenn es ein Dienstag in der Karwoche war, vor nunmehr achtzehn Jahren. Ich war einundzwanzig Jahre alt, als ich dem Opus Dei als Supernumerarierin beitrat. Vieles war in meiner Zukunft noch unbestimmt. Ich hatte weder mein Studium abgeschlossen noch war mir der Mann fürs Leben über den Weg gelaufen. Mein Vater führte mich auf beruflichen Pfaden, ich hatte gerade einige Wettbewerbe als Glasmalerin gewonnen und mußte mich in ersten Aufträgen bewähren.

Ich bin natürlich nicht in der Lage zu sagen, was ich auch ohne die Spiritualität des Opus Dei entdeckt hätte. Sicherlich hätte ich auch anderswo eine überzeugende Praxis des Christlichen kennenlernen können, die sich nicht mit einem Mindestmaß begnügt – wenn es Gottes Wille gewesen wäre, mich auf andere Wege zu führen. Vielleicht hätte ich auch anderswo neben der Praxis intensiver die Theorie – sagen wir lieber: die Glaubenslehre, die Theologie – vertieft.

Streben nach Heiligkeit

Wozu hat Gott mich berufen? Ich weiß, es geht um Heiligkeit. Ich könnte die klaren Worte des Zweiten Vatikanums zitieren, aber ich habe diese Lehre erst im Umgang mit dem Opus Dei auf mich selbst praktisch zu beziehen gelernt und dann auch theoretisch, lehrmäßig erfahren. Ich maße mir nicht an, zu definieren, was diese Heiligkeit ist. Ich weiß, eigentlich ist sie Gottes Wesenseigenstes, die Urgegebenheit überhaupt, der Grundcharakter Gottes; und sie ist Teilhabe, Geschenk, keine Leistung, und doch muß man um sie ringen.

Meine erste Teilnahme an der Kar- und Osterliturgie in Rom 1979 hinterließ nachhaltige Spuren, vor allem durch die Begegnungen mit dem „neuen" Papst Johannes Paul II. Mehrfach hörte ich seine Worte über Lebensentwurf und christliche Berufung. Wie eindrucksvoll brachte Johannes Paul II. das Gleichnis vom Jüngling nahe, der Christus fragt, was er tun müsse, um ins Himmelreich zu kommen. Christi Ruf „Folge mir nach" übersetzte der Papst ins Heute. Es war eine Aufmunterung und Mahnung, den eigenen Lebensentwurf gut zu prüfen und nach dem vollkommenen Ideal zu suchen und zu streben.

Christliche Berufung ist sicher ein Geschenk, das Gott mir persönlich zugedacht hat und deren Ausprägung mir in der Zeit, sozusagen stückweise, gegeben wurde und wird. Ich kann rückblickend nur sagen, welche Überlegung wohl – ungeachtet der Gnade, die Gott bei diesem Schritt mir schenkte – entscheidend für meinen Entschluß war, dem Opus Dei beizutreten: Allein schaffst du es nicht, Christus zu folgen, in der Welt zu sein und das Gespür für Frömmigkeit nicht zu verlieren... Jahre später hörte ich einen Angehörigen des Opus Dei die Rolle des „Werkes", wie es viele hier in Deutschland nennen, in seinem Leben einmal so deuten: das Werk sei für ihn „die geistliche Tankstelle". Ich habe dies an mir erfahren.

Im Rückblick scheint mir, das Neue und Fesselnde war für mich die überraschende Alltäglichkeit, mit der man im Opus Dei die *Heiligkeit* betrachtet und sich um sie bemüht; denn *Heiligkeit* war für mich bis dahin stets von einer Aura der Transzendenz und Überweltlichkeit umgeben. Hier geht es aber nicht um auffallende Herausstellungen, sondern um christliche Normalität – dabei aber ist die *Norm* nicht die Oberflächlichkeit eines gedankenlosen Taufscheinchristen, sondern sie mißt sich an den Maßstäben des Evangeliums.

Ich weiß nicht, ob mir damals der Begriff *allgemeine Berufung zur Heiligkeit,* obwohl vom Zweiten Vatikanum deutlich formuliert, überhaupt geläufig war. Wahrscheinlich nicht – und deshalb war es für mich eine faszinierend neue Sicht meines Daseins in der Welt, in der betonte Weltlichkeit mit einer Radikalität des Glaubens gepaart war, die andere Wurzeln zu haben schien als das, was ich bis dahin als „kirchliches Engagement" kennengelernt hatte. Es war eine – tautologisch gesagt – wurzelhafte Radikalität, aufgrund von Taufe und Firmung.

Einige Aussagen von Josemaria Escrivá de Balaguer, dem Gründer des Opus Dei, prägten sich mir nach ihrer Lektüre sofort ein: *daß Heiligkeit keine Sache für Privilegierte sei, sondern daß alle Wege der Erde, alle Stände, alle Berufe, alle rechtschaffenen menschlichen Aufgaben Wege Gottes sein können.* Ich vernahm, daß Familie, Freunde, Beruf und Engagement in der Gesellschaft der *Stoff der Heiligkeit* seien; und daß Christen nicht nur wie die *Hefe im Teig,* sondern – wie Escrivá gelegentlich schmunzelnd sagte – wie die *Maus im Käse* sein sollen.

Mich beeindruckte damals wahrscheinlich schon das, was ich dann im Laufe der Jahre deutlich gesehen habe: daß das christliche, apostolische Zeugnis in der Gesellschaft keiner besonderen Legitimation bedarf. Es ist nichts anderes als radikales Verständnis von Taufe und Weltexistenz. „Radikalität" – ein nicht selten unverbindliches und inflationär gebrauchtes Wort – wird hier konkret. Mir gefiel, daß Escrivá gelegentlich das Beispiel der Urchristen erwähnte, um die Eigenart der Mitglieder des Opus Dei zu erklären. Die Urchristen lebten mitten in der damaligen Gesellschaft, aber sie waren innerlich stark genug, um ihr Milieu zu prägen. Später las ich bei einem besonderen Kenner des Urchristentums, daß die Verbreitung des Evangeliums in der Urzeit in der Regel durch jeden beliebigen Christen ohne sonderlichen Auftrag geschah – allein durch die Kraft des in der Taufe gegründeten Glaubens. Der christliche Glaube sickerte durch, er breitete sich im Bereich der Familie, der Arbeit und des persönlichen Umgangs aus – dank der Laien. Sie waren im Leben der Menschen, in den Läden und Werkstätten, in den Lagern und auf den öffentlichen Plätzen präsent, sie nahmen am wirtschaftlichen und sozialen Leben teil, sie waren in den Alltag verwoben.

Faszinierend, daß es Wege gibt, um sich mitten auf der Straße innerlich der Gegenwart Gottes bewußt zu sein, in der Hektik der beruflichen Arbeit hin und wieder das Denken auf Gott zu richten und diese christlichen Selbstverständlichkeiten durch die traditionellen Mittel der Frömmigkeit wirksam zu machen: durch die häufige Teilnahme an der heiligen Messe, durch genügende Zeiten des freien Betens, durch das Aufsuchen des Bußsakramentes, durch die Hilfe des Rosenkranzes, der kurzen Gewissenserforschung am Ende des Tages usw. All dies gilt es, in das eigene Leben intensiv hineinzunehmen, das sonst aus angeblich „ganz anderen" Wirklichkeiten besteht: aus den grauen Verrichtungen im beruflichen Alltag, aus der Hektik vielfacher gesellschaftlicher Beschäftigungen und Betriebsamkeit, aus dem die Geduld strapazierenden Umgang mit den Kindern. Durch den engen Umgang mit Gott die eigene Welt nicht als Hindernis für die Frömmigkeit, sondern als Bestandteil des Gottgewollten zu sehen, das war für mich die Entdeckung der „Berufung".

Je mehr ich mich zeitlich vom Tag des „ersten Rufes" entferne, um so mehr sehe ich, wie normal und gewöhnlich, aber auch wie klein und mühsam ich jeden Tag neu versuche, diesem großen christlichen Ideal zu folgen. Meine Lebenssituation hat sich bereits viele Male gewandelt, die Berufung als Christin bleibt die gleiche. Die Ausformung des Alltags, ja die „Materie" für meine persönliche Heiligung war anders als Studentin, allein und berufstätig, oder nunmehr seit zwölf Jahren als Ehefrau und Mutter von vier Kindern, für die der künstlerische Beruf auch ein wichtiger Teil der Berufung ist.

Durch die Spiritualität des Opus Dei habe ich gelernt, mich der Wirklichkeit zu stellen: daß eine lebendige und persönliche Beziehung zu Gott nicht einer verführerischen „Spontaneität" überlassen werden darf, sondern einer Ordnung, eines Tagesentwurfes bedarf. Dazu gehören konkrete Übungen, die wie Pfeiler sind, um dem Aktivismus und der großen Betriebsamkeit gewisse Atempausen zu gönnen: täglich eine festgesetzte ausschließliche Zeit des betrachtenden Gebetes, eine kurze Lektüre des Neuen Testaments und eines anderen geistlichen Buches, Rosenkranzgebet...

Wenn es einem zumindest gelingt, diese Zeit des täglichen persönlichen Gebets einzuhalten, und wenn es auch nur zehn Minuten täglich sind, so färbt dies auf alles andere positiv ab. In meinem Fall hatte das zur Folge, daß ich vor allem in meinem künstlerischen Tun gelernt habe, nicht nur nach Lust und Laune oder bei guten Eingebungen und schönen Inspirationen zu arbeiten, sondern einfach eine bestimmte Zeit täglich festzusetzen und sie Gott aufzuopfern.

Jetzt verstehe ich, daß Escrivá tatsächlich keine abstrakte „Lehre über die Heiligkeit" hinterlassen hat. Escrivá verdeutlicht das Beschaulichsein im Alltag, er sieht die Welt mit ihrem Lärm als Ort des Gebetes. Dies zu realisieren fällt niemandem in den Schoß, es erfordert Arbeit an sich selbst, ein intensives spirituelles Leben, damit das Gebet nach und nach in der Seele Wurzeln schlagen kann.

Josemaria Escrivá, der „Kontemplative unterwegs", hat viele Menschen zur „Kontemplation" mitten in der Welt geführt: Weltchristen in den verschiedensten Lebenssituationen – verheiratete und unverheiratete, gebildete und ungebildete, jung und alt, mit Geldnöten und Berufssorgen, mit schönen Erfolgen und traurigen Mißerfolgen –, die sonst wahrscheinlich niemals daran gedacht hätten, daß der Ruf

Christi zum Heiligwerden auch ihnen gilt und – zusammen mit einer starken Verankerung in Gott – das Verankertsein in der Welt erfordert.

Alltag

Die Zeiten sind für mich sicher angespannter geworden. Die Verantwortung für vier Kinder und einen Ehepartner, dessen Beruf ihn nur selten zu Hause sein läßt, erfordern großen Einsatz. Wäre da nicht die stete Begleitung und Stütze, die ich durch das geistliche Gespräch im Opus Dei finde, sähe es vielleicht mit meiner Lebensfreude und der apostolischen Kraft, andere mitzuziehen und zu einem christlichen Leben zu ermuntern, anders aus.

Ich habe gelernt, die täglichen Ärgernisse und Widrigkeiten mit Gelassenheit zu nehmen, sie umzumünzen in kleine Opfer, die Gott bestimmt gerne als Geschenke annimmt. Auch die Weiterbildung im Glauben hat mir das Opus Dei durch Einkehrtage, theologisch-philosophische Seminare und durch zahlreiche Gespräche erleichtert und mich ermutigt, mich im Pfarrleben insbesondere durch das Erteilen von Kommunion- und Firmunterricht zu engagieren.

Warum – so stelle ich mir immer wieder die Frage – birgt jeder Tag so viele Situationen, die unvorhergesehen kommen und den inneren Frieden, die Geduld mit sich selbst und den Nächsten bedrohen? Ich weiß es nicht, aber ich nehme an, daß das Fertigwerden damit auch mit dem Kindsein eines Erwachsenen zu tun hat. Denn gerade im Umgang mit echten Kindern – Kleinkindern – gibt es ständig Herausforderungen, hundert Situationen am Tag, mit denen man nicht gerechnet hat.

Weil ein Kind so gerne mit Wasser spielt und es immer naß herumläuft, muß man es manchmal fünfmal am Tag umziehen. Fast keine Mahlzeit vergeht, ohne daß man selbst ungezählte Male aufsteht, um ein Aufwischtuch zu holen, einem Kind etwas aufzuheben, das vom Tisch fiel, eine kleinere Gabel, einen größeren Löffel zu bringen ... Es sind immer echte Gründe. Nicht der Plan des Erwachsenen setzt sich durch, sondern das spielerische Durcheinander des Kindes. Und der Erwachsene kann versuchen, sich darin einzurichten, spielerisch, dienend und mit der begründeten Vermutung, daß Gott von ihm gerade dort auch im kleinsten Hingabe erwartet.

Ich habe einige Zeit gebraucht, bis ich entdeckt habe, was es bedeutet, aus der Gotteskindschaft zu leben. Ein Kerngedanke der Botschaft des Seligen Josefmaria, des Gründers des Opus Dei, den er einmal so formuliert: „Gott ist mein Vater! – Wenn du das betrachtest, wird dir in keinem Augenblick der innere Trost fehlen."

So sehe ich den Ruf Gottes an mich. Einiges von dem, was mir einfällt, mag theologisch unsicheres Gebiet sein, vielleicht auch verschwommen – es geht mir ja nicht um die Theorie, sondern um Erlebtes, und vielleicht hilft es jemandem. Ich habe immer versucht, meine Sicht vom Unbeschreiblichen wiederzugeben mit Glas und Licht, Farbe und Form. Jetzt habe ich die ganz konkrete, einmalige Wirklichkeit, die meine eigene Berufung ist, mit Worten, Erfahrungen, Erlebnissen, Beobachtungen zu schildern versucht.

Natürlich begegne ich in meiner Umgebung manchem Unverständnis und anderen Auffassungen in der Ausformung meines Familien- und Glaubenslebens. Viele gute Freunde und Bekannte, Nicht-Angehörige des Opus Dei, aber tolerieren und verstehen oder leben selbst auch ein sehr ähnliches Leben.

Meine Berufung jedenfalls scheint mir wie ein Licht zu sein, das immer wieder – ein Leben lang – neue Brechungen bringt, neue Farben. Eine Ahnung nur, daß der Ruf nicht ein vergangenes Ereignis ist, das in der Erinnerung fortlebt, son- dern aktuell bleibt. Er zeigt sich immer wieder in neuen Brechungen, neuen Perspektiven und Anrufen, das eigene Leben zu gestalten.

Der Ruf war stets präsent und mit dem Anfang verbindend. Wie treffend klingen da die Worte einer Klosterfrau – für alle: „Gott ist ein treuer Gott, er hat den Stachel aus meiner Seele nicht wieder herausgezogen, sondern bei jeder Gelegenheit daran gezupft, wie ein Angler an seiner Angelschnur, so daß ich mir nie mehr einbilden konnte, seinen Ruf nicht verspürt zu haben."

Rudolf Müller

Dr. Rudolf Müller wurde 1961 als drittes von fünf Kindern geboren. Nach dem Abitur studierte er zunächst Geschichte und Romanistik, von 1981 dann Humanmedizin. Nach seiner Approbation als Arzt im Jahr 1987 diente er von 1987-1988 als Stabsarzt der deutschen Bundeswehr.

Von 1988 bis 1994 arbeitete er als Assistenzarzt für Chirurgie am Aachener Marienhospital und promovierte 1991. Seit 1994 ist er als Facharzt für Chirurgie am Luisenhospital in Aachen tätig und steht zur Zeit in der Ausbildung zum Gefäßchirurg. Müller gehörte dem Opus Dei von 1978 bis 1987 an.

Gott schreibt auch auf krummen Zeilen gerade

von Rudolf Müller

Mein Dienstfunk piepst: „Der junge Tumorpatient auf Station zwei hat starke Schmerzen." Ich eile zu seinem Zimmer und öffne die Türe. Vor mir im Bett liegt ein 36-jähriger Mann, der bereits zweimal an einem Dickdarmkrebs mit Tochtergeschwülsten operiert wurde. Nun ist die Krebserkrankung trotz Chemotherapie und ärztlicher Kunst wieder ausgebrochen. Der Patient weiß, daß er nicht mehr geheilt werden kann. Ich erhöhe die Morphindosis. Kurze Zeit später ist er beschwerdefrei.

„Morgen kommt meine Frau wieder; sie weiß auch Bescheid", sagt er leise und weint trotz der euphorisierenden Wirkung des Morphiums trockene Tränen. Der Mann vor mir im Bett ist so alt wie ich. Er ist verheiratet und Vater von zwei kleinen Kindern. Warum ausgerechnet er? Warum so früh?

Als Arzt muß man „cool" sein, darf man die Sachen nicht so an sich heran lassen, sonst geht man kaputt – gerade als Chirurg. Das lernt man gleich am Anfang im Krankenhaus. Sicher ist mir über die Jahre ein „dickeres Fell" gewachsen, und doch gehen mir solche Erlebnisse weiterhin unter die Haut. Natürlich hätte ich ihm etwas über den Sinn des

Leidens und das Leben nach dem Tod erzählen können, doch manchmal erinnert mich das daran, einen Beinamputierten damit zu trösten, daß er ja noch ein zweites hat. In diesen Momenten ist es sehr schwer, das Richtige zu sagen, ohne zu verletzen; dazu muß man den Betreffenden gut kennen. Man stirbt so, wie man gelebt hat? Ich weiß es nicht.

Große Klappe

Katholischer ging es kaum: aufgewachsen in einer intakten Familie mit vier Geschwistern, der Vater Arzt, die Mutter als Hausfrau und Mutter fast immer zu Hause. So waren wir keine Schlüsselkinder und lebten in einer „richtigen" Familie. Unsere Eltern führten uns von früh auf an die christlichen Feste mit all ihrem Zauber heran. Sie bereiteten und erklärten uns liebevoll das Weihnachts- und Osterfest, den Nikolaus- und den Martinstag, aber auch die Fastenzeit. Natürlich denke ich gerne und ein wenig sentimental an diese schönen Stunden und Gebräuche zurück und bedaure die „modernen" Kinder, die all dies zumeist nicht mehr erleben dürfen.

Nach den ersten beiden Jahren an einer katholischen Grundschule besuchte ich zwei Jahre die katholische Domsingschule und war drei Jahre Chorknabe am Aachener Dom. Natürlich hat diese Zeit einige Spuren bei mir hinterlassen: die Liebe zur klassischen Musik, ein Grundwissen über den Glauben, eine Ehrfurcht vor dem Sakralen. Ein persönlicher oder vertrauensvoller Umgang mit Gott war bei mir in dieser Zeit nicht gewachsen. Gott war für mich der Oberlehrer und Aufpasser, der irgendwo auf einer Wolke saß und nur bedingten Zugriff auf mein Leben hatte. Mein Schutzengel war eigentlich in meinem Alltag wichtiger. Ansonsten ging man halt sonntags in die Kirche, betete vor den warmen Mahlzeiten, abends vor dem Einschlafen und Ende!

Viele meiner damaligen Spiel- und Weggefährten engagierten sich in ihrer frühen Gymnasialzeit als Messdiener, traten nach dem Stimmbruch erneut in den Domchor ein oder hatten Freude an der Liturgie im Dom. Vielleicht erlebten sie all dies mit mehr Tiefgang, vielleicht erfüllten sie ihr Singen und Dienen mit wirklichem Sinn. Bei mir bleibt die Erinnerung an Lausbubenstreiche als 12-jähriger im Rochette, an möglichst viel „Süßigkeiten-naschen" während der Hochämter, Vespern und Chorproben und an „Kreuzchen": Jeweils zwei Strafkreuzchen gab es für Schwätzen oder Naschen – und das bedeutete einen Abzug von fünfzig Pfennig vom Monatslohn als Chorknabe. In den drei Jahren habe ich am Monatsende nie eine einzige Mark erhalten. Meine Kreuzchen-Spalte war immer gefüllt, meine Geldbörse immer leer.

Als Domchorsänger mußte ich auch ein Instrument erlernen. Warum ich mir ausgerechnet die Geige aussuchte? Keine Ahnung. Jedesmal wenn ich mit den Finger- und Bogenübungen begann, brach für meine Geschwister eine harte Zeit der Prüfung an. Schon bald drohten sie mir. Ich erhielt feste Zeiten, in denen ich üben durfte, zumeist am Nachmittag, wenn niemand zu Hause war. Eigentlich machte mir das Geige spielen Spaß, aber mir fehlte der Biß, die totale Begeisterung, ganz in diesem Hobby aufzugehen. Genau so erging es mir mit dem Fußballspielen, dem Volleyball und anderen Freizeitaktivitäten. Vieles interessierte mich, doch nichts begeisterte mich wirklich. Ich hing also viel zu Hause oder bei Freunden herum – die beste Ausgangsbasis, um auf dumme Gedanken zu kommen. Das gelang mir fantastisch. Ich war stolz darauf, daß ich schon bald die dickste Disziplinarakte meiner Klasse hatte. Ich hatte eine große Klappe und lernte in Wortgefechten, die anderen bloßzustellen.

Wechseljahre

Nein, die Zeit als Sängerknabe hatte bei mir keine Spuren hinterlassen, nichts, was mich nachdenklich gestimmt hätte. Sehr zum Leidwesen der Eltern engagierte ich mich auch nicht in der Pfarre. Ich wollte nicht Messdiener werden. Meine Brüder waren hier aktiv; für mich war das nichts. Nach den drei Jahren im Chor hatte ich die Nase voll von Gottesdiensten und Kirchen, obwohl die religiöse Erziehung meiner Eltern so liebevoll und vorbildlich war.

Hinzu kam, daß die postkonziliare Zeit des II. Vatikanums in Deutschland es mir mit 14 Jahren einfach machte, Pfarre und Kirche „blöde" zu finden. Warum? Man war postkonziliär, wenn man alles mögliche im Gottesdienst veranstaltete, Hauptsache es war modern. Jazz- und Beatmessen sollten die Jugendlichen locken. Auf dem Altar stand während der Proben die Coca Cola-Flasche, die Gotteshäuser wurden zu Happeninghallen. Man probierte, experimentierte, proklamierte die liturgische Freiheit. Gemeinsam war vielen Pfarreien nur das Bestreben, modern zu sein. Das berühmte „Aggiornamento" wurde mit „jetzt ist alles erlaubt, was anders ist als früher" übersetzt. Man sang von der „Sache" Jesu, die Begeisterte braucht, vom „Roten Meer, das grüne Welle" hat. Man hörte die Erwachsenen über die Jugend- oder Beatmessen lästern, bei denen man versucht war, beim Kommuniongang zu tänzeln. Die Form der Messgestaltung dominierte über den Inhalt. Worum es eigentlich in der Eucharistiefeier ging, wurde nicht mehr klar. Die Predigten enthielten immer mehr

Allgemeinplätze, die mit mir persönlich kaum etwas zu tun hatten. Immer schön unkonkret und nicht fordernd! Es war angenehm, diesem Plaudern zuzuhören, wenn es unpersönlich und unverbindlich blieb. Natürlich war man/frau katholisch aber der Papst, die Kirche ... naja. Da hatte man selbst doch schon den besseren Durchblick und jedes Mitglied eines Pfarrgemeinderates schien durch seine Wahl von 43 Pfarrangehörigen legitimiert zu sein, Rom mal kräftig den Marsch zu blasen ...

So langsam wurde aus der Amtskirche, die verkündigte, viele kleine Meinungskirchen, in denen man diskutierte. In meiner Pfarre war man noch für die Beichte, in der Nachbarpfarre schon nicht mehr. Hier konnte man noch Mundkommunion praktizieren, dort war man schon so liberal, daß dies einfach nicht mehr ging. Die Bedeutung der Verantwortung der Laien in der Kirche verstanden viele als Präsenz im Altarraum. Man zeigte kirchliches Engagement, wenn man die Kommunion austeilte oder die Lesung vortrug. Dann hatte man das Konzil verstanden.

Im Pfarrleben der Jugend dominierten naturgemäß der Kontakt mit dem anderen Geschlecht, Fêten, Fahrten und Biertrinken. Um eins klar zu stellen: als Fünfzehnjähriger fand ich das toll. Auch ich war für Fêten, Frauen, Fahrten – aber was hatte das mit Kirche zu tun? Wodurch unterschied sich eine katholische von der städtischen Jugendarbeit? Nur durch das „Gemeinschaftserlebnis", wie mir einige sagten? Man war beisammen, erfuhr Gemeinschaft – und auch Jesus war eingeladen ....

Das war nichts, womit ich meine Freizeit gestalten wollte. Die Pubertät befahl mir dann eh', alles das blöde zu finden, was Eltern und ältere Geschwister veranstalteten. Auch im

Religionsunterricht am Gymnasium wurde kein Wissen mehr vermittelt, sondern wie auch heute vielerorts noch üblich, vor allem diskutiert, Unsinn gemacht oder die drei „Reli-Stunden" pro Woche einfach als „geistige Pinkelpausen" im harten Gymnasial-Alltag betrachtet. Man erledigte hier seine Hausaufgaben für andere Fächer, las Zeitung oder diskutierte manchmal mit. Für die Diskussionen war ein Grundwissen nicht erforderlich. Hier freute sich der Religionspädagoge schon, wenn irgendjemand irgendetwas „anders sah", also Interesse an einem Thema zeigte, das nicht unmittelbar mit dem materiellen Leben zu tun hatte. Zwar wußten wir mit 15 Jahren etwas über Zahrnt, Küng und Camus, ein wenig über Kirchengeschichte und moderne Theologie, aber was Kirchengebote, Sakramente oder gar die katholische Kirche war, das mußte man ja auch nicht wissen.

Ist dies übertrieben? Nein. Fragt man heute Theologiestudenten nach Katechismuswissen, so erntet man häufig ein mitleidsvolles Lächeln, weil man sich doch mit einem solchen „fundamentalistischen Müll" befaßt, oder aber ein Achselzucken. Das erinnert an Mediziner, die keine Anatomie mehr lernen und trotzdem operieren. Hauptsache, sie haben einmal über den Blinddarm gesprochen. Wo der genau liegt? Das ist eine fundamentalistische Frage!

Mit 15 Jahren drohte die katholische Erziehung von Elternhaus, Pfarre und Schule zu scheitern. Die Eltern mußten plötzlich gegen die Gesellschaft und Schulen erziehen. Als „ätzend" empfand ich die klerikalen Bemühungen mancher Priester, das Klima in der Pfarre künstlich, meine Eltern liebens- und beachtenswert, aber eigentlich antiquiert. Zugleich aber fühlte ich, daß meine Eltern uns einen Glauben, Tugenden und Werte vermittelt hatten, die nicht zur Diskussion standen und für die man sich nicht schämen mußte, ja, die uns eher attraktiv machten. Auch wenn so mancher lächelte. Ich war im Zwiespalt mit mir.

Wem sollte man glauben? Die Orientierung vieler meiner Freunde übernahmen *Bravo*, das Fernsehen, die Rolling Stones und zeitgeistpolitische Vorbilder, die sich für Frieden, freie Liebe, Drogen und gegen die Spießer einsetzten. Kirche und Religion waren für mich plötzlich Synthetik, nicht mehr verbindlich. Ich hatte verstanden: man mußte in diesem Religionsgefühl seinen eigenen Weg (emp-)finden, möglichst jedoch in der Gemeinschaft, aber doch jeder nach seiner Façon und überhaupt.... Religion wurde zur Ansichtssache. Die Vertreter dieser „Sache" aber waren nicht mein Fall.

Das Thema katholische Kirche war für mich endgültig mit der Firmung erledigt. Die Vorbereitungstreffen mit unseren Katecheten auf dieses Sakrament, das den Firmling zum mündigen Christen erhebt, waren Gesprächsrunden und kein Unterricht. Unendlich viel Mühe gaben sich die Katecheten, doch auch sie hielten bestimmte Regeln ein: die Jugendlichen nicht erschrecken, bloß nicht vom Heiligen Geist reden oder gar von Verantwortung, kein schlechtes Gewissen erzeugen, sondern bejahen, gemeinsam erfahren, einzeln empfangen und miteinander .... Damit konnte ich nichts anfangen. Und ich war offensichtlich nicht der einzige. Schön, daß es noch mal einige Geschenke und ein festliches Essen gab, aber sonst? Die Firmung gab uns nicht das Gefühl, uns neu für Gott und seine Kirche zu entscheiden, sie verstärkte in uns bloß die Ansicht, es handelt sich bei der Kirche um einen netten Verein, in dem man „mitmachen" konnte oder aber auch nicht. Ich packte meine geistlichen Koffer auf den Dachboden und richtete mich im bürgerlich-katholischen Minimalprogramm von Sonntagsmesse und Tischgebet gemütlich ein.

Klischees bröckeln

Als „Sandwichkind" mit zwei jüngeren Schwestern und zwei älteren Brüdern ist man in der Pubertät nicht nur gegen die Eltern, sondern auch gegen die älteren Brüder eingestellt. Was sie eigentlich dachten oder machten, wußte ich nicht. Als kleinerer Bruder konnte und wollte ich in ihren Freundeskreis nicht integriert werden. Die Konsequenz lag nahe; ich mußte mir einen neuen Bekanntenkreis außerhalb der Schule suchen, etwas eigenes, besonderes haben.

Eines Tages schlug mir mein Vater vor, einmal ein Jugendzentrum zu besuchen, das von einer katholischen Vereinigung, dem Opus Dei, betreut wurde. Mein Vater hatte dort auf Einladung eines Freundes an zwei Vortragsabenden teilgenommen und war beeindruckt. Jugendzentrum klang gut. Es roch nicht nach Pfarrei und Kirche, also fuhr ich dorthin. Ich war inzwischen 16 Jahre alt, hatte schon einiges gesehen und erlebt, das meiste natürlich durch Erzählungen meiner Brüder, die mit ihren ersten Freundinnen nach Hause kamen, von Partys und Erlebnissen berichteten.

Die erste „Aktivität" des Jugendzentrums, die ich kennenlernte: Samstagnachmittag Fußballspielen im Park. Ohne Verein, ohne gemieteten Platz. Spontan bis chaotisch, Pullover und Anoraks als Torpfosten. Es beeindruckte mich sehr, daß ältere Gymnasiasten und sogar Studenten, nicht nur mit mir kickten, sondern auch mit mir sprachen, mir zuhörten und mit mir lachten. Eitle Überheblichkeit gab es nicht. Das übrige Freizeitangebot war nicht gerade berauschend. Ich war gegen eine regelmäßige Teilnahme, etwa an einer Gruppenstunde, allergisch, aber mit dieser bunten Truppe Fußball zu spielen, das fand ich „cool". Von nun an stand ich samstags im Fußballdreß im Park und wartete auf die Jungs. Ja, Mädels waren leider keine im Jugendzentrum, komisch, aber das kannte ich ja schon aus der Schule, das hinterließ bei mir keinen besonders negativen Beigeschmack. Die „Typen", die da kickten, waren in Ordnung. Einige rauchten, hatten lange Haare und trugen die damals übliche antibürgerliche Uniform: Bluejeans und grüner Amiparkar. Die Gespräche in den Pausen drehten sich um alltägliche Dinge wie Musik, Sport, Tagespolitik.

Trotz des Altersunterschieds nahm man mich ernst, erkundigte sich, interessierte sich. Das imponierte mir. Bei dieser Gruppe von jungen Leuten fehlten die Dummschwätzer, die Abgedrehten, die Verklemmten. Da waren eher erfrischende Typen, die weder verbürgerlicht, noch „apo-mäßig" waren. Nur wenige aus dieser Gruppe gehörten dem Opus Dei an; man wußte es mit der Zeit. Sie waren nichts besonderes, wohnten in den Dachwohnungen des Jugendzentrums und fielen nicht weiter auf.

Ich beschloß, den Kontakt zu dieser Fußballgruppe ohne Vereinssatzung zu intensivieren.

Beim dritten, vierten Mal spielte in meiner Mannschaft ein Torwart, der schon etwas älter wirkte. Ich fragte ihn in der Pause, mit dem obligatorischen „Du", was er denn so beruflich mache. Als er antwortete, er sei katholischer Priester, fielen mir fast die Schuhe aus. Torwart und Priester – und er hielt nicht mal schlecht! Natürlich zeigte ich mich völlig unbeeindruckt und sagte ihm, ich hätte mir schon immer mal gewünscht, bei einem katholischen Priester meinen Frust über die Kirche abzulassen. So vereinbarten wir einen Termin, und es folgte ein langes Gespräch. Wenn er mich auch in vielen Punkten meiner Vorwürfe nicht überzeugte, so überraschte er mich doch durch seine natürliche Art und durch die Klarheit, mit der er sprach. Da war nichts von dieser verquasten klerikalen Sprache, die mir aus den Ohren herauskam, von positiver Gotteserfahrung, Selbstverwirklichung, Sache Jesu, gemeinschaftlich erfühlen etc.

Er holte aus meinen Vorurteilen und Allgemeinplätzen konkrete Vorschläge heraus, mit denen man für sein Leben, wenn man denn wollte, etwas anfangen konnte. Einerseits wollte ich das nicht, da ich mich in meinem kurzen Leben eigentlich bereits ganz gut eingerichtet hatte: Die Welt drehte sich um mich, und solange ich im Mittelpunkt stand, war es gut. Andererseits waren mir diese Leute sympathisch. Und vor allem wirkte der junge Priester durch seine Worte und seine Person glaubwürdig. Er hatte bereits ein Jurastudium abgeschlossen und sich erst dann entschieden, Theologie zu studieren und Priester zu werden. Nach der Priesterweihe folgte die Promotion in Theologie, aber er ließ diese Ausbildung nicht „heraushängen"; ich erfuhr das von anderen, die ihn länger kannten. Er war von dem, was er sagte, vollkommen überzeugt, aber machte niemanden nieder, der anders dachte; ja, er war tolerant.

Auch nahmen an diesen Veranstaltungen Protestanten oder gar Leute teil, die vollkommen gegen Kirche waren und erst recht unsere Gesellschaftsform ablehnten. Sie wurden genauso herzlich behandelt und ernstgenommen wie alle anderen. Auch das hatte ich noch nicht erlebt. Also, warum nicht den Kontakt halten? Viele der Freizeitsportler nahmen nach dem Fußball in der Kapelle des Jugendzentrums an einer

Betrachtung teil, die jener Priester des Opus Dei hielt; andere kamen nur zu dem anschließenden Beisammensein, um sich bei einer Flasche Bier zu unterhalten und dann die Sportschau zu gucken. Es störte keinen, daß die einen vorher beteten, die anderen erst später zum „Quatschen" kamen. Diese Toleranz anderen gegenüber verbunden mit der Konsequenz, die eigene Überzeugung mit Natürlichkeit zu vertreten und zu leben, beeindruckte nicht nur mich. Mich drängte auch niemand, ob ich nicht mal mit beten wollte, was ich im übrigen außerhalb der Sonntagsmesse und dem Tischgebet für recht merkwürdig hielt. Nein, man ließ mich in Ruhe, aber ich wurde neugierig.

Was bewog solche Studenten und älteren Schüler dazu, sich samstagsnachmittags, wo man weiß Gott wichtigere Dinge zu tun hatte, eine halbe Stunde in eine Kapelle zu setzen, den Worten eines Priesters zu lauschen und zu beten? Betrachtung nannten sie das. Ich zeigte mich gleichgültig und fragte erst gar nicht nach. Ich war eher für sozialpolitisches Engagement als für Religiöses. Das gefiel einem der Studenten, und er fragte mich später, ob ich mit ihm in einem der umliegenden Altersheime Menschen besuchen wolle, um die sich niemand mehr sorge? Er sei gewohnt, das manchmal zu tun. Natürlich konnte ich daraufhin nicht nein sagen. Ein paar Tage später besuchten wir mit einer Schachtel Pralinen einen alten Mann in einem Altersheim unweit des Jugendzentrums. Der Mann konnte alleine nicht mehr gehen. Er saß im Rollstuhl oder wurde im Bett gepflegt. Seine Angehörigen hatten ihn einfach in dieses Altersheim abgeschoben und ihn seit Jahren nicht mehr besucht. Mir wurde kalt und heiß angesichts der Erfahrung, daß unmittelbar in meiner Nachbarschaft, und nicht erst in Indien oder Biafra, solches Elend herrschte. Der Mann freute sich richtig, und er begann zu erzählen, mit viel

Verbitterung in der Stimme. Innerlich tief bewegt von diesem Besuch ging ich in Gedanken nach Hause.

Was hatte das Leben dieses Menschen noch für einen Sinn? Er vegetierte mehr oder weniger in diesem Pflegeheim und wartete sehnsüchtig auf sein Ende. Wie konnte eine Gesellschaft, die sich human schimpfte und sich für das Elend in der Dritten Welt einsetzte, so etwas vor der eigenen Haustüre zulassen? Was hatte das aber alles mit mir zu tun? Warum war ich so aufgewühlt wie noch nie? Was war der Sinn in meinem Leben? Was tun, um nicht auch irgendwann in einer solch tiefen Einsamkeit zu verbittern? Hatte Gott damit nicht auch etwas zu tun? Wie konnte er so etwas zulassen? Mit Wut im Bauch und aufgewühlt beschloß ich, diesen fußballspielenden Priester noch einmal aufzusuchen, um ihm diese Unmöglichkeit Gottes aufzuzeigen. Überhaupt das ganze Leid in der Welt, schwere Armut und Einsamkeit hier in Deutschland und demgegenüber unsere selbstsatte Kirche, die sich lieber mit irgendwelchen politischen Themen, Liturgiereformen oder mit neuen Lebensgemeinschaften auseinandersetzte; hier war doch ihr Platz. Warum taten sie nichts und redeten, diskutierten, ja schwätzten so viel?

Der Priester verstand es, den globalen Schutzmantel, den ich mir übergeworfen hatte, zu löchern. Er schaffte es, das „man müßte und man sollte" in ein „Du müßtest und Du solltest", ja in ein „Du kannst ganz konkret" zu transformieren. Getreu dem immer wiederkehrenden Vorwurf, anstatt in der Kirche zu sitzen und zu beten, sollte man lieber den Armen helfen, gab ich den Vorwurf zurück, mußte aber passen, als er mir vorschlug, ich solle ihm jemanden nennen, der ohne dieses in der „Kirche rumsitzen und beten" die Kraft aufbringe, sich leidenschaftlich um die Armen zu kümmern. Natürlich fiel mir spontan niemand ein, obwohl ich gleich zwanzig nennen konnte, die immer „man müßte" und „man sollte und überhaupt die Kirche versäumt doch"... schimpften und selber nichts taten.

Zeit der Reife

Von diesem Tag an beschloß ich, meinen Glauben ernster zu nehmen und mich in der Jugendarbeit und im sozialen Bereich zu engagieren. Hinzu kam, daß mir die tolerante Atmosphäre im Jugendzentrum gefiel. Hier laberte man nicht über Ökumene und Toleranz, hier praktizierte man sie. Bald leitete ich selber eine Jugendgruppe, die fast nur aus Hauptschülern bestand. Der Prozentsatz von Katholiken und Andersgläubigen hielt sich die Waage. Wir besuchten die Eltern der Jugendlichen, damit sie wußten, wo ihre Kinder sich aufhielten. Wir erklärten jedem Elternpaar, daß es dem Bildungszentrum zunächst um die menschliche und schulische Bildung der Kinder ging. Da gab es Hausaufgabenbetreuung, Gruppenarbeit und Fahrten, Spiele und verschiedene andere Veranstaltungen. Wenn die Kinder und die Eltern es wollten, konnte auch das religiöse Bildungsangebot in Anspruch genommen werden, für das das Opus Dei verantwortlich war. Ich hatte es selbst erlebt, daß diese Teilnahme freiwillig und nicht mit einer Mitgliedschaft im Jugendclub verbunden war. Im Rahmen dieser religiösen Bildung wurden katholisches Katechismuswissen und gewöhnliche Dinge des christlichen Lebens wie praktische Nächstenliebe, Messbesuche und Gebetsleben besprochen.

Auf die Frage hin, ob man so Nachwuchs für das Opus Dei rekrutieren wollte, habe ich später immer geantwortet, daß das Opus Dei mehr daran interessiert sei, jemandem zu helfen, ein guter Christ zu sein, als einer Vereinigung beizutreten! Und häufig kam es vor, daß Mitglieder des Opus Dei jungen Menschen, die glaubten, eine Berufung bei sich entdeckt zu haben, von einem Eintritt abrieten und ihnen vielmehr den Weg des Weltpriesters oder Ordensmannes empfahlen. Die Freiwilligkeit stand mit an erster Stelle. Natürlich gab es auch hier mitunter einige Übereifrige, die diese Freiwilligkeit in Frage stellten, indem sie die Jugendlichen doch sehr drängten, auch an den geistlichen Bildungsmitteln teilzunehmen. Wenn immer ich so etwas erlebt habe, wurde dies nicht gut geheißen und korrigiert. 150%-ige Proselythen gibt es leider überall.

Die Art und Weise, die katholische Lehre weiterzugeben, sie nicht durch die persönliche Meinung zu entstellen, mit Natürlichkeit über diese Dinge zu reden, in klarer, verständlicher Sprache Orientierung und keine Erfahrungen zu vermitteln, das begeisterte mich am Werk, wie viele das Opus Dei (Werk Gottes) nennen. Die Mitglieder des Werkes, die ich inzwischen kennengelernt hatte, waren „normale" Leute, die gerne Sport trieben, einen guten Film sahen, ihrem Beruf nachgingen, aber dabei ihren Glauben bei allen persönlichen Schwächen sehr ernst nahmen. Sie stellten ihre Frömmigkeit und Überzeugung nicht zur Schau, doch wenn man in ihrer Nähe lebte und mit ihnen arbeitete, merkte man etwas von diesem „Wohlgeruch" Christi, von dem der heilige Paulus in seinen Briefen sprach, als er von den ersten Christen berichtete. Sie lebten ihren katholischen Glauben in Freude und Einfachheit.

Ich lernte viel in dieser Zeit. Da waren die natürlichen und übernatürlichen Tugenden, die ich plötzlich in neuem Licht sah. Wie bei so vielen meiner Zeitgenossen war meine Vorstellung von Tugenden bislang an irgendwelche tugendhaften Muttersöhnchen gekoppelt, die bei Regen nicht vor die Türe gingen. Mir wurde bald klar, daß Tugenden etwas Positives waren. Merkwürdig wie ein solcher Begriff zum Klischee werden kann. Wieso sollten Tapferkeit, Gerechtigkeit, Aufrichtigkeit, Zucht und Maß etc. etwas für Weichlinge sein? Das Umgekehrte war doch der Fall. Jeder konnte ungerecht, verlogen und ein grenzenloser Egoist sein. Das war nicht schwer.

Die Kapelle mit dem Tabernakel war im Bildungszentrum ohne jede Schau und Scham das „Chefzimmer" des Hauses. Unter Kapelle stellt man sich für gewöhnlich eine kleine Kirche auf dem Land vor. Hier war es der größte Raum des Hauses, den man einfach, aber sehr würdig hergerichtet und Gott zur Verfügung gestellt hatte. Betrat oder verließ man das Haus, so suchte man zunächst die Kapelle auf, um Gott hier mit einer Kniebeuge oder einem kurzen Besuch zu begrüßen. Als fromm galt für mich bis dahin eine alte Frau, die in der Kirchenbank mit dem Rosenkranz klappert; bei diesen jungen Leuten bemerkte ich, daß Frömmigkeit nicht nur etwas für alte Omis war. Es bedeutete, einen einfachen, natürlichen, feinfühligen, ja liebevollen Umgang mit Gott zu pflegen. Jetzt ahnte ich, was das erste Gebot, die Liebe zu Gott, konkret bedeuten konnte.

Ja, es war eine Zeit von fundamentalen Einsichten, die ich weniger durch Vorträge als vielmehr durch das gelebte Beispiel begriff. So begann ich, mich für das Opus Dei zu interessieren. Man erklärte mir die Spiritualität des Werkes; daß es dabei ausgerechnet um die Heiligung der Arbeit und die Erfüllung der gewöhnlichen Pflichten des christlichen

Alltags ging, gefiel mir gar nicht. Zunächst Heiligung und dann auch noch Arbeit und Pflichten. Das waren Begriffe, die mir eigentlich gar nicht zusagten. Ich war eher für spektakuläre Aktionen gegen die Verbürgerlichung, Missionen mit Fahnen etc. So imponierte mir ein Graffiti der RAF in einer Unterführung: „Wer keinen Mut zum Träumen hat, hat keine Kraft zu kämpfen."

Damals fing ich an, regelmäßig mit dem Priester des Jugendzentrums zu sprechen. Die Gespräche waren stets locker, lustig und ernsthaft zugleich, aber vor allem immer persönlich. Der Mann war vertrauenswürdig und herzlich. Er zeigte mir, daß fast alle großen Heiligen ein ganz normales Leben geführt hatten. Christus selbst hatte bis zu seinem öffentlichen Wirken im Verborgenen gearbeitet, in der Schreinerei seines Vaters. Heiligung der Arbeit bedeutete nichts anderes, als die Arbeit in der Gegenwart Gottes zu verrichten, sie gut zu machen, damit man sie Gott als kleine Opfergabe anbieten könne. Revolutionär war für mich die Erkenntnis, daß die Arbeit einer Toilettenfrau vor Gott mehr wiegen könne als die Arbeit eines Chefchirurgen, wenn sie mit mehr Liebe zu Gott verrichtet wurde. Nur das zählte letztendlich, wenn man die Existenz eines liebenden Gottes akzeptierte. Was aber, wenn er nicht existierte? Es blieb die von Sartre gezeichnete düstere Alternative: Der Mensch ist ein Tröpfchen Schleim im Loch des Nichts, das wahnsinnige Produkt eines unglaublichen Zufalls.

Genau das war die Alternative. Wenn Gott existierte, dann hatte das Konsequenzen für mein Leben, ja für jeden Tag. Dann waren die ersten drei Gebote, die sich auf die Liebe zu Gott beziehen, nicht durch den Sonntagsmessbesuch abgegolten. Dann brauchte man aber auch nicht, und das war das

Spektakuläre am Opus Dei, unbedingt in ein Kloster einzutreten, absonderlich fromme Dinge zu tun oder gar Priester oder Mönch zu werden. Nein, man konnte auch sein ganz normales Leben weiterführen und sich im Alltag heiligen, die „Prosa des Alltags durch die Liebe zu Gott in epische Dichtung verwandeln", wie der Gründer des Opus Dei es immer wieder gesagt hatte, oder wie der heilige Franziskus: alles in seinem Leben mit den Augen Gottes sehen. Wohlbemerkt, die Mitglieder des Werkes hatten nichts gegen die Ordensleute, gegen Säkularinstitute oder andere Organisationen innerhalb der katholischen Kirche, im Gegenteil. Da gab es Kontakte und große gegenseitige Anerkennung und Unterstützung, aber sie waren eben anders, lebten mitten in der Welt und versuchten durch ihre Arbeit, durch ihr Wirken im Stillen, die Gesellschaft quasi von innen zu prägen, zu heiligen.

Wie sah das praktisch aus? Den Rosenkranz kann man unbemerkt auch im Auto oder bei der Bahnfahrt beten; beichten bei einem Spaziergang. Opfer aus Liebe zu Gott konnte man ohne große Bußakte oder Aufsehen im Kleinen vollbringen, ohne daß es jemand merkte: die verkniffene Zigarette, das Lächeln, für einen, der störte, auf ein Bier mal verzichten und manchmal eines mehr zu trinken, als man wollte (wenn das für einen Rheinländer als Opfer auch nur schwer nachvollziehbar ist). Und apostolisch war man nicht durch spektakuläre Aktionen wie Predigten oder Halleluja-Gesänge auf dem Marktplatz, sondern im täglichen Umgang mit seinen Mitmenschen.

Heiligkeit war also plötzlich nicht etwas für irgendwelche Privilegierte oder Auserwählte, sondern für jedermann. Die Heiligen waren zumeist Menschen mit Schwächen und Fehlern gewesen. Was sie von anderen unterschied, das war

ihr unentwegtes Bemühen und das ständige Wiederneu-
anfangen nach Fehltritten und Rückschlägen. Diese Spiritualität des Werkes wurde vom II. Vatikanum in allen Punkten
bestätigt. Die Berufung der Laien zur Heiligkeit, die apostolische Verantwortung eines jeden Mitgliedes der Kirche und die
Heiligung durch die gewöhnliche Arbeit – all das findet sich
in den Dokumenten wieder.

Nun kann man dem Werk nicht einfach beitreten, wie
einem gemeinnützigen Verein. Es gehört eine Berufung dazu.
Was bedeutet das? Vielleicht assoziieren viele Menschen
damit den legendären Engel, der plötzlich vor jemandem steht
und ihm explizit mitteilt: „Du bist auserwählt, dieses und
jenes zu tun." Das wäre schön! Man könnte sich seines Weges
fortan ganz sicher sein. Leider ist es viel schwieriger. Zu einer
Berufung gehört wohl mehr: Eingebung, Überzeugung,
Begeisterung (wobei Letzteres wohl der schwächste Pfeiler für
die Tragfähigkeit einer solchen Entscheidung ist) – und vor
allem auch der Wille, dem für sich Erkannten zu entsprechen!

Im Opus Dei gibt es verschiedene „Formen" der Berufung,
auch wenn der wesentliche Anteil – die Berufung zur Heiligkeit – für alle Mitglieder gleich ist. Die meisten Mitglieder
sind verheiratet. Man nennt sie „Supernumerarier". Etwa
acht bis zehn Prozent leben ein apostolisches Zölibat. Sie
heißen Numerarier oder Assoziierte. Und ca. zwei Prozent der
Mitglieder sind Priester. Was nun war mein Weg? Konnte ich
mit 17 Jahren überhaupt eine Entscheidung von einer solch
großen Tragweite treffen? Bei der Eheschließung bezweifelt
das niemand – schon mit 16 Jahren kann man das Sakrament
der Ehe empfangen, und die Tragweite ist vergleichbar defini-
tiv. Ich war mir meiner Sache und meiner Liebe zu Gott recht
sicher und nach langem Überlegen und Beten entschloß ich

mich mit 17 Jahren, als sogenannter Aspirant um die Aufnahme in das Opus Dei zu bitten. Das dann folgende Gespräch mit einem älteren Mitglied des Opus Dei war „nicht ohne". Er ließ es nicht aus, mich darüber aufzuklären, was alles auf mich zukäme. Ob ich die Tragweite einer solchen Entscheidung überhaupt überblicken könnte? Er sei dafür da, es den Leuten schwer zu machen, in das Werk einzutreten, aber die Türen nach hinten aufzuhalten. Also, wer gehen möchte, solle es tun. Ich solle mir das noch einmal ein paar Wochen überlegen. Ich folgte seinem Rat.

Eintritt

Meine innere Sicherheit aber blieb, und so wurde ich Mitglied des Werkes. Ein Gelübde legte ich nicht ab. Im Beisein eines weiteren Mitgliedes des Opus Dei versprach ich ohne Feierlichkeit vor Gott, ihm zunächst für ein Jahr im Opus Dei als Numerarier zu dienen. Keine Abzeichen, kein Habit, keine Urkunde, keine Gelübde – nur mein Wort zählte. Das war alles. Mich hatte niemand gedrängt oder manipuliert – es sei denn Information und Vorbild gelten schon als Manipulation. Als Numerarier hatte sich in meinem Leben äußerlich nicht viel geändert. Und einige der geistlichen Übungen wie 15-30 Minuten Gebet am Morgen und Abend, Rosenkranz, Besuch der Wochentagsmesse und zehn Minuten Lesung eines geistlichen Buches waren mir schon lange vor meinem Eintritt zur Gewohnheit geworden.

Außer meinen Eltern erzählte ich es zunächst niemandem. Fragte mich jemand, so sagte ich es ihm. Es war naturgemäß etwas sehr Persönliches, das man nicht nach außen trug. Der Deutsche, häufig in seinem Verbands- oder Schubladendenken gefangen, schreit nach einem Abzeichen, Aufkleber, Mitgliedsausweis oder Ähnlichem. Aber all das gab es hier nicht. Für ein persönliches Versprechen, das man vor Zeugen Gott gegeben hatte, brauchte man dergleichen nicht. Ich war Mitglied in einer geistlichen Familie geworden und fühlte mich da sehr geborgen.

Es würde den Rahmen dieses Beitrages sprengen, auf die vielen positiven und sicher auch auf manche negativen Erfahrungen einzugehen, die ich in dieser Zeit als Gymnasiast im Werk erlebte; aber eines blieb mir nachhaltig in Erinnerung. Nach dem Abitur sollte ich in das Studienzentrum nach Bonn wechseln. Dies war ein Studentenheim des Opus Dei, in dem viele junge Numerarier zusätzlich zum Studium eine philosophisch-theologische Ausbildung erhielten. Ich hatte es meinen Eltern wohl nicht richtig erklärt, sondern knallte ihnen einfach vor den Kopf, daß ich nach dem Abitur nach Bonn gehen und in einem Studentenheim leben würde, in dem ich eine intensive theologische Ausbildung erhalten sollte. Ob es wohl möglich sei, daß sie mich in dieser Zeit finanziell unterstützten? Außerdem sei das Werk nun meine neue Familie, und der Wille Gottes ginge nun mal vor. Ja ich war schnell mit dem Willen Gottes bei der Hand, wenn es darum ging, meine Eltern von meinen Plänen zu überzeugen. Was konnten sie schon gegen seinen Willen haben, in dessen Geist sie mich erzogen hatten? Die Mitglieder des Werkes waren im Prinzip meiner Meinung. Die Trennung von der Blutsfamilie, um dem Ruf Gottes zu folgen, sei in der Kirchengeschichte schon oft mit Tränen beider Seiten verbunden gewesen; Gott habe das Recht, den Roman, den sich die Eltern vom Leben ihrer Kinder geschrieben hätten, umzuschreiben. Da paßte mir der „Wille Gottes" ausnahmsweise ganz gut ins Konzept...

Vielleicht hätte man so manche Tränen der Eltern von Numerarier-Mitgliedern des Werkes und auch Unverständnis dem Werk gegenüber vermeiden können, wenn man solche Entscheidungen mit den Eltern gemeinsam besprochen und gefällt hätte oder etwas „diplomatischer" vorgegangen wäre. In späteren Kampagnen gegen das Werk kehrte dann auch stets der Vorwurf wieder, das Opus Dei raube den Eltern ihre Kinder. Natürlich war es nicht so. Das Leben raubt den Eltern die Kinder, gleich welchen Weg sie auch einschlagen. Jede Ordensgemeinschaft weiß von den Härten zu berichten, wenn sich junge Novizen melden. Selten ist eine Berufung ein unmittelbares Glück für alle Beteiligten. Wieviele Jugendliche ziehen infolge falsch verstandener Selbständigkeit oder aus Freiheitsdrang frühzeitig aus dem Elternhaus aus? Hier steht die sogenannte öffentliche Meinung stets den Kindern und nicht den Eltern bei – die Eltern sollen doch bitte schön nicht klammern! Hier hört man nicht den Vorwurf, der Zeitgeist raube den Eltern ihre Kinder.

Da war ich nun Numerarier des Opus Dei und wohnte im Studentenwohnheim, das Mitglieder des Werkes leiteten und geistlich betreuten. Bald leitete ich den dem Studentenheim angeschlossenen Jugendclub, beteiligte mich an der Studentenarbeit, organisierte Arbeitskreise und Fahrten, trat einer Studentenverbindung bei, wurde Mitglied einer Hochschulförderung, studierte neben der Medizin Philosophie und Theologie in den Semsterferien, lernte Spanisch und verdiente nebenbei noch einen Teil des Geldes, das ich für mein Studium brauchte. Es war eine sehr intensive, sehr schöne Zeit, die ich nicht missen möchte. Ich entdeckte durch die Spiritualität des Werkes, wie man die Zeit, gerade als Student, optimal ausnutzen kann, wenn man sich konzentriert und organisiert. Das alles in dem Bewußtsein, daß die Zeit ein von Gott gegebenes Talent ist. Natürlich konnte ich dabei nicht allen und allem gerecht werden. Freunde, Familie und persönliche Hobbies mußten zurückstehen – aus lauteren Motiven und nicht aus Egoismus.

Zwei weitere Aspekte, die mich beeindruckten, waren die Feinfühligkeit im Umgang miteinander und die Aufrichtigkeit dem anderen gegenüber. Im Werk sagt man sich die Dinge, die einen am anderen stören, unter vier Augen ins Gesicht und schwätzt nicht hintenherum über Dritte! Wie oft habe ich später damit positive Erfahrungen gemacht. Des Volkes liebstes Gesellschaftsspiel, das „Tratschen oder Schlecht-reden über andere", sobald sie nicht anwesend sind, wird hier nicht gespielt. Man läuft mit dem positiven Gefühl herum: wenn sich jemand an einer meiner Angewohnheiten reibt oder ich falsch handele, so wird er es mir und nicht einem Dritten sagen.

Kampagne

Inzwischen war ich 24 Jahre alt. Aus meiner vorläufigen Mitgliedschaft war eine dauerhafte geworden. Ich fühlte mich wohl. Es blieb trotz aller Arbeit Zeit für Sport, zum Lesen und zur Erholung. Meine Liebe zu Gott, das Fundament einer jeden Berufung, war weder gewachsen noch geschrumpft. Zudem war es von jeher eine recht rationale Beziehung, die kaum Gefühle kannte. Dann begann das, was man später „Kampagne" gegen das Opus Dei nennen sollte.

Hin und wieder hatte ich es erlebt, daß Mitglieder das Werk verließen. Man sprach kaum hierüber, die Arbeit ging weiter! Einige gingen, weil sie mit dem Zölibat nicht zurechtkamen, andere aus formalen oder anderen persönlichen Gründen. Ich habe nie erlebt, daß jemand nicht gehen durfte oder krampfhaft festgehalten wurde. Es war eher erstaunlich, wie souverän die älteren Mitglieder des Werkes damit umgingen. Sie verloren Menschen aus ihrer Familie, die ihnen ans Herz gewachsen waren, mit deren Arbeitskraft und Einsatz sie gerechnet hatten. Wie verständlich, ja menschlich wäre es gewesen – und sicherlich ist dies wohl auch in Einzelfällen passiert –, wenn sie zum Ausharren und „Weitermachen" gedrängt hätten. Mir aber sind nur vertrauensvolle Gespräche bekannt, in denen die Älteren lediglich bemüht waren, diejenigen, die gehen wollten, vor voreiligen Schritten zu bewahren. Und nie habe ich von ihnen irgendwelche abfälligen Kommentare über Menschen gehört, die dem Werk den Rücken kehrten oder das Opus Dei gar mit Dreck beschmissen. Der Anstand und die Schweigepflicht verboten es ihnen, sich adäquat zu wehren...

Nun gab es einige wenige Mitglieder, die glaubten, ihren Austritt auf der öffentlichen Bühne verarbeiten oder rechtfertigen zu müssen. Einer dieser „Ehemaligen", den ich persönlich kannte, gehörte zuvor zu den sogenannten 150%-igen Mitgliedern, die diese Lebensform als eine Art Strafgesetz begriffen. In ihrem Beisein verzichtete man am besten auf leise Flüche oder auf unter Studenten durchaus gängige und harmlose derbere Ausdrücke. Nach seinem Austritt fühlte er sich genötigt, einen Aufklärungsbericht über das Opus Dei in Deutschland zu schreiben. Daß er dieses Pamphlet auch noch aus angeblicher Sorge um die Kirche schrieb, war einfach peinlich. Es erinnerte an jene dämliche Aussage: „Christus hat gesagt...., Mohammed hat geschrieben..., der Papst hat erläutert... ‚aber ich meine....." Ob ihm bei der Niederschrift

seines Schockers ein Theologe oder Ordensmann aus Eigen-
interesse die Hand hielt, vermag ich nicht zu beurteilen.

Die klägliche Darstellung des Werkes enthielt nicht nur
viele falsche Aussagen, sondern zeigte auch, daß der ältere
Student wesentliche Züge des Opus Dei einfach nicht verstanden hatte und vor allem eine recht merkwürdige Auffassung von Freiheit und Selbstverwirklichung vertrat. Natürlich waren der *Spiegel*, der WDR und andere sofort zur Stelle;
es ging ja darum, etwas „Katholisches" niederzumachen. Man
witterte Skandale. So erschienen Sensationsberichte über
mittelalterliche Bußpraxis, Kadavergehorsam, Geheimnistuerei, Sektenmethoden, Gehirnwäsche, Folterkeller, politische Machtorganisation frankistischer Machart, Manipulation
etc. Wäre es nicht so traurig und stellenweise so niederträch-
tig gewesen, hätte man laut loslachen können, da die Szenerie
an Don Quichote und seinen Kampf gegen die Windmühlen
erinnerte.

Sachverhalte lassen sich meistens geschickt verdrehen.
Verläßt jemand beispielsweise eine Akademie, so kann er
sagen: „Das war nichts für mich, ich habe das nicht geschafft!"
Oder aber: „Die Akademie ist schuld." Es ist sehr einfach, die
Schuld bei den anderen zu suchen. So kann ich öffentlich
erklären, daß mein Pfarrer mich davon überzeugt hat, wie gut
es ist, regelmäßig zu beichten, oder aber, daß er mich so manipuliert hat, daß ich beichten mußte.

Doch zurück zu dieser Kampagne, die einmal mehr bestätig-
te, daß der größte Feind der Kirche die Unwissenheit ist. Und
wenn ich ihr in der Folge noch einiges Papier opfere, so weil
die meisten dieser Vorwürfe auch heute immer wieder hoch-
gekocht werden. Und weil es mich schmerzt, wie unfair und
boshaft das Opus Dei in der Öffentlichkeit oft behandelt und

gezeichnet wird. Die Gegner der Kirche nehmen das Werk nun einmal sehr ernst, denn sie haben längst erkannt, wie konsequent die Mitglieder des Opus Dei ihren Glauben leben und welche Gefahr das Werk auf dem Weg zu einer liberalen Kirche darstellt.

Auf vier Aspekte, die auch für die aktuelle Diskussion nicht unwichtig sind, möchte ich kurz eingehen:

1. Intimität, Diskretion und Geheimnistuerei

Vielleicht ein drastisches Beispiel: Die Größe des Büstenhalters der eigenen Ehefrau ist nicht geheim, aber intim. Es gibt Dinge, die der familiären Intimität nicht entzogen werden dürfen. Auf einer anderen Ebene gibt es auch bestimmte Intimitäten einer geistlichen Familie, die nicht geheim sind, aber vielleicht privat. Jeder konnte und kann sich über den Tages- und Lebensplan der Mitglieder des Werkes, über ihre Aktivitäten und Arbeit informieren. Stets sind alle Schritte, die den juristischen und geistlichen Weg der heutigen Personalprälatur Opus Dei betrafen, von der kirchlichen Behörde geprüft und begleitet worden. Was da als geheim aufgedeckt wurde, war allgemein bekannt und in der Glaubenspraxis der katholischen Kirche seit Jahrhunderten üblich.

Die Spiritualität des Werkes ist in ihrer apostolischen Zielsetzung geprägt vom persönlichen Apostolat der Freundschaft und des Vertrauens und kein Freund von spektakulären Aktionen. Sicherlich käme es gerade im Vereinsland Deutschland gut an, mit blinkenden Leuchtbuchstaben auf jeden Jugendclub und jedes Ausbildungszentrum „OPUS DEI" zu schreiben. Es wäre aber sachlich falsch. Das Opus Dei ist kein Verein und die Gründung von Bildungszentren und

251

Jugendclubs entspringt stets der Initiative von einzelnen Mitgliedern des Werkes. Sie führen diese Einrichtungen in persönlicher Verantwortung. Das Opus Dei übernimmt nur die religiöse Bildungsarbeit innerhalb dieser Initiativen – und genau das steht auf jedem Prospektblatt.

Es hat nichts mit Geheimnistuerei, sondern mit Freiheit zu tun, wenn man seine innere Überzeugung nicht nach außen trägt wie ein Parteiabzeichen. Die Menschen, die mit Mitgliedern des Opus Dei Umgang haben, merken sehr bald, daß diese ihren Glauben ernst nehmen und wissen in der Regel um ihre Zugehörigkeit zum Werk. Wer in seiner Pfarrei aktiv ist, würde dies wohl kaum durch einen Sticker nach außen dokumentieren, und doch wäre sein Engagement nicht geheim.

2. Persönliche Freiheit und Verantwortung

Dem modernen Menschen ist es nur schwer begreiflich zu machen, daß Menschen sich aus Liebe zu Gott ganz und gar geistlichen Zielen widmen können. Immer vermuten sie dahinter Machtstrukturen, Revolution oder Sehnsucht nach weltlicher Einflußnahme. Mit zwei Beispielen möchte ich das verdeutlichen.

Zur Zeit der Franco-Diktatur gab es einige Mitglieder des Werkes, die in dieser Regierung arbeiteten; gleichzeitig gab es andere, die aus politischen Gründen in den Gefängnissen saßen, weil sie gegen das Franco-Regime opponierten. Von diesen habe ich in der öffentlichen Debatte noch nie etwas gehört! Es paßt nicht in die Schublade der Vorurteile ... .

In dem Bonner Studentenheim, in dem ich jahrelang lebte, gab es unter den Mitgliedern vom Sympathisanten der Grü-

252

nen bis zum CSU-Gastmitglied sehr verschiedene Anhänger von politischen Richtungen. Den Gründer des Opus Dei interessierte nicht das Parteibuch seiner Kinder, sondern ihre Tugenden. Nicht der akademische Titel war wichtig, sondern die Art und Weise, wie jemand seine Arbeit tat, als Hausfrau oder Professor. Und niemand fragte nach der politischen Couleur oder der gesellschaftlichen Machtposition, wohl aber nach der persönlichen Heiligkeit.

Das war und ist einfach für viele Intellektuelle nicht nachvollziehbar und für die Presse zu langweilig. Im Scherz sagte ich einmal einem Journalisten: „Wenn ich von einer Rheinbrücke pinkle, pinkelt nicht das Opus Dei, sondern ich, in völliger Freiheit, sich der Verantwortung des schlechten Beipiels und der Erregung öffentlichen Ärgernisses bewußt!"

3. Hart ist nicht das Leben im Opus Dei, hart ist die konsequente Nachfolge Christi

Die Vorwürfe, die der Spiritualität des Werkes galten, waren jedem, der mit der Kirchengeschichte ein wenig vertraut war, bekannt.

Da wurden inakzeptable Härten entdeckt, die seit Jahrhunderten in der christlichen Tradition beheimatet waren. Gehorsam wurde als Kadavergehorsam, Bußübungen als Verstümmelung, Geistliche Leitung als Gehirnwäsche und Armut als Selbstaufgabe „enttarnt". Wenn man in Freiheit eine geistliche Leitung oder eine bestimmte Lebensform wählt, hat das nichts mit Verlust, sondern mit Ausübung der Freiheit zu tun. Eine Unterscheidung, die heute vielen nicht mehr geläufig zu sein scheint.

Nehmen wir das beliebte Thema der Bußübungen. In meiner Zeit als Numerarier habe ich keine Bußübungen bei Mitgliedern des Werkes erlebt, die der Gesundheit geschadet hätten oder Narben an Leib und Seele hinterließen. (Anders als bei der heute so viel demonstrierten perversen Sado-Maso-Welle, deren Techniken die Medien mit stiller Bewunderung und viel Verständnis gesellschaftsfähig zu machen versuchen.) Die in der Öffentlichkeit gezeigten Bußgürtel wurden in katholischen Klöstern gefertigt und von einigen Mitgliedern eine Stunde täglich getragen. Verletzungen hinterließen sie nicht. Viele meinten mit mir, es sei anstrengender, zwei Stunden nicht zu rauchen oder konzentriert zu arbeiten, als so ein Ding zu tragen. Es war wie ein Knoten im Taschentuch, wie eine kleine Unannehmlichkeit, aus Liebe zum Gekreuzigten. Auf jeden Fall standen diese Dinge nicht im Vordergrund der Askese im Werk.

Wie aber soll jemand, der möglicherweise eh kein Freund der katholischen Kirche ist, verstehen, was christliche Askese und Buße bedeuten? Ist er überhaupt offen, um zu begreifen, welche Rolle das Leid, das Kreuz, die Miterlösung des Christen in unserem Glauben spielen? Was denkt er, wenn er liest, daß viele Heilige und Päpste unseres Jahrhunderts stets härene Hemden auf nacktem Leib trugen? Wer die ersten drei Gebote des Dekalogs nicht kennt oder sie nicht akzeptiert, wie soll man dem begreiflich machen, daß kleine Dinge oder Opfer, aus Liebe zu Gott getan, vergleichbar sind mit anderen Verrücktheiten, die die Liebe kennt? Hier prallen Welten aufeinander – die Vermutung von Perversion oder Skurrilität scheint folgerichtig. Und zudem ist die Abbildung eines Bußgürtels am Oberschenkel eines schönen Frauenbeins mit freiem Blick auf den Schlüpfer, wie wir es aus den Medien ken-

nen, pressewirksamer als ein theologischer Exkurs über die
Buße.

4. Manipulation und katholische Bildung

Wie bereits 1973 Pier Paolo Pasolini prophezeite, geht heute die stärkste Manipulation im Staate von der Presse und insbesondere vom Fernsehen aus. Hier wird Meinung gemacht
und der Zeitgeist definiert, Positionen lächerlich gemacht.
Pasolini nannte diesen Einfluß und die Autorität des Fernsehens „faschistisch".

Geschickt werden vielerorts nur noch die Zeitgeistposi-
tionen vertreten, andere werden entweder totgeschwiegen
oder diffamiert. Gegen diese Manipulation wehrt sich kaum
jemand in Deutschland. Wenn aber Seelsorger der katholischen Kirche in einer Zeit von Gewalt, zerrütteten Familien,
Pornographie, Abtreibungen und Euthanasie versuchen,
Jugendlichen moralische Standpunkte zu vermitteln und die
Nachfolge Christi als attraktive Alternative zum Zeitgeist darzustellen, spricht man von Manipulation.

Auch die Pseudodenunzianten verfielen diesem Irrtum oder
aber sie besaßen eine so schwach ausgeprägte Persönlichkeit,
daß eine Einladung zu einer Betrachtung oder einem Einkehrtag bereits als Psychoterror empfunden wurde.

Ich bemühte mich, bei diesen Angriffen ruhig zu bleiben.
Auch mahnten uns in dieser Zeit die älteren Mitglieder immer
wieder, Gleiches nicht mit Gleichem zu vergelten und jene
Kritiker nicht zu verurteilen. Doch war es nicht immer leicht,
wenn man beispielsweise als Vertreter eines wahrhaft liberalen und toleranten Jugendclubs der Stadt, in dem Jusos, Julis
und JU-Leute verkehrten, wo Mohammedaner, Protestanten

und Katholiken ein- und ausgingen, vor den Stadtrat zitiert wurde, der Intoleranz und Verknechtung vermutete.

Fanatische Gegner des Werkes sind der lebende Beweis dafür, daß der Wille die Erkenntnisfähigkeit so stark reduzieren kann, daß man nicht nur seinen Irrtum liebt, sondern ihn in apostolischer Manier allen verkündigen möchte. Allerdings hatte mich dieses ganze Theater in meinem Weg eher bestärkt als geschwächt.

Und doch habe ich trotz der vielen positiven Erfahrungen, die ich in diesen Jahren sammeln konnte, das Werk in beiderseitigem Einverständnis später verlassen. Es gab keine wesentlichen oder existentiellen Dinge, mit denen ich nicht zurechtkam oder die ich ablehnte. Es waren eher Unverträglichkeiten, Ungeduld und Mißverständnisse, die mich zu diesem Schritt veranlaßten.

Wohl eine jede Mutter, die ihre Kinder liebt, kennt die Gefahr der übertriebenen Fürsorge. Sie wird wohl kaum all ihren Kindern das Fahrradfahren verbieten, weil ein Kind mit dem Fahrrad schwer gestürzt ist. Ich habe im Werk damals so etwas wie übertriebene Sorge um die Mitglieder kennengelernt. Sie nahm mir streckenweise die Luft zum Atmen. Es gab manche, für die der Buchstabe des Gesetzes höher stand als „die Freiheit der Kinder Gottes", wie eine wunderbare Betrachtung des Gründers heißt. Aus bester Absicht kann man päpstlicher als der Papst und preußischer als der Alte Fritz sein. Irgendwann fühlte ich mich dort nicht mehr zu Hause und verließ schließlich das Werk nach langem Nachdenken und Beten.

Ein Lied, das dem Gründer des Opus Dei sehr gut gefiel, beinhaltete den Satz: „Jeder Wanderer folge seinem Weg!"

Und unsere Kirche hat, Gott sei Dank, viele Wege für ihre Gläubigen vorgesehen, die doch alle zum selben Ziel führen. Und noch ein Wort des Gründers ist mir im Gedächtnis geblieben: „Für manche führt ihr Weg durch das Opus Dei."

Das Opus Dei hatte ein wichtiges Ziel erreicht. Es hatte aus mir einen Menschen gemacht, der seinen Glauben ernst nahm, der versuchte, diesen Glauben im Alltag zu leben und die katholische Kirche trotz allem zu lieben. Es hatte mich gelehrt, der Kirche, dem Papst und den Menschen in Freude und Einfachheit zu dienen, anstatt nur über sie zu diskutieren oder zu schimpfen. Es waren für mich ungeheuer intensive Jahre, von denen ich keines missen möchte. Ich habe wertvolle und charakterstarke Menschen kennengelernt, Menschen, die noch heute zu meinen besten Freunden gehören. Natürlich fragten mich nach meinem Austritt bisweilen Freunde, ob ich den Eindruck hätte, durch diese Zeit etwas verpaßt zu haben? Das Gegenteil ist der Fall. Die Zeit im Werk hat mein Leben und meinen Glauben nicht nur bereichert, sondern wesentlich geprägt.

Gott sei Dank wurde diese Trennung nicht vor einem Richter „geschieden". Es gab kein Verfahren und keinen Verurteilten. Die Versuchung lag nahe, bei der Verarbeitung einer solchen Trennung abzurechnen, die schmutzige Wäsche zu waschen. Ich bin froh, daß ich darauf verzichten konnte: es gab keine schmutzige Wäsche.

Mein Abschied aus dem Werk war nicht dramatisch. Die Situation war mit der zweier Menschen vergleichbar, die sich über Jahre kennen und doch nicht für den Rest ihres Lebens miteinander zurechtkommen. Sie trennen sich oder raufen sich aus lauteren Gründen zusammen. Natürlich ist eine solche Trennung für beide Seiten schmerzhaft. Bei meinem

Auszug stand ich mit leeren Taschen vor meinem Leben. Ich hatte gelernt, mit wenigen materiellen Dingen auszukommen. So fiel der Neuanfang nicht schwer.

Die Zeit danach

Nach meinem Umzug überfiel mich eine große Leere. Zudem trat die Bundeswehr in mein Leben. Sie war der Überzeugung, daß sie ohne meinen Grundwehrdienst die medizinische Versorgung der Truppe nicht gewährleisten konnte. So bewarb ich mich, das medizinische Examen in der Tasche, als Stabsarzt auf einige Auslandsposten der Bundeswehr. Ich wollte einfach Abstand gewinnen, Klarheit haben über das, was nun weiter werden sollte. Während der Grundausbildung in München teilte man mir freudestrahlend mit, man wolle meinem Wunsch, möglichst weit von meinem Heimatort entfernt zu dienen, entsprechen und habe mir deshalb einen Standort an der damaligen Grenze zur DDR ausgesucht.

So diente ich von da ab als Stabsarzt der Panzergrenadiere der Bundeswehr. Dies war ein Kontrastprogramm, das drastischer nicht sein konnte. Der Absturz drohte, blieb aber aus. Vielleicht weil ich nicht alleine war. Gott war zur Nummer Eins in meinem Leben geworden, und das sollte er auch bleiben. Zugleich fand ich in dieser Zeit der Einsamkeit Hilfe bei guten alten Freunde aus meiner Heimatstadt. Ihre Freundschaft tat gut. Vor allem meine älteren Brüder nahmen sich viel Zeit und waren einfach für mich da. Vielleicht hatte ich das im Werk ein wenig verlernt. Ein Herz und vor allem Zeit für seine Freunde zu haben. Ich war zu rational an meine Aufgaben und Pflichten als Numerarier herangegangen, hatte das Gefühl als Gefühlsduselei und als störend verbannt, um mein Herz nicht zu gefährden.

Auch traf ich mich noch regelmäßig mit einem Mitglied des Werkes. Wir sprachen freundschaftlich über Gott und die Welt. Von Verbitterung war dabei nie etwas zu spüren. Und auch heute habe ich noch guten Kontakt zu einigen Freunden, Priestern und Laien aus dem Werk. Wenn ich sie treffe, wird nicht über die Vergangenheit, sondern über die Gegenwart und die Zukunft gesprochen. Nie wurde nachgekartet.

Nach meinem Bundeswehrdienst begann beruflich und privat eine schöne Zeit. Ich war jetzt 26 Jahre alt. Auf die Arbeit als Assistenzarzt in einem Aachener Krankenhaus war ich durch die „Gesamtausbildung" in Bonn gut vorbereitet. Den Vorgesetzten den nötigen Respekt zu erweisen, ohne den eigenen Standpunkt zu vergessen, ist, vielleicht auch gerade in konfessionellen Krankenhäusern, nicht immer einfach. Für den Papst und die Kirche einzutreten und mit Natürlichkeit seine Überzeugung zu leben, ja, die Wahrheit liebenswert zu machen, ist oft eine Gratwanderung. Das Optimale, nur schwer Erreichbare, bleibt eine gesunde Mischung aus laikaler Mentalität, Lebensfreude, frischer Frömmigkeit und fachlicher Kompetenz.

Trotz des harten Chirurgenalltags haben wir immer viel Freude bei der Arbeit und sind bemüht, ein angenehmes Arbeitsklima zu schaffen. Nur so fühlen sich auch die Patienten wohl. Sören Kierkegaard hat einmal geschrieben: „Der Humor und der Glaube sind Milchbrüder." Das hatte ich nicht nur im Werk gelernt. (Wahrscheinlich ist dies Geschenk dem Rheinländer in die Wiege gelegt.)

Privat war es die Zeit kleiner Entdeckungen: Ich erlebte, was es heißt, eine Nacht „durchzumachen", sich die Köpfe in Zigarettenqualm und Hopfendunst heiß zu reden oder einfach nur albern zu sein. Im Umgang mit dem anderen Geschlecht war ich mit 26 Jahren natürlich um einiges zurück, ein Drama allerdings war dies sicher nicht. Mein geistliches Leben führte ich weiter, und schon bald begann ich wieder, mich in der Jugendarbeit, für Kirche und Soziales zu engagieren. Ich glaube nicht, daß man diese einmal gewonnene Überzeugung und apostolische Unruhe so einfach ablegen kann.

Es ist nicht mein Verdienst, aber aus meiner Zeit im Werk ist viel übrig geblieben: Gute Gewohnheiten, die Sorge um die Kirche und ein alltagsprägender Glaube; die feste Überzeugung, daß ein „Katholizismus light" nicht existiert, daß Christsein keine Freizeit- oder Sonntagsbeschäftigung und daß der Ehrliche nicht der Dumme ist.

Auch mein Gottesbild hat sich durch das Werk geändert. Es ist zum Vaterbild avanciert. Ein Vater, der zur Seite steht, hilft und nicht herrscht und bestraft. Ich habe gelernt, sich als Kind Gottes zu fühlen und sich im Bewußtsein durch den Alltag zu kämpfen: Wenn Gott für mich ist, wer ist dann gegen mich?

Geblieben sind aber auch Fragen und Zweifel, die beschäftigen und manchmal auch lähmen. War es richtig, zu gehen? Warum diese Zeit im Werk? Hatte ich wirklich eine Berufung, oder war es jugendliche Begeisterung? Ist meine Entscheidung mit einer Scheidung vergleichbar, einem Bruch der Ordensgelübde, der Aufgabe eines Priesteramtes? Kirchenrechtlich ist ein Austritt ohne Konsequenz, da die Mitglieder weder Gelübde ablegen noch andersartig juristisch an die Personalprälatur Opus Dei gebunden sind. Was aber bleibt, ist, Freunde menschlich enttäuscht und ein Gott gegebenes Versprechen nicht gehalten zu haben. Doch auch hier hilft das Bewußtsein der Gotteskindschaft: Kinder versprechen ihren Eltern häufig Dinge, die sie dann doch nicht erfüllen können.

Was aber hatte und hat Gott mit mir vor? Paul Claudel schrieb einmal, Gott schreibe auch auf krummen Zeilen gerade. Und Mutter Teresa hat einmal gesagt: „Es ist alles ganz einfach, aber manchmal vergessen wir Gott und meinen, wir hätten selbst die Leitung."

Johann Konrad Schwierzi SDB

P. Johann Konrad Schwierzi SDB wurde 1942 in Delmenhorst geboren. Nach einer Lehre als Betriebsschlosser absolvierte er das Gymnasium in Geilenkirchen und in Essen-Borbeck. Nach dem Abitur trat er in das Noviziat der Salesianer Don Bosco, Jünkerath/Eifel, ein. Er studierte von 1969 bis 1975 Philosophie und Theologie an der Phil.-Theol. Hochschule der Salesianer Don Bosco in Benediktbeuern sowie Sozialpädagogik an der Stiftungsfachhochschule in München. Von 1975 bis 1976 war er Erziehungs- und Pastoralleiter im Don-Bosco-Heim in Berlin-Wannsee, von 1976 bis 1979 Erziehungsleiter im Antoniuskolleg und Religionslehrer am Gymnasium Neunkirchen und anschließend bis 1981 Internatsleiter im St.-Johannes-Stift und Religionslehrer am Gymnasium Essen-Borbeck. Von 1981 bis 1989 war er als Missionar in Liberia (Westafrika) tätig und hat in dieser Zeit auch mit dem heutigen Erzbischof von Fulda, Dr. Johannes Dyba, zusammengearbeitet. Von 1990 bis 1995 war er Kaplan der Pfarrgemeinde Sannerz, seit 1995 ist er Pfarrer der St. Michael-Gemeinde in Berlin-Wannsee.

Als Missionar in Liberia

von Hans Schwierzi SDB

„Studiere gut Don Bosco!" Und: „Hör' auf zu spotten, das ist Sünde, du bist nicht schlau und nicht fromm genug."

Zwei Kernsätze meines Lebens, die ich auf dem Weg zum Priestertum mitnahm. Den ersten sprach ein Priester, der mich nie zuvor gesehen hatte, als er mich in seiner Primiz-messe segnete. Der zweite stammt von meiner Mutter, die nicht viel von der Idee ihres Sohnes hielt, diesen bedeutsa-men Schritt zu wagen.

Schon als Junge war mir klar, daß ich Missionar werden würde. Hingebungsvoll teilte ich Missionsheftchen und -zeit-schriften aus: „Stadt Gottes", bestimmt für Erwachsene und „Jesus Knabe", gedacht für Kinder. Es gab relativ viel Trink-geld, das ich sparte, um für 20 Mark einem „Heidenkind", wie wir es damals nannten, die Taufe zu ermöglichen. Ich glaubte felsenfest daran: Nun wird es ein Christ! Erst später wurde mir bewußt, daß mit Spenden ein Schulbesuch ermöglicht werden konnte. Ich wollte unbedingt, daß viele Menschen Jesus ken-nenlernen und zu ihm finden würden, las Missionszeitschrif-ten, hörte Predigten von in die Heimat zurückgekehrten Missionaren und suchte das Gespräch mit ihnen.

Von meiner Erstkommunion bis zum Ende der Schulzeit war ich ein eifriger Meßdiener. Während der Lehrzeit kam ich, auf meinem Weg zur Arbeit, jeden Morgen an einem katholischen Krankenhaus vorbei, in dem ich später häufig – schon frühmorgens um 6.00 Uhr – als Meßdiener half. Die Schwestern freuten sich, beteten für mich und waren davon überzeugt, daß ich einmal Priester werden würde. Messe und Liturgiefeier erfüllten mich mit Freude, und der Wunsch zu dienen, gewann immer mehr an Bedeutung in mir. Ernsthaft begann ich darüber nachzudenken, Priester zu werden.

In der Lehre wurde ich durch die Jugendarbeit der Christlichen Arbeiterjugend (CAJ) geprägt, deren Motto „Sehen, urteilen, handeln" die Basis für mein Bemühen war, im Wohnviertel und am Arbeitsplatz meine Zugehörigkeit zu Christus glaubhaft zu leben. Leicht hatte ich es nicht, in einem Großbetrieb meinen Standpunkt zu vertreten, noch dazu in einer Diaspora – daß man mein Spind aufbrach, den Rosenkranz entwendete und später wieder zerrissen an den alten Platz legte, war noch das wenigste. Die täglichen Sticheleien machten mir eher zu schaffen.

Bevor ich das Theologiestudium aufnahm, besaß ich ein anderes Bibelverständnis als während der Studienjahre, in denen ich, bedingt durch scheinbare Widersprüche in der Exegese, plötzlich zu zweifeln begann. Meine Glaubensfähigkeit wurde in dieser Zeit arg strapaziert, glücklicherweise aber blieb eine echte Krise aus. Zeitweilig mußte ich um Glauben ringen, doch Freude am Gottesdienst, Geduld, Gebet und regelmäßige Gottesdienstbesuche trugen dazu bei, daß er mir erhalten blieb. Später schwanden auch die Zweifel wieder.

Beseelt von dem tiefen Wunsch, Priester zu werden, befiel mich stets dann, wenn ich an diesen Weg dachte, eine starke

Angst, es nicht zu schaffen. Diese Kluft zwischen Herzenswunsch und Angst überwunden zu haben, nehme ich dankbar als Zeichen dafür, daß das Priesteramt Berufung für mich sein darf, umso mehr, weil ich vielen Salesianern begegnet bin, die mich stets in meiner Absicht bestärkt und durch ihre Freude, die sie ausstrahlten, viel dazu beigetragen haben, daß ich immer wieder Mut faßte. Für mich gehört neben dem wichtigen Ziel, Jugendliche und Hilfsbedürftige, die aus schwierigen Verhältnissen stammen, zu guten Christen zu erziehen, vor allem eines zum ganz Besonderen unseres Ordens: die Fröhlichkeit, die am Anfang jeglichen Tuns steht, nach dem Motto Don Boscos: „Fröhlich sein, Gutes tun und die Spatzen pfeifen lassen!"

Kirche bedeutet für mich, gemeinsam auf dem Weg zu sein, Sicherheit, Geborgenheit und Verbundenheit im Glauben zu spüren. Diese Zugehörigkeit hat meine Frohnatur, die ich von der Mutter geerbt habe, stets am Leben erhalten.

Mit *Johannes Dyba* in Afrika

Im Sommer 1981 erfüllte sich endlich mein lang ersehnter Wunsch, als Salesianer Missionar in Afrika zu werden! Viele Jahre habe ich darum gebetet, die Liebe Gottes in einem Missionsland offenbaren zu dürfen.

Dann war es soweit: Im September 1981 begann in Rom ein Seminar für Afrika-Missionare. Anschließend ging es nach Turin, der Stadt, in der unser Ordensgründer Don Bosco sein großartiges Jugendwerk begonnen hatte. In der Maria-Hilf-Basilika feierten wir die Aussendung. Ich wurde nach Liberia (Westafrika) beordert, wo man 1847 die von Amerika freigelassenen Sklaven angesiedelt hatte. Am 4. Oktober 1981 star tete ich in Rom, zusammen mit einem Mitbruder aus Kanada, in Richtung Monrovia, der Hauptstadt Liberias, benannt nach dem damaligen Präsidenten der USA, die wir, nach einer Zwischenlandung in Dakar, noch am selben Tag erreichten. Bei unserer Ankunft erschien niemand zur Begrüßung, da weder der Brief des Generalats aus Rom noch meine Post aus Deutschland angekommen waren.

Sechs Mitbrüder waren bereits seit 1980 in Monrovia – als Lehrer, Ausbilder und in der Pfarrei tätig – sie freuten sich, durch mich Verstärkung zu finden. Ihre Unterkünfte befanden sich an drei verschiedenen Stellen. Ein Neubau, in dem alle Mitbrüder ein eigenes Zimmer bekommen sollten, wurde gerade erstellt. Dadurch fand ich, trotz mangelnder Sprachkenntnisse, gleich einen guten Einstieg, konnte meine handwerklichen Fähigkeiten als gelernter Betriebsschlosser einsetzen, verlegte Rohrleitungen, erledigte Maler-, Metall- und Schweißerarbeiten und half beim Verputzen des Hauses. Langsam erweiterte sich mein Sprachschatz ein wenig und der Direktor berief mich zum Kaplan. Mitbruder Patrick bereitete die Predigten vor, und ich bemühte mich, sie möglichst gut einzustudieren. Erstaunt war ich, als die Gläubigen mich wissen ließen, daß sie mich besser verstünden als den Pfarrer, der ein einwandfreies Englisch sprach. Ich tat mich selbst oft schwer, meine eigene Predigt zu verstehen! Deutsche Landsleute dagegen, die den Gottesdienst besuchten, bewunderten meinen „Mut", mit diesen Sprachkenntnissen überhaupt zu predigen. Die Kinder korrigierten meine Aussprachefehler – und so lebte ich mich schnell ein.

Sicherlich war der damalige Pronuntius, Erzbischof Johannes Dyba, nicht sonderlich davon angetan, einen Landsmann und priesterlichen Mitbruder mit so geringen Sprachkenntnissen vorzufinden, ich aber war froh, seine Bekanntschaft machen zu dürfen. Manchmal war ich ihm mit kleinen handwerklichen Arbeiten in der neu erworbenen Nuntiatur behilflich, worauf er spontan unsere Mitbrüdergemeinschaft besuchte und sich mit einer Kiste Bier revanchierte. Wir freuten uns riesig, besonders ich. Meine Kehle war trocken wie der Sand in der Wüste: Das erste Bier in Afrika! – nach langen heißen Wochen.

Johannes Dyba ist ein Mensch, der gerne teilt und anderen eine Freude bereitet. Er machte uns Mut und half finanziell, wo er nur konnte. Auch später, als ich mitten im Busch eine Missionsstation aufbaute, war das nicht anders. Er scheute sich nicht, beschwerliche Wege auf sich zu nehmen und ließ sich weder durch aufgeweichten Boden, schlecht befahrbare Urwaldpfade, noch Fahrten durch riesige Staubwolken, bedingt durch starke Trockenheit, davon abhalten, unsere Missionsstationen zu besuchen.

Bei der liberianischen Bevölkerung war Johannes Dyba wegen seiner Freundlichkeit, Aufrichtigkeit und seines Mutes gegenüber den Mächtigen des Landes beliebt. Ein Beispiel mag dies belegen: Johannes Dyba wollte mit zwei liberianischen Bischöfen ins Nachbarland nach Freetown fliegen. Das Flugzeug stand bereit, die Passagiere stiegen ein. Plötzlich betrat der Minister für Jugend und Sport die Maschine und befahl den Insassen auszusteigen, weil er mit der Nationalmannschaft nach Gambia wollte. Die Fluggäste murrten, verließen aber das Flugzeug. Wieder draußen, schnappte sich Dyba die beiden Bischöfe, stellte sich mit ihnen vor die Maschine und sagte, zum Minister gewandt: „Dann müßt Ihr über uns hinwegrollen." Der Minister war verblüfft. Die Passagiere warteten gespannt, was nun geschehen würde. Soldaten rückten an. Die Lage schien ernst. Man telefonierte mit dem Präsidenten des Landes Samuel K. Doe. Schließlich kam die Nachricht, die Fußballmannschaft müsse das Flugzeug verlassen, die Maschine nach Freetown könne starten. Die Passagiere reagierten mit begeistertem Händeklatschen und tanzten vor Freude.

Nach einem halben Jahr bezogen wir unser großes Mitbrüderhaus. Zur Einweihung kamen Johannes Dyba, Michael K. Francis (Erzbischof von Monrovia) und alle Priester und Ordensleute. In gelöster Atmosphäre tauschten wir Erfahrungen aus, sangen, lachten und genossen die kostbare Unbeschwertheit. Ähnlich schöne Feiern erlebte ich auch bei anderen Ordensgemeinschaften. Ich freute mich jedes Mal darauf, tankte ich doch bei solchen Gelegenheiten wieder Kraft und bekam neuen Schwung.

Das Fest „Erscheinung des Herrn" war bei den Missionaren in Liberia besonders beliebt, weil Johannes Dyba dazu einlud. Alle Gemeinschaften, auch weit entfernte aus dem Busch, kamen. Bei fröhlicher Stimmung mit Sketchen, flotten selbst gedichteten Liedern, gutem Essen und, nicht zuletzt, gemeinsamem Beten konnten wir für kurze Zeit die Entbehrungen, die unsere Arbeit begleiteten, vergessen. Durch das Zusammengehörigkeitsgefühl und die Geborgenheit verloren sie etwas an Schwere. Das Herausragende dieser Feste war die Verschiedenartigkeit und Originalität der Gäste. Nach harmonischen Stunden kehrten wir, gestärkt und erfüllt, an unsere Wirkungsstätten zurück.

Weil Pater John Thomson Hilfe brauchte, schickte mich unser Direktor im Frühjahr 1982 in den Urwald nach Tappita, 210 Meilen von Monrovia entfernt. Neben einer großen Kirche, Klinik und Junior High School, wo Consolata-Schwestern aus Italien und Brasilien halfen, gehörten auch Außenstellen zu dieser Missionsstation.

Eine neue Klinik, finanziert durch Spendengelder von Misereor, befand sich im Bau. Die drei Behandlungszimmer, das Labor und der große Warteraum sollten bald bezogen werden. Täglich kamen 120 bis 140 Patienten, um sich behandeln zu lassen. Ein Saal mit sieben Betten, Bad und Toilette sowie ein Lagerraum für Medikamente wurden eingerichtet. Kurz vor Beendigung der Bauphase verschwand plötzlich der Baumeister. Da entsprechendes Werkzeug fehlte, machte es große Mühe, Behandlungszimmer und Bad zu fliesen, denn selbst Fliesenkleber gab es nicht. Irgendwie hat es dann doch funktioniert, und, kaum zu glauben, alles hielt sogar!

Mein Aufgabengebiet in Tappita war vielfältig: In den Außenstationen Pfarrer, in Tappita, trotz mangelnder Sprachkenntnisse, Religionslehrer und „Handwerker vom Dienst".

Innerhalb kürzester Zeit war ich in der Gegend bekannt. Kaum einige Wochen dort, bat mich ein Schüler, einen alten Dorfbewohner aufzusuchen, der etwas vom Leben Jesu erfahren wollte. Der Schulleiter und einige Lehrer hörten davon. Gemeinsam redeten sie auf mich ein, dies nicht zu tun, da er ein „witchdoctor" (Zauberer, Medizinmann) sei, der die Fähigkeit besäße, Blitze ins Nachbardorf zu schleudern, um Menschen zu töten. Ich ließ mich nicht beirren, überhörte ihre Warnung und machte deutlich, daß ich in dieses Land

gekommen sei, um allen (!) Menschen die Liebe Jesu zu bringen.

Der Schüler freute sich und führte mich in die Hütte des
alten Mannes, in dessen Bett ein Huhn sein Nest hatte und
dort brütete. Vor dem Bett befand sich eine Feuerstelle für die
Essenszubereitung. Der alte Mann begrüßte mich freundlich
und fragte auf Englisch, ob es wahr sei, daß Jesus gekreuzigt
worden und nach drei Tagen vom Tode auferstanden sei. Er
war sehr wißbegierig. Immer häufiger bat er mich, zu ihm zu
kommen. Wir wurden Freunde. Manchmal nahm ich
Ordensschwestern mit, die seine Hütte säuberten und ihm
Essen brachten.

Ich hatte Freude, dem alten Mann vom Leben Jesu, seiner
Liebe zu den Menschen, seinen Wundertaten und seiner
Macht über die Naturgewalten zu berichten. Nachdem ich ihn
fast ein Jahr besucht hatte, bat er um die Taufe, weil er
befürchtete, bald sterben zu müssen. Immer wieder bekreuzig-
te er sich und zeigte auf das Kreuz. Zum Beweis, daß es ihm
ernst war, holte er alle seine Zauberutensilien hervor, um sie
zu verbrennen. Jedesmal, wenn er einen Fetisch verbrannte,
murmelte er etwas vor sich hin und gab auch manchmal
Erklärungen ab. Zum Schluß reichte er mir ein Amulett und
sagte: „Nimm dies. Niemand wird dir etwas Böses tun, eher
wird er sterben." Es kostete mich viel Mühe, immer mit dem
Hinweis auf das Kreuz, ihn zu überzeugen, daß er auch das
Amulett verbrennen müsse. Schließlich, schweren Herzens,
trennte er sich davon. Am nächsten Tag kam ich mit einigen
Schwestern, die seine Hütte festlich herrichteten, und taufte
ihn. Er war überglücklich – man konnte es ihm ansehen!

Wenige Wochen später wurde bei mir eingebrochen. Von diesem Zeitpunkt an sah ich unseren Katecheten, den ich oft zu dem alten Mann mitgenommen hatte, sehr selten. Ich suchte ihn auf, um vielleicht von ihm zu erfahren, wer der Dieb gewesen sein könnte, was ihn sehr erboste. Vielleicht hatte er, auf Grund der Sprachschwierigkeiten, auch etwas mißverstanden. Er rief den Pfarrgemeinderat zusammen, wurde ausfallend und beklagte sich, daß ich ihn des Diebstahls bezichtigt hätte.

Seine schwarzen Landsleute hielten zu ihm, bis auf den Schulleiter, der mich zu verteidigen suchte. Die Lage spitzte sich zu, ich sollte vor den Richter zitiert werden. In meiner Not erzählte ich von dem Amulett, tat, als wäre es noch in meinem Besitz, und machte Anstalten, es zu holen. Fluchtartig verließen alle den Raum – bis auf den Schulleiter. Hier wurde mir zum ersten Mal bewußt, wie eng Christentum und Aberglaube bei diesen Menschen ineinander verwoben sind. Etwas später brachte man den Bruder des Katecheten zur Missionsstation – er war es, der gestohlen hatte.

In der Umgebung verbreitete sich rasch die Kunde, daß ich der Besitzer des Amuletts sei. Selbst die Soldaten an den Checkpoints, die ständig kassieren wollten, ließen mich plötzlich schnell und unbehelligt passieren. Durch dieses Geschehen wurde mir ganz deutlich, daß wir Missionare immer nur Werkzeug des Heiligen Geistes sein können und erkennen müssen, daß wir in solchen Ländern glaubensmäßig nur begrenzt etwas bewirken können.

Im Laufe meiner achtjährigen Missionstätigkeit beobachtete ich, wie dank des Einflußes christlicher Religion der

Glaube an Geister langsam von den Einheimischen wich und damit auch ihre Angst schwand. Nicht selten kamen Menschen, deren Gesichter zerkratzt waren, in der Dunkelheit zu mir in die Missionsstation und baten mich, sie in ihr Dorf zu begleiten, da sie große Angst vor „Djina", dem Geist, hätten. Da ich stolzer Besitzer einer Taschenlampe war, erfüllte ich ihren Wunsch und ging mit ihnen. Unsicher folgten sie mir. Unterwegs erklärte ich ihnen das „Geheimnis" des bösen Geistes.

In der Regenzeit waren die engen Urwaldpfade stark von Bäumen, Pflanzen und Büschen überwuchert. Beim Laufen wurden die Wanderer von herabhängenden Zweigen, die sie im Dunkeln nicht sehen konnten, gestreift und im Gesicht zerkratzt. So rannten sie voller Panik davon – und erlitten natürlich noch mehr Kratzer. Sie glaubten aber, es wäre ein böser Geist, der sie verfolge. Anfangs wurde meine Schilderung mit Skepsis bedacht, als ich jedoch furchtlos voranschritt, folgten sie meiner Aufforderung, Gott um Schutz zu bitten und wurden mutiger. Danach gab es weniger Hilfegesuche, das Gottvertrauen wuchs und der Glaube an Geister ging zurück.

Ich lernte viele Menschen kennen, besonders in der Klinik unserer Missionsstation. Bevor die Schwestern mit ihrer Arbeit begannen, betete ich mit den Patienten, machte ihnen Mut und segnete sie. Sie waren für alles dankbar. Auf dem Weg zu den Außenstationen stoppten sie des öfteren meinen Wagen, baten mich, ihre Kranken zu besuchen, mit ihnen zu beten und auch sie zu segnen. Sie freuten sich besonders, wenn ich manchmal Medizin für den Notfall zurückließ. Es kam auch vor, daß ich Verbände anlegen und offene Wunden reinigen mußte.

Häufig erhielt ich Besuch von „Townchiefs", den Häuptlingen verschiedener Stämme, die etliche Meilen zurücklegten, um sich ein Bild meiner Arbeit in der Missionsstation zu machen und mich baten, auch ihnen beim Aufbau des Dorfes behilflich zu sein. Während meines Aufenthaltes in Tappita baute ich zusammen mit den Einheimischen in drei Dörfern eine Kapelle und zwei Behandlungszimmer für Kranke. Die Freude dieser Menschen war groß – ich spürte es in jedem Gottesdienst. Fröhliche Gesänge, rhythmisches Händeklatschen und temperamentvolle Tänze machten es offensichtlich.

Regelmäßig suchte ich die Ortschaften auf, sammelte Menschen um mich, betete mit ihnen und erzählte biblische Geschichten – oft begleitet von Schwestern, die sich der Kranken annahmen. Der Katechet kam jedesmal mit, um bei der oft recht schwierigen Verständigung zu helfen. Die Ausbildung guter Katecheten in dieser Region ist äußerst wichtig, sorgen sie doch dafür, vor Ort und in schwierigen Zeiten den Glauben zu verbreiten.

Bei der Predigt aber schlichen sich immer wieder Fehlinterpretationen oder kleine Übersetzungsfehler ein. Beispielsweise lobte ich bei der Einweihung einer Kapelle die Dorfbewohner für ihren Fleiß und ihr Bemühen, den christlichen Glauben kennenzulernen. Nach dem Gottesdienst kam der Älteste zu mir, bedankte sich für die Ansprache, die allen gut gefallen hätte und antwortete auf meine Frage, was denn daran so gut gewesen sei, prompt: „Weil Sie uns so gut verstehen! Daß wir nur nach der Taufe keine Frau mehr dazunehmen dürfen, sonst aber Christ werden können, auch wenn wir schon mehrere Frauen haben!" Gerade dieses Problem hatte ich einige Tage zuvor mit dem Katecheten durchgesprochen.

Not macht erfinderisch – besonders Einheimische im Urwald. Die Fahrten zu den Außenstationen waren sehr strapaziös, und einmal hatte ich gleich zwei Reifenpannen hintereinander. Ratlos stand ich da. Es dauerte nicht lange, und Hilfe war in Sicht. Kurz und bündig wurde das Loch im Autoreifenschlauch mit zurechtgeschnittenen Schlauchstreifen zusammengeknotet bzw. abgebunden. Ich traute meinen Augen nicht. Verständlicherweise hielt sich mein Vertrauen in diesen „Schnellreparaturdienst" in Grenzen. Ohne allerdings meine Einwände zu beachten, wurde der Reifen montiert und aufgepumpt. Ich konnte nur noch staunen, und ich erreichte tatsächlich ohne Zwischenfall die Missionsstation. Ein Großteil dessen, was durch den Erfindungsgeist der Afrikaner „gezaubert" wird, um Fahrzeuge und ähnliches funktionsfähig zu erhalten, entspricht nicht im mindesten unseren hiesigen Sicherheitsvorschriften, doch es klappt! Ich war beeindruckt von ihrer Geschicklichkeit und lernte viel dazu. – Unfälle passieren übrigens selten, weil es wenig Autos gibt und die Urwaldpfade nur mit geringer Geschwindigkeit befahren werden können.

Nach dreijähriger Tätigkeit in Tappita wurde ich nach Zwedru gerufen, ca. achtzig Meilen von meinem bisherigen Wirkungsbereich entfernt. Dort existiert bereits eine große Missionsstation mit Kindergarten und High School, an der fünf Missionsschwestern aus Nordamerika gemeinsam mit einheimischen Lehrern Unterricht erteilten. Fast ein Jahr lang mußte diese Station ohne Priester auskommen – der Jubel bei meiner Ankunft war entsprechend. Das Gelände rund um die Kirche bot genügend Platz, um ein großes Fußball-, Volleyball- und Basketballfeld anzulegen. Beim Herrichten unterstützte mich eine Holzkompanie mit ihren Raupen.

Schnell erschienen Kinder und Jugendliche aus der Umgebung zum täglichen Spiel, über zweihundert waren nachmittags auf den Plätzen. Lehrer halfen bei der Betreuung und beim Training – Bälle, Fußballschuhe und Trikots wurden von meinem früheren heimatlichen Fußballverein gesponsert. Wenn bei wichtigen Spielen Schuhe und Trikots angelegt werden durften, fühlten sich die Spieler wie Profis. Bei Eintritt der Dämmerung läutete ich die Glocken und lud zum Dankgebet und zur Besinnung ein. Fast alle kamen – Christen und Nichtgetaufte.

Blick zurück in Dankbarkeit

Während meines Heimaturlaubs wurde ich manchmal gefragt, ob es überhaupt sinnvoll sei, die „Frohe Botschaft" nach Afrika zu bringen. Ja, es ist sinnvoll. Ich bin überzeugt davon, daß der Auftrag Christi, seine Botschaft in die Welt zu tragen, heute aktueller ist denn je. Wir haben diesen Auftrag noch lange nicht erfüllt. Missionare werden nicht in ein fremdes Land geschickt, um möglicherweise durch Taufen den Anstieg von Mitgliederzahlen für ihre Kirche zu bewirken, das wäre eine falsche Vorstellung von Missionsarbeit, sondern sie müssen in vielen Bereichen einsatzfähig sein. Predigt und Gottesdienst reichen nicht aus. Andererseits bedeutet es nicht, daß wir nur durch Ausbildung in Schule, Landwirtschaft und Handwerk dem Auftrag Jesu gerecht werden. Erst wenn beides Hand in Hand geht, können wir versuchen, diese Menschen behutsam zu Gott und damit zur inneren Freiheit zu führen.

In den vielen Jahren ist es mir nicht gelungen, zu fühlen oder zu erspüren, was die Menschen im Landesinnern wirklich denken. Auf meine Fragen erhielt ich stets eine gefällige Antwort, verbunden mit einem freundlichen Lächeln. Bis auf eine Ausnahme. Das Radio brachte die Nachricht, daß in Sambia fünf Missionare umgebracht worden seien. Ich fragte unseren Koch, ob er dazu auch fähig wäre, worauf er spontan sagte: „Ach, Sie brauchen keine Angst zu haben. Das geht so schnell, als würden wir eine Ziege schlachten." Ich glaube, das war eine der wenigen wahren Antworten, die ich während meines gesamten Aufenthaltes erhalten habe.

Mehrmals erlebte ich bei den von Natur aus fröhlichen Menschen, daß Gutmütigkeit und Brutalität dicht beieinander lagen. Wer hier Missionar werden will, muß wissen, daß ihn fremde Menschen mit einer oft ungebändigten Natur, mit einer völlig anderen Mentalität und einem anderen Empfinden von Grausamkeit erwarten. Er muß sich an die Kraft des Gebets halten und darauf bauen, daß „die Quellen neuer Kraft" im eucharistischen Opfer unaufhörlich sprudeln.

Dankbar schaue ich auf meine Missionstätigkeit zurück. Erfolg und Mißerfolg waren gepaart, doch der Auftrag Jesu lautet: „Geht hinaus in alle Welt, bis an die Grenzen der Erde." Von Erfolg oder Mißerfolg hat er nicht gesprochen, aber von Liebe – die nicht am Erfolg gemessen oder nach Leistung bewertet wird, sondern die wir leben sollten. So, wie ich meine Liebe zu Liberia in meinem Herzen lebe – auch wenn ich jetzt nicht mehr dort sein kann.

Franziska Charlotte Motschmann

Franziska Charlotte Motschmann, evangelisch, wurde 1975 in Hamburg geboren. Sie wuchs mit zwei jüngeren Brüdern in Itzehoe/Holstein auf. Seit 1987 lebt sie in Bremen und absolviert derzeit eine Groß- und Außenhandelslehre.

Starke Engel

von Franziska Motschmann

Es gibt Menschen, die den Zeitpunkt nennen können, an dem ihnen deutlich wurde, daß sie im Glauben stehen. Ich kann das nicht. Vielleicht liegt es daran, daß ich in einem gläubigen Elternhaus aufgewachsen bin. Ich bin damit groß geworden, am Sonntag in die Kirche zu gehen und bei Tisch vor dem Essen zu beten. Viel gedacht habe ich mir dabei zunächst nicht – es war bei uns eben so.

Doch bestimmte Ereignisse in meinem Leben führten mich mit der Zeit immer stärker an die Glaubensfragen heran.

Im August 1983 erlitt ich mit sieben Jahren einen schweren Verbrennungsunfall. Meine Mutter saß Tag für Tag an meinem Bett. Sie war für mich da – wie auch Gott selbst, der uns von allen Seiten umgibt. Das aber begriff ich erst viel später. Mein Vater verstand es besonders gut, mich immer wieder aufzuheitern. Doch auch wenn ich im Krankenbett trotz allem viel gelacht habe, so war der erste Krankenhausaufenthalt einfach nur lang und schrecklich. Immer wieder stellte ich mir die Frage: „Warum mußte das mir passieren?" Von nun an folgten jedes Jahr neue Operationen und jeder Krankenhausaufenthalt mit seinen langen Tagen bot mir viel Gelegenheit zum Nachdenken. In solch einer Situation sucht man nach einer Quelle, aus der man Kraft und Hoffnung schöpfen kann.

Zum einen war es der Rückhalt, den mir meine Familie und meine Freunde boten, zum anderen aber war es ganz sicher der Glaube, der sich immer mehr festigte. Erschien mir anfangs noch jede Rückkehr ins Krankenhaus als größtes Übel schlechthin, so schöpfte ich mit der Zeit zunehmend Ruhe und Kraft aus der Gewißheit, daß ich selbst in der größten Not nie alleine war: zum erstenmal in meinem Leben ging mir die Bedeutung der Engel auf!

Mein Onkel aus Hamburg schenkte mir ein Bild, das vier schwebende Engel zeigt. Ich liebe dieses Bild sehr, es hat einen Ehrenplatz in meinem Zimmer. Dazu erhielt ich von ihm den Bildband „Bleibt, ihr Engel, bleibt bei mir..." Der Titel dieses Buches ist einer Arie aus der Kantate „Es erhub sich ein Streit" (BWV 19) von Johann Sebastian Bach entliehen. Walter Nigg schreibt in der Einleitung zu diesem Buch: „Für den Menschen von heute bedeuten die Engel eine Verlegenheit. Ratlos hört er den Berichten über ihre Erscheinungen zu; er kann sie nicht mehr in seine Seele aufnehmen. Das metaphysische Unvermögen der Neuzeit steigerte sich hierin zu einer wahren Leugnung der Engel. Der moderne Mensch hat keine Beziehung mehr zu den himmlischen Boten, sie sind für sein skeptisches, nur auf den Nutzen bedachtes Denken reine Imagination und gehören höchstens noch dem Bereich des Märchens an."

Leider ist auch die Kirche der Verdrängung der Engel nicht entschlossen und wirksam genug entgegengetreten: „Angekränkelt vom Zeitgeist sprach sie beschämend zahm von ihnen, so daß ihr müdes Glaubenszeugnis alle leuchtende Kraft verlor. Statt mit hinreißender Überzeugungskraft sprach sie nur noch spielerisch von den lieben Engelein, die abends die Bettchen der Kinder umstehen", schreibt Nigg weiter.

Auch in mir lebte zunächst diese verniedlichende Vorstellung von den lieblichen, in weißen Gewändern gekleideten barocken Engelein mit Pausbäckchen und Goldlocken. Diese kitschige Vorstellung aber verblaßte rasch unter dem Eindruck der ganz massiven Hilfe, die ich im Glauben erfahren hatte. Statt dessen begriff ich, was die Bibel meint, wenn sie von den starken Engeln spricht. Ich begriff, daß ich die Worte aus Psalm 91 inzwischen selbst erfahren hatte: „Denn er hat seinen Engeln befohlen über dir, daß sie dich behüten auf allen deinen Wegen."

Dieser Glaube bewahrte mich vor Verzweiflung und Resignation. Er ließ mich erkennen, wie gut es doch die Menschen haben, die im Glauben stehen. Wie ganz anders sie mit ihren Krankheiten umzugehen wissen als jene, die nicht glauben können oder wollen. Glaube ist das Vertrauen, daß Gott in unserem Leben auf vielfältige Weise wirkt. Während ein Christ Halt und Trost im Glauben finden kann, fallen andere eher in ein tiefes Loch der Verzweiflung und Bitterkeit.

Schlüsselerlebnis

Eines Tages, es war im April 1994, fuhr ich mit meinem Auto auf der Autobahn von Bremen nach Hamburg. Eigentlich sollte ich an jenem Tag wieder einmal ins Düsseldorfer Krankenhaus, um mich auf eine weitere Operation vorzubereiten. Kurzentschlossen änderte ich diese Pläne, um vorher noch einen Abend mit einem Freund in Hamburg zu verbringen. Während dieser Fahrt geriet ich beim Überholen in einen schweren Unfall. Es war ein Wunder, daß ich aus dem vollkommen zertrümmerten Wagen noch lebend herauskam. Gott sei Dank gab es keine anderen Verletzten oder gar Tote!

Ich selbst konnte noch gerade aus dem Autowrack herausklettern, dann verließen mich die Kräfte und starke Schmerzen überfielen mich.

Da erlebte ich das zweite Wunder in meinem jungen Leben – ich kann es wirklich nicht anders nennen! Ohne daß es zwischen ihnen irgendeine Verbindung gegeben hätte, waren an diesem Tag drei Ärzte gleich hinter mir auf der Autobahn unterwegs. Sofort waren sie an der Unglücksstelle und versorgten mich fachgerecht. Irgendjemand hatte bereits vor dem Eintreffen der Ärzte an der Notrufsäule einen Krankenwagen angefordert. Als dieser erstaunlich schnell am Unfallort eintraf und mich mitnehmen wollte, widersprach einer der Ärzte und übernahm persönlich das Risiko für seine Entscheidung. Ich höre noch seine Stimme: „Wir brauchen sofort einen Hubschrauber, den Weg über die Straße schafft sie nicht mehr!"

Sehr genau erinnere ich mich an diesen Moment, denn ich war bei vollem Bewußtsein. Angst hatte ich nicht. Da ich fest an ein Leben nach dem Tod glaube, sorgte ich mich auch nicht um mich selbst. Es war eigenartig, doch dachte ich nur an den Kummer, den ich meiner Familie und den Freunden bereiten würde.

Der Hubschrauer traf ein, man schob die Trage, auf der ich lag, hinein und narkotisierte mich. Ich war dankbar, so von meinen Schmerzen befreit zu werden und schloß im gleichen Moment mit meinem Leben ab. Zu diesem Zeitpunkt glaubte ich nicht daran, daß ich aus der Narkose je wieder erwachen würde.

Wie ich später erfuhr, kamen meine Eltern, nachdem sie benachrichtigt worden waren, sofort ins Krankenhaus. Einer der Ärzte begrüßte sie mit den Worten: „Es steht leider nicht gut um ihre Tochter, sie wird noch bis zum vierten Tag in Lebensgefahr schweben." Mein Vater ist dann mit meiner Mutter und meinem Freund in die Krankenhauskapelle gegangen und hat eine Andacht gehalten. Es war ein Sonntag, auf dem Lesepult lag die Bibel, aufgeschlagen war Psalm 23, der Psalm vom guten Hirten: „Und ob ich schon wanderte im finstern Tal, fürchte ich kein Unglück; denn du bist bei mir, dein Stecken und Stab trösten mich." Mein Freund sagte mir später, er habe es nicht für möglich gehalten, daß jemand in dieser Situation eine so große Ruhe ausstrahlen konnte wie mein Vater.

Als ich auf der Intensivstation aufwachte, spürte ich eine große Dankbarkeit: zum drittenmal hatte mir Gott das Leben geschenkt!

Nach zehn Tagen durfte ich zum erstenmal das Gebäude verlassen. Ich ging in den Krankenhauspark. Ein großes Glücksgefühl überfiel mich: heraus aus der Krankenhausatmosphäre, befreit von allen Schläuchen, die mich ans Bett gefesselt hatten. Die laue Frühlingsluft, die ich einatmete und den Wind, der mir ins Gesicht wehte, empfand ich in diesem Augenblick als Geschenk des Himmels.

Was mir mein Glauben bedeutet

Es ist noch gar nicht so lange her, daß ich eine solch innere Unruhe in mir verspürte, daß ich in jeder freien Minute wegfahren mußte. Hinzu kamen Fêten an den Wochenenden – mit Freunden feierte ich, daß sich die Balken bogen. Wenn ich auch nach wie vor sehr gerne in fröhlicher Runde mit Freunden zusammen bin, so bin ich doch ruhiger geworden und weiß einen Abend zu Hause, im Kreis der Familie ganz anders zu schätzen.

Auch der sonntägliche Gottesdienst ist mir immer wichtiger geworden. Ich habe gelernt, daß das Wort Gottes oftmals nicht mehr ist als ein kleines Licht. Früher war ich stets auf der Suche nach dem großen Scheinwerfer, der das gesamte Gelände meines Lebens, meiner Fragen und Probleme erhellen sollte. Jeder Mensch, vor allem der leidende, hat ja unendlich viele Fragen, auf die er nicht in jedem Fall wie auf Knopfdruck eine klare Antwort erhält. So auch ich. Doch dann hörte ich in einer Predigt, daß uns Gott nur immer den Weg für den nächsten Schritt erhellt. Und genau für diesen einen Schritt, für diesen nächsten Schritt reicht das Licht, damit wir nicht straucheln, nicht fallen und nicht verzweifeln müssen.

Nach meinen bislang noch spärlichen Erfahrungen sind es vor allem drei Feinde, die uns Menschen zu schaffen machen: Schuld, Krankheit und Tod. Und es ist unser Glaube, es ist Christus, der uns helfen kann, mit diesen Widersachern und Übeln umzugehen, ja sie zu besiegen. Niemand muß in der Schuld bleiben; aus der Kraft der Vergebung ist neues Leben möglich. Niemand muß in der Krankheit an der Sinnfrage zerbrechen, denn Anfechtungen, die wir gerade durch Krankheiten erleiden, können uns und anderen die Augen öffnen für ganz wesentliche Einsichten, die wir sonst so nicht gewonnen hätten. Und schließlich: niemand muß im Tod die „letzte Instanz" sehen, denn wir dürfen die Gewißheit haben, daß alles verwandelt wird und wir selbst in ein neues gänzlich anderes Leben eintreten.

So verstehe ich heute im Rückblick auf meinen bisherigen Lebensweg den Sinn aller Höhen und Tiefen. Gott ruft jeden Menschen auf die für ihn allein geeignete und bestimmte

Weise. Zu mir hat er in meinen lebensbedrohlichen Situationen gesprochen. Vielleicht mußte mir einiges genommen werden, damit ich mich um so fester an Gottes Wort halte. Heute erlebe ich mein ganz „normales" Leben, meinen Alltag, sehr viel intensiver und bewußter als zuvor. Denn ich weiß, daß jeder neue Tag ein Geschenk ist.

Ich kann mir gut vorstellen, daß jemand, der nie krank gewesen ist, die Gesundheit gar nicht so richtig schätzen kann, weil sie einfach „normal" für ihn ist. Es ist doch ein großer Unterschied, ob man darüber bloß nachdenkt oder dies selbst erfahren hat. Krankheit und Hilflosigkeit haben mich jedenfalls spüren und erkennen lassen, wie notwendig die Hilfe an den „Schwachen" ist.

Ich werde nie vergessen, welch eine große Hilfe es für mich war, daß mich nicht nur mein Glaube, sondern immer auch die Familie und die Freunde bis hin zu den Ärzten und Krankenschwestern getragen haben. Insgesamt lag ich bisher in sieben Krankenhäusern, zuletzt im Krankenhaus des Diakoniewerks Düsseldorf-Kaiserswerth. In allen Krankenhäusern half man mir – und doch habe ich gespürt, welch unterschiedlicher Geist in den einzelnen Häusern weht.

Mußte ich wieder einmal nach Düsseldorf, so nahm man mich auf „meiner" Station der Plastischen Chirurgie wie in einer großen Familie auf – angefangen vom Chefarzt und seinem Ärzteteam bis hin zu den Schwestern und übrigen Mitarbeitern. Dieses Beispiel gelebten Christentums hat mich immer wieder tief beeindruckt. Denn ich bin hier Menschen begegnet, die ihren Beruf als Berufung begreifen.

Kein Zufall, daß das Krankenhaus des Diakoniewerks Kaiserswerth den Namen „Florence Nightingale" trägt. Jene

Tochter aus einem vornehmen englischen Hause, die 1844 den Entschluß faßte, Krankenpflegerin zu werden und die weltweit bekannt wurde durch ihren aufopferungsvollen Dienst in der Kriegskrankenpflege während des Krimkrieges. Als beruhigend empfinde ich es, daß Florence Nightingale, die sich ganz und gar von Gott in seinen Dienst gestellt fühlte, kein genaues Datum ihrer „Berufung" angeben konnte. Und vor allem haben mich einige ihrer Sätze über die Engel, die sie in hohem Alter geschrieben hat, inspiriert und nicht mehr losgelassen: „Wer sind die 'dienenden Engel'? Nicht die, welche umhergehen und Blumen streuen: jedes unartige Kind würde das auch gerne tun, ja, auch jeder Spitzbube. Die Engel sind die, welche wie die Kindermädchen oder die Stallmagd oder der Gassenkehrer ekelhafte Arbeit tun: Feinde der Gesundheit oder Hindernisse der Genesung wegräumen, Töpfe leeren, Kranke waschen usw. – lauter Dinge, für die sie keinen Dank empfangen. Sie sind die Engel."

Und noch etwas hat die Begegnung mit dem geistigen Vermächtnis dieser dienenden Frau in mir bewirkt. Sie hat die Frage in mir losgetreten „Was tust du eigentlich für andere?". Soviele Menschen waren es, die bislang mir geholfen haben. Und ich selbst? Was tue ich? Sollte ich nicht mit den Gaben, die Gott mir geschenkt hat, denjenigen helfen, denen es nicht so gut geht wie mir? Denen es an Gnade, Einsicht und Glaube mangelt? Diese Frage läßt mich nicht mehr los. Und doch spüre ich Gelassenheit, denn es gibt soviele Möglichkeiten, um zu helfen. Und Gott wird jedem von uns die Augen, die Ohren und das Herz öffnen ...

Heute weiß ich, warum ich in die Kirche gehe, warum wir zu Hause – nicht nur vor dem Essen – beten. Es gibt immer Grund zur Dankbarkeit!

Jens Motschmann

Jens Motschmann wurde 1942 in Berlin geboren. Er verbrachte seine Kindheit und Jugend in der DDR, legte 1960 das Abitur ab und flüchtete im selben Jahr nach Westberlin. Nach dem Studium der Politischen Wissenschaften und der Theologie in Berlin und Hamburg und dem 1. und 2. Theologischen Examen wurde er 1971 Pfarrer in Neumünster, von 1972 bis 1987 Pfarrer in Itzehoe/Holstein, ab 1987 in Bremen. Von 1977 bis 1987 war er Mitglied der Synode der Nordelbischen Evangelisch-Lutherischen Kirche. Er ist Autor von Büchern und Publikationen. Motschmann ist verheiratet und Vater von drei Kindern.

Gemeinden als „geistliche Tankstellen"

von Jens Motschmann

Ungefähr fünf Jahre war ich alt, als ein Freund meiner Eltern uns besuchte. Beim Abendessen sprachen wir auch darüber, welchen beruflichen Weg mein ältester Bruder wohl einmal einschlagen könnte. Da fragte mich auf einmal unser Gast ganz unvermittelt: „Jens, was möchtest du denn mal werden?" Noch heute sehe ich die erwartungsvollen Blicke, die sich auf mich richteten. Ich legte meinen Löffel beiseite und antwortete mit fester Stimme: „Ich möchte mal ein richtiger Mensch werden." Natürlich war die Tischrunde leicht verwundert, und man fragte nach, wie ich das denn meine. Ich gab zur Antwort: „Papa ist Pastor, ich möchte aber ein richtiger Mensch werden."

Damit wollte ich nicht sagen, daß ein Pastor für mich so etwas wie ein überirdisches Wesen sei, sondern nur auf meine Weise ausdrücken, daß ich die sonntägliche Verkleidung im schwarzen Talar so ungewöhnlich und befremdlich fand, daß schon deshalb die Möglichkeit, Pastor zu werden, für mich ausschied.

Um es gleich vorweg zu nehmen: 25 Jahre später wurde ich in der St. Nikolai-Kirche in Kiel durch den Bischof für Holstein, Dr. Friedrich Hübner, zum Pastor ordiniert – und trage heute den Talar meines Vaters. Heute verstehe ich meine kindliche Auskunft von damals wie ein unbewußt hellsichtiges Wort. Ich wollte ein „richtiger Mensch" werden. Das sollte tatsächlich mein Wunsch bleiben, allerdings in einem anderen Sinne.

Meine Kindheit und Jugendzeit verbrachte ich in Rohrberg, einem Dorf in der Altmark, also in der damaligen Sowjetischen Besatzungszone, der späteren DDR. Schon während der Schulzeit beschäftigte mich die Frage nach dem Woher und Wohin des Lebens – ausgelöst durch den Friedhof, der an unseren Garten grenzte. Was das kindliche Gemüt beim Lesen der Grabsteine nur erahnen konnte, wurde später zur zentralen Frage meines Nachdenkens: verantwortlich lebt, wer dem antwortet, der ihn ins Leben gerufen hat. Wer sich dem entzieht, gefährdet sein Leben. Er muß sich dann selbst zum Maßstab aller Dinge machen. Und wo enden wir, wenn sich jeder eigenmächtig zum Maßstab setzt?

Es leuchtete mir ein, daß wir im Konfirmandenunterricht die Zehn Gebote samt Luthers Erklärung auswendig lernen mußten. „Etwas Festes muß der Mensch haben" – diesen Satz von Matthias Claudius hörte ich oft aus dem Mund meiner Mutter, und sie meinte damit den festen Grund des Glaubens. Daß meine Mutter betete, machte auf mich fast einen stärkeren Eindruck als das Beten meines Vaters. Denn – so dachte ich – er habe ja das Beten in der Pastorenausbildung gelernt, sei sozusagen ein Profi, meine Mutter hingegen war eine schlichte Hausfrau.

An meine Konfirmation am Sonntag Palmarum 1956 denke ich gern zurück. Es war für mich ein großer Augenblick, als ich vor dem Altar stand und mein Vater mich einsegnete. Im Jahr 1956 gab es im Kirchspiel Rohrberg mit seinen drei kleinen „Filialgemeinden" immerhin noch 28 Konfirmanden. Ein Jahr zuvor war in der DDR die Jugendweihe eingeführt worden. Die Teilnahme am Konfirmandenunterricht ging zurück, allerdings zeigte sich unsere Gemeinde noch einige Jahre immun gegen diesen atheistischen Ersatz für die Konfirmation.

Erfahrungen im Kommunismus

Bis zu meinem Abitur im Mai 1960 blieb ich in meinem Elternhaus. Meine beiden älteren Brüder Klaus und Bernd lebten zu diesem Zeitpunkt bereits im Westen. Der politische Hintergrund jener Jahre hatte mich stark geprägt. Ich kann mich an Phasen meiner Entwicklung erinnern, wo ich dem Beruf meines Vaters kritisch, ja ablehnend gegenüberstand. Der Einfluß der atheistischen Schule blieb zeitweilig nicht ohne Wirkung. Andererseits widerte mich die maßlose Überheblichkeit der kommunistischen Ideologie an. Vor allem der kühne Fortschrittsglaube, daß unter der Führung der Arbeiter- und Bauernklasse alles besser und besser und noch mal besser werden würde, widerlegte der DDR-Alltag täglich aufs neue.

In meinem Hin- und Hergerissensein diskutierte ich leidenschaftlich mit meinem Vater, wohl auch in der geheimen Hoffnung, daß er mir Argumente an die Hand geben würde, die mich von der Richtigkeit seiner Ansichten überzeugen könnten. Eines Tages fiel in einer solchen Diskussion ein Satz, der für mich zu einem Schlüsselwort wurde und mich seitdem nicht mehr losließ. Mit Blick auf den Nationalsozialismus und auf den Kommunismus hörte ich meinen Vater sagen: „Humanität ohne Divinität führt zur Bestialität."

Dieser prägnante Satz blieb mir im Ohr, und einige Wochen später erlebte ich etwas, das mich endgültig von der Versuchung des „sozialistischen Humanismus" kurierte. Ich sah, wie in unserem Dorf die letzten selbständigen Kleinbauern durch Kampagnen der SED bearbeitet und auf sog. Ausspracheabenden unter Alkohol gesetzt wurden, bis sie ihre Unterschrift zur Zwangskollektivierung geleistet hatten. Einige Bauern haben sich daraufhin erhängt. Das Erlebte erschütterte mich zutiefst, und ich erkannte die tiefe Wahrheit, die in den Worten meines Vaters steckte.

Zugleich beeindruckte mich, wie mein Vater als Seelsorger mit den betroffenen Familien und den Behörden umging und in seiner Verkündigung mutig Stellung bezog. Dieses klare Zeugnis meines Vaters für die biblische Wahrheit ohne Ansehen der Person war mir ebenso Vorbild wie die schlichte Frömmigkeit meiner betenden Mutter. Ich erkannte an meinen Eltern, daß der Beruf meines Vaters, den meine Mutter voll und ganz unterstützte, aus einer inneren Berufung kam. Mein Vater hat über diese Berufung nie mit uns Kindern gesprochen. Wir haben ihn auch nie danach gefragt, und doch haben wir manches nach und nach erahnt und gespürt.

Nach der Flucht

Als ich im Juli 1960 aus der DDR floh, merkte ich noch nichts von einer inneren Berufung zu einem kirchlichen Dienst. Anderenfalls wäre ich sicher in der DDR geblieben, so wie es auch für meine Eltern undenkbar gewesen wäre, ihre Gemeinde zu verlassen.

Wenn ich nach dem Tag gefragt werde, an dem ich Christus mein Leben anvertraute und schenkte, so kann ich weder Tag noch Stunde nennen. Ebenso wie ich nicht den Tag benennen könnte, an dem ich meine Frau ins Herz schloß. Es war ein Weg, bis es soweit war, daß die Gewißheit „wir gehören zusammen" zur Trauung führte. Und genauso mußte ich auch einen Weg zurücklegen, bis ich aus Überzeugung sagen konnte: Christus ist mein Herr und Heiland, ihm will ich nicht nur mit meinem Leben, sondern auch mit meinem Beruf dienen.

Niemand geht seinen Glaubensweg völlig allein. Auch ich danke neben meinen Eltern, meiner Großmutter, vor allem auch meinen beiden Brüdern, Freunden und Gemeindegliedern, daß sie mich treu begleitet und mir aus der Kraft ihres Glaubens immer beigestanden haben.

Dann kam ein Tag im Mai 1963, ich markierte ihn in meinem Kalender, an dem für mich an einem einzigen Nachmittag die innere Berufung zum Predigtamt reifte und mir plötzlich klar vor Augen stand. Ich hatte bis zu diesem Zeitpunkt mit großer Begeisterung Politische Wissenschaften studiert. Auch hatte ich einige theologische Vorlesungen besucht – aber halt nur „nebenbei".

An jenem Montagnachmittag hatte ich gerade in der Bibel die Geschichte vom Kämmerer aus Äthiopien gelesen, die Geschichte von dem Mann, der auf der Rückreise von Jerusalem in der Jesaja-Rolle liest und einiges nicht begreift. Da steht Philippus am Wegesrand und fragt ihn: „Verstehst du auch, was du liest?" Der Kämmerer lädt Philippus ein, auf den Wagen zu steigen. Und in wenigen Minuten erklärt er dem Kämmerer so überzeugend die großen Taten Gottes, daß diesen der plötzliche Wunsch überwältigt, getauft zu werden, als sie ein Wasser passieren.

Dieser Mann empfing ein völlig neues Leben, das Lukas in einem einzigen Halbsatz so wunderbar zusammengefaßt hat: „... er aber zog seine Straße fröhlich." (Apg. 8,39)

Das traf mich. Diese Freude sprach mich an, erfüllte mich im Augenblick so sehr, daß in diesen Minuten für mich die endgültige Entscheidung fiel: Du studierst Theologie und wirst nicht mehr hin- und hergerissen sein, sondern deine Straße ebenfalls fröhlich ziehen. Sicher war es eine besondere Fügung, daß diese Worte 24 Jahre später der vorgeschlagene Predigttext für meine erste Predigt nach meiner Berufung zum Martini-Pastor in Bremen werden sollte!

Und doch blieb ich skeptisch vor mir selbst. Drei Tage Bedenkzeit stand ich mir zu, um mich zu prüfen, ob mein Wunsch nur aus einer momentanen Begeisterung geboren oder bereits in tiefster Seele verankert war. Es war mehr als Begeisterung – und so ließ ich mich drei Tage später in die Theologische Fakultät der Universität Hamburg einschreiben. Das war wiederum ein großer Tag für mich.

Dem Zeitgeist trotzen

Während meines Studiums und mit Blick auf das zukünftige Pfarramt waren es vor allem zwei Männer, die meine innere Berufung festigten. Der eine war der Theologieprofessor Helmut Thielicke, eine Persönlichkeit mit einer starken Ausstrahlung, in der sich Demut vor Gott, überragende Bildung und liebenswürdige Herzlichkeit miteinander verbanden. Er war in gleicher Weise ein begnadeter Wissenschaftler, Lehrer und Prediger. Die Anschaulichkeit seiner Rede, gewürzt mit Humor, gewann ihm viele Zuhörer. Vor allem aber beeindruckte mich seine Zivilcourage, die er immer wieder in mutigen Stellungnahmen zu aktuellen Fragen bewies.

Die andere Persönlichkeit, Thielicke in mancher Hinsicht geistesverwandt, die mich ebenfalls stark anzog, war der Bischof von Berlin-Brandenburg, Otto Dibelius. Er ist für mich *die* bischöfliche Gestalt geblieben: fromm, gebildet, humorvoll und unbeugsam gegenüber dem Zeitgeist. Wie gelassen reagierte er gegenüber allen gehässigen Angriffen, die er besonders von der SED und den Linkstheologen in der Bundesrepublik einstecken mußte. Es war den Kommunisten natürlich ein Dorn im Auge, daß Dibelius, solange es die politischen Verhältnisse erlaubten, vorzugsweise in der Ost-Berliner Marienkirche predigte.

Ich habe ihn einige Male gehört, habe alles, was es von ihm und über ihn zu lesen gab, verschlungen, doch zu einem persönlichen Gespräch zwischen dem Bischof und dem Studenten kam es leider nie. Dafür aber erhielt ich von ihm drei Monate vor seinem Tod einen fünf Seiten langen Brief. In diesem Brief reagierte er auf meine Kritik an der sogenannten Ost- oder Vertriebenen-Denkschrift der EKD. Diese Denkschrift hatte sofort nach ihrer Veröffentlichung 1965 die Gemüter in einer heftigen Pro- und Contra-Debatte erhitzt. Im Theologischen Seminar von Prof. Helmut Thielicke an der Universität Hamburg war meine Arbeit entstanden und dann veröffentlicht worden.

Dibelius schrieb in seinem Brief: „Wir müssen Gott bitten, daß er uns aus dem gegenwärtigen Zustand, in dem die Kirchen überall bereit sind, sich dem Geist der Zeit zu beugen, herausführt und einen neuen Aufschwung geschehen läßt!" Mir waren diese Worte wie ein Vermächtnis, ich fühlte mich bestärkt, den Kampf gegen den Zeitgeist in der Kirche aufzunehmen. Und plötzlich stand mir auch mein Konfirmationsspruch neu vor Augen: „Seid stark in dem Herrn und in der Macht seiner Stärke." (Epheser 6,10)

Dieses Wort leitet einen Abschnitt im Brief des Paulus an die Epheser ein, in dem er ausdrücklich von der Notwendigkeit des Kampfes und der geistlichen Waffenrüstung spricht. Zum erstenmal erkannte ich die Bedeutung meines Konfirmationsspruches und dankte Gott für diesen Zuspruch.

An Gelegenheiten für diesen Kampf hat es seitdem nicht gefehlt. Es war für mich eine große Hilfe, daß ich in meiner Frau nicht nur eine fürsorgliche Lebensgefährtin und die Mutter meiner drei Kinder gefunden hatte, sondern auch eine kluge, engagierte und betende Mitstreiterin.

Als ich Anfang der siebziger Jahre meine erste Pfarrstelle im schleswig-holsteinischen Neumünster antrat, war das die Zeit, als man in der Kirche zu diskutieren begann, ob man als Christ auch Kommunist sein könne oder müsse, ja mehr noch: ob nicht auch ein Pfarrer Mitglied in einer kommunistischen Partei sein könne. Es folgte die Zeit der Demonstrationen gegen Atomkraftwerke, der Kampagnen für die Streichung des Paragraphen 218, die Zeit der sogenannten Friedensbewegung, dann die Jahre, in der die feministische Theologie auftauchte und von „Jesa Christa" und der „Heiligen Geistin" die Rede war – und schließlich als vorläufig letzte Etappe der innerkirchlichen Auseinandersetzungen um den Zeitgeist die stete Diskussion in allen möglichen kirchlichen Gremien, ob Homosexuellen und Lesben die Möglichkeit gegeben werden sollte, ihre Partnerschaften in der Kirche segnen zu lassen.

Von der Resignation zur Ermutigung

Im Laufe der Jahre machte ich eine für mich folgenschwere Entdeckung: Immer dann, wenn ich über längere Zeit hinweg in der Gemeinde arbeitete, predigte, Gemeindeglieder besuchte, mit den Jugendlichen im Unterricht und auf Freizeit zusammen war, spürte ich einen starken inneren Auftrieb. Es war so, als wollte Gott mir signalisieren: „Mach weiter so, das ist Dein Weg!" Selbst in den Zeiten, die persönliches Leid überschatteten, spürte ich diese Stärkung aus dem Glauben. Meine Frau und ich hielten uns an die Verheißung, „daß denen, die Gott lieben, alle Dinge zum Besten dienen, denen, die nach seinem Ratschluß berufen sind". (Römer 8,28)

Aber immer dann, wenn ich mich zu lange und zu heftig in die kirchenpolitischen und theologischen Streitereien hinein-ziehen ließ, fühlte ich mich matt und unfroh. Von vielen Seiten, vor allem natürlich von mir nahestehenden Theologen und Gemeinden, wurde ich zu Vorträgen, Podiumsdiskussionen und Talkshows im Fernsehen eingela-den. Ich schrieb kirchenpolitische Aufsätze und Bücher. Doch selbst wenn ein solcher Beitrag oder ein Vortrag auf gute Resonanz trafen, beschlich mich doch oft hinterher ein Gefühl der Resignation. Ich haderte mit mir: Hat das alles Sinn? Wer bist du, daß du landauf, landab andere belehren und aufklären willst über die Irrungen und Wirrungen der Kirche? Kann man diese Kirche überhaupt noch mit Argu-menten zu einer Kurskorrektur bewegen?

Ich schloß mich gleichgesinnten Kreisen an, den „Beken-nenden Gemeinschaften". Die Hoffnung lebte auf, mit ver-einten Kräften und mit dem gemeinsamen Gebet könne der Aufbruch erreicht werden, den schon Dibelius herbeigesehnt hatte. Ohne Frage haben diese Bekennenden Gemeinschaften – wie beispielsweise die Bekenntnisbewegung „Kein anderes Evangelium", die „Evangelische Notgemeinschaft in Deutsch-land", die „Kirchliche" bzw. „Evangelische Sammlung", die „Bekennende Gemeinschaft" in Nordelbien – vielen von ihrer

Kirche enttäuschten und verunsicherten Christen neue Ermutigung und Orientierung gegeben. Und doch, aufs Ganze gesehen, war es auch diesen Bewegungen bisher nicht vergönnt, eine Reformation der Kirche auszulösen. Nicht nur, daß alles beim alten blieb, im Gegenteil: in manchen kirchlichen Bereichen nahmen die geistliche Erosion und Ausdünnung erschreckende Formen an.

Vor allem spürte ich, daß meine stete Kritik dieser Entwicklungen, mochte jeder einzelne Kritikpunkt auch berechtigt sein, zu einer negativen Sicht des Lebens und der Kirche, auf eine bloße Fixierung auf die Mißstände führte und entmutigend wirken konnte. Dabei war es doch gerade Aufgabe eines Pastors, zu ermutigen und vor allem die Liebe Christi spürbar zu machen!

Schlimm, ja bedrohlich wurde die Lage, als ich 1985 einen Offenen Brief an die drei nordelbischen Bischöfe mitverfaßte und unterzeichnete, der die Bischöfe mahnte, nicht länger tatenlos den Kräften in der eigenen Kirche zuzusehen, die öffentlich Staatshetze betrieben, Sympathie für Terroristen bekundeten, zum Rechtsbruch aufforderten und Ehe und Familie verächtlich machten. Nun überschlugen sich die Ereignisse. Sogar eine Sondersynode wurde eiligst im Juli 1985 nach Rendsburg einberufen. Die Angriffe auf meine Person wurden unerträglich, und ein Außenstehender mußte den Eindruck gewinnen, ich sei der wahre Feind der Kirche. Ich begann, an meiner Berufung ins Pfarramt der Evangelischen Kirche zu zweifeln und ertappte mich dabei, langsam die Fühler nach einer neuen Tätigkeit, als Lehrbeauftragter an der Universität oder als Journalist, auszustrecken.

Mitten in diese Überlegungen hinein kam es zu einer Begegnung mit einem Pastor aus Bremen: Professor Huntemann. Er spürte sofort meine innere Not – und befand sich, wenn auch in ganz anderer Weise, ebenfalls in einer gewissen Not: er suchte nämlich gerade seinen Nachfolger für das Amt des Pastors an der Kirche St. Martini in der Altstadt zu Bremen. Das Gespräch mit diesem beeindruckenden und mitreißenden Theologen gab meiner Sicht eine neue Richtung. Ich hatte wieder Fuß gefaßt und fühlte meine Berufung erneuert und gestärkt. Seit 1987 bin ich Pastor an dieser Gemeinde, die mich wie eine große Familie umgibt, und für die ich nur jeden Tag aufs neue von Herzen danken kann.

Geborgenheit im Glauben bedeutet für mich stets Geborgenheit in der Gemeinschaft der Gläubigen. Vielleicht findet man diese geistliche und menschliche Gemeinschaft nicht in jedem Fall in der Ortsgemeinde, der man angehört. Möglich, daß die geistlichen Grundlagen dieser Gemeinde nicht der Bibel entsprechen. In diesem Fall ist es ratsam, mit den Verantwortlichen in der Gemeinde in ein konstruktives Gespräch zu treten. Scheitert dieser Versuch, so muß man sich in der näheren Umgebung die Gemeinde suchen, die einem eine „geistliche Tankstelle" sein kann – und nicht ein TÜV, der unsere Leidensstärke Sonntag für Sonntag aufs neue testet. Doch ohne Gemeinde geht es nicht. Ohne Gemeinde wird der Gläubige und schließlich auch sein Glaube wurzellos.

Das Thema „Kirchenkampf", von dem ich gesprochen habe, ist damit nicht erledigt, doch sind die Schwerpunkte neu gesetzt. Nicht die Kritik hat den Vorrang, sondern die geist-lich-erweckliche, seelsorgerliche und diakonische Arbeit in der eigenen Gemeinde, die in Jesus Christus ihre eindeutige Mitte hat. Eine Gemeinde, die sich so versteht, wird dann auch wie eine Oase in der verwüsteten Volkskirche blühen und Frucht bringen. Ist dies erreicht, so ist es wichtig, um im Bilde zu bleiben, die Wege zwischen den einzelnen „Oasen" gangbar zu halten und der Wüste fruchtbares Land abzugewinnen.

Ich sehe, daß allem Leben – auch dem Glaubensleben – eine Spannung innewohnt. Es ist die Spannung zwischen stark und schwach, zwischen hell und dunkel, zwischen oben und unten, zwischen Einatmen und Ausatmen, zwischen Ruhe und Bewegung, zwischen Freude und Leid. So sagt es schon der Prediger Salomo in der Bibel: „Alles hat seine Zeit." (Pred. Sal. 3) Wenn wir wissen, daß unsere Zeit in Gottes Händen ruht, dann spüren wir eine große Gelassenheit, die uns nicht lässig macht, aber uns hilft, die Sorgen des Tages loszulassen. Nur so können wir froh und zuversichtlich den neuen Tag mit seinen neuen Aufgaben erwarten. Auch diese Einstellung gehört zum „richtigen Menschen" – wie Gott ihn haben will.

Arnold Poll

Prälat Arnold Poll wurde 1925 in Gey (heute Hürtgenwald) geboren. Nach dem Besuch der Missionsschulen der Spiritaner in Broichweiden und Knechtsteden, die dann von den Nationalsozialisten aufgelöst wurden, besuchte er von 1938 bis 1943 das Humanistische Gymnasium Düren. 1943 ging er als Soldat an die Ostfront, die Jahre 1945 bis 1949 verbrachte er in russischer Kriegsgefangenschaft. Nach seiner Rückkehr schloß er 1950 das Gymnasium mit dem Abitur ab und studierte dann von 1950 bis 1952 Philosophie an der Universität Bonn, von 1952 bis 1953 Theologie an der Universität München. 1954 schloß er in Bonn sein Theologiestudium ab. Von 1954 bis 1956 war er im Priesterseminar in Aachen, 1956 wurde er zum Priester geweiht.

Von 1956 bis 1966 war er als Kaplan in Krefeld und Hinsbeck und danach als Pfarrer in Houverath tätig. Von 1966 bis 1968 arbeitete er als Regionalpfarrer der Region Heinsberg, von 1968 bis 1981 als Regionaldekan der Region Heinsberg. Von 1970 bis 1980 war er Diözesandirektor des Werkes „Missio" im Bistum Aachen. Seit 1980 ist er Präsident des „Kindermissionswerkes/Die Sternsinger". 1989 erhielt er das Bundesverdienstkreuz 1. Klasse.

302

Ein Leben für Gott und die Kinder

von Arnold Poll

Ich wurde als jüngstes von drei Geschwistern in einem katholischen Elternhaus groß. Die Glaubenspraxis in diesem Haus war Lebenspraxis. Schon bevor ich zur Schule ging, trug ich mich mit dem Gedanken, Priester zu werden. Seit meinem sechsten Lebensjahr ging ich täglich zur heiligen Messe. Ich war froh, wenn ich dem Küster bei seinen Arbeiten in der Kirche helfen konnte. Nach der Erstkommunion wurde ich Meßdiener. Mein Heimatpastor nahm meine Neigung zum Priestertum positiv auf. Als ich neun Jahre alt war, begann er, mir Lateinstunden zu geben. Dann wurde ich als Sextaner in die Missionsschule in Broich bei Aachen eingeschult. Doch schon ein Jahr später schlossen die Nazis meine Schule. Ich erhielt die Möglichkeit, ein weiteres Jahr die Missionsschule in Knechtsteden zu besuchen. Dann wurde auch diese gute Schule ein Opfer der Nazidiktatur. Ich wechselte auf das humanistische Gymnasium in Düren.

Schon 1933 hatten mir meine Eltern und mein Heimat-pastor prophezeit, daß mit Hitler eine schlimme Zeit auf unser Land und auf unsere Kirche zukommen würde. Diese Vorhersage band mich noch fester an die Kirche. Mein Heimatdorf war acht Kilometer von Düren entfernt. Zur

Schule mußte ich mit dem Fahrrad oder mit dem Omnibus fahren. Mein erster Weg führte mich morgens immer in die Kapelle der Ewigen Anbetung der Eucharistiner. Als in der Schule kein Religionsunterricht mehr erteilt werden durfte, trafen wir uns vor Schulbeginn zum Religionsunterricht im Haus unseres Religionslehrers.

Mit 15 Jahren wurde ich zur Ortsgruppe der NSDAP befohlen. Es ging um den Beitritt zur Waffen-SS. Ich vergaß, dort hinzugehen. Die Polizei holte mich. Als ich das Büro des Ortsgruppenleiters betrat, sagte dieser: „Dich können wir schon gar nicht brauchen." Ich antwortete spontan: „Daran habe ich auch kein Interesse." Als ich das gesagt hatte, schlug der Polizist mit dem Gummiknüppel nach mir. Ich drehte mich um und lief nach Hause.

Einige Zeit später wurden zehn Schüler aus unserer Klasse als Aufsichtspersonen für die „Kinderlandverschickung" ausgewählt. Kinder aus den Städten, die immer wieder bombardiert wurden, sollten in ländliche Gebiete oder in die Gebirgsregionen evakuiert werden. Wir Gymnasiasten mußten sie in ihrer Freizeit beaufsichtigen. Vorbereitet wurden wir auf diese Aufgabe in einem Lager in der Nähe von Breslau. Der Kurs endete mit einer Prüfung. Die wichtigste Examensaufgabe war, unser persönliches Verhältnis zur Kirche zu erläutern. Obwohl ich mein Verhältnis zur Kirche als sehr eng bezeichnete, wurde ich mit einem Klassenkameraden nach Bad Aussee ins Salzkammergut geschickt. Für drei Monate mußten wir dort Kinder aus Köln betreuen. Am Sonntag durften wir nicht zum Gottesdienst gehen. Das Haus, in dem wir untergebracht waren, blieb bis in den späten Vormittag hinein verschlossen. So sprangen mein Klassenkamerad und ich jeden Sonntag aus dem Fenster, um die heilige Messe besuchen zu können.

Als Untersekundaner mußte ich Soldat werden. Nach einem Monat Grundausbildung in Aachen kam ich nach Rußland. In Minsk (Weißrußland) erhielt ich einen weiteren Monat lang eine Ausbildung als Infantriefunker. Ich kam an die Front und machte den Rückzug im Raum Kowel (Ukraine) mit. Dann ging es nach Wilna (Litauen) und Ostpreußen. In den letzten Tagen des Krieges verteidigten wir die Frische Nehrung. Wenige Tage vor Kriegsende gelangten wir mit einem Schiff auf die Halbinsel Hela.

Als ich Soldat wurde, war ich 18. Als der Krieg zu Ende war, war ich 19. Der Tod war in diesem Jahr unser täglicher Begleiter gewesen. Aber an jedem Tag hatte ich die schützende Hand Gottes gespürt. An wem sollte ich mich festhalten, wenn nicht an ihm. Gemeinsam mit einigen meiner Kameraden hofften wir auf den Erfolg des Widerstandes. So war der 20. Juli für uns eine große Enttäuschung.

Die nächste große Enttäuschung waren die Russen. Am 9. Mai 1945 versprach ein russischer General: „Sie sind keine Kriegsgefangenen! Sie sind Zivilinternierte! Sie kommen bald nach Hause!"

Von der Halbinsel Hela marschierten wir ohne besondere Bewachung nach Danzig. Hier verbrachten wir 14 Tage im Freien. Dann mußten wir in die Festung Graudenz marschieren. Immer noch vertrauten wir dem Wort des russischen Generals. Aber als wir eines Tages hörten, daß Mitgefangene bei einem Fluchtversuch erschossen worden waren und als man uns eines Nachts die Haare abschnitt, war unsere Hoffnung dahin.

Zunächst sperrte man uns in der Ukraine in ein Kolchosenlager. Die Tage in diesem Lager waren geprägt vom Kampf um das Trinkwasser. Es folgte ein Lageraufenthalt in Tschernigow (ca. 80 km von Kiew entfernt), wo ich schon nach kurzer Zeit an Diphtherie erkrankte. Ich kam in ein Krankenhaus, in ein Zimmer mit Russen. Gott schickte mir einen alten Arzt mit zwei Medizinstudentinnen zur Visite. Als die Studentinnen hörten, daß ich Schüler sei, brachten sie mir einen russischen Langenscheidt mit. Ich lernte mit diesem Buch Russisch. Nach vier Wochen Krankenhausaufenthalt konnte ich mich schon ein wenig verständigen. Übrigens: die Hygiene im Krankenhaus war katastrophal, in den Toiletten trafen wir immer wieder auf Ratten.

Zurück im Lager, mußte ich auf einer Baustelle arbeiten. Zumeist bestand unsere Arbeit darin, halbzerstörte Häuser abzubrechen und die Ziegelsteine zu reinigen. Später bekam ich das Privileg, mit einem kleinen Pferd und einem Karren an jedem Tag im Lager das Mittagessen zu holen. Auf dem Weg mußte ich die Aufträge der Kameraden erfüllen und auf dem schwarzen Markt die verbotene Ware besorgen.

Eines Tages wurden die Barackenverantwortlichen auf der Schreibstube gefragt, ob sie jemand kennen würden, der Russisch spreche. Mein Spieß sagte: „Ich habe da einen, wenn ich etwas zu schreiben habe, dann schreibt der mir das." Dieser eine, das war ich. Ich kam auf die Schreibstube. Als ich gut eingearbeitet war, wurde der Chef der Schreibstube nach Kiew versetzt, und ich mußte die Verantwortung für die Schreibstube übernehmen. Russen, auch russische Offiziere, waren in dieser Zeit meine Freunde, wodurch ich einigen Mitgefangenen helfen konnte.

Es war aber auch die Zeit, in der der KGB, der sowjetische Geheimdienst, erstmals ein Auge auf mich warf. Ich hatte nicht geschwiegen und meine Überzeugung im Hinblick auf den Kommunismus deutlich ausgesprochen. Kameraden hatten mich an den KGB verraten. Man bestellte mich in das KGB-Büro und drohte mir mit Sibirien. Einmal wurde ich für eine Nacht in einen Kerker, zwei Quadratmeter groß, eingesperrt. Ein anderes Mal wurde ich von meiner Schreibstubenarbeit dispensiert und mußte wieder auf der Baustelle arbeiten. Doch nach 14 Tagen sagte der Lagerkommandant, ein Hauptmann der russischen Armee: „Der Poll muß wieder auf die Schreibstube. Es geht nicht ohne ihn." So konnte ich wieder auf der Schreibstube arbeiten, bis das Lager aufgelöst wurde.

Die Mitgefangenen mußten in die Bergwerke des Donez-Beckens. Ich konnte mit zehn Kameraden, die ich mir aussuchen durfte, in Tschernigow bleiben, um alles abzuwickeln. Danach brachte man uns in ein großes Lager in Kiew. Der Herrgott hat es gefügt, daß in dem Lager derjenige in der Schreibstube arbeitete, der mich schon in Tschernigow in die Schreibstube geholt hatte. Als er mich erblickte, sagte er sofort: „Du gehst nicht arbeiten! Du kommst auch hier wieder auf die Schreibstube." Dies aber war nicht sofort möglich, und so mußte ich eine kurze Zeit als „Normerowtschik" auf einer Baustelle arbeiten. Meine Aufgabe bestand darin, täglich mit dem russischen Ingenieur zu verhandeln, um für die Gefangenen möglichst viele Prozentpunkte für den Arbeitseinsatz herauszuholen. Denn nach der Höhe der Prozente wurde die Brotzuteilung für uns Gefangene bemessen.

Nach einem Monat wurde eine Stelle im Büro frei, ein rumänischer Mitgefangener durfte nach Hause fahren. In diesem Lager in Kiew, ein sogenanntes „Heimkehrerlager", waren Menschen aus 30 verschiedenen Nationalitäten inhaftiert.

Schlimm kam es für meinen Bürovorsteher, mit dem mich übrigens bis heute eine enge und schöne Freundschaft verbindet. Als ich auf der Schreibstube gut eingearbeitet war, steckte man ihn in ein Straflager. Seine „Sünde" bestand darin, in Rußland geboren zu sein. Später schleppte man ihn nach Sibirien und nur sehr knapp entronn er dem Tod. Konrad Adenauer hat er es zu verdanken, daß er heimkehren konnte.

Ich geriet auch in diesem Lager wieder in die Hände des KGB und mußte nächtliche Verhöre und andere Schikanen erdulden. Und doch konnte ich vielen Mitgefangenen helfen, nach Hause zurückzukehren. Ich besaß das Vertrauen der Russen, die nicht zum KGB gehörten. Es war im Lager bekannt, daß ich mich energisch für die Mitgefangenen einsetzte. Als die letzten ungarischen Offiziere nach Hause fuhren, kamen sie eigens mit einer Delegation zu mir, um sich bei mir für alle Hilfe zu bedanken.

Auch einem SS-Mann habe ich bei der Rückkehr geholfen, ohne zu wissen, daß er ein solcher war. Das kam so: Vor einem Heimkehrertransport kam ein Mitgefangener zu mir und sagte: „Ich bin wieder von der Heimkehrerliste gestrichen worden." Ich fragte: „Warst Du bei der SS?" Er sagte: „Nein!" Ich sagte: „Ich will sehen, was ich für Dich tun kann." Es war kurz vor Mitternacht. Ich ging zur russischen Kommandantur, die sich außerhalb des Lagers befand. Die Sekretärin war noch bei der Arbeit. Ich bat sie, die Akte des Betreffenden zu nehmen. In der Akte stand mit Bleistift „SS". Ich sagte der Sekretärin, daß der Betreffende mir gesagt habe, er sei nicht bei der SS gewesen. Irgendeiner müsse ihn denunziert haben. Ein Mitgefangener aus der Werkstatt hatte mir ein kleines Messer geschenkt. Dieses Messerchen hatte eine Perlmuttauflage. Ich wußte, daß die Russen so etwas liebten. Ich sagte zur der Sekretärin: „Ich schenke Ihnen dieses Messerchen, wenn Sie in der Akte 'SS' ausradieren." Sie tat es, und der Betreffende konnte nach Hause fahren.

Jahre später, 1950, an dem Tag, an dem ich die Abiturarbeit in Mathematik geschrieben hatte, traf ich an einer Omnibushaltestelle in Düren diesen ehemaligen Mitgefangenen. Er wartete auf mich. Er sagte: „Du hast mir das Leben gerettet. Ohne Dich wäre ich nie nach Hause gekommen, denn ich bin tatsächlich bei der SS gewesen."

Im Heimkehrerlager in Kiew hatten wir es mit einigen schlimmen ehemaligen SS-Leuten zu tun. Sie kollaborierten mit dem KGB. Den ganzen Tag liefen sie durch das Lager und horchten die Mitgefangenen aus, um sie anschließend an den KGB zu verraten.

Mich hat das nicht beängstigt, und ich habe alle Möglichkeiten ausgeschöpft, um die Situation der Gefangenen zu verbessern. So konnte ich auch erreichen, daß wir eine Zeitlang jeden Sonntag eine heilige Messe halten konnten. Unter den ungarischen Offizieren war ein katholischer Priester. Der Saal, in dem die heilige Messe gefeiert wurde, war an jedem Sonntag bis auf den letzten Platz besetzt.

Auch meine eigene Heimkehr gestaltete sich schwierig. Ein Geheimpolizist sagte: „Du fährst nicht nach Hause, denn Du weißt Dinge, die Du nicht weitersagen darfst." Immer wieder beteuerte ich, nichts zu wissen. Dann erkaufte ich mir eines Tages mit einem Geschenk meine Heimkehr. Die Männer aus der Schreinerwerkstatt hatten mir zum Namenstag ein Kästchen geschenkt, eine Intarsienarbeit. Hiermit ging ich zum KGB und sagte ohne lange Vorrede dem Leutnant: „Das schenke ich Ihnen zum Abschied!" Der Leutnant antwortete: „Verdammt noch mal, fahr nach Hause!"

Krieg und Gefangenschaft waren für mich schlimme Zeiten. Ich habe hier davon berichtet, weil ich glaube, daß es für mich wichtige Vorbereitungszeiten auf meinen Priesterberuf waren. Ich habe mit Menschen in extremen Situationen zusammengelebt und bin davon überzeugt, daß diese Erfahrung für einen Priester ebenso wichtig ist wie gute Kenntnisse der Theologie. Ich mußte mich in der Auseinandersetzung mit dem Nationalsozialismus und mit dem Kommunismus immer wieder zu Jesus Christus und seiner Kirche bekennen. Unter Hitler und Stalin mußte ich meinen Kopf hinhalten für das, was ich sagte. Deshalb verstehe ich das heute als Training für meinen Verkündigungsdienst.

Kirche: *für eine bessere Welt*

Vor einigen Jahren sagte ich einem Abteilungsleiter des Westdeutschen Fernsehens: „Die Christen sind an vielen Stellen unserer Erde die einzigen, die dorthin gegangen sind, wo die Armen leben." Er antwortete: „Da haben Sie vollkommen recht! Ich werde demnächst im WDR einen Film zeigen mit dem Titel 'Heilige Märtyrer'. Der Film wird von Menschen handeln, die aus christlicher Überzeugung in unserer Zeit ihr Leben für die Armen hingeben."

Johannes Paul II. hat sehr schön formuliert: „Der Weg der Kirche ist der Mensch." Gott wurde Mensch um der Menschen willen, das ist eine zentrale Aussage unseres Glaubensbekenntnisses. Beim Kindermissionswerk in Aachen hatte ich eine Delegation der Chinesischen Bischofskonferenz zu Besuch. Zur Begrüßung habe ich den Bischöfen und den sie begleitenden Priestern folgende chinesische Geschichte erzählt:

Ein Mandarin hat zu einem Festmahl eingeladen. Einer der hochstehenden Gäste kommt, steigt aus seinem Wagen, rutscht aus und fällt in eine Wasserpfütze. Nun ist sein Festgewand völlig verschmiert. Er erklärt, er könne so nicht am Festmahl teilnehmen, er führe wieder nach Hause. Alle versuchen ihn zu überreden, er solle doch bleiben, das mache doch nichts. Aber es hilft nichts, er will nach Hause. Schließlich kommt der Gastgeber selbst und versucht, ihn zu überreden. Aber auch ihm bleibt der Erfolg versagt. Da läßt sich der Gastgeber selbst in die Wasserpfütze fallen. Jetzt ist auch sein Festgewand verschmutzt. Er nimmt den Gast bei der Hand und führt ihn in den Festsaal.

Diese Geschichte trifft das Zentrum unseres Glaubens. Gott wollte Mensch werden, um uns zu erlösen. Er wollte unsere menschlichen Erfahrungen machen, um uns helfen zu können. Er wollte mit uns leben, leiden und sterben, damit wir teilnehmen können am ewigen Fest des Himmels, das hier auf Erden seinen Anfang nimmt.

Der Papst hat uns noch ein anderes gutes Wort geschenkt: „Die Verherrlichung Gottes besteht darin, den Menschen zu helfen, daß sie heute leben können." Dieses Wort fußt auf der frühchristlichen Aussage des Irenäus v. Lyon (3. Jh.): „Die Ehre Gottes ist der lebende Mensch." Von diesem Wort aus habe ich das Ziel für die Sternsinger und für das Kinder-missionswerk formuliert: „... den Kindern helfen, daß sie heute leben können". Unter diesem Leitwort engagieren sich unsere Kinder für den Aufbau einer menschlichen Welt. Doch menschlich ist unsere Welt nur dann, wenn sie göttlich ist. Darum ist es ein wichtiges Ziel unserer christlichen Mission, daß möglichst viele Menschen erfahren, daß sie von Gott geliebt sind.

Auf den Philippinen traf ich den kleinen Angelo. Er wußte um die Hilfe des Kindermissionswerkes und der Sternsinger. Er sagte mir: „Weil Ihr uns helft, wissen wir, daß Gott uns liebt. Das gibt uns die Kraft, den Weg des Evangeliums zu gehen."

Der Weg, den das Evangelium beschreibt, ist ein Weg zum Aufbau einer humanen Welt. Es geht darum, mit Gott diese Welt zu bauen. Ohne Gott geht es nicht. Ohne Gott können wir die Probleme unseres Lebens und unserer Welt nicht lösen. Ohne Gott handeln Menschen nach der Devise: Alles ist erlaubt, was meinem Vergnügen dient. Das gerade macht unsere Erde unmenschlich. Freiheit und Menschenwürde, das ist die Botschaft Jesu Christi. Wir verdanken es entscheidend dieser Botschaft, daß die Frage der Menschenrechte nach wie vor auf der Tagesordnung der Vereinten Nationen steht. Es ist gut, daß die UN ein Gebet besitzt, das in unserem Gebetbuch einen Platz gefunden hat:

„Herr, unsere Erde ist nur ein kleines Gestirn im großen Weltall. An uns liegt es, daraus einen Planeten zu machen, dessen Geschöpfe nicht von Kriegen gepeinigt werden, nicht von Hunger und Furcht gequält, nicht zerrissen in sinnlose Trennung nach Rasse, Hautfarbe oder Weltanschauung. Gib uns den Mut und die Voraussicht, schon heute mit diesem Werk zu beginnen, damit unsere Kinder und Kindeskinder einst mit Stolz den Namen Mensch tragen."

Auch dieses Gebet lädt Menschen ein, den Weg des Evangeliums zu gehen. Nicht nur unsere Missionarinnen und Missionare sind Verkünder der Frohen Botschaft. Überall, wo echte Menschlichkeit bezeugt und gelebt wird, wo ein Wort der Liebe gesagt wird, wo eine Tat der Liebe getan wird, da ist Christus gegenwärtig.

312

Kleine Missionare sind auch die 1,1 Millionen deutschen Kinder, die sich zusammen mit dem Kindermissionswerk für eine Erde einsetzen, auf der Kinder leben können. In ihren Aktionen ist Gott wichtiger als das Geld. Die Sternsinger z. B. verkünden zunächst Gottes gute Botschaft, bringen Gottes Segen für das beginnende Jahr, und erst dann bitten sie um Gaben für ihre Projekte, um Stationen der Hoffnung zu schaffen, Orte, an denen das Leben wachsen kann. Ungefähr 4.000 sind das in jedem Jahr.

Ich denke, unsere Kirche darf sich durch niemanden in der Sorge für eine menschliche Welt übertreffen lassen. Wir müssen täglich deutlich machen, daß wir die Kirche für die Armen, die Kirche für die Kinder, die Kirche für alle Menschen sind, die Kirche, in der eine Mutter Teresa ihre Aufgabe erfüllt.

Ich liebe diese Kirche. Ich liebe sie, weil ich glaube, daß der jüdische Schriftsteller Franz Werfel recht hat, wenn er sagt, daß die katholische Kirche die reinste Offenbarung Gottes auf unserer Erde ist und die stärkste Bastion gegen den Materialismus und Atheismus. Ich liebe diese Kirche, weil sie so menschlich ist, weil alles wahrhaft Menschliche in ihr seinen Platz hat. Ich liebe diese Kirche, wenn sie Fehler macht und sich zu diesen Fehlern bekennt. Sie ist nämlich eine Kirche der Heiligen und eine Kirche der Sünder. Sie ist heilig und ständig erneuerungsbedürftig. Ich liebe diese Kirche, weil sie in unserer Zeit so viel geschmäht wird. Gerade hier wird deutlich, daß sie die Kirche unseres Herrn ist.

Ich möchte, daß diese Kirche weiter wächst. Ich wünsche mir, daß sich die Zahl der sonntäglichen Gottesdienstbesucher bis zum Jahre 2000 verdoppelt, weil ich weiß, daß die betenden Hände die helfenden Hände sind, daß das Verantwortungsbewußtsein für die Eine Welt gerade bei denen wächst, die Sonntag um Sonntag Gottes Botschaft hören.

Ich weiß, daß der Weg zu einer menschlichen Welt noch weit ist. Ich weiß, daß es auch dort, wo die Kirche Einfluß hat, Rückschläge gibt, und doch sehe ich zur Kirche, zum Christentum keine Alternative, wenn es um den Aufbau einer humanen Welt geht. Vor allem bin ich skeptisch gegenüber jeder Politik, in der Gott keinen Platz hat! Hitler, Stalin und Mussolini waren genug für das 20. Jahrhundert.

Mit der Kirche auf dem Weg des Glaubens

Im Deutschlandfunk hörte ich vor einiger Zeit folgenden Bericht: In der Nähe von Lourdes lebte ein Blinder. Er hieß Jean, aber er nannte sich „blinder Glaube". Jeden Abend betete er: „Herrgott, ich danke Dir, daß Du mir einige Geldstücke gegeben hast, daß ich heute etwas zu Essen – und vor allem, daß ich meinen blinden Glauben hatte." Als die Gottesmutter der Bernadette Soubirous in Lourdes erschienen war, bedrängten viele den Blinden, doch nach Lourdes zu gehen. Die Gottesmutter würde ihn gewiß heilen. Aber Jean wollte nicht. Er sagte: „Gott braucht mich als 'blinder Glaube'." Schließlich bedrängte ihn auch sein Pfarrer, und der befahl eines Tages dem Küster, den Pferdewagen anzuspannen und Jean nach Lourdes zur Grotte zu bringen. An der Grotte legte man ihm ein mit Lourdes-Wasser getränktes Tuch auf die Augen und betete. Auf einmal rief Jean: „Ich kann sehen!" Die Leute hielten ihm alles Mögliche vor das Gesicht, Rosenkränze, Medaillen usw., und Jean konnte alles genau erkennen. Als aber nach einiger Zeit der Küster zum Aufbruch drängte, da sagte Jean: „Gib mir meinen Stock!" Er konnte nicht mehr sehen. Er sagte: „Auch die Gottesmutter braucht mich als 'blinder Glaube'."

Jean hatte seine Mission erfaßt. Er spürte, daß es seine Berufung war, Zeugnis zu geben für den blinden Glauben.

Es gibt verschiedene Definitionen für den Glauben. Eine davon ist: Glauben heißt, blind auf Gott vertrauen. Selig, die nicht sehen und doch glauben. Eine andere Definition des Glaubens gefällt mir ebenso gut. Sie stammt von dem evangelischen Theologen Helmuth Thielicke: „Glauben, das heißt mit Gott im Gespräch bleiben." Glauben, das heißt also beten. Darum kann niemand sagen, daß Gebet und Gottesdienst nicht so wichtig seien, zumal sich immer mehr zeigt, daß Liebe gelebter Glaube ist.

Persönlich definiere ich meinen Glauben wie folgt: mit der Kirche den Weg des Evangeliums gehen. Das heißt, für Gott in meinem Leben und in unserer Welt Raum schaffen. Immer auf der Suche nach Gott sein, wissend, wenn wir Gott finden, so treffen wir auch den Menschen. Immer die Welt im Blick haben: alle Menschen. Wir haben nur eine Zukunft, und das ist die Zukunft aller, besonders die Zukunft der Kleinen, der Armen und der Unterdrückten. Immer den ganzen Menschen im Blick haben, den Menschen mit Leib und Seele. Wenn Jesus die Kranken heilt, dann heilt er immer den ganzen Menschen, erst die Seele und dann den Körper. Unsere heutige Medizin vermag ungeheuer viel, und doch könnte sie noch sehr viel mehr leisten, wenn sie stärker die Seele des Menschen, seine geistliche Dimension, im Blick hätte.

Das Evangelium sagt mir: Du bist von Gott geliebt. Du bist ganz einmalig für Gott. Ich weiß nicht mehr, wo ich von einem Jugendseelsorger gelesen habe, der seinen Jugendlichen ein Dreifaches sagt:

Stell dich an jedem Morgen vor den Spiegel und sage dir, so, wie du bist, liebt Gott dich.

Du mußt aber dennoch an dir arbeiten. Akzeptiere nicht alles an Dir, so wie es ist.

Und schließlich: suche die Gemeinschaft mit anderen.

Das ist ein Teil dessen, was das Neue Testament beschreibt. Gottes Liebe und Gemeinschaft sind wichtige Säulen des Evangeliums.

Und doch genügt es nicht, für sich alleine den Weg des Evangeliums zu gehen. Zu unserer Mission gehört es, möglichst viele einzuladen, uns auf diesem Weg zu begleiten. Ein Bild im Echternacher Codex zeigt, daß ich nur dann in Verbindung mit Jesus bin, wenn ich das, was Jesus mir schenkt, weitergebe.

Wenn jemand beim Kindermissionswerk/Die Sternsinger mitarbeiten möchte, dann sage ich ihm gleich zu Beginn, daß er sich sieben Sätze einprägen muß. Bei seiner gesamten Tätigkeit soll er diese sieben Sätze immer im Kopf und im Herzen tragen. Sie lauten:

1. Wir wollen dem Glauben der Kinder dienen, weil Glaubensdienst der beste Lebensdienst ist.

2. Dem Glauben der Kinder können wir nur dienen, wenn wir gleichzeitig dem Glauben der Erzieher der Kinder dienen, denn der Glaube der Kinder ist abhängig vom Glauben ihrer Erzieher.

3. Die Kinder sollen sich als Mitglieder einer großen Glaubensgemeinschaft unter allen Völkern erfahren, denn unsere Kirche ist eine Weltkirche.

4. Wir holen die Kinder dort ab, wo sie stehen: in ihren verschiedenen Lebens- und Glaubenssituationen.

5. Die Kinder sollen glauben lernen durch sehen. (In jedem Jahr gehen wir bei unserer Arbeit von einem biblischen Text aus. Diesen biblischen Text versuchen wir, durch ein Symbol für unsere Kinder anschaubar zu machen.)

6. Die Kinder sollen glauben lernen durch tun. (Sie sollen ihre Aktionen als Glaubensvollzug verstehen. So gehen die Sternsinger beispielsweise einen Weg, den das Evangelium beschreibt.)

7. Die Kinder sollen glauben lernen durch beten. Es darf beim Kindermissionswerk keine Veröffentlichung geben ohne ein Gebet.

Die Weitergabe des Glaubens muß das entscheidende Thema unserer Kirche sein. Lassen wir uns nicht auf Nebenkriegsschauplätze abdrängen! Für die Weitergabe des Glaubens brauchen wir eine starke Kirche. Aber wir tun nichts um der Kirche willen, wir tun alles um Gottes und der Menschen willen. Wenn Eltern ihre Kinder nicht im Glauben erziehen, dann schaden sie damit nicht der Kirche, dann schaden sie damit ihren Kindern und mit ihren Kindern der Zukunft. Dasselbe gilt für Lehrerinnen und Lehrer, für Erzieherinnen, für Priester, für alle im pastoralen Dienst und den ihnen anvertrauten Kindern und Erwachsenen.

Wenn Politiker ihre Entscheidungen nicht in der Bindung an Gott und seine Botschaft fällen, dann wird ihre Politik den Menschen eher schaden als nützen und für die Zukunft nicht tragfähig sein. In den meisten Fällen zeigt sich, daß nur der kirchlich gebundene Glaube ein festes Fundament ist. Darum brauchen wir für die Zukunft unserer Erde eine glaubensstarke Kirche.

Beim Hochgebet der heilige Messe hole ich oft die Kinder an den Altar und sage ihnen: „Faltet die Hände so, daß sie nach oben offen sind, damit ihr möglichst viel von Gottes Gaben, die jetzt auf unsere Erde kommen, auffangt." Die entscheidenden Kräfte für unser Leben und für unsere Welt müssen wir uns von Gott schenken lassen.

Eine besondere Nähe zur Gottesmutter prägt meinen Glauben. So habe ich an einer Außenwand des Kindermissionswerkes in Aachen eine Marienplastik anbringen lassen. Diese zeigt die Gottesmutter, die den Kindern der Welt das Jesuskind hinhält. Und ich bin dankbar, daß wir durch Gottes Fügung die Regionalstelle Bayern des Kindermissionswerkes in Altötting einrichten konnten. Ich verspreche mir davon den besonderen Beistand der Gottesmutter für unseren Dienst für den Glauben der Kinder.

Kirche mit Kindern

Jesus stellt die Kinder in die Mitte. Wir müssen aufpassen, daß die Kinder bei uns nicht in die Ecke geraten. Es macht mich traurig, wenn in unserem Land die Zahl der Kinder immer weiter sinkt und die Zahl der Hunde und der Autos immer weiter steigt. Jesus sagt: „Wer ein Kind aufnimmt, der nimmt mich auf." Eine Welt ohne Kinder ist eine Welt ohne Gott! Nirgendwo können wir mehr von Gott entdecken als bei einem Kind. Darum macht es mich froh, daß ich eine Menge von Kindern gelernt habe. Zwei Anekdoten möchte ich hier erzählen:

Ein Besucher des Kindermissionswerkes in Aachen fragte beim Rundgang durch die Büroräume: „Was sind das für Kärtchen, die auf den Schreibtischen stehen?" Ich antwortete ihm, das sei eine lange Geschichte, die ich ihm aber gerne erzählen würde: Vor einigen Jahren in der Fastenzeit hat sich eine Gruppe von Kindern aus meiner Gemeinde jeweils am Samstag zusammengesetzt und die Evangelien der folgenden Woche durchgelesen. Bei jedem Evangelium haben sich die Kinder gefragt: Welcher Satz ist für uns der wichtigste? Den Satz, den sie nach eingehender Diskussion für den wichtigsten hielten, haben sie auf ein Blatt Papier geschrieben, für jeden Wochentag einen. Am Sonntag bei der heiligen Messe haben sie den Gottesdienstbesuchern eine Kopie dieses Blattes mitgegeben und ihnen gesagt: „Hängt Euch dieses Papier zu Hause auf! Lest an jedem Tag den entsprechenden Satz! Und vor allem: versucht diesen Satz zu leben!"

Für die Woche vor Ostern hatten die Kinder die sieben letzten Worte Jesu am Kreuz aufgeschrieben. Um die Gläubigen noch intensiver an Gottes Wort zu erinnern, malten sie die Sätze mit großen Buchstaben auf Plakate und hingen diese Plakate in der Kirche auf. In der Mitte der Karwoche fragte ich sie: „Was macht Ihr denn mit den sieben letzten Worten an Ostern?" Die Kinder sagten: „Eigentlich wollten wir sie hängen lassen. Sie haben uns auch an Ostern etwas zu sagen." Ich aber wünschte mir, daß die Kinder sich noch etwas mehr mit der Bibel befaßten. Darum sagte ich ihnen: „Sucht doch einmal nach den sieben ersten Worten des Auferstandenen." Sie taten das. Was sie fanden, schrieben sie auf sieben Plakate, hängten diese in der Kirche über die sieben letzten Worte des Gekreuzigten und schmückten sie mit Efeu. Ein schönes Bild.

Über das Tun der Kinder habe ich mich so gefreut, daß ich sie einlud, mit mir zum Katholikentag nach München zu fahren. Sie sollten dort, am Stand des Kindermissionswerkes, mitarbeiten. Die Freude war natürlich groß. Als ich zum ersten Mal an den Stand des Kindermissionswerkes kam, fand ich dort ein Plakat mit der Aufschrift „Hier gibt es Worte des Lebens!". Ich war überrascht: Die Kinder setzten auch auf dem Katholikentag ihre Aktion fort. Sie hatten viele Sätze aus der Bibel auf kleine Zettel geschrieben. Jeder, der an den Stand des Kindermissionswerkes kam und ein Lebenswort haben wollte, dem gaben sie eines mit auf den Weg. Ich ging in mich und fragte mich ernsthaft: Was kannst du von diesen Kindern lernen? Das Ergebnis meiner Überlegungen habe ich den Mitarbeiterinnen und Mitarbeitern des Kindermissionswerkes dann mitgeteilt. Ich habe ihnen von den Kindern erzählt und vorgeschlagen, ich würde für jede Woche ein Wort aus dem Evangelium aufschreiben und jedem auf den Schreibtisch stellen lassen. So lesen wir nun alle dieses Wort an jedem Tag und versuchen ein wenig, danach zu leben.

Jetzt verstand mein Besucher und bat mich, ihm möglichst viele von diesen Kärtchen mit den Schriftworten aus den vergangenen Wochen mitzugeben.

Inzwischen sind wir beim Kindermissionswerk noch einen Schritt weiter gegangen. Unsere Lebensworte schreiben wir auf jeden Brief, der unser Haus verläßt. Das sind in jedem Jahr mehr als 100.000 Briefe. Auf diese Weise sagen wir 100.000 x Gottes Wort in verschiedenen Sprachen und für fast alle Länder unserer Erde weiter. Die Resonanz ist wunderbar. Sehr oft erhalte ich Briefe, in denen es heißt: Dieses Schriftwort kam für mich gerade im richtigen Augenblick! Viele sind auch dazu übergegangen, nun ihrerseits Schriftworte auf ihre Briefe zu schreiben.

Eine andere Anekdote: In meiner Gemeinde treffen sich die Kinder wöchentlich zur außerschulischen Katechese. Einmal habe ich einer Gruppe älterer Kinder gesagt: „Versucht einmal das darzustellen, was für Euch das

Wichtigste am Christentum ist, und sagt das am kommenden Sonntag der Gemeinde beim Gottesdienst!" Die Kinder stellten für den Sonntagsgottesdienst in der Kirche eine Pinnwand auf. Schon vor der heilige Messe hatten sie darauf ein großes Christuszeichen befestigt. Jeder, der in die Kirche kam, konnte es sehen und mußte sich fragen: Was hat das zu bedeuten? Nach dem Evangelium schrieben die Kinder über das Christuszeichen den Satz: „Jesus lebt!" Ein Kind ging zum Mikrofon und sagte in die Stille der Kirche: „Das ist die Botschaft, die wir bis an die Grenzen der Erde zu verkünden haben: Jesus lebt!"

Aber die Kinder waren noch weiter gegangen. Sie hatten sich gefragt: Wo lebt denn Jesus? 12 Antworten hatten sie bei ihren Überlegungen gefunden und jeweils auf eine Hand geschrieben, die sie aus Plakatkarton ausgeschnitten hatten. Es sollten ihre eigenen Hände sein, die hier Zeugnis gaben für die Wahrheit, daß Jesus lebt.

Die Hände befestigten sie rund um das Christuszeichen und sagten der Gemeinde, was darauf stand, z. B. Jesus lebt, wo wir den Armen helfen! – Jesus lebt, wo wir beten! – Jesus lebt, wo wir die Kranken besuchen! – Jesus lebt, wo wir Gottesdienst feiern! – Jesus lebt, wo wir die Hungernden speisen! – Jesus lebt, wo der Himmel ist!

Die Zeugnisse der Kinder stimmten uns alle sehr betroffen. Ich habe sie später in einem Kindergottesdienst in Aachen weitererzählt. Ich war noch nicht ganz fertig, da zeigte ein kleines Mädchen auf und sagte: „Du sagst so oft, daß Jesus lebt. Ich habe ihn aber noch nie gesehen!"

Als Antwort auf den Einwurf des Kindes habe ich die Geschichte von einem afrikanischen Bauern erzählt, die wir damals gerade in unserem Sternsingerheft veröffentlicht hatten: Der Bauer war sehr reich. Er hatte viele Kühe. Doch eines Tages gaben die Kühe keine Milch mehr. Er wußte nicht, was los war. Da beobachtete er sie nun genau, auch bei Nacht. Gleich in der ersten Nacht hatte er ein seltsames Erlebnis. Vom Himmel herab kam eine lange Strickleiter. Über die Strickleiter stiegen Sternenmädchen auf unsere Erde. Diese gingen hin und molken die Kühe ohne Eimer. Da wurde der Bauer zornig, er lief auf die Mädchen zu und wollte sie fangen. Im Handumdrehen waren sie alle über die Strickleiter in den Himmel verschwunden. Nur eines konnte er bei den Haaren packen. Als er sich umdrehte und es anschaute, da sah er, daß es sehr schön war. Er bat es, seine Frau zu werden. Es willigte ein unter der Bedingung, daß er versprach, nie in das Körbchen zu sehen, daß es vom Himmel mitgebracht hatte. Er versprach es, und die beiden wurden ein glückliches Paar. Nach einigen Jahren ging die junge Frau auf eine Reise. Als sie weg war, dachte der Bauer: Du mußt doch einmal in das Körbchen schauen. – Er tat es, aber es war nichts darin. Bei ihrer Rückkehr sagte die Frau sofort: „Es ist etwas passiert! Hast Du in mein Körbchen geschaut?" Der Bauer sagte: „Stell Dich doch nicht so an – es ist ja doch nichts darin." Da schaute ihn die junge Frau lange traurig an und sprach: „All die schönen Dinge des Himmels sind darin, aber Du hast keine Augen, um sie zu sehen."

Das kleine Mädchen hatte mich auf diese Geschichte gebracht, die eine so wichtige Wahrheit verkündet: Die wesentlichen Dinge sind den Augen verborgen. Man sieht nur mit dem Herzen gut! Die gute Botschaft des Evangeliums, daß Jesus lebt, verstehen nur jene, die die Welt und die Menschen mit den Augen des Herzens, mit den Augen des Glaubens anschauen. Die Kinder waren es, die mich das neu erkennen ließen.

Wenn ich auf mein Leben zurückblicke, dann darf ich sagen: Gott hat mir mein Christsein und mein Priestertum in die Wiege gelegt. Er hat mir Eltern und einen Priester geschenkt, die die Zeichen der Zeit erkannt hatten und mir, ungeachtet aller Gefahren, offen und ehrlich sagten, was sie dachten. Die Auseinandersetzung mit Nationalsozialismus und Kommunismus hat meinen Glauben gestärkt und meine Bereitschaft zum Priestertum wachsen lassen.

Ich möchte schließen mit dem schönen Wort von Alfred Delp, das mir aus dem Herzen gesprochen ist: „Wichtig ist das Brot, wichtiger ist die Freiheit, am wichtigsten sind die Anbetung und die unverratene Treue."

Claudia Nolte

Claudia Nolte wurde 1966 in Rostock geboren. Ihr Vater war Diplom-Landwirt, ihre Mutter Maschinenbauingenieurin. Sie wuchs zusammen mit zwei Geschwistern auf. Sie ist katholisch, verheiratet und Mutter eines Sohnes.
Nach einer Lehre als Elektronikfacharbeiterin machte sie 1985 ihr Abitur. Von 1985 bis 1990 absolvierte sie ein Ingenieurstudium für Automatisierungstechnik und Kybernetik an der Technischen Hochschule Ilmenau, wo sie danach als wissenschaftliche Mitarbeiterin tätig war. Im Oktober 1989 begann ihre Mitarbeit im „Neuen Forum". 1990 trat sie in die CDU ein und wurde in die erste freigewählte Volkskammer gewählt; sie war Obmann für Jugend und Sport der CDU/DA-Fraktion. Seit dem 3. Oktober 1990 ist sie als direktgewählte Abgeordnete von Südthüringen Mitglied des Deutschen Bundestages. Von 1991 bis 1994 war sie frauen- und jugendpolitische Sprecherin der CDU/CSU-Bundestagsfraktion sowie Mitglied im Fraktionsvorstand. Von 1992 bis 1994 war sie Mitglied des Thüringer CDU-Landesvorstandes sowie Vorsitzende des Landesfachausschusses Familienpolitik der CDU Thüringen. Seit 1994 ist sie Bundesministerin für Familie, Senioren, Frauen und Jugend. Seit Oktober 1996 ist sie Mitglied des Präsidiums der CDU Deutschlands.

Berufen, etwas zu bewegen

von Claudia Nolte

Eigentlich hatte ich es sehr leicht. Meine Eltern waren fromm, sie liebten meine beiden Geschwister und mich, mein Vater betete jeden Abend mit mir, der sonntägliche Gottesdienstbesuch war eine Selbstverständlichkeit. So gesehen wuchs ich fast automatisch in den katholischen Glauben hinein.

Und doch muß ich gestehen, daß ich den Glauben anfangs gar nicht mal so einsichtig fand. Vor allem die Sonntagsmessen waren für mich als Kind langweilig. Spätestens zur Präfation hielt ich es oft nicht mehr aus und verschwand dann unter irgendeinem Vorwand aus der Kirche. Jeden Sonntag gingen dem Kirchgang zu Hause Diskussionen voraus. Ein einziges Mal wollte ich es wissen und habe mich mit aller Macht gegen den Kirchgang gesträubt. Bis schließlich mein Vater mit ruhiger Stimme zu meiner Mutter sagte, „dann lassen wir sie doch zu Hause." Ich glaube, ich fühlte mich ziemlich einsam.

Ich erinnere mich nur schwach an unsere alte Christus-Kirche in Rostock. Sie war groß, schön und dunkel, mußte dann aber einer Straßenplanung weichen, die nie umgesetzt wurde. Hauptsache, das Ulbricht-Regime der DDR hatte wieder einmal ein überragendes Zeichen christlichen Glaubens mehr vernichten können.

Die Diktatur des Proletariates in den Satellitenstaaten der Sowjetmacht kannte keinen Gott. So war meine Umgebung fast völlig heidnisch. Als atheistisch konnte ich sie nicht bezeichnen, denn dazu bedarf es des zumindest Wissens um Gott und Kirche. Viele in meiner Klasse lästerten über mich. Es war ihnen unbegreiflich, wie man in der heutigen Zeit noch zur Kirche gehen konnte. Kirchgang – das war doch ein Relikt aus dem Mittelalter. Mir machte das erstaunlicherweise nichts aus. Ich wußte mich zu wehren. Un da ich in der Schule gute Noten erzielte, konnte man mir letztlich auch nichts anhaben. Diese Einzelkämpfermentalität, dieses „einer gegen alle" verschaffte mir viel Respekt – und machte mich auch ein wenig stolz.

Eine intensivere Auseinandersetzung mit meinem Glauben und mit der Frage nach Gott begann in meiner Jugendzeit. Anstoß dazu gab ein Pfarrer, den meine Mutter noch aus ihrer Jugendzeit kannte. Wir saßen abends oft in seiner Küche und sprachen über Glaubenssätze und fundamentale Fragen, die mich als 14jährige sehr faszinierten. Ich konnte es kaum fassen, wie spannend Theologie war, und wie sehr Gott mit meinem kleinen persönlichen Leben zu tun hatte!

Von da an fing ich an, gute Romane über Heilige zu lesen. Meine innere Anteilnahme in der heiligen Messe wuchs, und zaghaft begann ich zu fragen: Gott was willst Du, daß ich es tue? Ich spürte eine gewisse Unruhe in mir. Für mich war klar, daß ich an der sozialistischen Jugendweihe, ein feierliches öffentliches Gelöbnis zum DDR-Staat, das ein Bekenntnis zum Atheismus einschloß, nicht teilnehmen würde. Natürlich war mir bewußt, daß ich so nicht die Erweiterte Oberschule, vergleichbar mit dem Gymnasium für die Klassenstufen 9-12, würde besuchen und das Abitur nicht auf direktem Wege würde machen können.

So wählte ich den Elektronikberuf mit Abitur. Dieser Ausbildungsweg dauerte zwar ein Jahr länger, doch würde ich hiernach Abitur und Berufsabschluß in der Tasche haben. Und das war mir wichtig. Ich nahm es auch in Kauf, daß man mir eine attraktive Auszeichnung während der Lehrzeit verweigerte, nur weil ich in die Kirche ging. Natürlich war man zu feige, mir offen diesen wirklichen Grund für die Verweigerung zu nennen. Meine Klasse protestierte und verlangte eine Aussprache, in deren Verlauf dann auch der wahre Grund irgendwann einmal verschämt genannt wurde. Ich reagierte recht gelassen und merkte, daß mein Verzicht nicht allzu groß war. Für mich als jungen Menschen jedenfalls war das alles eine wichtige Erfahrung – vor allem die unerwartete Solidarität der Klasse, aus purem Gerechtigkeitsempfinden geboren, zu spüren.

Gott spricht mich persönlich an

Mit 16 Jahren nahm ich das erste Mal an Exerzitien teil. Ein Jesuitenpater hielt sie. Wir Teilnehmer waren die meiste Zeit allein und hatten so sehr viel Zeit für Gott. Diese Tage waren es, die bei mir die Gewißheit hinterließen, daß Gott mich ganz persönlich anspricht, mich in seinen Dienst stellen will. Das Erleben dieser Tage hat mich tief geprägt, und diese Gewißheit ist bis heute nicht von mir gewichen, sie erfüllt mich mit tiefer Freude. Ich habe in den nachfolgenden Jahren häufig gemeinsam mit anderen Jugendlichen an mehrtägigen Fußwallfahrten teilgenommen. Die Gemeinschaft mit anderen, das gemeinsame Singen und Beten hat mir stets große Freude bereitet.

Zugleich aber erwartete ich, daß mir mein Glaube im praktischen Leben, im Alltag den richtigen Weg weisen würde. Ich wurde immer mißtrauisch, wenn ich Menschen begegnete, die so ganz beseelt waren, dabei allerdings den Anschein erweckten, von der Erde ein Stück weit entrückt zu sein. Ich gehörte auf diese Welt, und auf ihr wollte ich auch mit beiden Beinen stehen. Mein technischer Beruf half mir dabei, die nötige Bodenhaftung nicht zu verlieren; nach meiner Lehre im thüringischen Ilmenau studierte ich mit viel Freude Kybernetik und Automatisierungstechnik.

Während des Studiums lernte ich auch meinen späteren Ehemann Rainer kennen. Wir wollten nach Mühlhausen ziehen, unser schönes Ilmenau verlassen. Ich schloß einen Arbeitsvertrag mit dem dortigen Kreiskrankenhaus, um nach dem Studium auf der Dialysestation zu arbeiten. Ich war mir sicher, ich würde schließlich glückliche Mutter von vier Kindern. In jedem Fall wollte ich für die Familie da sein, ich sah dies als eine Berufung an. Unsicherheit aber befiel mich bei dem Gedanken, daß ich bislang eigentlich doch gar nicht so gerne für längere Zeit zu Hause war. Stets spürte ich den Drang, rauszugehen, unter Menschen zu sein und mich zu engagieren.

Wer kennt ihn nicht, diesen Anspruch an sich selbst, die Welt zu verändern, vor allem zu verbessern? Ich gestehe, daß ich damals mit meinem Gott haderte. Was wollte er denn nun von mir? Gab er mir Talente mit auf den Weg, damit ich sie zu Hause vergrabe? Damit sie niemand entdeckt und ich statt dessen unzufrieden zu Hause sitze? Viel Zeit, mir darüber den Kopf zu zerbrechen, blieb mir allerdings nicht. Im September

1989 begann ich mit meiner Diplomarbeit. Und von da an sollte alles anders kommen ... .

Die Mauer fällt

Bis zu jenem Herbst hatte ich mit dem Wort „Politik" eigentlich immer nur die SED, Lüge und Langeweile verbunden. Mir wäre es nicht in den Sinn gekommen, politisch aktiv zu sein, obwohl ich durchaus politisch dachte. Stets hatte ich mich engagiert, wenn es etwas für die Klasse oder Seminargruppe zu organisieren gab. Auch war ich stark in der katholischen Studentengemeinde verwurzelt und bezog so klar Position gegen den SED-Staat. Ich lehnte dieses menschenverachtende System ab. Und wer das hören wollte, dem sagte ich das auch.

Natürlich stand diese rigorose Ablehnung am Ende einer Entwicklung. Während der Schulzeit konnte ich vieles noch nicht nachvollziehen und nicht verstehen. Erst während des Studiums wurde mir vieles klarer, vor allem dank unseres politisch denkenden Pfarrers. Er war es auch, der uns im Herbst '89 ermunterte, die Initiative zu ergreifen und uns gegen das System zu erheben. Die beiden großen Kirchen öffneten damals ihre Türen, um den unterschiedlichsten Gruppen Räume zur Verfügung zu stellen. Es fanden viele Friedensgottesdienste statt – die Kirchen waren voll wie nie! Nur wenn wir gemeinsam beteten, beschlich einen das Gefühl, es sei eigentlich nur ein kleines Häufchen anwesend. Kaum noch jemand, der die Gebete und Lieder noch kannte. Der real existierende Sozialismus hatte über all die Jahre gute Arbeit geleistet und die Menschen von Glaube und Gebet, von Gott und Kirche, von Religion und Tradition weit getrennt.

Da ich selbst es immer beklagt hatte, daß in der DDR ein gesellschaftspolitisches Mitgestalten unmöglich sei, das System sich nicht ändern ließ und viele einfach „angepaßt" lebten, habe ich den Herbst '89 natürlich als erste große Chance begriffen: Als Chance, diese Diktatur endlich zu stürzen und so den Weg zu Freiheit und Demokratie zu öffnen. Allerdings – die ersten Schritte taten wir mit großer Angst. Von August bis Anfang Oktober befürchteten wir vor allem eines: einen Bürgerkrieg. Die große Demonstration in Leipzig am 9. Oktober war für uns dann das Signal, daß ein Bürgerkrieg vermeidbar war. Tatsächlich blieb er aus, und es folgten die spannendsten Wochen meines Lebens. Täglich neue Nachrichten, Orientierung war kaum möglich. Ich beteiligte mich an den Demonstrationen, sammelte Unterschriften und arbeitete in Arbeitsgruppen des „Neuen Forums" mit.

Das Neue Forum wollte keine Partei sein, sondern eine Plattform, auf der jeder seine Meinung äußern sollte, die den Willen zur Demokratie artikulierte und auf Veränderungen drängte. In Ilmenau war das Neue Forum die treibende Kraft, die dafür sorgte, daß die Demonstrationen nicht einschliefen, die SED-Funktionäre sich der Diskussion stellten und die Staatssicherheit ihre Arbeit einstellte. Zum Jahresende allerdings vertraten führende Vertreter des Neuen Forums in Berlin plötzlich die Auffassung, daß die DDR und damit der Sozialismus reformierbar seien. Hier wurde mir klar, daß dies nicht meine politische Heimat sein konnte: Der Sozialismus ist nicht reformierbar. Er ist in seinem Kern menschenverachtend, seine Ideologie kann nur zur Diktatur und damit zur Unfreiheit führen.

Bundeskanzler Helmut Kohl hatte seinen 10-Punkte-Plan vorgestellt, und er schlug ein. Die Menschen der DDR wollten die Wiedervereinigung und skandierten immer wieder: „Wir sind ein Volk." In dieser Zeit befiel mich erstmalig der Gedanke, in eine Partei eintreten zu müssen, wenn ich in einem demokratischen System etwas verändern wollte. Doch Partei war für mich immer noch identisch mit der SED – und diese Assoziation hemmte und blockierte.

Im Februar trafen mein Mann Rainer und ich dann eine private Entscheidung, die unsere bisherige „Lebensplanung" über Bord warf und die mein weiteres Leben stark beeinflussen sollte: Obwohl wir den Hochzeitstermin in Mühlhausen längst festgemacht hatten, beschlossen wir, in Ilmenau zu bleiben. Natürlich war es nicht einfach, hier nun eine Arbeitsstelle zu finden. Vier Wochen hing ich beruflich „in der Luft", ohne zu wissen, was denn mal werden würde. Schließlich aber bot mir die Technische Universität Ilmenau eine Drittmittelstelle an, und so konnte ich eine Promotion beginnen.

Schon bald kamen Leute aus der Kirchgemeinde auf mich zu und fragten, ob ich nicht bereit wäre, als Mitglied der CDU für die Volkskammer zu kandidieren. Die Entscheidung fiel mir nicht leicht. Zum einen mußte ich meine Aversion gegen Parteien aufgeben, zum anderen wußte ich nicht, ob ich im Erfolgsfall die Konsequenzen hätte tragen können und wollen.

Ich kannte meine Stärken: Ich scheute weder Arbeit noch Verantwortung, konnte gut organisieren und reden und besaß eine rasche Auffassungsgabe. Andererseits aber fühlte ich mich mit 24 Jahren noch recht jung. Und was würde mit meinem Beruf? Was mit dem „alten Wunsch", eine Familie zu gründen?

Eines war klar: wenn ich jemals in eine Partei eintreten würde, so kam nur die CDU in Frage. Es war die Partei, die sich ganz klar zum christlichen Menschenbild bekannte und von daher ihre Politik verantwortete. Und noch etwas anderes war mir bewußt: Letztlich blieb die Frage, Kandidatur ja oder nein, die Frage nach meiner Berufung. Warum fragte man ausgerechnet mich? Was wollte Gott von mir, traute er mir diese Verantwortung zu? Auch wenn es recht unwahrscheinlich war, daß ich gewählt würde – schließlich hatte die CDU bei Meinungsumfragen in der ehemaligen DDR gerade mal elf Prozent erreicht –, so mußte ich diesen Fall der Fälle zumindest im Kopf durchspielen und einkalkulieren.

Ich entschied mich aus zwei Gründen für die Kandidatur. Zum einen war ich mir sicher, daß diese ganze Entwicklung kein Zufall war, sondern einen tieferen Sinn hatte. Und zum zweiten wollte ich etwas bewegen. Zu DDR-Zeiten hatte ich immer beklagt, daß das System keine Chance ließ, mitzugestalten. Jetzt bot man mir diese Chance – und da sollte ich kneifen?

Die CDU erhielt bei der folgenden Wahl über 40% der Stimmen. Und auch ich wurde gewählt. Jede Woche verbrachte ich in Berlin, unsere Hochzeit fand zwischen zwei Sitzungswochen statt. Meinen Mann bewunderte ich ob seiner Geduld. Denn selbstverständlich war es wohl nicht, daß ein jungvermähltes Paar eine Wochenendehe führen und die Erfüllung des Kinderwunsches in weite Ferne rücken mußte. So war auch die Entscheidung zum zweiten Schritt, nämlich die Kandidatur für den Deutschen Bundestag, nicht einfach. War mir vor der Volkskammerwahl noch die „Ausrede" geblieben, nicht zu wissen, worauf ich mich einließe – jetzt wußte ich es, und es war klar, daß die jetzige Entscheidung die Entscheidung für ein Leben als Berufspolitiker sein würde. Oder sollte oder durfte man vom Berufungs-Politiker sprechen? Kann man überhaupt dazu berufen sein, Politik zu machen?

Während meiner halbjährigen Tätigkeit in der Volkskammer hatte ich viel gelernt. Ich traute mir die Arbeit zu, und sie begann, teilweise sogar Spaß zu machen. Ich hatte nicht vergessen, wo ich herkam und mit welchen Idealen ich angetreten war. Es war wichtig für mich, in meiner Kirchengemeinde eingebunden zu sein und Unterstützung zu finden. Also ging ich das Wagnis ein.

Die vier Jahre in Bonn, die folgten, vergingen sehr schnell. Ich wurde frauen- und jugendpolitische Sprecherin meiner Fraktion, was mir half, mich recht schnell in der gesamten Bonner Politik und in meiner Arbeit zurechtzufinden. Obwohl nicht „geplant", wurde im Oktober 1991 unser Sohn Christoph geboren. Einen ungünstigeren Zeitpunkt hätte es zu Beginn meiner neuen Tätigkeit in Bonn kaum geben können. Heute bin ich sehr froh, daß es so gekommen ist. Wäre es nur nach menschlichem Plan gegangen, so wäre wohl bis heute jeder Zeitpunkt ungünstig gewesen!

Im Oktober 1994 fand die nächste Bundestagswahl statt. Die Koalition erreichte nur eine knappe Mehrheit. Einen Monat später bat mich der Bundeskanzler, Familienministerin in seinem Kabinett zu werden. Ich glaube, ich habe ihn recht ungläubig angeschaut. Ich war 28 Jahre alt und erst vier Jahre Abgeordnete. Nicht gerade ein Zeitpunkt, zu dem man sich zu so einem solchen Amt berufen fühlt – ich zumindest nicht. Mein Mann war eher dagegen, Freunde und Eltern wußten von nichts. Nur mit meinen engsten Mitarbeitern habe ich darüber gesprochen. Anderthalb Wochen habe ich gerungen, ich war froh, daß mir diese Bedenkzeit vergönnt war. Fragen über Fragen schossen mir durch den Kopf: Wieso ausgerechnet ich? Sollte das wirklich mein Weg sein? Würde ich einer solchen Verantwortung gerecht werden? War dies die Berufung, die Gott für mich vorgesehen hatte? Natürlich erhielt ich weder eine klare Antwort, noch vernahm ich irgendein deutliches Zeichen.

Meine Zusage war von Herzklopfen begleitet. Für die Presse war es natürlich ein dankbares Thema: eine 28jährige überzeugte Christin aus der ehemaligen DDR als Ministerin! In den ersten zwei Wochen habe ich keinen einzigen Zeitungsartikel, der sich diesem Thema widmete, gelesen – ich wollte mich nicht entmutigen lassen.

In diesen Tagen erhielt ich einen Brief von einer jungen Frau, die ich während einer Wallfahrt kennengelernt hatte. Damals hatte ich ihr meine Ahnung anvertraut, daß Gott noch irgendetwas mit mir vorhätte.

Sie schrieb mir, jetzt hätte ich wohl gefunden, was ich vor sieben Jahren gesucht hätte. Damals hätte sie mich nicht verstanden, heute schon ... .

Alfons Sprinkart OFMCap.

P. Dr. Alfons Sprinkart OFMCap. wurde 1928 in Werdenstein (heute: Eckarts, Stadtgemeinde Immenstadt) im Oberallgäu als zweites von fünf Geschwistern geboren. Nach dem Besuch der Volksschule und der landwirtschaftlichen Berufsschule arbeitete er bis 1947 auf dem kleinbäuerlichen Hof der Eltern. 1948 begann er sein Studium an der Spätberufenenschule der Kapuziner in Dillingen/Donau und wechselte drei Jahre später an das Staatliche Gymnasium Dillingen. 1954 bestand er das Abitur und trat in den Kapuzinerorden ein. Es folgte das Studium an der Philosophisch-Theologischen Hochschule in Eichstätt/Bayern. 1960 empfing er die Priesterweihe. Nach dreijähriger Seelsorgetätigkeit nahm er 1964 ein Zweitstudium an der Universität München in den Fächern Geschichtliche Hilfswissenschaften, Neuere Geschichte und Bayerische Geschichte auf. 1982 promovierte er zum Dr. phil. Seit 1977 ist er Leiter der Zentralbibliothek der Bayerischen Kapuzinerprovinz und Provinzarchivar in Altötting.

Gott hatte so manche Müh' mit mir ...

von Alfons Sprinkart OFMCap.

Die Wege, auf denen Gott die einzelnen Menschen führt, besitzen viele Gemeinsamkeiten – und vor allem eine kräftige Portion Originalität. Ein Ordensmann schrieb einmal eine kleine Autobiographie mit dem Titel: „Und Gott spielte mit mir..." So empfand er demnach seinen Weg mit Gott und den Weg Gottes mit ihm. Wenn ich hier meinen Weg vom Bauernbüblein zum Ordens- und Priesterstand darstellen darf und soll, so tue ich es gerne, um Gott die Ehre zu geben.

Geboren 1928, wuchs ich als Zweitgeborener mit vier Geschwistern auf einem kleinen Bauernanwesen auf. Als der Eintritt in die einklassige Dorfvolksschule vor der Türe stand, wurde mir angst und bange; denn ich war ein schüchterner Bub. So weiß ich heute noch, daß ich damals beim Blick auf unsere im Hof herumlaufenden Hühner kurzweg dachte: „Wäre ich doch eine Henne, dann bräuchte ich nicht in die Schule zu gehen."

Doch als der entscheidende Eintritt in die Schule geschafft war, gefiel es mir allmählich immer besser, bis ich schließlich gerne hinging. Die Schule zählte meistens ca. 50 Schüler und Schülerinnen im Alter von sechs bis vierzehn Jahren. Ungeachtet der doch beachtlichen Altersunterschiede wurden alle immer gleichzeitig von ein und demselben Lehrer unterrichtet. Ich mochte den Lehrer gerne, ihn aber störte etwas an mir. So sagte er mir eines Tages: „Ja, Alfons, in Religion hast du nur gute und sehr gute Noten; was willst du denn noch werden, gar Bischof oder Papst? Bei mir aber bist du nicht so fleißig."

Der erste Versuch

Den Religionsunterricht in der Schule erteilten Pfarrer und Kaplan. Als ich die vierte Klasse besuchte, nahm mich der Pfarrer in der Pause beiseite und fragte mich frei heraus, ob ich nicht Priester werden wollte, ich hätte schon das „rechte Köpfle" dazu. Aber an den Priesterberuf hatte ich bis dahin nicht einen einzigen Gedanken verschwendet, und so erwiderte ich ihm, ich wolle Bauer oder Maurer werden. Damit war die erste Werbung für den Priesterberuf an mir „abgeprallt", obwohl mir ein religiöses Leben etwas bedeutete und mich der Glaube und alles Religiöse schon interessierten. Aber noch war das letzte Wort über meinen künftigen Lebensweg nicht gesprochen, weder von Gottes noch von meiner Seite.

Als ich dann zwölf oder dreizehn Jahre alt war, erwachte in mir erstmals das Interesse am Ordensberuf. Geweckt wurde es durch die Missionsblätter und den Missionskalender der Benediktinermissionäre von St. Ottilien, und da ich leidenschaftlich gerne las, kam mir diese Lektüre gerade recht. Eine Berufung als Missionsbenediktiner faßte dabei erstmals Fuß in meinem Herzen. Da meine Eltern uns ihren Glauben stets vorlebten und aus dem Glauben heraus unser Familienleben und die Erziehung gestalteten, konnten auch die Ideologien des Hitlerregimes (1933 – 1945), soweit sie in der Lokalpresse und in der Schule überhaupt an mich herankamen, meine Gedanken an die mögliche Ordensberufung weder verscheuchen noch verdrängen.

Allmählich aber trat unter dem Eindruck der Kriegsereignisse der Gedanke an die weitere Zukunft mehr und mehr zurück. Am 27. März 1945 wurde ich zum Reichsarbeitsdienst nach Rankweil/Vorarlberg eingezogen, kehrte aber schon im Mai wieder nach Hause zurück und arbeitete zunächst wie bisher auf dem elterlichen Hof. Ich las gerne religiöse Bücher, soweit sie mir im Elternhaus zur Verfügung standen, wie beispielsweise „Die Nachfolge Christi" des Thomas von Kempis, die „Philothea" des heiligen Franz von Sales oder die „Heiligenlegenden" von P. Vogel S.J. und von Alban Stolz.

Im Winter 1945/46 fiel mir zufällig ein Büchlein über den Gesellenvater Adolf Kolping in die Hände. Erst schmökerte ich nur, dann las ich engagierter und stieß schließlich auf die Beschreibung seines Wegs zum Priestertum als Spätberufener. Auf einmal war ich hellwach, ja aufgeregt – ob nicht auch ich noch als Spätberufener den Weg zum Priestertum wagen sollte? Schon am nächsten Tag sprach ich mit meinem Pfarrer und Beichtvater darüber – es war derselbe, der mich acht Jahre zuvor in der Schule angesprochen hatte, ob ich nicht Priester werden wollte. Ruhig hörte er zu und antwortete mir dann bedächtig, so einfach sei das nicht, ich solle mir das gut überlegen und in mein Gebet einschließen.

Viele Wege führen nach Rom

So blieb zunächst alles in der Schwebe. Da erhielt ich völlig überraschend am Karsamstag 1946 einen Brief von einem mir unbekannten Benediktinerpater aus St. Ottilien. Eine mir bekannte Familie hatte, ohne mein Wissen, in St. Ottilien auf mich aufmerksam gemacht. Wenige Wochen später besuchte er mich und sprach mit mir ganz offen über einen Eintritt in das Kloster in St. Ottilien. Als ich ihm offenbarte, daß ich mit dem Gedanken spielte, als Spätberufener Priester zu werden, gab er zu bedenken, daß ich dafür doch vielleicht schon etwas zu alt sei und außerdem noch nie eine höhere Schule besucht hätte. So riet er mir, nach St. Ottilien zu kommen, um Missionsbenediktinerbruder zu werden.

Das Gespräch mit dem Pater war so vertrauensvoll und offen verlaufen, daß ich bei mir beschloß, den Gedanken an den Priesterberuf endgültig aufzugeben und in den Benediktinerorden einzutreten, um Gott und den Menschen als Bruder zu dienen.

Wenige Wochen später schickte mir die Vorsehung Gottes jemand anderen über den Weg. Eine ältere Bauernmagd, die der Drittordensgemeinde Immenstadt angehörte, eine Gemeinde, die die dort ansässigen Kapuziner leitete, hielt eines Tages mit dem Fahrrad bei mir an, als ich gerade mit dem Ochsenfuhrwerk heimwärts zockelte. Sie lud mich ein, die Drittordensgemeinde einmal kennenzulernen, möglicherweise wäre das ja etwas für mich. Ich lehnte höflich ab, hatte ich doch bereits entschieden, Benediktiner zu werden. Zudem wußte ich aber auch gar nichts über den Dritten Orden des heiligen Franz von Assisi.

Am Nachmittag des Kirchweihsonntags 1946 besuchte uns schließlich eine Tante, die ebenfalls seit langem dem Dritten Orden angehörte, und blies ins gleiche Horn: die Drittordensgemeinde wäre sicherlich eine sehr gute Sache für mich, ich sollte mir sie doch einmal ansehen. Und siehe da, ich wurde „weich" und ließ mich einen Monat später im Kapuzinerkloster Immenstadt in den Dritten Orden für Weltleute aufnehmen. Man gab mir den Namen Konrad (Konrad von Parzham). Von da an trug ich stolz das Drittordensabzeichen auf der Jacke, und so fragte mich bei einer Kirchenchorprobe ein fast gleichaltriger Bauernbursche, was dieses Abzeichen bedeute. Ich lud ihn ein, an der nächsten Ordensversammlung teilzunehmen. Gemeinschaft und Atmosphäre gefielen ihm auf Anhieb, er fühlte sich rundum wohl und beschloß wenig später, im Herbst 1947, in den Kapuzinerorden einzutreten.

Auch ich fühlte mich hier sehr wohl, und doch muß ich gestehen, daß mein Herz zunächst immer noch den Benediktinern gehörte. Im August 1947 fuhren wir beide erstmals in unserem Leben nach Altötting. Dort fand eine Veranstaltung für Drittordensmitglieder statt, die etwa fünf Tage dauerte. Während mein Begleiter mich drängte, wir sollten uns alsbald beim P. Provinzial der Bayerischen Kapuziner in Altötting zum baldigen Eintritt in den Kapuzinerorden anmelden, versuchte ich, diesen Schritt hinauszuzögern. Doch ohne Erfolg, und so stellten wir uns schließlich beim Provinzial vor. Dieser staunte nicht schlecht, daß da gleich zwei Bauernsöhne aus demselben Ort ins Kloster eintreten wollten. So konnte er sich die Bemerkung nicht verkneifen, im Kloster müsse man aber auch arbeiten, nicht nur beten...

Meine Unsicherheit, ob ich bei den Kapuzinern wirklich am richtigen Platz war, blieb – meine „erste Liebe" zu den Benediktinern war noch nicht erloschen. Mitte November begannen wir beide dann trotzdem gemeinsam unsere Kandidaturzeit im Kapuzinerkloster Laufen a.d. Salzach. Ich wurde der Schneiderei im Kloster zugeteilt, mein Freund der Gärtnerei.

Nun war es der Priesterberuf, um den wenige Monate später wieder meine Gedanken kreisten! Sicher aber war ich mir natürlich auch jetzt nicht – und so spürte ich zunächst Hemmungen, dem P. Magister offen hiervon zu berichten.

Dann aber setzte ich mich auf melodramatische Art und Weise selber unter Druck und fragte mich: angenommen meine Todesstunde stünde unmittelbar bevor – könnte, ja würde ich es dann verantworten, meine Sehnsucht zu verschweigen? Die Antwort, die ich mir selber gab, überzeugte mich, und so sprach ich schließlich mit P. Magister über meine Gedanken und Sehnsüchte. Er trug mir auf, einen Bericht über das Kirchenfest zu schreiben. Und der fiel offenbar recht ordentlich aus, denn man schickte mich in die Spätberufenenschule der Kapuziner in Dillingen/Donau.

Nun bekam ich plötzlich Angst vor der eigenen Courage. Hätte ich doch lieber geschwiegen über meine Gedanken an den Priesterberuf, warf ich mir insgeheim vor. Da ich aber weder vor mir noch vor den anderen als Feigling dastehen wollte, ließ ich der Sache ihren Lauf.

Acht Tage vor Schulbeginn am 1. September 1948 durfte ich noch einmal nach Hause fahren. In Kempten/Allgäu mußte ich umsteigen; während ich auf dem Bahnsteig auf meinen Zug in Richtung Heimat wartete, überfiel mich der Gedanke, es wäre doch möglich, daß ich in der Spätberufenenschule nicht zurecht komme und nach ein paar Wochen wieder nach Hause geschickt würde. Wollte ich eine solche Blamage vor meiner Familie und den Freunden in Kauf nehmen? Und so zückte ich meinen Geldbeutel, um zu prüfen, ob das Geld für eine Rückfahrt nach Laufen, woher ich ja gerade gekommen war, noch reichen würde. Doch es reichte nicht! Ein Rückzug war also endgültig vereitelt.

Alea jacta sunt!

Nach dem Kurzurlaub im Elternhaus kam für mich, mit nun gut zwanzig Jahren, der erste Schultag an der Spätberufenen-schule. Der Unterricht begann sogleich mit Latein und Englisch. Eine neue Welt tat sich mir auf. Was ich ein Jahr zuvor nicht einmal im Traum für möglich gehalten hätte, war nun dank dem verborgenen Walten und „Jonglieren" Gottes Wirklichkeit geworden! Ein Jahr zuvor noch auf dem elterli-chen Hof tätig, ohne jede Aussicht auf einen Weg zum Priestertum, saß ich nun in der Spätberufenenschule. Gott und der Kapuzinerorden hatten es möglich gemacht!

Nach drei Jahren Unterricht in der Spätberufenenschule, wechselte ich gemeinsam mit einem anderen Schüler in die sechste (heute zehnte) Klasse des Staatlichen Gymnasiums Dillingen. Der Aufnahme ins Gymnasium ging eine einein-halbtägige Prüfung voraus, in der zehn Fächer schriftlich und eines mündlich geprüft wurden. Wir bestanden beide nicht nur die Aufnahmeprüfung, sondern legten 1954 dann auch das Abitur ab – mein Mitschüler mit 29 und ich mit 26 Jahren. Nun ging alles den „normalen" Weg. Es folgte das einjährige Noviziat in Laufen, darauf sechs Jahre Hochschulstudium in Eichstätt, wo seinerzeit alle Kapuzinerkleriker ihr Studium absolvierten. 1960 empfing ich die Priesterweihe. Nach drei-jähriger Tätigkeit als Seelsorger in Eichstätt und Altötting fragte mich die Ordensleitung, ob ich zu einem Zweitstudium an der Universität München bereit sei. Grund dieser „Aus-erwählung" war, daß man auf der Suche nach einem Nachfol-ger des noch aktiven Provinzarchivars und -historikers war. Ich zog also in eines unserer Klöster in München ein und belegte an der Universität die Fächer Geschichtliche Hilfswissenschaften, Neuere Geschichte und Bayerische Geschichte und promovierte 1982.

Bereits 1978 war ich von München ins Kapuzinerkloster St. Konrad/Altötting gezogen, zu dessen Bereich die 1977 fertiggestellte Zentralbibliothek der Bayerischen Kapuzinerprovinz gehört. Wenn ich mich hier auch zunächst noch meiner recht umfangreichen Dissertation widmen mußte, so übernahm ich doch schon, soweit möglich, meine neue Aufgabe als Leiter der Zentralbibliothek und als Provinzarchivar. Und ganz selbstverständlich wirkte ich außerdem, vor allem an Sonntagen und während der Wallfahrtszeit, als Seelsorger mit.

Was aber war es, das mir schließlich den entscheidenen Ruck gegeben hatte, in den Kapuzinerorden einzutreten? Hatte doch meine „erste Liebe" den Missionsbenediktiner in St. Ottilien, mehr als 100 Kilometer von meiner Heimat entfernt, gehört. Ehrlich gesagt, hatte das nur sieben Kilometer entfernte Kapuzinerkloster Immenstadt mich nie besonders angezogen, obwohl die Kapuziner im Allgäu bekannt und beliebt waren. Und als ich mich 1947 schließlich und endlich doch für einen Eintritt in den Kapuzinerorden entschied, hatte ich nicht viel mehr als eine allgemeine, recht vage Vorstellung vom Leben und Alltag der Kapuziner. Zugegeben, das Erscheinungsbild des Kapuziners, ob Laie oder Priester, war mir wegen seiner Einfachheit und Volkstümlichkeit sehr sympathisch. Doch mehr auch nicht. Und selbst der Eintritt in den Dritten Orden 1946 barg nicht die Absicht in sich, schließlich Kapuziner zu werden.

Und doch war es dieser Dritte Orden, der, ohne es zu ahnen, für mich zur Brücke in den Kapuzinerorden wurde. „Schuld" hatte jener Bauernsohn, der durch mich den Orden kennenlernte, sogleich beitrat und alsbald den Entschluß faßte, in den Kapuzinerorden einzutreten. Schuld war seine Entschlußkraft und -freude! Und nur weil sich unser beider Wege im Dritten Orden kreuzten, entschied ich mich für den Eintritt in den Kapuzinerorden. So jedenfalls beurteile ich durch die „menschliche Brille". Gott wird das vielleicht anders sehen ... .

Unsere Wege trennten sich schließlich, als ich 1948 mein Studium aufnahm. Seit 1953 wirkt mein Mitbruder als Kapuzinerpater in Araukanien in Chile, wo seit über 100 Jahren bayerische Kapuziner missionarisch tätig sind. Eigentlich hatte ich selbst mir meine kommenden Aufgaben als Kapuzinerpater so vorgestellt, wie sie mir bekannt waren: Seelsorge in der Klosterkirche, Volksmissionen, religiöse Wochen und Exerzitien. Aber es kam doch ganz anders.

Die Oberen bemerkten mein Interesse an unseren Klosterbibliotheken, und so wurde ich Leiter der 1977 errichteten Zentralbibliothek der Bayerischen Kapuzinerprovinz. Sie ist vor allem eine Archivbibliothek und nimmt so vor allem die Bücherbestände aus den einzelnen Klosterbibliotheken auf, die dort aus Platzmangel weichen müssen, aber doch wenigstens in der Ordensprovinz vorrätig und zugänglich bleiben sollen. Auch Bücherbestände aus denjenigen Klöstern, die wir aufgeben mußten, kamen normalerweise zunächst in diese Zentralbibliothek, um gesichtet und, soweit sinnvoll, dort aufbewahrt zu werden.

So bietet die Bibliothek heute einen dokumentarischen Querschnitt durch die Bücherbestände, die sich in den letzten 400 Jahren in den Klöstern der Ordensprovinz angesammelt haben, soweit sie bis heute erhalten geblieben sind. Die Betreuung und Leitung dieser Bibliothek ist mir als Lebensaufgabe ans Herz gewachsen. Bei einer kanonischen

Visitation ernannte mich der Delegierte des Generaloberen in Altötting zum „custos scientiarum" – zum Hüter der Wissenschaft. Etwas nüchterner hingegen beurteilte einmal einer meiner Mitbrüder meinen Alltag als Leiter der Zentralbibliothek. Er sagte mir, das Leben des heiligen Bruders Konrad habe unter dem Motto „Das Kreuz ist mein Buch" gestanden. Bei mir müsse es heißen: „Das Buch ist mein Kreuz." Nun, ich trage dieses Kreuz aus Überzeugung und mit Liebe, weil ich darin eine von Gott zugedachte einmalige Aufgabe erkenne.

Der Kapuzinerorden gehört zu jenen Orden, die ein gemischtes Leben führen: sie pflegen neben den beschaulichen Elementen wie Chorgebet, Betrachtungszeiten und Zurückgezogenheit auch das aktive Leben, indem sie als Seelsorger wirken. Die Benediktiner drücken dieses gemischte Ordensleben kurz und prägnant mit den Worten aus: Intus monachus – foris apostolus: Innen Mönch – nach außen Apostel.

Der Kapuzinerorden entstand 1528 als jüngster der drei selbständigen Zweige des vom heiligen Franziskus (1182-1226) gegründeten Ordens der Minderen Brüder, wie Franziskus die Gemeinschaft seiner Jünger genannt wissen wollte. Er suchte mitsamt seinen Ordensbrüdern eine möglichst radikale Christusnachfolge, wie sie das Evangelium lehrt und die Evangelischen Räte fordern. So lautet denn auch der erste Satz der an sich knappen Franziskusregel: „Das ist die Regel und die Lebensweise der Minderen Brüder: Das Evangelium unseres Herrn Jesus Christus beobachten durch ein Leben in Gehorsam, ohne Eigentum und in keuscher Ehelosigkeit."

Die Kapuzinerreform legte besonderen Wert auf die Armut, die Einfachheit des gesamten Lebensstils und auf die Kontemplation. Alle drei franziskanischen Männerorden, die

Minoriten, Franziskaner und Kapuziner sehen in Franziskus ihren Ordensvater und gründen ihre Lebensform auf die Regel des heiligen Vaters Franziskus. Ihre jeweiligen Besonderheiten beruhen auf ihren je eigenen Satzungen (Konstitutionen), die die Franziskusregel für die je geltende Praxis „übersetzen". So sind es vor allem die franziskanische Christusnachfolge in freiwilliger Armut und ein apostolischer Eifer, die das Leben und Wirken der geistlichen Söhne des heiligen Franz von Assisi prägen.

Blicke ich auf mein bisheriges Leben und auf meine Berufungsgeschichte heute zurück, so habe ich eines gelernt: man muß in seinem persönlichen Leben der Vorsehung und der Führung Gottes einen Spielraum lassen. Oder besser ausgedrückt: man muß Gott die Chance lassen, sich diesen Spielraum vorzubehalten, ihn zu „reservieren". Eine allzu selbstsichere und starre Planung des eigenen Lebensweges, die nicht zuläßt, von anderen Menschen, denen sich Gott bedient, angestoßen und im guten Sinne beeinflußt zu werden, steht nur allzuleicht den Wegen und Plänen Gottes im Wege. Was mich betrifft, so kann ich kein anderes Fazit ziehen: Gott hatte so manche Mühe mit mir, bis er mich endlich an dem Platz hatte, den er für mich vorgesehen hatte! Doch bin ich davon überzeugt, daß Er es mit Humor genommen hat ... .

Marlis Zinnen

Marlis Zinnen wurde 1947 geboren. Sie schloß den Besuch der Bildungsanstalt für Frauenberufe der Stadt Aachen mit dem Examen als Kindergärtnerin ab. Von 1967 bis 1973 war sie in verschiedenen Aachener Kindergärten tätig. 1970 heiratete sie und wurde Mutter von drei Söhnen. Seitdem arbeitet sie als Hausfrau und Mutter und ist zudem ehrenamtlich in der Gemeinde St. Michael, Aachen-Burtscheid, tätig. Nach dem Tod ihres Mannes begann sie 1992 ein Fernstudium der Theologie an der Universität Würzburg. Von 1995 bis 1996 studierte sie Religionspädagogik mit dem Abschluß der Befähigung zur Erteilung des Religionsunterrichts und der Verleihung der Missio canonica. Seit März 1996 ist sie Gemeindeassistentin in der pastoralen Ausbildung in der Pfarre St. Michael mit dem Ziel Gemeindereferentin.

Kraftquellen im Alltag

von Marlis Zinnen

Die Stille der Natur genießen, die herrlichen Farben betrachten, meinen Blick auf das Kloster richten, da gerade die Glocken läuten, um die Mönche zum Gebet zu rufen, bei jedem Atemzug Frische und Lebenskraft spüren, so gehe ich in Gedanken versunken am Fluß entlang. Sprunghaft, manchmal abwartend, dann wieder ganz begeisternd sind die Bilder, die in mir entstehen und die mich in die Vergangenheit und in die Zukunft führen.

Genauso fließt das Wasser neben mir, ich bleibe stehen und bewundere den Lauf des Flußes. An den Rändern sind noch Eisschollen und schneebedeckte Stellen, in der Mitte ein schneller Wasserlauf, der alles weiterträgt und einiges wieder am Rand abwirft. Ein kleiner Steinwall läßt das Wasser springen, tanzen, kreisen, sprudeln und dann wieder einen ruhigen Weg finden, seinen Lauf fortzusetzen. Der Weg des Flußes, von der Quelle bis zur Mündung, ist weit und unterschiedlich geartet. Er fing mit wenigen Tropfen an und hier, wo ich stehe, ist der Fluß schon tief und breit. Bis zur Mündung wird er noch viel Wasser aufnehmen, bevor er sich dann in der großen Wasserfläche des Meeres verliert.

Wasser, das unendlich erscheint, Wasser, das am Horizont in der Ferne versinkt. Wahrscheinlich wähle ich das Bild des Wassers, um Ihnen von meinem Glaubensweg zu erzählen, der viele Parallelen zeigt. Ich wuchs in einer Stadt auf, die seit der Römerzeit schon Menschen zu ihren heißen Quellen ruft. Viele kamen und kommen in der Hoffnung, von den Quellen neue Lebenskraft zu erhalten und von Krankheiten geheilt zu werden. Meine Heimatstadt wirbt Touristen und Kurgäste mit dem Slogan: „Aachen – Stadt der sprudelnden Vielfalt." Viele Brunnen deuten auf Wasserquellen und Wasserläufe hin. Viele Erzählungen, Sagen und Brunnengeschichten verbinde ich mit Erlebnissen meiner Kindertage.

Auch viele Geschichten der Bibel faszinieren mich, in denen Wasser eine wichtige Rolle spielt. Beginnt doch unser Leben als Kinder Gottes mit dem Wasser der Taufe, und es endet mit dem geweihten Wasser, wenn der Priester das Kreuz über unserem Sarg zeichnet. Auf dem Weg meines Lebens möchte ich mich immer daran erinnern, daß die Quelle, aus der ich lebe, Christus selber ist. Er ist der Spender des Wassers, das für immer den Durst stillt, denn dieses Wasser sprudelt ins ewige Leben (Joh. 4. 1-26).

Wie ein Fisch im Wasser

Meine ersten bewußten Schritte auf dem Weg zum Glauben machte ich in meinem Elternhaus, denn meine Eltern und Großeltern erzogen meine Brüder und mich im katholischen Glauben. Sie selbst waren überzeugte Christen und wollten ihre positive Erfahrung und das Leben in christlicher Gemeinschaft uns Kindern weitergeben. Im Leben unserer Familie war Gott der Mittelpunkt. Das Kirchenjahr mit allen

Festen, der Sonntagsgottesdienst, Gedenk- und Festmessen, Traditionen der Kirche, Andachten zum Sonntag, im Mai und Oktober und die Christenlehre für uns Kinder, gehörten zur Glaubensunterweisung. Sie standen aber nicht im „leeren Raum", sondern ergänzten und bereicherten das zu Hause Erlebte.

Diese Erlebnisse und Einflüsse faszinierten mich schon als Kind, und so begann ich sehr früh, ein tiefes Vertrauen und eine brennende Liebe zu Gott zu entwickeln, der für mich der gute Vater war, der mich als sein Kind lieben und schützen würde. Dieses Vertrauen stärkte sich noch durch das Vorleben und Vorbild vieler Menschen, die mir im Laufe der Jahre begegnet sind. Bis heute erinnere ich mich an meine Großmutter, deren Gottvertrauen unerschütterlich war, es ließ keine Fragen und Zweifel zu. Alles nahm sie aus der Hand Gottes an. Ihr ganzes Tun wurde von den Gedanken des für sie handelnden Gottes bestimmt. Sie nahm Leid und Krankheit an, Sorgen um die fünf Söhne im Krieg, den Tod ihres Mannes, alles in diesem ehrlichen und kindlichen Vertrauen: „Gott weiß, warum er dies tut. Er wird mir helfen, es zu verstehen. Er schickt niemandem mehr, als seine Schultern tragen können." Sicherlich könnte man dies als naiven Glauben belächeln, für mich und viele andere aber hat es Spuren hinterlassen und Muster geprägt, die mir heute, 40 Jahre später, noch begegnen.

Diese prägenden Erlebnisse aber waren keine Ausnahme. Die Volkskirche unserer Kindertage legte Wert darauf, uns mit allen Dingen, die uns zu Gott führen würden, vertraut zu machen. In Erinnerung sind mir die Fronleichnams- und Pfarrfest-Prozessionen. Tage zuvor begannen die Vorbereitungen, Altäre wurden mit viel Mühe und Liebe errichtet. Die

Pfarrschwester und einige Helfer legten einen Blütenteppich. Die Blütenblätter hatten wir Kinder bei Leuten erbettelt, die Gärten besaßen. In den Häusern, die an den Straßen lagen, durch die die Prozession ziehen würde, wurden die Fenster geschmückt und Kerzen brannten hinter den Scheiben. Staunend über soviel Schönes standen wir vor dem Blütenteppich, der nur vom Priester mit dem Allerheiligsten betreten werden durfte. Ich lernte, daß ein solcher Einsatz nur einem zustand – nur seinetwegen waren soviele bereit, zu helfen. Gott sollte alles Lob und alle Ehre an diesem Tage gehören!

So wurde meine Liebe zu Gott entzündet. Ich wollte viel mehr hören und lesen über Gott und sein Reich, über Wege und Stationen, die mich zu ihm führten. Dies war nicht schwierig, denn nicht nur meine Familie, auch die Familien meiner Klassenkameraden und Freunde lebten in christlicher Gemeinschaft. Selbstverständlich besuchte ich nur katholisch geführte Schulen. So verbrachte ich die letzten Jahre meiner Schulzeit an einer Ordensschule, die von Schwestern geleitet wurde. Meine Schulschwestern, Kapläne und Religionslehrer waren für mich und meine Glaubensentwicklung damals sehr wichtig, sie gaben mir in einem schwierigen Alter Orientierung und Halt. Auch schafften sie es, mich mit so manchen Mysterien, denen wir Schülerinnen dann langsam auf die Spur kamen, zu begeistern. Mit unserem Jugendseelsorger diskutierten wir nächtelang über die Bibel, unser Leben und, ganz konkret, über unsere persönliche Christusnachfolge.

Ich engagierte mich im Gemeindeleben und übernahm kleine Aufgaben; so läutete ich die Glocken, trug Zeitungen aus und kaufte für alte Menschen ein. Natürlich gab es hierfür kein Geld. Trotzdem machte es viel Freude, denn für andere da zu sein – das war oberstes Gebot. Zudem war ich stolz darauf, in der Gemeinde gebraucht zu werden und „mitmachen" zu dürfen. Ich war einfach glücklich und fühlte mich wie der berühmte Fisch im Wasser.

So lernte ich viele Menschen kennen und freute mich, zu der großen Schar derer zu gehören, die sich Christen nennt. Zunächst wuchs die Liebe zu Gott und den Mitmenschen unbewußt, doch die alltäglichen Dinge, die Begegnungen und Erfahrungen vertieften sich immer mehr und lösten den Wunsch in mir aus, Gott und die Mitmenschen zu suchen, sie zu lieben und ihnen zu dienen. Aber wie? Mir wurde klar, daß ich Gott noch viel besser kennenlernen und sein Handeln erforschen werden müßte, um wirklich zu begreifen, was Christsein bedeutet.

Evangelium, Sakramente und Heilige

Eine ganz wichtige Quelle war und ist für mich die Heilige Schrift. Als Hilfe auf meinem Lebensweg nehme ich sie auch heute noch oft zur Hand und lese ihre Geschichten, Erzählungen und Gleichnisse. Der Religionsunterricht, der aufgeteilt war in Katechismuslehre und Biblische Geschichte, weckte mein Interesse, in der Bibel zu lesen. Die Erzählungen des Alten Testamentes ließen mich erkennen, daß Jahwe in der Vorstellung des israelitischen Volkes ihr König und Retter war. Sie erwarteten von ihm Segen und Erlösung. Jahwe sollte die Menschen zum Heil führen.

Ich entwickelte ein Gottesbild, das einerseits Gott als den Herrscher der Welt zeigte, den König, dem ich dienen sollte, den Mächtigen, der Lob und Anerkennung von mir forderte und dessen Weisung ich mich fügen mußte. Andererseits war er für mich, wenn ich dies alles tun würde, der gute Vater, der mich stützte, mich führte und beschützte. Meine erste Kinderbibel las ich immer wieder, denn ich entdeckte stets Neues und Interessantes. Zu Hause besaßen wir eine Familienbibel mit Bildern zu den einzelnen Ereignissen und Geschichten. An Festtagen las mein Vater feierlich aus der Bibel vor und legte sie dann aufgeschlagen auf einen Ständer. Alleine darin lesen durften wir nicht. So wünschte ich mir eine eigene und erhielt „Das Neue Testament für Menschen unserer Zeit". Texte und Bilder waren so gewählt, daß sie besonders Jugendliche ansprachen. Kein anderes Buch habe ich öfter in die Hand genommen.

Hier begann die Quelle zu sprudeln. Sie bewegte alles in mir, was sich nur bewegen ließ. Das Bild von Gott als dem gütigen Vater bewahrte ich mir zwar, doch fühlte ich mich mehr und mehr zu Jesus Christus hingezogen und bemühte mich, seine Worte und Taten zu verstehen. Dieser Christus wurde zu meinem „Idol". Er verkündete mir eine Frohbotschaft, die für mich Lebensinhalt wurde. So las ich täglich in der Bibel und begann die Erfahrungen in meinem Leben umzusetzen.

Später besuchte ich Bibelseminare, Gesprächskreise und Bibelabende, um mich mit anderen auszutauschen und über unverständliche Texte sprechen zu können. Bis heute sind die Texte der Bibel für mich die treibende Kraft, meinen Alltag zu leben und vielfach bestimmen die Evangelien mein Handeln. Ich bemühe mich täglich, ein Kapitel in der Bibel zu lesen und mir kurz Gedanken zu machen, was es mir sagen will. In Zeiten der Ruhe und Stille ist die Heilige Schrift mein Wegbegleiter und eine Fundgrube immer neuer Erkenntnisse.

Zur weiteren Quelle der Freude zählen für mich viele Heilige, die mir Vorbild geworden sind, die mich anhalten, meinen persönlichen Lebensweg zu prüfen und leise anfragen, ob ich denn bereit sei, im Alltag Gott zu verkünden, Glaubenszeuge zu sein, wie sie es waren in ihrer Zeit. Am meisten bewundere ich die vielen Märtyrern die aus Liebe zu Gott so manches erlitten und ihr Leben für ihn geopfert haben. Oft habe ich mich selbst gefragt, ob mein Glaube an Gott so stark ist und meine Liebe so groß, daß ich sie unter Einsatz meines Lebens bezeugen würde. Was wäre, wenn Gott dies einmal von mir forderte?

Was mir Trost und Hoffnung gibt, ist, daß auch die Heiligen nicht verschont blieben vom Ringen um den Glauben, von Zweifeln und dem steten Kampf gegen die eigenen Schwächen und Fehler. Auch Sie mußten ihre Hilfsbereitschaft und Liebesdienste immer wieder neu beweisen. So ist besonders das Leben meiner Namenspatronin, der heiligen Elisabeth von Thüringen, für mich stets Vorbild gewesen. Als Königstochter geboren, vermählt mit dem Landgrafen von Thüringen, wurde sie Mutter von drei Kindern. Nach dem frühen Tod ihres Gatten vertrieb man sie. Sie lebte in größter Armut, in radikaler Entsagung, aber mit Einsatz und Liebe für ihren Nächsten. Sie baute ein Spital und verkündete, man müsse die Menschen froh machen, und pflegte die Kranken bis zu ihrem eigenen frühen Tod. Beispielhaft ist für mich ihre Entscheidung als Königin, ihre goldene Krone abzulegen, weil sie erkannte: Wie kann ich eine goldene Krone tragen, wenn der Herr eine Dornenkrone trug?

Auf meinem Lebensweg begegnet mir häufig der heiligen Franz von Assisi. Er entschied sich ja bekanntlich, nach lebenslustiger Jugend in reichem Elternhaus aufgewachsen, für

die Nachfolge Jesu in vollkommener Armut. Sein Lebensinhalt war: „Nichts anderes laßt uns ersehnen, nichts anderes
wollen, nichts anderes soll uns gefallen und erfreuen, als nur
unser Schöpfer, Erlöser und Heiland." Diese Sehnsucht zu
spüren, alles als gut anzusehen und Gott als Schöpfer und
höchstes Gut zu suchen, wünsche ich mir bis zum Lebensende.
Leider gehen meine Wünsche nicht immer in Erfüllung.

Damit ich die Hoffnung nicht verliere und das Ziel immer
wieder von neuem ansteuere, sei noch ein dritter Heiliger
genannt, der mir viel gibt. Aus seinem Leben brauche ich
nichts zu berichten, wir kennen ihn alle aus der Bibel. Jesus
ernannte ihn zum Fels, auf dem er die Kirche aufbauen wollte.
Er wollte Christus nie verlassen. „Du bist der Messias, ich will
dir folgen, wohin du gehst." Stark, mächtig, für Jesus kämp-
fend, erleben wir ihn. An anderer Stelle schweigend, feige,
Jesus verleugnend und zweifelnd. Genauso erlebe ich mich
selbst, hin und her gerissen zwischen Nachfolge und
Weglaufen. Deshalb mag ich Petrus und rufe ihn als Fürsprecher an, mir in entscheidenden Momenten zu helfen, Gott
und der Kirche treu zu bleiben.

Zu einer weiteren, ganz großen Quelle der Freude, mehr
noch zu einem Brunnen, aus dem ich schöpfen kann, zählen
die Sakramente. Für mich kommt in ihren Worten und
Symbolen christlicher Glaube besonders sinnfällig und intensiv zum Ausdruck. Ich glaube an die Kraft des Sakramentes
und an die intensive Begegnung mit Gott. Ich denke und
glaube, daß Jesus die Sakramente eingesetzt hat als Zeichen
des Heils und als liebende Verbindung zu ihm. Deshalb werden sie auch an den Wendepunkten und Grenzsituationen des
Lebens gespendet, wie Geburt, Erwachsenwerden, Eheschließung und Erlösung von Schuld und Krankheit.

Doch wirken die Sakramente nicht automatisch, sondern sie bedürfen der Bereitschaft des Empfängers und der Zuneigung Gottes. Diese Zuneigung konnte ich in meinem Leben schon öfter erfahren und immer wieder habe ich Kraft und Stärkung durch die Feier der Eucharistie und den Empfang der Kommunion erlebt. Von Gott geliebt läßt sich das Leben meistern in guten und in schlechten Tagen.

Lassen sie mich noch von der Kraft eines anderen Sakramentes berichten: der Beichte. Gott schenkt uns Menschen einen neuen Anfang, er kommt uns mit seiner verzeihenden Liebe entgegen, im Sakrament der Versöhnung. Die Möglichkeit, Gottes verzeihende Liebe zu erfahren, schloß ich viele Jahre aus, bis mein Fehlverhalten zu unlösbaren Problemen führte und ich das Gespräch mit einem Priester suchte. Diese Beichte gehört zu einem Schlüsselerlebnis in meinem Leben. Selten habe ich solches Glück empfunden und eine solche Nähe zu Gottes barmherziger Liebe. Dieser Neuanfang war wie das Geschenk eines neuen Lebens, und ich bin seitdem bemüht, diese Erfahrung an andere weiterzugeben.

Als mein Mann und ich kirchlich heirateten, nahmen wir bewußt Christus als Dritten im Ehebund auf. Er sollte unser Wegbegleiter sein, nicht nur an diesem Tag, sondern unser ganzes Leben lang. In einer schweren Krise spürten wir ihn an unserer Seite, und wir konnten mit seiner Hilfe und Unterstützung diese Zeit überstehen.

Schicksalsschläge

Jeder Mensch möchte glücklich leben – da bin ich keine Ausnahme. Ich wollte keinen Mangel leiden und alle lebensnotwendigen Güter besitzen, wie Wohnung, Nahrung, Gesundheit und Arbeit. Meine Sehnsucht ging aber noch tiefer, denn auch Erfolg, Anerkennung und Geborgenheit wünschte ich mir. Mein Bemühen und Streben galt der Entfaltung und Selbstverwirklichung. Von vielen geliebt zu werden, war mein höchstes Ziel. Leider zeigt das Leben, daß dieser Wunsch nicht in menschlichem Ermessen liegt. Meine Aktivitäten wurden gebremst durch Nöte, Krankheit und Ängste, denen ich am liebsten ausgewichen wäre. Hinfälligkeit, Sterblichkeit und der Tod brachten mich bis an die Verstehensgrenze und somit zu der Frage nach dem Sinn des Lebens und nach Gott.

Mein Leben wurde von zwei Ereignissen überschattet, die mich aus der Bahn warfen und die mein Leben zunächst sinnlos erscheinen ließen. Schwere Zweifel überfielen und quälten mich, ob es den guten, liebenden Gott geben würde, als mich eine schwere Krankheit traf. Mein Lebensinhalt, meine Familie, die Sorge um das Wohl meiner Kinder, alles, was mir lieb und eigen war, schien in weiter Ferne. Alles, was ich glaubte, schien zu versinken. Wo blieb der helfende, liebende Vater, warum ließ Gott dies alles zu? Ich erlebte, wie ich immer „leerer" zu werden drohte. Meine Zukunftspläne waren zerstört.

Neben meiner Not quälte mich auch das Leid und die Krankheit zweier Menschen, die bald sterben würden und denen die Ärzte nicht mehr helfen konnten. Bewundernswert ertrug eine befreundete Kranke ihren Leidensweg, erfüllt von der Hoffnung, in Liebe bei Gott aufgenommen zu werden. Aufgrund dieses Glaubenszeugnisses begannen meine erneute Spurensuche und der Rückweg, Gott zu suchen. Heute glaube ich, daß diese tiefe Verzweiflung nötig war, um mir die Augen zu öffnen, daß nicht wir die Macher sind, sondern Gott uns die Dinge zum Leben schenkt, die wir brauchen.

Da meine Krankheit nicht zum Tode führte, hatte Gott wohl anderes mit mir vor. Verstärkt bemühte ich mich um die Erkenntnis, wie mein Weg weitergehen sollte. Nicht ich war der entscheidende Pol, sondern Gottes Wille zu erfahren, sollte mein weiteres Dasein bestimmen. Ich bemühte mich um einen intensiven Dialog mit Gott und stieg in die Gemeindearbeit ein. Gelernt habe ich in dieser Auseinandersetzung auch, daß der Mensch bei Krankheit und Tod seine Hoffnung auf den heilenden, rettenden Gott setzen sollte. Das starke Glaubensbekenntnis einer Mitpatientin half mir. Sie trug ihre Krankheit, indem sie den Blick auf Christus richtete, ihr Leid annahm und ganz vertrauensvoll ihre Hoffnung auf die Erlösung durch den Auferstandenen setzte.

Ein zweiter Schicksalsschlag folgte: ohne irgendwelche Vorzeichen oder Ankündigungen fiel mein Mann am Mittagstisch um und war sofort tot. Auch der Notarzt konnte nichts mehr für ihn tun. Mitten aus dem Leben gerissen, noch voller Pläne, mußte ich ihn loslassen. Nichts war mir je schwerer gefallen, als nun zu akzeptieren, daß Gott ihn gerufen hatte. Ich konnte nicht verstehen, was Gott da von mir verlangte. Ich fühlte mich bestraft, alleine gelassen, hoffnungslos und von Gottes und seiner Liebe vollkommen ausgeschlossen. Wie oft hatte ich im Vater Unser gebetet: „Dein Wille geschehe." Jetzt war ich nicht mehr in der Lage, diese Worte über meine Lippen zu bringen. Wut und Enttäuschung wechselten mit Fragen und Hoffnung. Alles schien unwahr, nicht glaubwürdig. Die Frohbotschaft, die Geschichten und Texte der Bibel, die mich aufrichteten, schienen mich jetzt in die Erde zu stampfen.

Lange durchwachte Nächte ließen mich beinahe verzweifeln an der Frage nach der Liebe und Güte Gottes. Und das

Leben nach dem Tod ging mir nicht mehr aus dem Kopf. Wo sind unsere Toten? Gibt es ein Leben bei Gott? Interessieren sie sich überhaupt noch für uns, und sind sie wirklich Fürsprecher bei Gott in unseren Nöten und Angelegenheiten? Trotz der ständigen Unruhe und Rastlosigkeit blieb ich diesmal Gott treu, wenn auch mit Skepsis und Abstand. Stark zog es mich zur Kiche in jener Zeit, ich empfand Ruhe, wenn ich mit den anderen beten konnte und erfuhr Kraft und Zuversicht in der heiligen Messe.

Wahre Freunde

„Keiner lebt für sich allein und keiner stirbt für sich allein", dieses Motto gehört seit Kindertagen zu meiner Lebensphilosophie. Menschliche Begegnungen sind in jeder Lebensphase für mich sehr wichtig gewesen, und ich habe stets viele Kontakte gepflegt und viele Freundschaften geschlossen.

Füreinander dasein und miteinander leben, soweit möglich, gehört zum Alltag in meiner Familie, unserer Nachbarschaft und unserer Gemeinde. Es gab flüchtige Verbindungen, kurze, aber intensive Begegnungen und aus manchem Kontakt wurde Freundschaft. Ich habe viele Freunde, die ich durch die kirchliche Jugendarbeit kennengelernt habe und einen weiteren großen Freundeskreis in meiner heutigen Gemeinde. Ansatzpunkt und Ausgang war ein Familienkreis, der bis heute noch besteht. Ich konnte bei meinem Einsatz für die Menschen und den Freundeskreis erfahren, daß mir das, was ich verschenkte, auch wiedergeschenkt wurde. So wuchs meine Liebe zu den Menschen, das Zusammensein mit Freunden, und ich merkte bald, daß auch meine Freunde mich brauchten.

Auch stellte ich fest, daß ich nicht mehr ohne diese Freunde sein wollte, denn viele schöne Erinnerungen, vieles, was sie mir geschenkt hatten an Nähe und Wärme, an Geborgenheit und Empfindungen, manche Worte und Gespräche wurden zur neuen Lebensquelle nach dem Tod meines Mannes.

Der Pfarrer und viele Gemeindemitglieder ließen mich nicht alleine und trugen mein Leid mit mir. Immer wieder zeigten sie mir, daß ich ihnen wichtig war. Diese Beziehungen stärkten mich und begleiteten mich über die größten „Durststrecken". Sie machten mir Mut! So begann ich, meinen Lebensweg neu zu organisieren.

Von den unterschiedlichsten Quellen habe ich ihnen erzählt, die mein Glaubensleben gespeist haben. Manche sind versiegt, andere zum Fluß geworden, fließen ruhig, manchmal sprudelnd, kreisend und springend weiter. Im Laufe von vielen Jahren wurde aus diesen Quellen ein Fundament, von dem ich mich getragen und gehalten fühlte. Ich fühlte mich von Gott beschenkt und nahm dankbar seine Liebe an. Ich wollte versuchen, sie durch meine Arbeit weiterzugeben. So entschied ich mich, in der Pfarrgemeinde meine berufliche Zukunft zu suchen. Vielleicht mußte ich so viele unterschiedliche Wege gehen, um fähig zu werden, mich ganz an die Kirche und ihren Auftrag der Glaubensverkündigung zu binden.

Vor vier Jahren habe ich mit dem Studium begonnen, mein Berufsziel ist es, als Gemeindereferentin zu arbeiten. Die Ausbildung macht mir sehr viel Freude. Ich hoffe, daß Gott mir weiter hilft, ihm treu zu bleiben. Ich möchte Verantwortung in der Kirche übernehmen und später gerne bei meiner Arbeit Charismen der Gläubigen entdecken und sie motivieren, am Aufbau und der Heilsendung mitzuwirken.

Constantin v. Brandenstein-Zeppelin

Dr. Constantin v. Brandenstein-Zeppelin wurde 1953 in Biberach/Riß in Oberschwaben geboren. Er studierte Betriebswirtschaft und Jura in München und Wien und schloß sein Studium 1977 als Diplom-Kaufmann ab. Danach war er bei der Europäischen Kommission in Brüssel tätig, war Vorstandsreferent bei einer Bank und anschließend Assistent von Wolfram Engels an der Universität Frankfurt/Main, wo er 1988 zum Dr. rer. pol. promovierte. Nach einer Tätigkeit für ein englisches Finanzunternehmen machte er sich 1990 als Unternehmensberater selbständig. 1983 übernahm er den großelterlichen Forstbetrieb bei Schlüchtern/Hessen. 1988 trat er dem Malteserorden bei. 1990 wurde er für das Bistum Fulda Diözesanleiter des Malteser Hilfsdienstes, 1992 dessen Präsident. Seit 13 Jahren gehört er dem Katholikenrat der Diözese Fulda an. Er ist verheiratet.

„Glauben und Helfen"

von Constantin v. Brandenstein-Zeppelin

„Es war wie ein Blick in den Himmel." Das sagte mir mit strahlendem Gesicht eine Rollstuhlfahrerin, Teilnehmerin der 5. Malteser-Rom-Wallfahrt für Behinderte 1992. Drei Jahre später fuhren wir wieder nach Rom, mit 1100 Pilgern, darunter 300 Rollstuhlfahrern. Es war eine ältere behinderte Dame dabei, die sich zu Anfang mit Nachdruck gegen jede Zuwendung und jede Teilnahme wehrte. Nach einigen Tagen taute sie auf und flüsterte mir zu: „Ich glaube, die haben mich richtig lieb." Die beiden jungen Helferinnen, die sie pflegten, hatten ihr nicht nur ihre Arme und Beine „geliehen", sondern ihre Herzen noch mit dazu.

In jenem Jahr gab der Heilige Vater erstmals eine Sonderaudienz für unseren Pilgerzug. In seiner Ansprache sagte er: „Der Malteser Hilfsdienst zeichnet sich aus durch sein hochherziges und edles Engagement, das von den vielen freiwilligen Mitarbeitern und Helfern getragen wird, die ihren Urlaub und ihre Freizeit opfern. Der Kranke und Behinderte steht im Mittelpunkt Eures Dienstes, der geprägt ist von Güte und Kompetenz. Ihr leistet ohne viel Worte einen praktischen Dienst. Und gerade dies ist es, was vor allem auf junge Menschen ausstrahlend wirkt. Ich wünsche Euch, daß diese

Begegnung zu einer fruchtbaren Besinnung werde, damit Ihr immer besser die Bedeutung der erlesenen Mission an der Seite der kranken und leidenden Schwestern und Brüder begreift. Ihr belebt durch Euer leuchtendes Beispiel die uralte Tradition des Malteserordens: Tuitio fidei et obsequium pauperum."

Die Aufgabe der Hinwendung zu den Kranken in der Nachfolge Christi trug den Malteserorden gleichsam durch die letzten 900 Jahre. „Wahrung des Glaubens und Hilfe den Bedürftigen", wie die Übersetzung lautet, kurz: „Glauben und Helfen" ist auch heute das Motto des nach dem Zweiten Weltkrieg als katholische Sanitätsorganisation gegründeten Malteser Hilfsdienstes. Rund 35.000 aktive, davon 90 % ehrenamtliche, und 800.000 passive und fördernde Mitglieder wollen, jeder auf seine Weise, anderen Menschen helfen und zwar unter dem Zeichen des achtspitzigen Malteserkreuzes. Für mich ist die Mitarbeit im Malteser Hilfsdienst, seit 1990 als Diözesanleiter in Fulda, seit 1991 als Ortsbeauftragter meines Wohnortes und seit 1992 an der Spitze der Ehrenamtlichen, eine große Freude und Bereicherung meines Lebens.

Mein Weg als Christ

Mein Großvater väterlicherseits war, als Protestant, Johanniter, der Vater meiner Mutter, der katholisch war, Malteser. Für meine Eltern, die 1947 heirateten, war die konfessionsverschiedene Ehe eine Belastung. Mein Vater konnte nicht Johanniter werden, da wir Kinder, meine beiden älteren Brüder, meine jüngere Schwester und ich, katholisch getauft worden waren. Manches Mal schaute er uns traurig beim Kirchgang nach. Sein Stolz ließ es nur sehr selten zu, uns zu begleiten. Vor dem letzten Konzil, noch ganz im Sinne der „alleinseligmachenden" Kirche erzogen, entdeckte ich erst viel später im Kreise meiner Schwiegerfamilie, wie lebendig der Heilige Geist auch in der evangelischen Kirche ist. Heute bin ich fest davon überzeugt, daß das entscheidende Problem nicht mehr zwischen den Konfessionen besteht, sondern zwischen den Glaubenden und den vielen Menschen, die keinen lebendigen Glauben an Gott mehr haben.

Unsere religiöse Erziehung lag in den Händen unserer Mutter. Täglich wurde miteinander gebetet. Vor der Einschulung führte sie uns in der Kirche unseres Dorfes in Oberschwaben zur Frühbeichte und Frühkommunion. Diese Zeit hat meinen Glauben entscheidend geprägt, wie auch später der Religionsunterricht, den ich regelmäßig besuchte. Erst im Gymnasium schwänzten wir ihn manchmal und gingen lieber Tischtennis spielen. Mein Glaube, die täglichen Gebete, der sonntägliche Kirchgang und der regelmäßige Empfang der Sakramente gehören seitdem zu meinem Leben. Ich erkannte für mich, daß Gott existiert, daß er uns liebevoll begleitet und daß wir in unseren Anliegen Zuflucht bei ihm finden können. Oft hat er meine Gebete erhört, und oft ging es auch ganz anders aus, als ich gehofft hatte. Doch eigentlich durfte ich immer erkennen, daß er es gut mit mir meint und viel besser als ich selbst weiß, was für mich richtig ist.

In unserer Familie wurde nicht allzuviel über den Glauben gesprochen. Und doch gab es überzeugende sichtbare Glaubenszeugnisse: so beispielsweise die Geduld und die Kraft, mit der unsere Mutter über 25 Jahre voller Gottvertrauen ihr Krebsleiden trug. Meine Geschwister und ich wurden von unserem 16. Lebensjahr an über viele Jahre regelmäßig zu religiösen Wochenenden gemeinsam mit Freunden in Privathäuser oder Klöster eingeladen, immer begleitet von einem Geistlichen. Das Kennenlernen Gleichaltriger, die fröhlichen Ausflüge und die religiösen Gespräche, später von uns selbst organisiert, waren für mich wichtig. Nach beeindruckenden Kartagen bei den Dominikanerinnen in Düsseldorf-Angermund war einmal der Enthusiasmus eines unserer Freunde so groß, daß er laut davon träumte, „auf der Königs-allee mit dem Schwert in der Hand den Glauben zu verteidigen". Gleichsam zur Abkühlung organisierte ich mit ihm die recht schweißtreibende Trockenlegung einer baufällig gewordenen Feldkapelle. Im Jahr darauf begleitete er uns nach Medjugorje, heute ist er Diözesanpriester.

1985 fuhr ich mit einer Gruppe von Freunden und Verwandten nach Medjugorje, einem Dorf in Bosnien-Herzegowina. Eine Freundin hatte mir begeistert davon erzählt. Ich glaube, daß die dortigen, seit 1981 vorkommenden Marienerscheinungen echt sind – auch wenn die Echtheit letztlich nicht entscheidend ist. Medjugorje ist ein Ort, an dem das Glauben und Beten wunderbar leicht fallen. Millionen von Pilgern waren schon dort, wo ich mich Gott so nahe fühlte wie nie zuvor. Mein Bruder, der mich begleitete, veränderte daraufhin sein Leben von Grund auf. Nachdem er zuvor mit Dollars spekuliert hatte, widmet er sich jetzt vor allem der Sorge um die Schätze im Himmel und startete mit einem christlichen Buchversand ein neues Medienapostolat. Als bald nach dieser Reise unsere Mutter starb, beteten mein Bruder und ich an ihrem Bett laut miteinander, seit unserer Kinderzeit zum erstenmal wieder. Wir haben dies bis heute beibehalten und spüren, wie es uns verbindet.

Nachdem ich mehrfach mit dem Malteserorden als Krankenpfleger Behinderten-Wallfahrten nach Lourdes begleitet

hatte, trat ich ihm 1988 bei. Ich benötigte eine lange Bedenkzeit, um diesen Schritt nicht als „Ehrendekoration", sondern
als wirkliche Aufgabe zu begreifen.

Malteserorden und Malteser Hilfsdienst

Der Malteserorden wurde als Krankenpflegebruderschaft im
Mittelalter in Jerusalem gegründet, wohin damals jährlich
etwa 20.000 Pilger aus dem Abendland zogen: an die
Wirkungsstätten Jesu Christi. Wohl aus Freude und Dankbarkeit über das glückliche Erreichen dieses Ziels gründeten sie
ein Hospital, das sie dem heiligen Johannes dem Täufer weih-
ten, und begannen mit der Pflege kranker Pilger. Sie müssen
dies in so vorbildlicher Weise getan haben, daß sie großen
Zulauf hatten, insbesondere während der später einsetzenden
Kreuzzüge. Als der Druck des Islam stärker wurde, übertrug
man ihnen auch militärische Aufgaben. 1291 verloren die
Christen das Heilige Land, worauf sich der Orden auf die Insel
Rhodos und nach deren Verlust, 1530, auf die Insel Malta
zurückzog. Von dort vertrieb sie Napoleon. Die Mitglieder der
deutschen Balley Brandenburg wurden evangelisch – aus
ihnen ging schließlich der Johanniterorden hervor. Während
dieser Jahrhunderte erwarb sich der Orden große Verdienste
um die Verteidigung der „christlichen Sache", insbesondere
im Mittelmeerraum.

Heute ist der Malteserorden, der seinen Sitz in Rom hat,
weltweit verbreitet und karitativ tätig. Als Souverän unter-
hält er diplomatische Beziehungen zu 70 Ländern, was der
karitativen Arbeit sehr dienlich ist. Zu Deutschland bestehen
bisher nur offizielle Beziehungen. Alleine in diesem Jahrhundert hat der Malteserorden in 30 Ländern nationale Hilfs-

dienste gegründet, nach der Wende besonders in Osteuropa. So sind heute weltweit etwa 60.000 ehrenamtliche Mitarbeiter unter dem Malteserkreuz aktiv.

1953 riefen in Deutschland der Malteserorden und die Caritas den Malteser Hilfsdienst ins Leben. Den Anstoß dazu hatte, ein Jahr nach der Gründung der Johanniter-Unfallhilfe, Bundeskanzler Adenauer gegeben. Zu den klassischen Diensten, der Schulung in Erster Hilfe, der Ausbildung von Schwesternhelferinnen, dem Rettungsdienst, Sanitätsdienst und dem Katastrophenschutz kamen später insbesondere der Rückholdienst, die sozialen Dienste, die Auslands- und die Jugendarbeit hinzu. Ein neuer Schwerpunkt ist seit einigen Jahren die Hospizarbeit, die Begleitung Sterbender. Hier gehören „Glauben und Helfen" besonders eng zusammen, denn auf die Frage: „Was kommt danach?" haben wir als Christen Auskunft über unseren eigenen Glauben zu geben. Vor einigen Jahren übertrug die deutsche Bischofskonferenz dem Malteser Hilfsdienst den Bereich der Natürlichen Familienplanung. Hier bilden wir insbesondere Beraterinnen aus, die junge Ehepaare über diese erfolgreiche Methode informieren.

Es gibt nichts Gutes, außer man tut es

Ende der 80er Jahre wurde für die Diözese Fulda eine neue ehrenamtliche Führung gesucht; man sprach uns an. So wurde meine Frau Oberin der etwa 4500 Malteserschwesternhelferinnen in der Diözese, was auf „neudeutsch" etwa einer Frauenbeauftragten entspricht. Sie stammt aus einer kirchlich sehr engagierten lutherischen Familie und ist 1983 konvertiert. Ich lehnte das Amt des Diözesanleiters aus beruflichen Gründen zunächst ab, zwei Jahre später sagte ich jedoch zu, da ich plötzlich Herr meiner Zeit geworden war. Ich hatte mich gerade selbständig gemacht, nachdem mir mein Chef vorgehalten hatte: „Sie sind kein bißchen schlitzohrig."

Wie konnte ich Diözesanleiter sein ohne die geringste Vorstellung von den Problemen in den etwa 20 Ortsgliederungen? So bemühte ich mich als erstes darum, an unserem Wohnort selbst Malteseraktivitäten zu starten. Es sollte ein steiniger Weg werden. Das Rote Kreuz erklärte mir, daß kein Bedarf für eine neue Hilfsinitiative bestehe. So war ich gezwungen, die Marschrichtung ein wenig zu ändern und wollte mich nun alleinstehenden und einsamen Menschen widmen, die sich vielleicht über Besuche freuen würden. Lange dauerte es, bis einige Freiwillige gefunden waren, und, erstaunlicherweise, ebenso lange, bis endlich jemand besucht werden wollte. Heute arbeiten wir mit 34 ehrenamtlichen Aktiven. Sie besuchen Bewohner eines Altenheims, beteiligen sich an der Freizeitgestaltung für Behinderte, transportieren Hilfsgüter zu den Maltesern in der Slowakei, organisieren Kurse in Erster Hilfe, leisten kleine Sanitätsdienste – und bauen gerade in einem Stadtteil mit dem örtlichen Pfarrer eine Malteser-Kindergruppe auf. In der Prozession an Fronleichnam sind wir mit unserer Sanitätstasche dabei und haben so, nicht nur durch das rote Banner mit dem Malteserkreuz, das wir jetzt neben der Kolpingfahne hertragen, einen neuen Farbtupfer in die Pfarrgemeinde gebracht. Die Arbeit wird durch Altkleidercontainer finanziert. Von allen meinen Ämtern und Aufgaben bereitet mir diese Arbeit vor Ort am meisten Freude.

Drei Jahre lang habe ich eine alleinstehende Frau in einem Altenheim besucht, selten mehr als eine Stunde pro Monat. Trotzdem strahlte sie mich immer so an, daß ich nach jedem

Besuch beglückt und bereichert nach Hause fuhr. Sie war stocktaub, nur wenige Worte konnte ich ihr ins Ohr brüllen. Leider erst nach zwei Jahren merkte ich, daß ich immer ins falsche Ohr gebrüllt hatte. Meist hielt ich ihre Hand, sie erzählte aus ihrem Leben, und manchmal haben wir zusammen gebetet. Nachdem ich am letzten 24. Dezember länger als üblich an ihrem Bett gesessen hatte, ist sie noch in dieser Heiligen Nacht friedlich gestorben.

1992 wählte mich die Bundesversammlung an die ehrenamtliche Spitze des Malteser Hilfsdienstes. Aus acht Terminen pro Jahr, von denen zu Anfang die Rede war, sind mittlerweile sehr viel mehr geworden. Eine schönere Berufung als diese Aufgabe kann ich mir aber nicht vorstellen.

Immer wieder bin ich bei Besuchen in den Gliederungen von der Einsatzbereitschaft, der Liebe zur Sache und der Ausdauer der Mitarbeiter und Helfer tief beeindruckt. Bei vielen, die ihre Arbeit oft schon seit Jahrzehnten tun, spüre ich, wie klein der eigene Beitrag demgegenüber ist. Und natürlich tauchen immer wieder neue Schwierigkeiten auf, die zu lösen, Aufgabe der Führung ist. Und gerade in solchen Momenten erlebe ich stets Dinge, die neu ermutigen. Ein Beispiel: kürzlich besuchte ich unsere kleine Dienststelle in Moskau, die Ehrenamtliche aus Augsburg zweimal im Jahr per Lkw-Konvoi mit Hilfsgütern versorgen. In der schwierigen Anfangszeit war dort eine Frau mit einem Baby auf dem Arm erschienen. Sie hatte zunächst geplant, das Kind abzutreiben, da die Ernährung des Babys sie vor ein scheinbar unlösbares Problem stellte. Da hörte sie von unserem nächsten Transport mit Kindernahrung, gerade zum Geburtstermin. So hatte sie sich entschlossen, das Kind zur Welt zu bringen, und präsentierte es uns unter Tränen in der Dienststelle.

Unübersehbar ist bei vielen Helfern die Freude, die sie an ihrer Arbeit und an den Schützlingen haben, die sie betreuen. Vielleicht hat das ja etwas mit der „erlesenen Mission an der Seite der Kranken und Leidenden" zu tun, die der Heilige Vater in seiner Rede angesprochen hat. Der Kranke und Leidende, der sein Los jeden Tag neu annimmt und nach seiner freien Entscheidung aufopfert, hat einen Schatz im Himmel, genauso wie sein Helfer, der ihm seine Zeit, seine Kraft und sein Herz schenkt.

Das Malteser-Motto „Glauben und Helfen" empfinde ich heute als aktueller denn je. Wir müssen Gottes unaufhörliche Liebe zu dieser Welt und den Menschen nicht nur im Wort, sondern auch durch unser Tun bezeugen. Glauben ohne Helfen wäre unglaubwürdig: Es gibt nichts Gutes, außer man tut es. Umgekehrt ist Helfen ohne Glauben auf Dauer nur schwer möglich. Das haben die religiösen Orden über die Jahrhunderte bewiesen. Und auch ich wüßte nicht, was ich in so mancher Situation ohne ein Stoßgebet gemacht hätte!

Im Malteser Hilfsdienst sind wir bemüht, möglichst vielen Menschen Aufgaben anzubieten. Wir möchten ihnen eine Gemeinschaft bieten, in der Helfen Freude macht und in der sie gebraucht werden. Gleichzeitig sollen sie bei uns die Möglichkeit haben, den Glauben kennenzulernen, durch unseren Umgang mit denen, die unsere Hilfe brauchen, und untereinander, durch unsere Gottesdienste, auf den Wallfahrten und im Gespräch. Jeder darf mitbeten am Anfang oder am Ende der Gruppenstunde, aber niemand wird dazu gezwungen.

Zu meinen schönsten Erfahrungen gehören Begegnungen mit Maltesern, denen ihr Glaube wichtig ist. Unser geschäftsführender Präsident hat mit einigen anderen Mitgliedern die Gemeinschaft Johannes der Täufer gegründet, die „Sauerteig" sein will und für uns betet. Die Regensburger Malteser veranstalten anstelle von Jubiläumsfeiern Wallfahrten, 13 Malteser wurden dort bisher zu Priestern geweiht. Einer von ihnen hat als Missionsbenediktiner in Südafrika die Malteser gegründet. Und der Münsteraner Malteserjugend kann man in jeder Karwoche irgendwo auf einer Fußwallfahrt begegnen. Ehrenwie Hauptamtliche ziehen dabei am gleichen Strang. So erreiche ich kurz nach 12 Uhr manche Mitarbeiter in der Kölner Zentrale nicht am Telefon, da sie in der Hauskapelle den Angelus, den „Engel des Herrn", miteinander beten.

Am meisten aber beeindruckte mich bisher ein Ereignis beim Bundessanitätswettbewerb in Landshut 1995. Mitten in die Siegerehrung platzte ein Notfall: Herzinfarkt. In bedrohlichem Zustand mußte der Mann ins Krankenhaus gebracht werden. Wir brachen die rauschende Jubelfeier ab, und dann betete der ganze Saal gemeinsam für ihn. Alle spürten wir, wie die Gemeinschaft, der er 35 Jahre angehörte, ihn auch auf diesem Weg begleitete. In derselben Nacht starb er.

Für die weitere Arbeit der Malteser vertraue ich darauf, daß der Herrgott 900 Jahre seine Hand über sie gehalten und manches mit ihnen bewegt hat. Ich denke, wenn wir weiter „Glauben und Helfen" nach dem Vorbild der Ordensritter, dann wird er uns auch weiterhin mit seiner Hand behüten und leiten.

Monika Brudlewsky

Monika Brudlewsky wurde 1946 in Magdeburg geboren. Sie wuchs in
einer Pflegefamilie in Halberstadt auf. Nach dem Abitur 1964 wurde ihr
Wunsch, Psychologie zu studieren, aufgrund ihrer Kritik am DDR-
Regime abgelehnt. Sie wurde Krankenschwester.
1973 trat sie in die CDU ein. Während der Wende war sie als PGR-
Vorsitzende aktiv an den Vorbereitungen der Friedensgebete und
Kerzendemonstrationen in ihrem Wohnort beteiligt. Im Jahre 1990
gehörte sie zunächst zu den 144 Abgeordneten der Volkskammer, die bis
zur Neuwahl in den 11. Bundestag übernommen wurden. Bei der
anschließenden Bundestagswahl gewann sie das Direktmandat. In dieser
Legislaturperiode war sie Mitglied im Innenausschuß und im Ausschuß
für die Stasi-Aufarbeitung. 1994 wurde sie erneut direkt in den
Bundestag gewählt. Derzeit ist sie in den Ausschüssen Familie, Frauen,
Senioren und Jugend, Fremdenverkehr und Tourismus sowie
Menschenrechte und humanitäre Hilfe tätig. In der Arbeitnehmergruppe
der CDU/CSU-Bundestagsfraktion ist sie stellvertretende Vorsitzende.
Seit Jahren ist sie Mitglied der Frauen-Union, der CDL und CDA.
Monika Brudlewsky ist verheiratet und Mutter von zwei Töchtern.

Von der Gnade der Geburt

von Monika Brudlewsky

Glücklicherweise wagten die Menschen in Deutschland in der Notzeit nach dem Krieg 1945/46 nur selten, ungeborene Kinder zu töten. Meine Mutter wollte mich damals zwar nicht, wohl aber Gott. So kam ich 1946 zur Welt – und nach drei Jahren Heimaufenthalt schließlich in die Obhut einer lieben Pflegefamilie.

Dieses katholische Elternhaus prägte mein Leben. Die Traditionen, mit denen ich aufwuchs, sind mir noch heute wertvoll und vertraut. So war es beispielsweise Sitte, einen Laib Brot zu segnen, bevor er angeschnitten wurde. Ich lernte, in der Fastenzeit sowie im Advent auf Süßigkeiten und Vergnügungen zu verzichten. Der regelmäßige Empfang der Sakramente war mir zuerst eine Selbstverständlichkeit, dann ein Geschenk geworden.

Was ich als junger Mensch erfahren habe, ist mir bis heute als Kraftquelle für den Alltag geblieben. Eins habe ich noch in besonders guter Erinnerung: Wir besaßen ein riesiges zerlesenes Heiligenbuch. Ich las einige Jahre regelmäßig darin und war begeistert von dem, was diese Menschen alles geleistet oder erduldet hatten. Am meisten interessierten mich die Missionare und die Märtyrer. Langweiliger fand ich hingegen Heiligenleben wie das meiner Namenspatronin, der heiligen

375

Monika, die einen jähzornigen Mann hatte und immer nur betete. Aber ein wohliges Gruseln überfiel mich, wenn ich von der heiligen Agnes las, die als junges Mädchen unerschrocken vor ihrem Henker stand, ebenso von der heiligen Barbara, die sogar von ihrem eigenen Vater getötet wurde, weil sie standhaft im Glauben blieb, vom heiligen Georg, der mit dem Drachen kämpfte, oder vom heiligen Vinzenz von Paul, der laut Legende für einen Sklaven auf die Galeere ging.

Zu dieser Zeit hörten wir in der sozialistischen Schule der DDR vom Widerstand gegen den Nationalsozialismus, von Konzentrationslagern und den Greueltaten dort. Man erzählte uns von vielen Opfern, jedoch vor allem von kommunistischen Helden. Parallel erfuhr ich im Religionsunterricht, daß ebenso Christen und vor allem Priester unter den Opfern gewesen waren. Mich faszinierte Maximilian Kolbe, der freiwillig, stellvertretend für einen Familienvater, gestorben war – sowie das Schicksal der Geschwister Scholl, die wegen ihres mutigen Widerstands mit dem Tod bezahlt hatten.

Mittlerweile hatte ich bemerkt, daß wir Christen es auch in diesem Staat nicht leicht hatten. Gab man zu, an Gott zu glauben, erntete man Gelächter. Verteidigte man den Glauben gar, konnte es peinlich werden, da der Lehrer verständlicherweise die geschickteren Argumente kannte. Doch das schreckte mich nicht. Ja, für meinen Glauben wollte ich etwas tun: am besten in Afrika Missionarin werden – mit allen Konsequenzen. Mit 14 Jahren war ich fest davon überzeugt, daß dies mein Weg sein könnte. Doch ich hatte auch gehört, daß Gott die beruft, die er braucht. So wartete ich ab.

Dann trat ein junger Mann in mein Leben. Bislang hatte ich Jungen nicht besonders gemocht und mich mit ihnen zumeist gestritten, ja oft auch geprügelt. Jetzt war es anders. Und von da an sah ich vieles in einem anderen Licht. Selbst meine Gedanken, vielleicht ins Kloster zu gehen und Missionarin zu werden, teilte ich ihm mit. Er akzeptierte und respektierte meinen Wunsch, zumal ich ihm auch später meine zunehmende Unsicherheit verriet. Überhaupt vertrauten wir uns alles an. Wir lasen gemeinsam Karl May-Bücher, sprachen über die Romanfiguren und philosophierten über das Leben und den Tod.

In der katholischen Jugend lernten wir in den Glaubensstunden mit der Philosophie und der Realität des Marxismus umzugehen. Wir bekamen hier das nötige Rüstzeug, um selbständig denken und die Geister unterscheiden zu können. Gleichzeitig lernten wir aber auch vorsichtig zu sein gegenüber möglichen Spitzeln unter den Schülern, die es an den sozialistischen Schulen ja gab.

Als ich 15 Jahre alt war, wurde ein Brief von mir – durch den Stasi – bei der Post geöffnet. Ich hatte mich in diesem Brief sehr kritisch zum Mauerbau im Jahre 1961 geäußert. Nun erlebte ich, was es bedeutete, als Staatsfeind zu gelten. Und nur der Gunst einiger Lehrer verdankte ich es, daß das Votum zum Verbleib an der Oberschule positiv ausfiel. Durch diese Briefaffäre wurde ich dem SED-Staat gegenüber noch kritischer und wachsamer. Ich wollte etwas tun, etwas ändern. Aber ich wollte die DDR niemals verlassen.

In der Glaubensstunde sagte man uns, daß man an dem Platz ausharren sollte, an den man gestellt sei. Diese

Einstellung fand ich damals und finde ich auch heute noch richtig. Von außen kann man schlecht etwas bewegen, von innen her muß es wachsen.

Da ich nach dem Abitur als „nicht würdig" für das Studium befunden wurde, erlernte ich den Beruf der Krankenschwester. Mit 18 Jahren schwand meine Überzeugung immer mehr, daß Ehelosigkeit der rechte Weg für mich sei. Ich merkte, daß mich das männliche Geschlecht doch nicht so gleichgültig ließ, obwohl meine erste wunderschöne Jugendromanze nach einigen Jahren zu Ende gegangen war. Noch heute denke ich mit Dankbarkeit an diese Zeit zurück. Wie sehr wünsche ich jungen Menschen die Erfahrung einer solchen Jugendliebe, die nicht das vorwegnimmt, was in die Vertrautheit einer ehelichen Partnerschaft gehört.

Kurz darauf lernte ich den Mann kennen, dem es gelang – obwohl meine Mutter die Tochter am liebsten immer bei sich behalten hätte –, mich von Zuhause wegzulocken und zu heiraten. Ich war zur Zeit der Hochzeit 21 Jahre alt und voller Ideale, wie ein Eheleben zu führen sei. Nach dem Schock einer Totgeburt erfuhr ich das Glück, kurz hintereinander zwei gesunde Mädchen zur Welt zu bringen. Bald nachdem die Kinder „aus dem Gröbsten heraus" waren, nahm ich die berufliche Arbeit wieder auf. Haushalt und Kinder waren auch in der DDR meist „Frauensache". Mein Mann unterstützte mich zwar, und doch fühlte ich mich manchmal überfordert. Und der Gedanke, vielleicht gar keine gute Hausfrau und Mutter sein zu können, belastete und quälte mich.

In unserem Haushalt, in dem die Mutter berufstätig war und zwei Kinder von sechs und sieben Jahren mit sehr unterschiedlichen Charakteren betreut werden mußten, ging es oft turbulent zu. Dennoch nahm ich mir häufig Zeit, um mich mit den Kindern in Ruhe zu beschäftigen und ließ die Hausarbeit liegen. Auch schrieb ich lieber Briefe an meine vielen Bekannten, anstatt die Wäsche zu bügeln. Natürlich führte dies zu Konflikten mit meinem Mann. Ich steckte damals – obwohl unsere Ehe im großen und ganzen sehr glücklich verlief – in einer tiefen Krise, die kaum jemand bemerkte. Und wäre dort nicht ein so guter Seelsorger in unserer Gemeinde gewesen, ich hätte sicher noch länger in Selbstmitleid und Weltuntergangsstimmung gebadet.

Er lehrte mich im Gespräch eine tiefe innere Zufriedenheit mit dem Leben, wie auch immer gerade die Umstände sind. Dies gelingt nach seinen Worten nicht, wenn man nur in der Vergangenheit lebt, aber ebensowenig, wenn man ständig in die Ferne schaut. Nur mit einem Leben in der Gegenwart und der Annahme des eigenen Ich sei dieses Ziel zu erreichen. Und er sagte auch, daß eine Ehe ähnlich wie das Ordensleben sei, daß man Regeln einhalten müsse da wie dort, wenn so ein Leben gelingen solle. Und daß ich beginnen und nicht auf den anderen warten müsse.

Diese und viele andere gute Ratschläge halfen mir damals, die Krise zu überwinden. Ich wünsche jedem Ehepaar solch einen weisen Ratgeber und dann auch die nötige Einsicht. Immer wieder gibt es Menschen, die uns ein Stück begleiten und uns auf unsere richtige Berufung aufmerksam machen. Sind es nicht sichtbare Schutzengel? Dieser Seelsorger ging bald darauf als Mönch zu den Benediktinern. Zuvor verschenkte er alles, was er hatte. Mir schenkte er ein Buch von Richard Gräf mit dem Titel „Ja Vater". Dieses Buch war und ist mir bis heute eine wertvolle Hilfe.

Unterdessen hatte ich begonnen, politisch tätig zu werden. Ich kam mit dem CDU-Kreissekretär, einem Mitglied unserer Pfarrgemeinde, ins Gespräch. Er empfahl mir, mich selber in der Partei zu engagieren. 27 Jahre jung, voller Elan, ging ich darauf ein, wurde auch gleich Stadtverordnete in unserem Ort und lernte den DDR-Staat auf einer anderen Ebene bis ins Detail kennen. Nun mußte ich des öfteren Reden halten. Und ich lernte schon bald den wichtigen Spagat, beim Formulieren darauf zu achten, sich selbst nicht untreu zu werden und dennoch reden zu dürfen.

Diese Prozedur kannte stets dieselbe Vorgeschichte, denn jedes Redemanuskript mußte vierzehn Tage vorher zur Zensur im Stadtrat abgegeben werden. Außerdem durften weder die CDU noch ich die Themen festlegen. Alles wurde vorher in einer besonderen Macht- und Schaltzentrale geregelt. Weil ich mit vielen Dingen nicht einverstanden war, hatte ich mir in der Stadtverwaltung schon Ärger eingehandelt. Und als ich nach vier Jahren keine Kandidatur mehr für das Stadtparlament annahm, kam ich sicherlich einigen Leuten zuvor, denen ich sowieso nicht genehm war.

Ich wollte mich nicht von der SED mißbrauchen lassen und war deshalb froh über meinen Entschluß. Allerdings blieb ich in der Basisgruppe der Orts-CDU, weil ich hier ehrliches Bemühen um die Christen im Land erfuhr, zumal die meisten dieser Gruppe aus unserer Pfarrgemeinde stammten, also völlig zuverlässige, mir vertraute Menschen waren. Wie ich heute weiß, war es längst nicht in allen Ortsgruppen der CDU die Regel, daß man allen trauen konnte. Aktiv brachte ich mich in den folgenden Jahren in der Gemeinde, im Pfarrgemeinderat und in der ökumenischen Arbeit ein.

In den Nachrichten erfuhr man unterdessen, daß unsere sozialistische Welt unruhig wurde. Es gab Gorbatschow in der UdSSR, Walensa in Polen. Die Solidarnosc-Bewegung ließ hoffen, zumal der polnische Papst ihr eine gewisse Rückendeckung gab. Zum ersten Mal zauderten die russischen Panzer. In der DDR wurden mehr und mehr Ausreiseanträge gestellt. Es gab Verhaftungen bei Friedensbewegungen. Man hörte Namen wie Freia Klier, Vera Wollenberger, Bärbel Boley, Rainer Eppelmann, Friedrich Schorlemmer. Man wartete sehnsüchtig, schließlich stündlich auf neue Meldungen. 1989 überstürzten sich dann die Ereignisse. Die Wende war da!

Die Montagsgebete und die Demonstrationen gingen von den großen Städten Leipzig, Dresden und Berlin aus. Aber der Funke sprang schnell über auf die mittelgroßen und dann auch rasch auf die kleineren Städte wie die unsere. Evangelische und katholische Gemeinden bildeten ein Gremium zur Vorbereitung. Begeistert begab ich mich an diese Arbeit. Wir bereiteten Texte und Lieder vor, die den Rahmen für die Friedensgebete bilden sollten. Wir verteilten anschließend Kerzen und baten eindringlich, keine Gewalt auszuüben. Aus der überfüllten Kirche heraus bildete sich dann der Demonstrationszug, mit dem wir in Sprechchören das Neue Forum, die neue politische Bewegung, unterstützten. Es war eine glückliche Zeit, vor allem auch, weil wir aus unterschiedlichsten Gruppen kommend, ein gemeinsames Ziel hatten: die Diktatur des Sozialismus, die Unfreiheit der Wahlen, des Redens, des Reisens, den Terror an Mauer und Stacheldraht abzuschaffen. Die Zeit der Wende oder der friedlichen Revolution – wie man sie eigentlich immer nennen sollte – war für viele, und so auch für mich, eine Zeit der Hoffnung, aber auch der Unsicherheit. Was würde sein, wenn das Ganze umschlüge und die mit dem Fotoapparat und den Notizblöcken am Weg wieder die Oberhand gewännen? Was würde sein, wenn die Ängstlichen hinter den Gardinen recht behielten und später für ihr Nicht-Mitmachen belohnt würden?

Rasch schüttelten wir diese Gedanken ab. In den Friedensgebeten mit dem wiederholten Kyrie-Ruf-Gesang lernten wir, vertrauensvoll unser Leben in die Hand zu nehmen. Gott mußte einfach helfen. Wir waren zu viele, ja das ganze Volk war in Aufruhr! Und so lösten sich nach und nach die Fesseln der Angst, bis die Mauer – heute noch unbegreiflich wie durch ein Wunder – fiel. Im Januar 1990 war ich erstmals von der Gemeinde aus bei einer politischen Tagung in den alten Bundesländern. Auch unser Seelsorgamtsleiter von Magdeburg, der zwei Monate später unser Bischof wurde, nahm daran teil. Es ist mir gut in Erinnerung geblieben, daß er uns aufrief, nun auch zur Stelle zu sein, wenn es hieß, einen Dienst für die neue Gesellschaft zu übernehmen; denn die gefälschten Wahlen vom Mai 1989 sollten bald wiederholt werden.

Seit meiner negativen Erfahrung mit dem Stadtparlament wollte ich eigentlich nie mehr wieder ein politisches Amt annehmen. Doch die Worte des Seelsorgamtsleiters waren so eindringlich formuliert, daß ich mir fest vornahm, für Stadt oder Kreis zu kandidieren und mich nicht zu verweigern, wenn man auf mich zukommen sollte. Ich vertraute in dieser Zeit mehr denn je darauf, daß Gott mich riefe, wenn ich gebraucht würde.

Die Herausforderung

Kurze Zeit später erhielt ich plötzlich einen Anruf. Der Anrufer fragte mich, ob ich bereit sei, für die Wahl zur ersten freien Volkskammer der DDR zu kandidieren. Dieser Anruf erreichte mich während der Sprechstunde in der staatlichen Arztpraxis, in der ich die letzten sieben Jahre als Krankenschwester arbeitete. Ich erfuhr, daß ich nicht die erste war, an die man sich mit dieser Bitte wandte. Doch die zuvor Gefragten hatten wohl aus Sorge um ihre private und berufliche Zukunft abgelehnt. So mußte eine schnelle Entscheidung getroffen werden, man gab mir drei Stunden Bedenkzeit. Zwei Menschen mußte ich fragen: erstens meinen Mann und zweitens meinen Chef. Zum Glück erreichte ich meinen Mann telefonisch, was zu DDR-Zeiten durchaus nicht selbstverständlich war. Als ich ihm das Vorhaben schilderte, sagte er nach einer Denkpause: „Wenn Du wirklich willst und es Dir zutraust, dann werde ich Dich unterstützen."

Wenn ich heute jemandem erzähle, wie mein Chef damals reagierte, so erwecke ich in der Regel Heiterkeit. Großzügig meinte er: „Wenn Sie durch diese Tätigkeit bei der Arbeit nicht zu oft ausfallen, bin ich einverstanden." Niemand wußte damals, wie sehr die Arbeit uns neue Volkskammerabgeordnete fordern sollte. Nachdem ich mein „Ja" signalisiert hatte, begann für mich ein neuer Abschnitt, der mein Leben und das meiner Familie völlig veränderte. Wider Erwarten gewann die CDU – und so wurde ich Mitglied der ersten frei gewählten Volkskammer. Vom Telefonanruf bis zur Wahl war genau ein Monat vergangen.

Die eigentliche Aufgabe des Parlaments war die Vorbereitung seiner Auflösung. Das Ende der Volkskammer sollte also auch meinen Auftrag beenden. Für den Landtag, der im Juni 1990 gewählt wurde, kandidierte ich nicht – ich wollte das Begonnene zu Ende bringen. Und ein Bundestagsdirektmandat traute ich mir zum einen nicht zu und wollte zum anderen auch nicht der vorgeschlagenen Direktkandidatin, eine Kollegin aus der Volkskammer, im Wege stehen. So akzeptierte ich nur, mich auf der Liste der Nachrücker nominieren zu lassen.

Doch es kam anders. Aus meinem Ort bewarb sich eine weitere Frau um die CDU-Direktkandidatur. Viele redeten mir zu, daß ich dagegenhalten müsse, weil diese Frau nicht das Vertrauen der Leute vor Ort besäße. Ich war innerlich unschlüssig und hatte Angst vor solch einer Verantwortung, und schließlich hatte ich doch der Kollegin versprochen, nicht gegen sie anzutreten. Unser alter Pfarrer lag zu dieser Zeit mit einem Herzinfarkt im Krankenhaus. Er hatte mich vor Jahren ermuntert, Sprecherin im Pfarrgemeinderat zu werden. Er hatte Friedensgebete initiiert und den Runden Tisch geleitet und während der Wende im wahrsten Sinne sein Herzblut gegeben. Ich besuchte ihn und fragte ihn um Rat. Er überzeugte mich, auch diesen Schritt zu wagen und dann in Gelassenheit abzuwarten. Zum Schluß des Gesprächs segnete er mich und versprach, für mich zu beten, daß ich Kraft und Mut bekäme, solch eine Aufgabe zu bewältigen.

Nun packte ich es an und meldete mich zur Gegenkandidatur. Ich bemühte mich, meinen Entschluß der ersten, zunächst einzigen Kandidatin zu erklären. Ob sie meine Beweggründe akzeptiert hat, weiß ich nicht, jedenfalls hatte ich lange Zeit ihr gegenüber ein schlechtes Gewissen, weil ich bei der Auswahl aus schließlich vier Kandidaten (drei Frauen, ein Mann) dann tatsächlich nominiert wurde.

Es folgten Nächte, in denen mir mein „Wahnsinnsvorhaben" den Schlaf raubte. Mein Mann stand mir weiterhin mit Rat und Tat tapfer zur Seite, er kümmerte sich um den Haushalt und machte mir Mut. Und gerade in solchen Momenten des Haderns und des Zweifelns gewann ich stets meine innere Ruhe wieder, wenn ich im Vertrauen auf Gottes Willen zu mir sagte, daß er mich die Wahl gewinnen ließe, wenn er mich tatsächlich brauchte. Und würde ich sie verlieren, so hätte ich es zumindest versucht und brauchte mir weder Feigheit noch „Drückebergerei" vorzuwerfen. Zuversichtlich startete ich in den Wahlkampf.

Es gelang! Ich errang das Direktmandat für einen großen Flächenwahlkreis mit 118 kleinen und größeren Städten und Gemeinden. Mein Weg führte mich nach Bonn. Und hier galt es, mich zu behaupten. Vieles stürmte auf mich ein: die recht schwierige Mitarbeiterauswahl, die für mich fremden Parlamentsabläufe, die neuen Gremien, Kommissionen und Menschen. Um das alles bewältigen zu können, suchte ich Kontakt zu Menschen, die mir halfen, Gott in die Mitte meines Alltags zu stellen, und ich gewann eine Reihe guter Freunde.

Kampf für die Ungeborenen

Ein Anliegen wuchs mir recht bald besonders ans Herz: der Schutz des ungeborenen Lebens. Die Debatte um dieses so wichtige Thema hatte mich von der ersten Sitzung des Ausschusses Frauen und Familie in der ersten freien Volkskammer bis heute begleitet. In dieser ersten Sitzung war es eine Frau der PDS gewesen, die – unterstützt von einer SPD-Pastorin – sich nachdrücklich dafür einsetzte, das Abtreibungsrecht der DDR zu erhalten. Ich war damals erschrocken und zunächst ratlos. Vielleicht war es ja meine Bestimmung, hier gegenzuhalten und positiven Einfluß zu nehmen? Schließlich hatte mich dieses Thema von Beginn meines Lebens an begleitet, da mir als unerwünschtem Kind trotz allem die Gnade der Geburt zuteil geworden war.

Das recht beliebte und doch schizophrene Argument, eine Abtreibung sei allemale besser als das Schicksal des Heimkindes, widerlegt gerade meine Biographie. Denn trotz Heim war ich nach dem Urteil vieler Freunde ein überaus fröhliches und glückliches Kind. Und wie viele „Wunschkinder" führen ein freudloses Leben, weil sich ihre Eltern nicht mehr verstehen, sich trennen oder einfach keine Zeit für ihre Kinder haben?

Noch eine Erinnerung wird in mir wach, wenn ich darüber nachdenke, warum ich wohl diesen Weg gehen mußte. Mein Chefarzt in der Gynäkologie holte uns Krankenschwesternschülerinnen eines Tages in den Operationssaal. Es war 1965, eine Zeit, in der es in der DDR noch streng verboten war, ein ungeborenes Kind zu töten. Nur eine Ärztekommission gestattete bei Härtefällen Ausnahmen. Ein solcher Härtefall lag an diesem Tage vor und wir mußten bei dieser Abtreibung zusehen. Ich weiß noch genau, wie sehr uns das anschließende Sortieren der winzig kleinen Gliedmaßen erschütterte. Danach sagte dieser Arzt zu uns: „Ich habe Euch zuschauen lassen, damit es Euch nicht einmal so ergeht, damit Ihr immer vorher gut überlegt."

Später erfuhr ich dann selbst das Leid, ein sehnlichst gewünschtes Kind, unser erstes Mädchen, nach neun Monaten tot auf die Welt zu bringen. Nicht genug damit. Ich begegnete kurz darauf einer Nachbarin, die unglücklich verheiratet war, das dritte Baby erwartete und mich in meinem Unglück beneidete. Ich habe bei allen Debatten, die ich später im Parlament erlebt und teilweise mitgestaltet habe, mich stets bemüht, mir diese verzweifelte Frau vorzustellen und nie jemand zu verurteilen. Doch auch diese Erfahrung konnte mich in meiner Haltung nicht erschüttern, niemals mit dem Töten von

Kindern als „Lösung eines Problems" einverstanden zu sein. Es ist stets nur ein kleiner Schritt von der Wahrheit zur Lüge.

Wird meine Aufgabe, um das Leben zu kämpfen, noch weitergehen? Wir stehen mitten in der Diskussion um die letzten Grenzen des Lebens, um den Schutz von Kranken und Sterbenden. Wann endet das Leben? Wann setzt der Tod ein? Was „darf" der Mensch tun, um ihn zuzulassen oder gar herbeizuführen, um Sterbenden und Angehörigen Leiden und Qualen zu ersparen? Oft belastet mich die Sorge, nicht genug getan zu haben, nicht genug zu tun. In solchen Momenten suche ich das Gebet und vertraue auf Gott – daß er zu Ende führe, was ich nicht kann.

Und schließlich will ich noch von einer besonderen Begleitung in meinem Leben erzählen, durch die ich viel Hilfe erfahren habe, bis in die Verantwortung als Politikerin. Als ich 12 Jahre alt war, zogen wir in eine Pfarrgemeinde, die von Franziskanern betreut wurde. Natürlich erzählte man uns vom Ordensgründer, dem heiligen Franz von Assisi, dessen Leben und Wirken wohl jeden in seinen Bann zieht. Sogar Atheisten nennen diesen Heiligen ein Vorbild. Es war eine Bildhauerin, die mir diesen großen Heiligen durch ihre Kunst und die Innigkeit ihrer Werke besonders nahebrachte. Ich lernte sie kennen, als ich mit 14 Jahren als Helferin im Rahmen einer religiösen Kinderwoche tätig war. Sie zeigte ihre Werke auf Dias, sang und lachte mit uns Kindern. Selten habe ich einen erwachsenen Menschen so gelöst und froh erlebt. Eines ihrer Gemälde blieb mir fest in Erinnerung: der heiligen Franziskus mit ganz großen Ohren, weil er immer bereit war, Gottes Ruf zu hören.

In den Jahren danach, als ich noch nicht recht wußte, was ich aus meinem Leben machen wollte, war dieser Heilige, der den Weg des Glaubens so unbeirrt gegangen war, stets ein großes Vorbild für mich. Er galt als Frohnatur, liebte die Menschen und Tiere und wurde doch oft nicht verstanden. So manches entdeckte ich bei mir wieder. Vor allem aber eines unterschied uns: um wieviel leichter fiel es ihm, seine Sorgen in Gottes Hände zu legen.

Viele Jahre später, als verheiratete Frau wurde ich Mitglied der Franziskanischen Gemeinschaft, eine Bewegung, die Franz von Assisi für die Laien ins Leben gerufen hatte. Er hatte erkannt, daß gerade auch die Menschen, die in der Welt stehen, Richtung und Hilfe für ihr Leben im Glauben benötigen. Seitdem versuche ich, wenigstens einmal im Jahr der Alltagshektik zu entfliehen und einige Tage Einkehr zu halten, innezuhalten und zu mir selbst und zu Gott zu finden. Es hat mir immer gut getan. Und ich bin meinem Mann dankbar, daß er mir immer diese Zeit zugesteht. Er spürt, daß sie mir und so auch der Familie eine wichtige Hilfe für die Bewältigung des Alltags ist. Aus diesen stillen Zeiten beziehe ich bis heute die nötige Kraft, um das zu meistern, was in den letzten Jahren auf mich eingestürmt ist. Um im rechten Augenblick ohne langes Zögern bereit zur Verantwortung zu sein.

Wilfried Hagemann

Dr.Wilfried Hagemann wurde 1938 in Duderstadt/Harz geboren. Nach dem Abitur im Jahre 1957 studierte er in Rom und Innsbruck Theologie. Er wurde 1963 in Rom zum Priester geweiht und promovierte 1967 an der Päpstlichen Universität Gregoriana. Nach seiner Rückkehr nach Deutschland war er zunächst Kaplan in Oldenburg-Osternburg und dann von 1968 bis 1974 Spiritual am Collegium Borromaeum in Münster. 1974 bis 1986 wirkte er als geistlicher Rektor an der Heimvolkshochschule Kardinal-von-Galen in Stapelfeld/Cloppenburg, die er mit anderen aufbauen durfte. 1987 wurde er als Rektor ins Zentralkomitee der deutschen Katholiken in Bonn-Bad Godesberg berufen. Schon in Rom lernte er 1964 die Fokolarbewegung kennen, in der er sich seitdem persönlich engagiert. Seit 1996 ist Hagemann Regens des Bischöflichen Priesterseminars des Bistums Münster. Er ist Mitglied des Diözesanforums.

Ringen um Klarheit

von Wilfried Hagemann

Daß ich Priester sein darf in der katholischen Kirche, macht mich einfach froh. Ich lebe sehr gerne in dieser Berufung, die mich in unverwechselbarer persönlicher Weise vor Gott stellt und mich durch diesen Gott mit einer großen Zahl unterschiedlichster Menschen in Verbindung bringt. Oft werde ich einfach angesprochen, von mir bis dahin unbekannten Leuten, in der Bahn, im Flugzeug, auf der Straße oder auch in einer Kirche. Scheinbar harmlose Gespräche entwickeln sich zu tiefen persönlichen Begegnungen, häufig gerade dann, wenn das Gegenüber bemerkt, daß ich Priester bin.

Solche Begegnungen klingen lange in mir nach, so etwa auch jene, als mich im Jahr 1965 mitten im Gedränge eines römischen Stadtbusses der Linie 62 eine junge deutsche Dame ansprach mit der erstaunlichen Bitte, ob sie mich zu einem Beichtgespräch aufsuchen dürfe. Als sie mich dann ein paar Tage später im Kolleg aufsuchte, wo ich als junger studierender Priester wohnte, fragte ich sie, warum sie mich angesprochen habe. Die Antwort, „weil Sie sich mit Ihrem Mitbruder so froh über Gott unterhalten haben", verblüffte mich, zeigte mir aber auch, daß mein damaliger Entschluß, den Glauben nicht allein für mich zu leben, sondern in Gemeinschaft den

Weg des Glaubens zu wagen, auch für andere wertvoll und anziehend sein konnte. So kam es, daß ich diese junge Frau auf ihrem persönlichen Glaubensweg und auf ihrem Weg zur Ehe mit einem Italiener begleiten durfte. Beide – auch weil sich die Eltern der beiden wegen dieser Beziehung von ihnen zurückgezogen hatten – waren so arm, daß die kirchliche Trauung im kleinsten Kreise stattfand; mir machte es nichts aus, sie in einem von mir gemieteten Auto zur Kirche zu fahren und das feierliche Mittagessen für sieben Personen auszurichten. Heute sind die beiden wohlsituiert, haben drei Kinder und sind Säulen der Kirche in den Castelli Romani.

Während einer Kur, etwa 25 Jahre später, (mir war beim Besuch eines befreundeten Missionars am Amazonas eine Krankheit „zugeflogen"), wollte ich Mensch sein unter den Menschen, und doch nicht verleugnen, Priester zu sein. Bei den gymnastischen Übungen auf der Matte und im Schwimmbecken entwickelten sich viele Gespräche, gegenseitige Hilfe und teilweise auch echtes Vertrauen. Wie von selbst besuchten schließlich meine „Mattennachbarn", die bosnische Speisesaalaufsicht, die Abteilungsleiterin der Badeabteilung und der behandelnde Arzt den Gottesdienst, den ich jeden Abend in einem nahen Frauenkloster feierte. Meine leise Anfrage bei den Klarissen-Eremitinnen, ob sie sich über eine tägliche Eucharistiefeier, die hier infolge des Priestermangels sonst nicht möglich war, freuen würden, fand ein positives Echo. Binnen weniger Tage versammelte sich dort eine täglich wachsende Schar von Christinnen und Christen, von den Bauernhöfen der Nachbarschaft, aus der nahen Stadt und eben auch aus der Klinik. Der Gottesdienst und das darin eingebettete kleine Wort zum Evangelium brachten eine ganz lebendige Gemeinschaft hervor, die sich viel zu erzählen hatte und wie von selbst anfing, ganz konkret miteinander zu teilen.

Gott, für den zu leben ich mich entschlossen hatte, brachte und bringt mich immer neu, oft ganz unerwartet und überraschend mit ganz unterschiedlichen Menschen zusammen. Wiederholt durfte es mein Beitrag sein, diese Menschen zu Gott zu führen und mit ihnen Gemeinde zu werden. Wie kam es dazu, daß ich diesen Weg, den Weg zum Priestertum eingeschlagen habe?

Frühe Gewißheit

Schon früh verspürte ich den Wunsch, Priester zu werden. Und doch hatte ich lange Zeit einfach Angst vor diesem Schritt. Ich traute ihn mir nicht zu und war wohl auch zu schüchtern dazu. Ich wurde rot, wenn ich in der Schule aufgerufen wurde. Ich war unsicher, tolpatschig, verstand viele Zusammenhänge des Lebens nicht. Aber in meinem Inneren spürte ich eine Offenheit für Gott – und eine Freude über ihn. Wenn der Kaplan uns zu Hause besuchte, bemerkte ich seine Lebensfreude und innere Harmonie. Das faszinierte mich. Das gleiche fiel mir an meinem Onkel Anton auf, dem Bruder meiner Mutter, der ebenfalls Priester war. Wenn er im letzten Krieg als Sanitätssoldat auf Heimaturlaub war, strahlte er eine solche Freude aus, die mich selbst schon als Kind, das ich damals war, stark beeindruckte. Als ich ihn später in seiner Diasporagemeinde in Schleswig-Holstein besuchte, erschütterte mich das harte Schicksal dieses recht einsamen Diasporapastors, der weite Wege von Gottesdienstort zu Gottesdienstort zurücklegen mußte und stets nur eine kleine Schar von Gläubigen dort antraf, keineswegs. Vielmehr beeindruckte mich seine Art, immer neu aus der Kraft des Glaubens für andere da zu sein und darin eine besondere Freude zu finden.

Dieselbe Kraft und Ausstrahlung des Glaubens entdeckte ich auch bei meinen Eltern, die ihrem Leben als Christen eine persönliche Ausrichtung gaben und keine falschen Kompromisse eingingen. Was sie uns Kindern von ihren Leiden in der Nazizeit erzählten, den heimlichen Hilfen für jüdische Mitbürger oder polnische Zwangsarbeiter oder auch über die Verbreitung der riskanten Predigten des Bischofs von Münster, dem späteren Kardinal von Galen, berührte mich tief und bestärkte mich zugleich in dem Wunsch, alles für Gott einzusetzen, wenn es darauf ankommen sollte.

Was für ein Drama mußten meine Eltern erleben, als unsere Familie, Vater, Mutter und fünf Kinder, sechs Jahre bis einen Monat alt, innerhalb weniger Stunden am Tag des Einmarsches der amerikanischen Truppen aus der Wohnung vertrieben wurde und schließlich noch am selben Tag, dem 10. April 1945, eine Notunterkunft in der Klausur des Ursulinenklosters fand. Meine Eltern aber nutzten diese Situation und baten die Schwestern, ihren Ältesten auf die Frühkommunion vorzubereiten. Am Sonntag, dem 10. Juni, war es dann soweit. Einfach, ohne besonderen festlichen Rahmen, in der gewöhnlichen Gemeindemesse, ging ich an der Seite der Eltern und Großeltern zur ersten heiligen Kommunion. Meine Großmutter begleitete mich am Tag zuvor zur ersten heiligen Beichte und gab dem Propst im Beichtstuhl bei ihrer Beichte vor mir hilfreiche Ratschläge, wie er mich ansprechen solle. Drei Monate später, – ich ging mangels geeigneten Schuhwerks barfuß sonntags zur Kirche und zur Kommunion –, schenkte mir eine mir unbekannte Frau Schuhe, die mir gleich paßten – und die ich dann drei Jahre lang trug, was man meinen leicht gekrümmten Zehen noch heute ansieht. Diese Frau konnte es einfach nicht mit ansehen, daß da jemand barfuß an die Kommunionbank kam, wo sie doch zu Hause noch Schuhe ihres älteren Sohnes besaß.

Die rechtzeitige Hinführung zur ersten heiligen Kommunion weckte in mir ein starkes Interesse an der Eucharistie und gab mir die Chance, sehr früh in Kontakt mit der Kirche und ihren Sakramenten zu treten. Hinzu kam, daß mir meine Eltern ein vollständiges lateinisch-deutsches Meßbuch schenkten, den ersten nach dem Krieg erschienenen „Schott".

Mein Mitleben mit der Kirche und der Gemeinde erhielt einen weiteren Schub, als sich mein Vater beruflich veränderte und unsere Familie 1952 von Duderstadt nach Wilhelmshaven zog. Noch heute erinnere ich mich gut an diesen Schock – als solchen jedenfalls empfand ich diesen Wechsel als Junge. Aus einer Kleinstadt kam ich in eine vom Krieg völlig zerstörte Großstadt, aus dem katholisch geprägten Eichsfeld in die Diaspora, wo etwa 10 Prozent katholisch, etwa 60 Prozent evangelisch und viele ohne jede Religion waren. Ich hatte die vertraute Umgebung und alle meine Freunde verloren. Statt dessen fand ich mich in einer Schulklasse wieder, in der ein rauhes Klima herrschte, in der von 26 Schülern außer mir nur noch zwei weitere Schüler katholisch waren, sieben, die Kontakt zur evangelischen Kirche hatten, und zwei, die nicht einmal getauft waren. Von meinen Lehrern hatten vielleicht zwei ein Verhältnis zu ihrer evangelischen Kirche. Zum katholischen Religionsunterricht kamen wir aus zwei Jahrgängen und sechs Klassen zusammen. In dieser Situation erlebte ich den Glauben an Gott als starke Kraft und die Kirche, auch wenn der Gottesdienst in einer

Baracke stattfand, als ein echtes Stück Heimat, aus dem ich neue Kräfte schöpfte.

In meiner Klasse traf ich in den ersten Monaten auf erbitterten Widerstand, teils wegen meines Glaubens, mehr noch wegen einer Grundhaltung, von der ich heute sagen würde, daß sie grundehrlich war und die mich einfach dazu brachte, auch den Lehrern offen und kooperativ zu begegnen. Das legte sich erst, als die Klassenkameraden begriffen, daß ich mich auch für sie wirklich einsetzen wollte. Ich ergriff die Initiative und gründete, gemeinsam mit einem älteren Schulkameraden, den ich im Religionsunterricht kennengelernt hatte, in der Schule eine katholische Jugendgruppe, eine Schülergruppe im Bund Neudeutschland, die ich bis zu meinem Abitur weiterführte und in die ich viel Kraft investierte.

Während der Schulzeit in Wilhelmshaven durchlebte ich immer häufiger innere Konflikte. Mich beunruhigte, daß ich so viele wunderbare und liebenswerte Menschen unter meinen Klassenkameraden und unter meinen Lehrern erlebte, die nicht an Gott glaubten, denen die Kirche wenig oder nichts bedeutete, oder die die Kirche, wie etwa der Geschichtslehrer in seinem Unterricht, negativ darstellten. Besonders litt ich unter der Kirchenspaltung, die sich damals noch in einer fast hermetischen Abriegelung der beiden christlichen Konfessionen zeigte. Das Wort „Ökumene" kannten wir nicht und auch wir Jungens mußten uns erst an so manche Gewohnheit der anderen gewöhnen. So werde ich nie vergessen, daß evangelische Klassenkameraden während der Aufenthalte im Schullandheim morgens im Bett über mir die Bibel lasen, und sich dann wunderten, daß ich am Sonntag unbedingt die Heilige Messe besuchen wollte.

In diesem Ringen, in diesem Hin und Her keimte in mir erneut die Ahnung, vielleicht doch Priester zu werden. Ein Gedanke, der mir lieb war, dem zu folgen aber ich mich immer noch nicht traute. Meine Unsicherheit und mein Zweifel, für eine solch hohe Aufgabe geeignet zu sein, waren geblieben. Da erreichte mich eines Tages, als ich schon in der 11. Klasse war, ein Telefonanruf. Ich solle ins Pfarrhaus kommen, der Vikar sollte versetzt werden. Im Pfarrhaus herrschte Aufregung, weil, wie damals 1955 üblich, die Versetzung eines Vikars oder Kaplans innerhalb von fünf Tagen vonstatten ging. Mitten in den Vorbereitungen des bevorstehenden Umzugs hatte der Vikar noch einige Jugendliche, Jungen und Mädchen, zu sich eingeladen, um mit ihnen kurze Einzelgespräche zu führen. Ohne Umschweife rückte er mit der Sprache heraus und sagte mir, er könne sich vorstellen, daß ich zum Priester berufen sei. Wir hätten zwar nie darüber gesprochen, aber er habe mich im Gottesdienst, in der Jugendrunde und im Religionsunterricht erlebt und kennengelernt. Er fühle sich gedrängt, mir das zu sagen, weil er mich ermutigen wolle. Er spreche erst jetzt beim Abschied davon, da er so sicher sei, daß ich in meiner Entscheidung frei bliebe. Er ginge jetzt fort, und niemand würde etwas von diesem Gespräch erfahren.

Dieses kurze Gespräch traf mich ins Herz. Wie vor den Kopf gestoßen fühlte ich mich, und doch gleichsam wachgerüttelt. Ich verließ das Pfarrhaus und konnte zunächst mit niemandem darüber sprechen. Das Thema Priesterberufung aber war nun auf dem Tisch, und ich merkte, daß der Gedanke daran mich froh machte. Der Wunsch, mit Gott „ganze Sache zu machen", verstärkte sich mehr und mehr, bis ich dann eines Tages den Mut fand, meiner Mutter und meinem Vater hiervon zu erzählen. Beide hatten uns Kindern immer wieder gesagt, daß sie uns bei der Berufswahl freie Hand lassen wollten, wohl auch, weil sie ihrerseits nach ihrem Abitur zur Zeit der Weltwirtschaftskrise 1929/30 ungeachtet ihrer eigenen Interessen den Beruf wählen mußten, den zu erlernen gerade möglich war. Wir Kinder haben dann erlebt, wie unsere Eltern ihren zunächst „aufgedrängten" Beruf schließlich liebten und ihn nutzten, um sich in ihm als gläubige Christen ganz zu entfalten.

Meine Mutter freute sich sehr, als ich ihr einmal spätabends, nach dem Abwasch des Geschirrs und dem Eindecken des Frühstückstisches und nachdem die jüngeren Geschwister schon zu Bett gegangen waren, von den Fragen, Plänen und Wünschen erzählte, die mich innerlich umtrieben. Als ich einige Tage später mit meinem Vater darüber sprach, merkte ich, wie sehr er sich mühte, mich zu verstehen und mir zu helfen; doch entging mir auch nicht, wie schwer es ihm fiel, daß der älteste Sohn nicht in seine beruflichen Fußstapfen treten und die von ihm lange Zeit ersehnte und gerade gegründete eigene Apotheke nicht übernehmen würde.

Das Theologiestudium begann. Das erste Semester, in Münster, war eine Berg- und Talbahn. Rasch wurde mir bewußt, daß ich mich mit meiner Berufswahl auf eine ziemlich radikale Sache eingelassen hatte. Würde es mir gelingen, wirklich so zu glauben, daß ich mein ganzes Leben auf Gott setzen konnte? War ich für die Ehelosigkeit geeignet? Besaß ich die nötige Offenheit, um auf Menschen zuzugehen? War ich in der Lage, die Mühe und Last des priesterlichen Alltags, auch die massiven Enttäuschungen, die mit diesem Weg verbunden sind, auf mich zu nehmen und auszuhalten?

Auf der anderen Seite bereiteten mir die theologischen Vorlesungen eine tiefe Freude, weil sie völlig neue Denkhorizonte erschlossen. Ich lernte Luther kennen als eine kontroverse, aber auch positive Gestalt. Ich verstand, daß die Kirchenspaltung von 1054 mit der orthodoxen Kirche und die Kirchenspaltung des 16. Jh. mit der evangelischen Kirche sich auch durch die Fehler der damals handelnden Personen, Papst und Bischöfe eingeschlossen, erklären lassen. So schloß ich, daß die Spaltungen heilbar und überwindbar sein mußten. Diese Gedanken klärten frühere persönliche Fragen und brachten mir neue Freude am Leben mit der Kirche. Unvergeßlich ist mir auch die Vorlesung des Missionswissenschaftlers, der durch seine Vorlesung über die Liebe zu Gott in den nichtchristlichen Religionen, besonders im Islam, Perspektiven eröffnete, die mich bis heute bewegen.

Doch die größte Überraschung erlebte ich am Ende dieses ersten Semesters: man bot mir an, mein Studium in Rom fortzusetzen. Natürlich stimmte ich zu. Und dank des Lebens im deutsch-ungarischen Kolleg und des Studiums an der von Jesuiten geleiteten päpstlichen Universität Gregoriana, unter den Päpsten Pius XII., Johannes XXIII. und Paul VI., in der phantastischen Umbruchszeit des II. Vatikanischen Konzils, das ich von seiner Ankündigung und Einberufung bis zur Vollendung aus unmittelbarer Nähe miterleben durfte, wurde ich Zeuge dessen, was sich in diesen Jahren theologisch, kirchlich und ökumenisch in Rom bewegte.

Prüfungen

Doch auch diese Jahre waren nicht einfach für mich. Da waren zunächst die „alten Fragen" aus Münster, sie ließen mich auch in Rom nicht los. Dann gab es größere gesundheitliche Probleme, die mich nach einer asiatischen Grippe, deren hohes Fieber mich in Lebensgefahr brachte, einer plötzlichen Blinddarmoperation und einem unerwarteten Blutsturz zu einem neunmonatigen Sanatoriumsaufenthalt in die Schweiz führten. Heute weiß ich, daß es kein Zufall, sondern eine schwierige Zeit der Prüfung war.

Hier im Sanatorium wurden mein Lebensentwurf, meine Pläne und meine Zukunft radikal in Frage gestellt. Ich konnte mich nicht mehr auf meine eigenen Kräfte verlassen, um mein Leben aufzubauen, sondern mußte warten, ob die Krankheit besiegt und die Gesundheit wiederhergestellt werden würde. Für mich waren diese Monate geprägt von innerer Einsamkeit, von Alleingelassensein, von vielen, vielen Fragen, die immer wieder darin mündeten, was Gott wohl von mir wolle. Eine klare Antwort aber blieb aus. Die einzige Antwort, die mich selbst zufriedenstellte, war jene, mich – allen Schwierigkeiten zum Trotz – Gott neu zur Verfügung zu stellen, den Weg zum Priestertum weiterzugehen, wenn Gott es denn wolle und mir die Gesundheit neu schenkte und wenn die Kirche mich annähme. Dann kam der Tag, an dem der Arzt feststellte, daß die Krankheit ausgeheilt war und daß ich, aus ärztlicher Sicht, den Weg zum Priestertum fortsetzen dürfte. Mit zitternden Knien entschied ich mich, nach Rom zurückzukehren, um meine Studien fortzusetzen.

Hier erwartete mich eine neue Prüfung, ungleich schwieriger, weil raffinierter. Theologische Fragen, die schon so viele Menschen bewegt haben, begannen mich zu beschäftigen und zu quälen: Gibt es diesen Gott überhaupt, an den wir glauben, dessen Worte wir in der Theologie studieren? Sind die Worte der Bibel, sind die Worte Jesu verläßlich, sicher, echt?

Natürlich war es mir wichtig, in diesen Momenten theologisch, philosophisch und rational vertretbare Antworten zu finden, doch mein Herz blieb unruhig, fragend, unsicher, traurig und zweifelnd. Gerade wenn ich betete oder meditierte, wenn ich nach der Kommunion ins Zwiegespräch mit Jesus Christus eintreten wollte, gerade dann überfielen mich solche Fragen und erstickten mein Gebet.

In diesen Monaten erlebte ich, wie wertvoll geistliche Begleitung ist. Ich konnte mich öffnen. Ich konnte mit einem alten Pater, der bei uns Spiritual war, und mit einem zwei Jahre älteren Mitstudenten über meine Fragen sprechen. Ich merkte, daß ich lernen mußte, mich auch in meinen Fragen loszulassen und zuzulassen, daß ich den Glauben nicht „machen" kann. Ich lernte in neuer Weise zu beten, vielleicht stammelnd, vielleicht hoffend, vielleicht auch geduldiger mit mir. Ein Psalmvers begleitete mich durch diese Zeit, er drückte den inneren Schrei aus: „Meine Seele dürstet nach Gott, nach dem lebendigen Gott. Wann darf ich kommen und Gottes Antlitz schauen?" (Ps 42,3).

Mir wurde bewußt, daß der Glaube ein existentieller Akt ist, den ich mit ganzem Bewußtsein vollziehen muß – und daß ich genau davor Angst hatte. Es half mir sehr, als in einer Vorlesung dann ausführlich der Glaubensakt behandelt wurde, als ich lernte, daß zu seinem Wesen gehöre, ein Sprung ins Ungewisse, ein Sprung ins Dunkel zu sein. Hier wurde mir klar, daß eine existentielle Angst zwar Teil des christlichen Glaubensaktes sein kann, daß aber immer dann, wenn jemand den Sprung wagt und sich mit seiner Angst Gott anvertraut, diese Angst einer neuen Sicherheit und Glaubenskraft weicht und daß dann der Glaube ein neues Sehen Gottes, eine neue Gotteserkenntnis mit sich bringt.

Es war diese Vorlesung, die mich letztlich dazu gebracht hat, meine eigene existentielle Situation anzunehmen und den Sprung auf Gott hin zu wagen.

Heute kann ich sagen, daß diese jahrelange Prüfung mein Herz, meine Seele, ja meine Existenz auf Gott hin öffnete und mir jene Erfahrung schenkte, die es mir dann später ermöglichte, ein klares Ja zur Ehelosigkeit und zum Priestertum zu sagen. Auf einem solchen Weg habe ich persönlich gelernt, Gott an die erste Stelle meines Lebens zu setzen und auf seine Liebe mit meinem Sein zu antworten.

Die Jahre nach meiner Priesterweihe blieben spannend, stets taten sich mir neue Horizonte auf. Nicht nur die unterschiedlichen Aufgaben, die mir die Kirche übertrug, bewirkten dies. Dieser Gott, der mich in meiner Jugend angesprochen und begeistert hatte, lies mich auch weiterhin einfach nicht los, ja führte mich einfach weiter. Dabei gab es Höhen und Tiefen, bis heute.

Die Fokolarbewegung

Dieses Angesprochenwerden von Gott erlebte ich auch, als ich der Fokolarbewegung und deren Charisma der Einheit begegnete. Mitten in den Studien zum Doktorat stieß ich durch eine Vorlesung „über die Evangelischen Räte und die Liebe" auf eine Form des Christseins, die mich sehr interessierte. Ich lernte Menschen kennen, die etwas ganz Normales taten, das nämlich, was allen Christen aufgetragen und geschenkt ist. Diese Menschen suchten Wege, den Glauben intensiv gemeinsam zu leben und heute, mitten im ausgehenden 20. Jahrhundert, Kirche zu sein, ein Ort, wo der auferstandene Christus lebt. Der auferstandene Christus, an den ich natürlich auch vorher geglaubt hatte, kam mir in neuer Weise entgegen. Ich lernte für mich Entscheidendes über die Gegenwart und Nähe Jesu Christi nicht nur in der Eucharistie, sondern ebenso in der Bibel, in der Versammlung der Kirche, im kirchlichen Amt, aber auch im Schmerz, im Leid, im Dunkel des Menschen – ja, was mich besonders ansprach, in jedem Mitmenschen, eben dem Nächsten, der durch diese Gegenwart Jesu mir zum Bruder und zur Schwester wird.

Je mehr ich nachfragte und die mir so nicht geläufigen Weisen der Gegenwart Jesu für mein Leben entdeckte, desto mehr verstand ich, daß hier die Menschwerdung Christi, sein Tod am Kreuz und seine Auferstehung in originaler Weise ernstgenommen wurden. Viel deutlicher als bisher in meinem Leben wurde mir klar, daß Gott in Jesus Christus auf jeden Menschen mit unendlicher Liebe zugeht, daß das Evangelium in Jesus Christus gerade diese unendliche Liebe Gottes erschließt und schenkt und daß der Mensch berufen ist, auf diese Liebe an seinem Platz, wo er steht, zu antworten. Wer sich von dieser Liebe Gottes in Jesus Christus treffen läßt, erhält Anteil am Leben Gottes selbst und fängt an, genau das zu tun, was Gott am Herzen liegt. Er beginnt zu lieben und für andere zum Bruder und zur Schwester zu werden.

Immer mehr begriff ich, daß diese Spiritualität einen Weg vorgibt, in unserer Zeit überzeugend als Priester zu wirken. Heute lebe ich in einer Gruppe von fünf Priestern unterschiedlichen Alters. Heute lebe ich in einer Gruppe von fünf Priestern unterschiedlichen Alters. Einmal in der Woche kommen wir als Priesterfokolar zusammen, um uns gemeinsam neu vor Gott zu stellen. Wir tun das, indem wir miteinander beten und die Schrift lesen, uns austauschen und Fragen besprechen, indem wir gemeinsam essen und unsere Freizeit miteinander verbringen. An diesem Tag kann alles zur Sprache kommen, was die Seele bewegt, was die tägliche Arbeit mit sich bringt, was einem Sorge bereitet oder schwerfällt – und darüber hinaus, was in der Kirche und in der Welt so vor sich geht. An solchen Tagen lerne ich mich und die anderen verstehen, aber auch meine Kirche und die Welt. In diesem Kreis werde ich wie die anderen hinterfragt und freundschaftlich korrigiert, finde ich Unterstützung und Hilfe. Hier erfahre ich, daß das gemeinsame alltägliche Leben und das immer neue Hinblicken auf das Evangelium mich in die Nähe Christi führt und mich in die Gegenwart des Auferstandenen stellt. Jedes dieser Treffen hat dieses Ziel.

Das einfache Leben nach dem Evangelium, auf das wir Priester uns auf diese Weise eingelassen haben, gibt dann auch der pastoralen Arbeit Schwung und Freude und verbindet uns mit vielen anderen, die nicht Priester sind, doch sich mit derselben Leidenschaft für Christus und seine Kirche einsetzen.

Jeder Mensch, ganz gleich, wo er steht und was er macht, hat diese Berufung, auf Gottes Liebe zu antworten. Ich stehe als Priester mit meiner Berufung neben vielen anderen Menschen, die ebenfalls von diesem Gott berufen sind und ihre Geschichte mit Gott leben. Die Begegnung mit dem Fokolar hat mir neue Möglichkeiten eröffnet, mein Christsein als Priester mit anderen zu leben. So habe ich mich in einer neuen Weise vorgefunden als Bruder unter vielen Brüdern und Schwestern, mitten im Volk Gottes, in jenem Volk, das Gott sich aus allen Völkern, Religionen und Konfessionen beruft. Dies zu bedenken und zu erleben, weckt in mir immer wieder die Freude darüber, daß ich als Christ und Priester für Gott und für die Menschen leben darf.

Schwester M. Elisabeth/Eiko Kabayashi

Schwester M. Elisabeth/Eiko Kabayashi wurde 1939 in Sanjo, Japan,
geboren und wuchs mit fünf Geschwistern in einer buddhistischen
Familie auf. Ihr Vater war Schmied und leitete einen kleinen
Familienbetrieb. Im März 1958 legte sie die Abiturprüfung ab und
erlernte anschließend den Beruf der Erzieherin. Von April 1960 bis
März 1965 arbeitete sie in mehreren Kindergärten in Japan. 1953 wurde
sie im Alter von 14 Jahren auf der Missionsstation Sanjo auf den Namen
Elisabeth getauft. 1965 reiste sie nach Deutschland, um christliche
Pädagogik zu studieren. 1966 trat sie in das Säkularinstitut der
Schönstätter Marienschwestern ein. Nach dem Abschluß einer dreijähri-
gen Ausbildung im Seminar für Pastoral und Religionspädagogik in
Koblenz-Metternich war sie in verschiedenen Pfarreien in
Süddeutschland als Gemeindereferentin tätig: in Ergenzingen bei
Rottenburg, in Boxberg und schließlich in Freiburg. Seit 1996 arbeitet
Schwester M. Elisabeth wieder in Ergenzingen, wo sie, wie bereits 1976
bis 1983, eine Führungsaufgabe innerhalb der Gemeinschaft der
Schönstätter Marienschwestern wahrnimmt.

Frei – und doch nicht ungebunden

von M. Elisabeth Kabayashi

„Sorge aber dafür, daß du das, was du werden darfst, auch in vollendeter Form wirst." Meine buddhistischen Eltern waren nicht dabei, als ich am 5. März 1967 in das Säkularinstitut der Schönstätter Marienschwestern aufgenommen wurde und der Gründer der internationalen Schönstattbewegung, Pater Josef Kentenich, diesen Satz aus ihrem Brief an mich vorlas. Mehrere Jahre zuvor und tausende Kilometer entfernt, in Japan, hatte mit dem Glockenläuten einer kleinen katholischen Kirche die Geschichte begonnen, die mich an diesem Sonntag Laetare Schwester Maria Elisabeth werden ließ.

Mein Weg zur Taufe

„Bimbambim, bimbambim, bimbambim – Stille – bimbam, bimbam, bimbam." Jeden Abend, wenn wir Kinder am Ufer des Flusses im Sand spielten, standen wir auf, um die Glockenschläge mitzuzählen. Sie waren das Zeichen, mit dem Spielen aufzuhören – es war Zeit zum Abendessen.

Mehr wußte ich damals nicht über Glaube und Kirche, als daß dieses Läuten von jener Kirche herüberschallte. Ich selbst war, wie meine Eltern auch, Buddhistin   hatte aber vom

Buddhismus eigentlich keine Ahnung. Die Vorstellung von einem Paradies, in dem man nach dem Tod zwischen blühenden Blumen spazieren ging, war schon da, wie wohl bei allen Japanern oder Asiaten, die von Natur her religiös sind.

Als ich noch nicht ganz vierzehn Jahre alt war, lud mich meine Schulfreundin eines Tages ein, mit ihr zusammen in die katholische Kirche zu gehen. Diese Freundin hatte mir imponiert, seit ich sie kennengelernt hatte: ihr freundliches, strahlendes Gesicht, ihr nettes Wesen, nie sprach sie ein böses Wort. Und immer wieder fragte ich mich im Stillen, woher sie das nur hätte. Ich war froh, als wir uns anfreundeten, und an einem Sonntag im Oktober besuchte ich gemeinsam mit ihr die katholische Kirche. Die Glocken läuteten – und ich erinnerte mich an meine Kindheit, an das Spielen am Fluß und unser „Bimbambim-Zählen".

Ich habe kein Wort verstanden, was da am Altar gesprochen wurde. Nach dem Gottesdienst habe ich zu meiner Freundin gesagt: „Ich geh nicht mehr in diese Kirche, ich versteh ja kein Wort von dem, was er sagt!" – Meine Freundin war gar nicht enttäuscht, sondern antwortete: „Brauchst auch nicht in die Kirche zu gehen, kannst mit mir zum Pfarrhaus kommen. Wir haben immer samstags nachmittags Religionsunterricht. Da kannst du mal zuhören, da verstehst du alles!"

Am kommenden Samstag bin ich nach der Schule dann wirklich ins Pfarrhaus mitgegangen. Der Missionar und eine Katechetin erklärten uns, daß es nicht nur irgendein Paradies mit Blumen gäbe, sondern daß da eine Person sei: ein Schöpfergott, der die Welt und jeden einzelnen Menschen aus Liebe ins Dasein gerufen habe und der uns für immer in seiner Nähe haben wollte. Ich war fasziniert, vom Gnadenleben zu

hören, daß wir durch die Taufe erhalten. Um Mensch in vollendeter Form zu werden, hörte ich, dürfe man nicht auf der
natürlichen Ebene stehen bleiben, sondern eine ganz neue,
die übernatürliche Wirklichkeit suchen und in sich tragen.
Und das sollte in der Taufe geschehen.

Ich überlegte – ja, ich wollte ein vollkommener Mensch,
ein Mensch in vollendeter Form werden. Ich wollte getauft
werden! Das war eine Entscheidung – ich wollte Christ werden! Der Missionar prüfte intensiv die Ernsthaftigkeit meiner
Entscheidung und verlangte, daß ich die Erlaubnis meiner
Eltern einhole. Meine Eltern wußten zwar von meinen
Besuchen im Pfarrhaus, hatten sie aber bis dahin nicht ernst
genommen. Meine Mutter hielt das Christentum für einen
exklusiven Glauben für Europäer und Amerikaner. Wir hätten
doch einen guten Glauben, wir seien doch gute Buddhisten,
versicherte sie mir. Und zudem würde ich als Christin, wenn
ich später heiraten wollte, keinen guten Mann finden.

Nein, meine Eltern nahmen meine Pläne wirklich nicht
ernst. So beschloß ich, drei Monate lang gar nicht mehr über
das Thema zu sprechen, sondern ihnen einfach vorzuleben,
wie anders ein Mensch wird, der an Jesus glaubt. Also wurde
ich eine fleißige Schülerin, räumte mein Zimmer stets auf, war
nett und aufmerksam zu meinen Geschwistern, und wenn ich
in die Kirche gehen wollte, erledigte ich zuvor alles, was
meine Mutter von mir erwartete. So konnte sie nichts sagen.

Nach genau einem Vierteljahr habe ich wieder gefragt, und
– meine Mutter sagte: „Eiko, dafür brauchen wir doch so einen
Glauben nicht, jetzt hör endlich auf damit." Niedergeschlagen
und enttäuscht ging ich zu dem Missionar und sagte, meine
Eltern gäben mir die Erlaubnis nicht. Er aber antwortete: „Ich
gehe zu deinen Eltern und bitte um die Erlaubnis." Das war

eine Sensation! In unserem Ort mit 80.000 Einwohnern gab es nur einen einzigen Europäer – eben diesen Missionar –, und der besuchte meine Eltern!

An einem Donnerstagabend wollte er um 19.00 Uhr abends da sein. Sofort nach dem Abendessen verließ ich das Haus, ich wollte nicht da sein, wenn er kam. Von draußen aber habe ich dann genau beobachtet, was passierte. Es dauerte lange, hin und wieder hörte ich sie lachen oder meine Mutter mit ganz herzlichem Tonfall sprechen – verstanden habe ich aber nichts. Was reden sie so lange, dachte ich bei mir. Endlich dann, nach zwei Stunden, verabschiedete sich der Missionar. Rasch huschte ich ins Haus, rief nur schnell „Gute Nacht" und lief in mein Zimmer.

Am anderen Morgen, bevor ich zur Schule ging, sagte meine Mutter mit ruhiger Stimme: „Eiko, gestern abend war der Missionar hier." Ich nickte. „Er imponiert mir. Er hat ja keine Angst vor dem Sterben. So einen Menschen habe ich zum erstenmal gesehen und erlebt." Sie war ganz angetan, und endlich kam der erlösende Satz: „Du darfst Christ werden." Voll Freude ging ich ans Telefon, rief den Missionar an und sagte ihm, meine Eltern hätten ihre Erlaubnis erteilt. Einen Tag später wurde ich getauft.

Kurz vor der Taufe kam der Missionar zu mir und sagte, er wolle mir einen Taufnamen schenken. „Wenn du gefragt wirst, auf welchen Namen du getauft werden möchtest, antwortest du: Elisabeth." Ich war furchtbar aufgeregt: jetzt sollte ich das Gnadenleben empfangen, jetzt würde ich ein ganz anderer Mensch – ein Gotteskind! Es folgte die große Enttäuschung: Ich spürte überhaupt nichts und fühlte mich innerlich wie äußerlich genauso wie vorher!

Ich lernte, daß die Taufe ein Anfang ist. Der Priester lehrte mich, die Tiefe des Glaubens und meine persönliche
Beziehung zu Gott zu entdecken, vor allem zum Einswerden
mit Jesus in der Eucharistie. Es wurde mir wichtig, die heilige
Messe zu besuchen und die heilige Kommunion zu empfangen,
mich in der Beichte mit Jesus zu versöhnen. Der Missionar,
der wirklich ein guter Führer im geistlichen Leben war, leitete mich an, „ein gutes Gotteskind" zu werden. Dieses Wort
hat sich damals tief in mein Herz eingeprägt, es war für mich
das Wort Gottes: ein gutes Gotteskind werden. – Eine kleine
Anekdote will ich hier rasch erzählen: Als ich später dann das
Abitur ablegte, stand in meinem Abiturzeugnis: Seitdem Eiko
getauft worden ist, ist sie noch netter und lieber als zuvor und
ein Vorbild für ihre Mitschüler geworden.

Wenn Gott ruft, will er ganze und freie Entscheidungen.
Das ist der Grund, warum Gott ernste Prüfungen und große
Enttäuschungen gerade dort zuläßt, wo sie uns am empfind-
lichsten treffen. Unser Missionar hatte einen Plan, für den er
einige Mitarbeiter gewinnen wollte. Er wollte in Japan eine
Gemeinschaft für Mädchen und später für Familien gründen,
und hierfür brauchte er Mitarbeiter. Ich war so eifrig und
begeistert, daß ich spontan zusagte. Doch der Bischof billigte
sein Projekt nicht und versetzte ihn nach Brasilien. Dort, so
sagte er uns dann, dürfe er nun sein Projekt durchführen, und
er bat uns, später nachzukommen, um ihm dort zu helfen. Vor
seiner Abreise nach Brasilien trafen wir uns noch einmal mit
ihm, und als Zeichen der Einheit und Treue schenkte er uns
allen ein Kreuz und ein Marienbild. Nach einem halben Jahr
sollten wir ihm dann nach Brasilien folgen. Wir versprachen
es und beantragten Visum und Flugticket.

In dieser Zeit quälte mich immer der Zweifel, ob dies wirklich mein Weg sei. Es ging um die Arbeit am Reich Gottes, die wollte ich tun – also mußte ich nach Brasilien gehen. Doch das Reich Gottes aufzubauen, das konnte ich genauso gut hier in Japan! War es also richtig, daß ich ihm versprochen hatte, ihm nachzufolgen? Einerseits wollte ich meinem Versprechen dem Missionar gegenüber, dem ich meinen christlichen Glauben verdankte, treu bleiben, andererseits wollte ich meine Freiheit haben. Schließlich habe ich den Missionar gebeten, mir Zeit zu lassen, noch ein paar Jahre hier in Japan zu arbeiten.

Diese Bitte muß ihn furchtbar enttäuscht haben, denn er schickte mir ein langes Telegramm. Darin mahnte er mich, an meine Sterbestunde zu denken und mir klar zu werden, welch große Sünde ich durch diesen Treuebruch begehen würde. Ich war schockiert und hilflos. Ich weiß noch gut, an diesem Tag, am 18. Januar 1962, habe ich den ganzen Tag stumm und regungslos vor dem Fernseher gesessen, kein Wort gesprochen und nichts gegessen. In dieser Nacht habe ich keine Minute geschlafen. Ich wußte nicht, ob und wie Gott mich rufen würde – und ich hätte laut schreien können wegen dieser Ungewißheit!

Meine Eltern hatten uns Kinder – wie waren sechs Geschwister – sehr frei erzogen. Sie hatten nicht viel Zeit für uns, weil sie einen kleinen Familienbetrieb führen mußten, aber sie haben uns gelehrt und vorgelebt, was Freiheit heißt. Vor allem mein Vater liebte die Freiheit. Das Wichtigste war ihm, daß jedes Kind seinen eigenen Weg gehen sollte. Und sie schenkten uns großes Vertrauen. Sie haben sich nicht besonders für unsere Schulleistungen interessiert. Wir brachten meistens gute Zeugnisse mit nach Hause, aber entscheidend war für meine Eltern die Überzeugung: Unsere Kinder sind gut. Unsere Kinder machen ihre Sache gut.

Ich glaube, dieses elterliche Vertrauen hat mir in meinen Kämpfen um den rechten Weg sehr geholfen. Am nächsten Morgen entschied ich mich endgültig, hier in Japan zu bleiben. Und würde der Missionar nun kommen und gar die Polizei schicken, um mich wegen Beleidigung und Treuebruch bestrafen zu lassen, dann sollte er es tun – doch meine innere Freiheit, die wollte ich behalten. Als ich meine Entscheidung getroffen hatte, fühlte ich mich sehr erleichtert. Ich teilte meine Entscheidung meiner Mutter mit. Sie sagte gar nichts zu Flugticket und Visum, sondern antwortete ganz ruhig: „Du hast so lange gerungen, es ist gut, wie du dich entschieden hast. Ich hatte diese Entscheidung erhofft, habe aber nichts gesagt. Und doch ist es besser, jetzt nicht hier zu bleiben, sonst wird Dich jeder fragen, warum du nicht nach Brasilien gegangen bist, und das wird Deine Seele stets aufs neue verwunden. Geh von hier weg, damit du frei bist!" In diesem Moment habe ich meine Mutter ganz tief schätzen gelernt.

In der Nacht brach ich auf. Ich hatte nach dem Abitur zwei Jahre das College besucht und den Beruf der Erzieherin erlernt. Und nun arbeitete ich zwei Jahre lang in einem Kindergarten, der von Vinzentinerinnen geleitet wurde, 700 Kilometer von zu Hause entfernt. Die Arbeit bereitete mir Freude, und ich lernte viel. Zwei Jahre blieb ich dort, dann ging ich zurück in meine Heimatstadt. Ein neuer Missionar hatte dort inzwischen einen modernen Kindergarten gebaut und eingerichtet, und er brauchte mich. Mir ging es also gut. Und dennoch beschäftigte mich die Frage, wie wohl mein Leben weitergehen sollte? Natürlich wollte ich Jesus ganz und gar gehören, zugleich aber unter den Menschen bleiben, hier

413

apostolisch tätig sein und nicht in ein Kloster gehen. Die Klöster und Gemeinschaften, die ich in den vergangenen Jahren kennengelernt hatte, boten diese Möglichkeit nicht. Aber gab es überhaupt eine Gemeinschaft, in der ich diese Ziele verfolgen konnte? Ich mußte meinen Weg suchen ...

Auf der Suche

Eines Tages erhielt ich einen Brief von einer Bekannten, die einige Jahre vorher nach Deutschland gegangen war. Sie schrieb mir, sie habe in Deutschland eine Gemeinschaft entdeckt, ein Säkularinstitut, dessen Mitglieder keine Gelübde ablegten. Diese Gemeinschaft gebe es in Japan nicht.

Ich war nicht besonders begeistert von Gelübden; der Missionar hatte uns Mädchen vorgeschlagen, das Gelübde der Jungfräulichkeit abzulegen. Ich wollte mich aber nicht fest binden, wollte statt dessen lieber von innen heraus aus meinem freien Willen entscheiden. So interessierte mich dieses Säkularinstitut, diese Gemeinschaft wollte ich kennenlernen. Die Arbeit als Kindergärtnerin bereitete mir viel Freude. Und da unsere Arbeit gute Früchte trug und wir uns so gut verstanden, beschlossen wir, nun einen ganz neuartigen christlichen Kindergarten oder ein Heim aufzubauen. Dazu aber war es erforderlich, christliche Pädagogik zu studieren – und weil das Christentum aus Europa kam, müßte man nach Europa gehen.

Das also konnte mein Weg sein: meine Arbeit hier fortführen, nicht ins Kloster eintreten und diese Gemeinschaft kennenlernen. So schrieb ich also meiner Bekannten, ich wolle in Europa „christliche Pädagogik" studieren und würde gerne einmal diese Gemeinschaft kennenlernen, der sie sich inzwischen angeschlossen hatte. Tatsächlich erhielt ich kurz darauf einen Brief aus Deutschland. Eine Schwester M. Longina – die Provinzialoberin der süddeutschen Provinz der Schönstätter Marienschwestern – schrieb: „Fräulein Eiko Elisabeth, Sie können bei uns drei Jahre lang studieren, ein Jahr Sprache und zwei Jahre Pädagogik. Sie können zudem in unserem Kindergarten tätig sein oder unsere Erziehungsweise in unserem Seminar studieren. Und Quartier und Verpflegung stellen wir Ihnen ebenso gerne zur Verfügung." Ich fiel aus allen Wolken – besser konnte das Angebot nicht sein. Mit diesem Brief in der Tasche konnte ich mir die nötigen Papiere für die Reise nach Europa besorgen, ich sollte deutsch lernen, christliche Pädagogik studieren – war vollkommen frei und konnte diese Gemeinschaft kennenlernen!

Nachdem ich das nötige Geld gesammelt und mir alle Papiere besorgt hatte, teilte ich meinen Eltern meine Entscheidung mit. Mein Vater antwortete ganz ruhig: „Eiko, du bist frei, du kannst auf den Mond fliegen oder wohin du willst – nur, du mußt es verantworten." Und er fügte hinzu, wenn ich nun nach Europa ginge, sollte ich meinen Weg suchen. Ich sei nicht mehr so jung, und ich müsse mich nun für einen Weg entscheiden, für *meinen* Lebensweg. Wenn ich heiraten, eine Familie gründen wollte, so sei das ein schöner Weg, der viel Freude mit sich bringe, aber auch Leid. Wählte ich den anderen Weg, so würde auch der zu großer Freude führen, aber zu Einsamkeit und Alleinsein. Wichtig sei nur, sich zu entscheiden.

Am 3. April 1965 bestieg ich das Flugzeug. Das war damals eine Sensation – eine junge Frau flog alleine nach Europa! Mein Herz pochte, als ich diese Reise ins Unbekannte antrat.

Meine Bekannte, die inzwischen Schönstätter Marienschwester war und nun Sr. M. Theresia hieß, holte mich in

Zürich am Flughafen ab. Von ihrer Gemeinschaft erzählte sie kaum etwas, sondern empfahl mir, ich solle mir alles mit eigenen Augen anschauen. Von Zürich fuhren wir mit dem Zug auf die Liebfrauenhöhe, auf der das Provinzhaus der süddeutschen Provinz steht und das Erzieherinnenseminar. Das erste, was ich sah, als ich mein Zimmer betrat, war – das Marienbild, das mir der Missionar in meiner Heimatstadt vor seiner Abreise nach Brasilien geschenkt hatte! Dieses Bild aber hatte ich ihm doch nach Brasilien geschickt, um in meinem ganzen Leben nichts mehr mit ihm zu tun zu haben. Und nun sehe ich nicht nur in meinem Zimmer, sondern in jedem Zimmer dieses Marienbild.

Ich war schockiert und niedergeschlagen. Woher der Missionar dieses Bild hatte, wußte ich nicht. Ich ging auf die Suche nach dem Ursprung dieses Marienbildes, das die Schwestern „MTA-Bild" nannten. MTA bedeutet: „Mater ter Admirabilis" – Dreimal Wunderbare Mutter. Es ist der Titel, unter dem Maria in Schönstatt verehrt wird. Dieses Bild stand am Anfang der Schönstattbewegung, es ist das Schönstätter Gnadenbild, das sich in jedem Schönstatt-Heiligtum befindet. Später, als ich mehr über Schönstatt erfahren hatte, wurde mir klar, daß der Missionar versucht hatte, in Japan und später in Brasilien etwas Ähnliches wie die Schönstattbewegung, hiervon aber unabhängig, zu gründen, und dafür das Schönstatt-Bild mitgenommen hatte. Ich hatte dieses Bild kennengelernt, lange bevor ich Schönstatt kannte und war nun – Gott sei Dank! – nicht nach Brasilien, sondern zum Ursprung geführt worden. Später haben mir dieses Gnadenbild und das Schönstattheiligtum viel Kraft und das Gefühl, zu Hause zu sein, geschenkt.

Entscheidende Begegnung

Nun traf ich auf die Schwestern vom Säkularinstitut der Schönstätter Marienschwestern. Alle sahen gleich aus für mich, ich sah keinen Unterschied. Die Musiklehrerin im Seminar und die Küchenschwester konnte ich anfangs nur an der Stimme unterscheiden. Schw. M. Longina, die Provinzoberin, war ein ganz froher und freier Mensch. Nicht nur sie: alle schienen froh und heiter, und ich habe mich – wie damals in der Schule bei meiner Freundin – gefragt: Woher haben die das nur? Ich hatte den Eindruck, sie stünden unter keinerlei Druck oder Zwang, sie wirkten vollkommen locker und frei.

Mit den wenigen deutschen Worten, die ich sprechen konnte, fragte ich die Schwestern dann, warum sie so froh und gelöst seien – und ich wandte mich besonders an diejenigen, von denen ich wußte oder denen ich anmerkte, daß sie ein Leid mit sich trugen. Auch diese strahlten Freude und Freiheit aus. So habe ich während meines ersten Jahres in Deutschland viel Zeit der Beobachtung der Marienschwestern gewidmet, und zum Schluß war ich zufrieden. Mehr und mehr war ich überzeugt, das, was ich immer gesucht hatte, nämlich ohne Zwang, ohne Müssen, von innen heraus und in Freiheit ganz hoch hinauf zu steigen, hier in Schönstatt gefunden zu haben. Ich erinnere mich gut, wie ich innerlich zustimmte, als ich später den Satz aus der Anfangszeit Schönstatts las: „Wir wollen lernen, uns unter dem Schutze Mariens selbst zu erziehen zu festen, freien Charakteren ..." Ich war fasziniert und interessierte mich natürlich bald schon für den Gründer einer solch freien und schönen Gemeinschaft. Ob er noch lebte? Ob ich ihn kennenlernen dürfte?

Am 25. März 1966, knapp ein Jahr nach meiner Ankunft in Deutschland, durfte ich den Gründer, Pater Josef Kentenich, besuchen. Diese Begegnung werde ich nie vergessen. Noch nie hatte ich zuvor einen Menschen erlebt, der mich kleines Wesen auf Anhieb so gut verstanden hatte. Zudem war ich ja erst seit einem Jahr in Deutschland und konnte mich kaum verständlich machen. So war ich sehr verschlossen. Doch als ich mit Pater Kentenich zusammen war, war alles ganz anders. Stammelte ich mühsam zwei oder drei deutsche Worte, so formulierte er hieraus diejenigen Sätze, die ich eigentlich hatte sagen wollen. Er war es, der meine Gedanken formulierte, und dabei tiefe Güte und verständnisvolle Liebe ausstrahlte.

Wir waren wie in einer Welt, in der niemand anderes existiert. Natürlich imponierte mir besonders, daß er in keiner Weise versuchte, mich zu überreden. Er respektierte meine innere Freiheit und verstand meine Sehnsucht nach Freiheit. Ich spürte mich verstanden und geborgen, und es schien mir, als habe Gott von meiner Taufe bis zu dieser Begegnung mit Pater Kentenich eine Schnur gezogen, an der er mich ans Ziel führen wollte. Ich hatte meinen Weg gefunden. Und ich entschied mich für den Eintritt in diese Gemeinschaft, weil dieser Mann, Pater Kentenich sie gegründet hatte.

Was ich nach meiner Taufe still in meinem Herzen getragen hatte, die Sehnsucht, ein vollkommener, ein heiliger Mensch, ein Mensch in vollendeter Form zu werden, das würde sich sicher nun in dieser Gemeinschaft erfüllen. Diese Sicherheit hatte ich aus der Begegnung mit Pater Kentenich mitgenommen. Meine Entscheidung war gefallen, und ich schrieb meinen Eltern – selbstverständlich auch von Pater Kentenich. Sie bräuchten sich keine Sorgen um mich zu machen, nur hätte ich die eine Sorge: niemals gutmachen zu können, was sie mir geschenkt hätten.

Mein Vater schrieb darauf einen langen Brief an Pater Kentenich – ich mußte ihn übersetzen, und der Gründer freute sich sehr über diesen Brief. Seine Tochter, so schrieb mein Vater, habe ihm mitgeteilt, daß sie in eine neue Familie, in die Gemeinschaft, die er gegründet habe, eintreten wolle. Und wenn seine Tochter nun in diese Familie eintrete, so habe er, der Gründer und Vater dieser Familie, von jetzt an auch das Erziehungsrecht. Das wolle er ihm heute nun übertragen und ihn bitten, mich zu einem möglichst vollkommenen Menschen zu erziehen. Mein Vater schrieb auch mir und wiederholte, was er mir gesagt hatte, als ich nach Europa ging: Wenn du zwanzig Jahre später auf deinem Weg zurückschauen und sagen können wirst, du seiest glücklich, dann hast du dich richtig entschieden." Und er fuhr fort: „Wenn du die Gemeinschaft der Marienschwestern wählen willst, so tue es, du hast die Freiheit. Vergiß aber nie, den Schwestern, die dich annehmen, recht dankbar zu sein, und diese Dankbarkeit in vorzüglicher Weise denen zu erweisen, die irgendwie und - wann einmal deiner Hilfe bedürfen. Im übrigen, du weißt, was du zu tun hast. Sorge aber dafür, daß du das, was du werden darfst, auch in vollendeter Form wirst."

Rückblick

Es sind nun genau dreißig Jahre, auf die ich zurückblicken kann seit meinem Eintritt in die Gemeinschaft der Schönstätter Marienschwestern. Ich bin glücklich. In dieser Gemeinschaft habe ich alles gefunden, was ich als Sehnsucht nach meiner Taufe still in meinem Herzen getragen habe.

Nach meiner Taufe wurden an unserem Gymnasium sieben andere Mädchen ebenfalls katholisch. Ich hatte hieran einen bescheidenen Anteil. Die Gemeinschaft der Schönstätter Marienschwestern ist sehr apostolisch. Wir stehen mitten in der Welt, leben nicht hinter Klostermauern, wir suchen einen Weg, durch unser So-Sein und unser Tun Menschen zu Gott zu führen und die Welt zu erneuern – von innen her.

Immer wieder werde ich gefragt, ob ich es jemals bereut habe, daß ich nicht nach Japan zurückgekehrt bin. Es gab in den ersten Jahren eine Reihe Angebote, nach Japan zu gehen. Anfangs war es eh unmöglich, dorthin zu gehen, weil die Ausbildung noch andauerte. Spätere Angebote zerschlugen sich, weil die Wünsche des zuständigen Bischofs in Japan nicht zu unserem Weg paßten. So bin ich in Deutschland geblieben und arbeite seit über 20 Jahren als Gemeindereferentin. Ich fühle mich in Gottes Hand, ganz gleich, ob ich in Deutschland, in Afrika oder Japan bin! Wo er mich haben möchte, da ist mein schönster Platz und meine Heimat. Gott hat mit uns seine Pläne. Ich bin Japanerin, keine Deutsche – und vielleicht, so denke ich, soll ich für Japan, das sich so schwer tut, den christlichen Glauben anzunehmen, irgendwann einmal ein Saatkorn werden ...

Walter Mixa

Bischof Dr. Walter Mixa wurde 1941 in Königshütte/Oberschlesien geboren. Nach der Vertreibung aus seiner Heimat im Januar 1945 ließ sich seine Familie in Heidenheim a. d. Brenz nieder, wo er das naturwissenschaftliche Gymnasium besuchte. Nach dem humanistischen Abitur 1964 im Spätberufenenseminar St. Josef in Fockenfeld/Oberpfalz begann er 1964 das Studium der Philosophie und Theologie in Dillingen und Fribourg/Schweiz. 1970 wurde er zum Priester geweiht und begann ein Promotionsstudium an der Universität Augsburg. Dort arbeitete er als Assistent und war zugleich Pfarradministrator der Pfarrei Weilach bei Schrobenhausen. 1975 promovierte er an der Theologischen Fakultät der Universität Augsburg. Es folgte die Ernennung zum Regionaldekan der Region Altbayern im Bistum Augsburg und zum Stadtpfarrer von Schrobenhausen. Schließlich übernahm Mixa 1983 die Leitung der Fortbildung für die Priester der Diözese Augsburg. Seit 1984 ist er Mitglied des Priesterrates. 1985 wurde er zum Kaplan Seiner Heiligkeit (Monsignore) ernannt, 1996 wurde er Dekan des Dekanates Schrobenhausen. 1996 empfing er im Dom zu Eichstätt die Bischofsweihe.

Wir Christen sind kalt und lau geworden

Ein Gespräch mit dem Bischof von Eichstätt,
S.E. Dr. Walter Mixa

Michael Müller (*in der Folge abgek.* **MM**): *Exzellenz, Sie sind 1941 in Königshütte in Oberschlesien geboren. 1945 mußte Ihre Familie die Heimat verlassen und floh nach Heidenheim a.d. Brenz. Sie waren damals erst vier Jahre alt, trotzdem: Hat Schlesien für Sie eine besondere Bedeutung behalten? Haben Sie noch Erinnerungen an Ihre frühe Kindheit?*

Bischof Mixa: An die frühe Kindheit habe ich nur blasse Erinnerungen, ausschnittweise etwa noch an Ereignisse während der Flucht aus der angestammten Heimat. Schlesien hat für mich eine gewisse Bedeutung behalten, weil es mein Geburts- und damit Heimatland ist und die Geschichte dieses ehemals deutschen Landes für mich auch heute noch sehr interessant und bedenkenswert ist.

MM: *Berufung – das ist ein bedeutendes Wort. Da denken viele an Engel, die des Nachts plötzlich über ihrem Bett schweben, um göttliche Eingebungen in ihr Ohr zu flüstern. Worin zeigt sich eine Berufung? Wie erkennt man seine persönliche Berufung? Wie war das bei Ihnen? Und vor allem: Welche Rolle spielt hierbei die natürliche Umgebung, das Elternhaus, die Pfarrgemeinde, die Schule?*

Bischof Mixa: Die persönliche Berufungserfahrung war für mich verbunden mit einem längeren Reifungsprozeß während meiner Jugendjahre. Wie viele andere Jugendliche stellte ich mir nüchtern die Frage, ob das mit Jesus alles so wahr ist und ob meine Gewohnheiten in Verbindung mit dem kirchlichen Leben noch berechtigt sind. Ich habe dann sehr intensiv über viele Monate Abschnitt für Abschnitt das Neue Testament gelesen, mich mit der Person Jesu auseinandergesetzt und auch durch einen sehr guten Religionsunterricht, den ein Geistlicher hielt, meine Fragen beantwortet bekommen. Im Lauf der Zeit wurde dann in mir der Wunsch sehr stark, Theologie zu studieren und Priester zu werden. Die gute Atmosphäre in meinem Elternhaus hat sicher dazu beigetragen.

In den vielen Jahren als Seelsorger, in der Begegnung mit Priesteramtskandidaten und jungen Priestern habe ich immer wieder meine eigenen Berufungserfahrungen bestätigt gesehen. Vor allem habe ich immer wieder feststellen dürfen: Die christliche Familie ist die Keimzelle für die Weitergabe des Glaubens und so auch die erste und wichtigste Gemeinschaft, in der geistliche Berufe wachsen können. Für geistliche Berufe beten heißt deshalb stets auch, besonders für die Erneuerung unserer Familien in Glaube, Hoffnung und Liebe zu beten.

Entscheidend für geistliche Berufungen ist ferner, daß wir alle in der Gemeinschaft der Kirche für Jesus Christus so Zeugnis ablegen, daß junge Menschen bereit werden, auf den Wert einer guten Ehe und Familie zu verzichten und sich mit der ganzen Liebe ihres Herzens Jesus Christus, der Weitergabe des Glaubens und der Sorge für die Menschen zur Verfügung zu stellen. Ein guter, ansprechend gestalteter Religionsunterricht sollte unterstützen, vertiefen und begleiten, was in der Familie grundgelegt wurde.

MM: *Sie haben lange Jahre als Seelsorger in einer Pfarrei gewirkt und sind seit März 1996 Bischof von Eichstätt. Wie haben*

Sie die Kirche vor Ort in der Pfarrei erlebt? Welchen Eindruck haben Sie als Bischof von Ihrer Ortskirche?

Bischof Mixa: Als Pfarrer und als Bischof durfte und darf ich immer wieder beeindruckende Zeichen für das Wirken des Geistes Gottes in unserer Zeit, in der gegenwärtigen Kirche erkennen. Bei Meßfeiern und Jugendvespern, bei Prozessionen und Maiandachten beobachte ich eine ungebrochene Bereitschaft zum Hören, zum Mitfeiern, zum bewußten Singen und Beten. Was mich immer wieder überrascht und erfreut ist die Erfahrung, wie viele Kinder und Jugendliche, Eltern und ältere Menschen sich bei den Gottesdiensten und Veranstaltungen zusammenfinden. Viele Gläubige geben in beispielhafter Weise den Glauben in der Familie weiter. Viele engagieren sich im Leben ihrer Pfarrgemeinde. Diese ehrenamtliche Mitarbeit und auch das Mitwirken der hauptamtlichen Laienmitarbeiter sind und bleiben unersetzlich. Es war für mich als Pfarrer eine besonders wertvolle und positive Erfahrung, wie sehr ich mich auf die ehrenamtlichen Mitarbeiterinnen und Mitarbeiter verlassen konnte. Daß es da und dort auch einmal Sand im Getriebe geben kann oder auch Widerstand, das ist menschlich, weil es nichts Vollkommenes gibt auf dieser Erde, auch nicht im Bereich der Kirche.

MM: *Wenn Sie heute noch einmal vor Ihrer persönlichen Berufungsentscheidung stünden: Würden Sie sich noch einmal für das Priestertum entscheiden? Was bereitet Ihnen in Ihrem Beruf und Ihrer Berufung die meiste Freude? Und was fällt Ihnen schwer?*

Bischof Mixa: Während meiner Priesterjahre habe ich mir öfters überlegt, ob es nicht einfacher wäre, ohne Gott zu leben. Wäre ich ohne den christlichen Glauben, der seine Konsequenzen für das tägliche Leben hat, nicht freier, nicht ungebundener, könnte ich nicht sorgloser und vielleicht mit vielen anderen Lebensmöglichkeiten mein Dasein gestalten?

Nicht nur, weil ich Priester bin, sondern auch ganz allgemein als Mensch gesprochen bin ich immer wieder zu der Überzeugung gekommen: Wir können ohne Gott nicht leben. Wir können zwar so tun, als ob es Gott nicht gibt, als ob er keine Rolle spielt in unserem Leben, wir können aber den Fragen nicht endgültig aus dem Weg gehen: Welches ist der tiefere Sinn meines Daseins? Welchen Wert haben zwischenmenschliche Bindungen in Liebe und Treue? Was bleibt von mir noch übrig, wenn es zum Sterben kommt? Wenn ich mich ganz ehrlich diesen Fragen stelle, muß ich auch nach dem Ursprung und dem Ziel meines Lebens und damit eben nach Gott fragen.

Bei der Beantwortung dieser Fragen bin ich aber nicht auf irgendeine komplizierte Erklärung angewiesen. Gott selbst beantwortet mir die Fragen nach dem tiefsten Sinn und nach dem Ziel meines Lebens. Er beantwortet sie durch Jesus. Durch Jesus spricht er ein vollkommenes Ja zu uns Menschen. Dieses Ja Gottes läßt mich bewußt leben, läßt mich Hoffnung haben, läßt mich Werte wie Liebe und Treue, wie Dasein für den anderen anstreben.

Darum bin ich überzeugt: Ich habe mich richtig entschieden, indem ich mich von Jesus uneingeschränkt in den Dienst nehmen ließ. Ich darf in dem frohen Bewußtsein leben: Ihm kann ich vertrauen, weil er mit seiner Liebe wirklich treu ist. In seinem Auftrag mache ich mich auf den Weg zu den Menschen und versuche sie durch meinen Dienst zu Jesus zu führen, zu Jesus als dem Befreier zu einem sinnerfüllten Leben und zu einer wahren Hoffnung.

Zugleich möchte ich auf diese Frage unabhängig von meiner Person eingehen: Ich bin der Überzeugung, daß der priesterliche Dienst immer wieder für junge Menschen auch in Zukunft interessant sein wird und zwar aus dem Grund, weil der Mensch nie aufhört, nach dem Sinn und nach dem Ziel seines Lebens zu fragen. Als herausragender Botschafter für den Glauben und in der Nachfolge Jesu Christi wird deshalb der Priester immer ein gefragter Ansprechpartner sein und bleiben, so daß ich stark hoffe, daß wir auch in Zukunft wieder mehr Priesterberufungen haben werden.

Was fällt mir schwer? Ich kann heute noch ungeheuchelt sagen, ich war immer gern Priester. Verschiedene Aufgaben haben mich aber auch mit Sorge, manchmal vielleicht sogar mit Angst erfüllt. Mich bedrückt vor einer Predigt schon manchmal die Frage, ob ich gut und überzeugend predigen kann. Ich hatte und habe mitunter Bedenken vor Begegnungen mit bestimmten Menschen, von denen ich vielleicht auch zu Unrecht annehme, das Zusammentreffen mit ihnen könnte schwierig werden. Besondere Aufgaben, die mich fordern, erfüllen mich manchmal mit Sorge. Ich glaube aber, daß derartige Erfahrungen in anderen Berufen genauso vorkommen und angenommen und bewältigt werden müssen.

MM: *Viele glauben, „Berufung", das sei etwas Exklusives für Priester oder Ordensleute. Diese „Eliten" seien zu Höherem berufen – im Gegensatz zur grauen Masse der einfachen Christen, für die es reicht, sonntags in die Kirche zu gehen, Geld zu spenden, vor dem warmen Essen zu beten, nicht seinen Ehepartner zu betrügen und niemanden zu bestehlen oder umzubringen. Was aber ist mit den „normalen Laien"? Haben wir tatsächlich diese Zweiklassen-Gesellschaft in der Kirche?*

Bischof Mixa: Eine Gegenüberstellung von „Berufenen" und „einfachen Laien" ist ebenso falsch wie eine Aufteilung in „Amtskirche" und „Volk Gottes". Sie widerspricht dem, was Kirche Jesu Christi wirklich ist. Wir alle sind Kirche, indem wir uns zu dem einen wahren Herrn Jesus Christus als dem „Kyrios" bekennen. In der Gemeinschaft derer, die sich um Christus scharen, die also seine Kirche bilden, gibt es unterschiedliche Dienste und Aufgaben, die man auch als Ämter bezeichnen kann. Von einem Gegensatz zwischen Berufenen für einen besonderen Dienst und anderen, für die keine besonderen Anforderungen gelten, kann aber nicht die Rede sein. Welchen Dienst, welche Aufgabe, welches Amt wir auch versehen – vor dem Herrn ist nicht entscheidend, welches Glied des Leibes Christi wir sind, sondern ob es uns gelingt, „Salz der Erde" und „Licht der Welt" zu sein.

Gerade in der heutigen Zeit darf es in unserer Kirche kein Kompetenzgerangel geben. Die gegenwärtige Situation erfordert vielmehr von uns, gezielt für die dringend notwendige geistige Erneuerung einzutreten. Die Verkündigung des Glaubens kann nicht allein in der Verantwortung des Bischofs, seiner Priester und Diakone sowie seiner hauptamtlichen Mitarbeiter liegen. Um die Botschaft von Jesus, von seinem Kreuz und von seiner Auferstehung besonders auch in der Familie und am Arbeitsplatz weiterzutragen, braucht es den Bekennermut jedes einzelnen.

Besondere Bedeutung kommt den Eltern unserer Kinder zu, denn sie sind zweifellos die ersten Glaubensboten und berufen zu einem priesterlichen Dienst. Sie machen als erste dem Kind das Kreuzzeichen auf die Stirn, sie sprechen zuerst von Gott, sie zeigen zuerst auf Jesus am Kreuz, sie falten dem Kind zuerst die Hände, sie nehmen das Kind mit in die Kirche. Nicht in einzelnen organisatorischen und strukturellen Maßnahmen, nicht durch bestimmte Predigten oder Verlautbarungen entscheidet sich die Zukunft der Kirche bei uns, sondern zuallererst in der Familie, in der Weitergabe des Glaubens.

MM: *Kommen wir zur Jugend, die gerade unserem Papst besonders am Herzen liegt. Besonders in den jungen Menschen steckt doch viel Idealismus, Leidenschaft und Wille zum Engagement. Das zeigt sich heute ja bei vielen jungen Menschen in ihrem starken Engagement für die Umwelt, für Greenpeace, Amnesty International oder die Dritte Welt. Wenn ihre Bereitschaft, Christus und seiner Kirche zu folgen, abgenommen hat, so könnte dies zwei sehr unterschiedliche Gründe haben:*

Einerseits haben so manche Vertreter der Kirche versucht, den Jugendlichen den Glauben attraktiv zu machen, indem sie dem Evangelium den Stachel zogen. Ob Jugendliche noch zur Beichte gingen, regelmäßig den Gottesdienst besuchten oder miteinander schliefen – all dies spielte plötzlich kaum noch eine Rolle, solange sie nur sonntags nach dem Gottesdienst Tee oder Batiktücher für die Dritte Welt verkauften, was natürlich für sich ein wertvolles Engagement ist. Trotzdem gab und gibt es hier Anbiederung seitens der Kleriker – und das merken Jugendliche. Kann dies ein Grund dafür sein, daß sich viele, irritiert von einer gewissen Lauheit, von der Kirche abgewendet haben?

Andererseits haben vielleicht gerade wir Deutsche im Laufe dieses Jahrhunderts Kirche immer zu sehr als „Institut für Moralfragen" mißverstanden. Könnte man daher sagen: Die Kirche ist bei der Jugend mit ihrer Moral am Ende, weil sie zu sehr auf Moral gesetzt hat?

Bischof Mixa: In meiner noch recht kurzen Zeit als Bischof von Eichstätt bin ich gerade von Jugendlichen in vielfacher

Hinsicht positiv überrascht worden. So habe ich bei einer Jugendvesper in Plankstetten erlebt, wie mehr als tausend Jugendliche an diesem Abend von sich aus einen Wortgottesdienst sehr persönlich, sehr meditativ, mit ihrer eigenen Sprache, mit dem Ausdruck ihrer Musik gestaltet haben. Ich habe mich in dieser Gottesdienstgemeinschaft wohl gefühlt. Und als ich dann gebeten wurde, mein Glaubenszeugnis abzulegen, haben mir die jungen Leute mit größter Aufmerksamkeit zugehört. Ähnliche Erfahrungen habe ich wiederholt beim Zusammentreffen mit Jugendlichen gemacht und dabei feststellen dürfen: Es gibt noch sehr viele junge Menschen, die interessiert sind an der Sinnfrage und an den Werten, die durch das Evangelium vermittelt werden.

Es ist mir sehr sympathisch, wenn Jugendliche auch gegenüber einem Bischof keine Berührungsängste haben, offen und ungeniert sprechen, klar und deutlich die Fragen nennen, die sie beschäftigen. Mit Dankbarkeit und Anerkennung kann ich immer wieder beobachten, daß unsere Jugendlichen ein starkes Gespür haben für den Hunger und die Not der Menschen in anderen Teilen der Welt, daß sie sich für die Benachteiligten bei uns und woanders wirklich einsetzen.

Gerade junge Menschen sind allerdings heute besonders gefährdet. Die unterschiedlichsten Lebensrezepte und Lebensweisheiten werden unter die Menschen gebracht. Die verschiedensten religiösen Erfahrungen werden als ausschließliche Heilmittel angepriesen. Kein Wunder, wenn deshalb gerade von Jugendlichen bisherige Institutionen, ob staatliche oder kirchliche, in Frage gestellt werden, wenn über einen spürbaren Werteverlust geklagt wird. Wer beantwortet denn noch überzeugend und ohne Umschweife die Frage, was überhaupt wertvoll und lebensnotwendig ist? Dabei ist unverkennbar, daß sich nicht wenige Jugendliche nach klaren Wertvorstellungen sehnen, eine Identität für ihr Leben finden wollen und nicht zuletzt auch eine Beheimatung in der Kirche suchen mit einem in sich begründeten und klaren Bekenntnis.

In einer Zeit, in der die Beantwortung der Frage nach der Wahrheit vielschichtig geworden ist, sind wir Christen gerade jungen Menschen gegenüber verpflichtet, uns rückzubesinnen auf Jesus Christus und seine Botschaft. Allein auf dieser Grundlage können wir glaubwürdig und überzeugend Antwort geben. Junge Menschen haben ein feines Gespür, ob etwas „echt" ist. Wenn wir ehrlich, ohne faule Kompromisse, die Botschaft Jesu Christi verkünden, haben wir es nicht nötig, uns anzubiedern oder als „Moralanstalt" aufzutreten.

MM: Der Erzbischof von Bamberg Dr. Karl Braun sagte in seiner Predigt anläßlich Ihrer Bischofsweihe am 23. März 1996: „Der Bischof ist sichtbares Zeichen für die Einheit. Er muß sie bewahren, festigen und fördern. Diese Aufgabe machen wir ihm leichter, wenn wir auf ihn genauso offen hören, wie wir auf einen Freund hören." – Hören die Christen denn wirklich noch auf ihre Bischöfe, wenn es um fundamentale Fragen des Glaubens geht?

Bischof Mixa: „Der Bischof kann und darf nicht in seinem eigenen Namen auftreten, sondern ist von Jesus in ganz besonderer Weise in den Dienst genommen, um für die Menschen eines bestimmten Bereiches, eines Bistums, dazusein. Dieses Dasein ist gekennzeichnet durch die immer wieder neue Verkündigung des Glaubens an den Dreifaltigen Gott und an die Botschaft des Evangeliums." So habe ich in meinem ersten Hirtenwort umrissen, wie ich mein Bischofsamt begreife. Zugleich hat der bischöfliche Dienst für mich die Aufgabe, die Gemeinschaft der Gläubigen im unverfälschten Glauben zu stärken, die urchristlichen Werte in die heutige Zeit zu übertragen und die Einheit in der Gemeinschaft der Ortskirche zu festigen. Mit diesem „Amtsverständnis" bin ich in meiner Diözese gut aufgenommen worden.

Der ursprüngliche Name für den Dienst des Petrus und seiner Nachfolger, für den Dienst der Apostel und ihrer Nachfolger ist „Pontifex", das heißt Brückenbauer. Im Namen Jesu kann und darf der Bischof immer wieder Brücken bauen zwischen Gott und den Menschen, zwischen den Menschen untereinander, zwischen den einzelnen Gruppierungen innerhalb einer Diözese, einer Ortskirche. Dieser Brückenbau kann aber nur gelingen, wenn ich als Bischof selbst immer wieder bereit bin, zuerst auf das Wort Gottes zu hören, auch auf das zu hören, was mir die Gläubigen sagen, um dann mit ihnen ins Gespräch zu kommen.

Die Bereitschaft zum Gespräch ist für mich auch eine Konsequenz dessen, was sich hinter dem Begriff „Lehramt" verbirgt. Das Lehramt – vom Geist Gottes getragen – ist nach meinem Verständnis ein Geschenk der Treue Gottes zu den Menschen, ein Geschenk, mit dem wir sicher sein dürfen, daß die Person Jesu und sein Liebeswerk um unseretwillen nicht der Beliebigkeit ausgeliefert wird, sondern in seiner ursprünglichen Wahrheit und damit in seiner ursprünglichen Liebezuwendung zu uns Menschen erhalten bleibt. In diesem Sinn verstehe ich mein Bischofsamt als Dienst, auch als Hilfe zur „Unterscheidung der Geister" in den vielen sogenannten Daseinsentwürfen unserer Zeit, bei dem fast unübersehbaren Angebot religiöser Heilsbotschaften. Mit diesem Dienst, mit diesem Amtsverständnis – so meine Erfahrung – werde ich akzeptiert.

Zweifellos gibt es ausgesprochen oder unausgesprochen bei vielen Gläubigen die echte Erwartung, daß die Bischöfe ein richtungweisendes Glaubenszeugnis ablegen oder auch ganz praktische und begründete Hilfen für die Bewältigung des täglichen Lebens aus einer christlichen Grundhaltung heraus finden. Das Sozialwort hat gezeigt, daß Aussagen der Bischöfe mit großer Aufmerksamkeit und auch mit positiver Kritik aufgenommen werden. Auch heute gilt das Wort der Bischöfe, nicht zuletzt wenn es um den Schutz des Lebens und die Unantastbarkeit menschlicher Würde geht.

MM: *Die Demontage eines christlich geprägten Weltbildes in Deutschland ist in vollem Gange. Sekten, New Age und Esoterik blühen. Egoismus und Individualismus sind die neue Währung. Die aktuellen Autoritäten heißen UNO, Amnesty International, Greenpeace – „fun" und die eigene Lust. Die neuen Wertmaßstäbe: Umwelt und Sexualität, Gesundheit und soziales Gewissen, Geld und Freizeit.*

Es herrscht ein grüner Moralismus, der ins Irrationale weist: In Deutschland ist es leichter, ein Kind im Mutterleib zu töten als einen Baum zu fällen. Der Dekalog ist abgeschafft und der „grüne Mensch" soll neu erschaffen werden. Dem Christentum und den Kirchen wird vielerorts ein rasches Ende prophezeit. – Exzellenz, wenn man die Sache realistisch betrachtet, muß man dann nicht diagnostizieren: Christus hat in Deutschland verloren?

Bischof Mixa: Mißstände im menschlichen Zusammenleben bis hin zur Mißachtung menschlicher Würde und menschlichen Lebens, gnadenloser Egoismus, gepaart mit unverantwortlicher Geschäftemacherei, sind Symptome für eine schwere geistige Not, für eine geistige Krankheit in der Gesellschaft. Hinter diesen üblen Auswüchsen, die einem Krebsgeschwür vergleichbar sind, steht eine oft nicht ausgesprochene und oft nicht bewußte Sehnsucht nach einem letzten Sinn für das Leben, nach einem innersten Aufgehobensein in einer zuverlässigen Liebe. Diese Situation stellt eine Herausforderung dar, aber auch eine kritische Anfrage an die Christen. Sie macht deutlich, daß viele Gläubige in der Öffentlichkeit zu schweigsam sind, daß wir zu wenig Bekenner haben.

Wer die Situation kritisch beobachtet, könnte zu der Feststellung kommen, daß das Christentum seine Kraft verloren habe. Aber das Problem liegt bei uns, bei den einzelnen: Sind nicht wir zu kalt und zu lau geworden, haben nicht wir es verlernt, leidenschaftlich und überzeugend für unseren Glauben einzutreten und zu werben? Christsein war auch in der Vergangenheit nicht selbstverständlich und Christsein ist heute erst recht nicht leicht und keine Selbstverständlichkeit.

Das Christentum hat seine Kraft nicht verloren. Jesus ist und bleibt der größte und treueste Freund und der Befreier des Menschen. An jedem einzelnen von uns liegt es, auf ihn hin umzukehren, ihm und seiner Botschaft zu glauben und diese im täglichen Leben zu bezeugen.

MM: *Zusammenbruch des katholischen Milieus, Ende der Volkskirche, Christen als Minderheit in der säkularisierten Gesellschaft – das sind Stichworte, mit denen viele die Lage der katholischen Kirche in Deutschland kennzeichnen. Nun sah es in der Geschichte wiederholt nicht gut aus für die Kirche. Chesterton hat einmal geschrieben: „Sieben Mal schon schien es, als würde die Kirche vor die Hunde gehen – und jedesmal war es der Hund, der starb." Doch dann folgten immer wieder Neuanfänge, Reformen, Aufbrüche, die stets mit dem Namen großer Heiliger oder Missionare verbunden waren.*

Heute unterscheidet man bei der Beurteilung der Situation des katholischen Glaubens innerhalb der Kirche oft zwischen Optimisten und Pessimisten, zwischen Propheten eines neuen Frühlings und Propheten des Unheils. Sind Sie ein Optimist oder ein Pessimist? Können Sie angesichts des allgemeinen Glaubensabfalls und des lautlosen Auszugs aus der Kirche ruhig schlafen?

Bischof Mixa: Ich sehe die Lage der Kirche bei uns keineswegs mit Pessimismus. Im Gegensatz zu dem, was uns manche Medien glaubhaft machen wollen, kann man keineswegs sagen, uns würden die Leute scharenweise davonlaufen. Wenn ich davon ausgehe, daß heute beispielsweise Sportverbände oder andere Institutionen größte Mühe haben, ihre Mitglieder zu sammeln, dann ist in der Bundesrepublik Deutschland die katholische Kirche die einzige Gemeinschaft, die regelmäßig Woche für Woche so viele Menschen mobilisiert. Und zur Kirche kommen – selbst wenn man es manchmal anders hört – nicht bloß alte Menschen, sondern auch viele Kinder und Jugendliche.

Zugleich ist für mich nicht entscheidend, ob die Kirche tatsächlich bei allen oder vielen gut „ankommt". Die Kirche darf sich nicht billig machen, sich nicht zu Sommer- oder Winterschlußpreisen verkaufen, sondern sie muß – sei es gelegen oder ungelegen – immer wieder aufs neue nach dem ursprünglichen Willen Jesu Christi und seiner Botschaft fragen. Wir wissen aus dem Neuen Testament, daß Jesus selbst bei seinen Verwandten auf Unverständnis gestoßen ist. Er ist nicht mit normalen Maßstäben zu bewerten, ja Jesus ist wirklich „verrückt", da er den normalen mittelmäßigen Weg des menschlichen Daseins nicht geht. Er fordert deshalb von uns auch eine andere, vielleicht manchmal eben auch „verrückte"

Denk- und Lebensweise. Und diese „alternative" Haltung sollten wir mit Selbstbewußtsein vertreten.

Viele Christen sind zwar für sich gläubig, scheuen sich aber in der Öffentlichkeit ihren Glauben zu bezeugen und als die wesentliche Lebenshilfe für andere herauszustellen. Gleichzeitig hat – so belegen Meinungsumfragen – die Mehrheit der Bevölkerung eine große Erwartungshaltung gegenüber den Aussagen und dem Lebenszeugnis der Kirche in unserer Gesellschaft. Es kann keineswegs von einem kirchenfeindlichen Klima gesprochen werden, eher von dem Eindruck, als sei die Kirche selbst daran irre geworden, daß sie die Gesellschaft mit ihrer Botschaft bereichern könne.

MM: Wo sehen Sie heute die Kräfte, die wieder das Wesentliche und damit das Anziehende der Kirche sichtbar machen und vermitteln?

Bischof Mixa: Hoffnungsträger sind für mich all jene, die nicht in starrer Selbstgenügsamkeit auf ihrem Platz stehen bleiben, sondern sich zuinnerst bewegen lassen von einem anderen, einem besseren Geist, dem Geist Gottes. Für mich ist nach wie vor der jetzige Papst Johannes Paul II. trotz seines Alters und seiner körperlichen Beschwerden ein herausragender Hoffnungsträger, weil er sich unermüdlich für den Menschen einsetzt und für Versöhnung, für Gerechtigkeit und für Frieden mit seinem ganzen Auftreten wirbt. Ein überaus deutliches Beispiel ist die Pastoralreise des Papstes nach Sarajevo gewesen. Nicht vergessen werden darf das Vorbild, das Mutter Teresa von Kalkutta durch Jahrzehnte gegeben hat, indem sie sich für die Ärmsten der Armen, für die unbeachtetsten Menschen in Asien und in anderen Teilen der Welt mit ihrer Schwesterngemeinschaft eingesetzt hat. In Verbindung damit darf nicht übersehen werden, daß viele Priester und Laienmitarbeiter, auch Gläubige ohne einen direkten Auftrag in der Kirche, sich in besonderer Weise um Arme und Kranke, um Alleinstehende und um Arbeitslose wirksam mühen.

MM: *Einen Vorwurf kann man den Verantwortlichen der Kirche in Deutschland sicher nicht machen, nämlich den, daß sie untätig seien. Arbeit in den unterschiedlichsten Kommissionen; der Dialog mit gesellschaftlichen Gruppierungen, mit den Medien und der Politik; Erarbeitung von Papieren und Dokumenten. Sehen Sie als Bischof hierin eine Belastung oder den Weg, den die Kirche in der pluralen Gesellschaft gehen muß, um Gehör zu finden? Gehören diese Aktivitäten und dieses „Sich Einmischen" zu den primären Aufgaben von Kirche, oder läuft die Kirche Gefahr, zu einem Bürgerforum, zu einem Sozialkonzern zu werden – auf Kosten ihrer eigentlichen Aufgaben wie Seelsorge und Katechese?*

Bischof Mixa: Die Situation in einem der reichsten Länder der Welt ist gekennzeichnet durch eine zunehmende gesellschaftliche Verunsicherung. Einem weithin praktizierten kapitalistischen Liberalismus stehen große soziale Probleme wie etwa die Arbeitslosigkeit von Millionen gegenüber. Der Egoismus des einzelnen scheint immer mehr zuzunehmen, die Bereitschaft, für andere einzutreten, schwindet. Bei nicht wenigen Mitbürgern sind Pessimismus, Mißtrauen und Mutlosigkeit deutlich spürbar. In dieser allgemeinen Verunsicherung wird nach der helfenden Kraft des christlichen Glaubens gesucht. Unsere Gesellschaft erwartet von der evangelischen und der katholischen Kirche richtungweisende Zeugnisse und ist auch dankbar für den geistlichen, für den gesellschaftskritischen und für den großen sozialen Einsatz der Kirche. Diese Herausforderung müssen wir annehmen.

Gerade ihr herausragender sozialer Einsatz scheint der Kirche eine Daseinsberechtigung zu geben in der säkularisierten Welt. Unzählige Kindergärten, Krankenhäuser und Altenheime sind in kirchlicher Trägerschaft. Die Kommunen, die staatlichen Stellen sind dankbar, daß die Kirche diese Aufgaben übernimmt. Behinderteneinrichtungen, Arbeitsbeschaffungsmöglichkeiten für Arbeitslose, Bildungswerke, kleine und große Kulturleistungen werden von der Kirche nicht nur immer aufs neue angeregt, sondern mit eigenen finanziellen Mitteln getragen und vorangebracht. Dazu kommen die großen Hilfeleistungen der Kirche für die Menschen in anderen Teilen der Welt durch Adveniat, Renovabis, Misereor und Missio. Der Kirche kann keineswegs der Vorwurf gemacht werden, sie würde sich nicht um die Bedürfnisse und Belange der Welt kümmern. Die Kirche kann zurecht stolz sein auf ihren sozialen Einsatz und auf vielfältige Bemühungen, gerade auch durch ihre ehrenamtlichen Mitarbeiter, zum Wohl der Mitmenschen.

Es gibt allerdings nicht wenige, die im sozialen Einsatz die einzige Berechtigung für das Wirken der Kirchen in unserer Zeit sehen. So notwendig die sozialen Leistungen der Kirche sind, stellt sich doch die kritische Frage: Hat die Kirche nicht noch einen anderen, sogar wichtigeren Auftrag? Durch ihre sozialen Leistungen verweist die Kirche bereits auf die Eigenschaften des hereinbrechenden Reiches Gottes wie Gerechtigkeit, Friede und Liebe. Muß die Kirche nicht aber in gleicher Weise immer wieder neu auf Gott zeigen und dadurch den Menschen zum tieferen Sinn seines Daseins hinführen? Muß die Kirche nicht gerade in unserer Zeit mit allen ihren Gliedern den Menschen verkünden: Nur durch die Verbundenheit mit dem Gott und Vater Jesu Christi findet der

Mensch wahre Freiheit, findet er den eigentlichen Sinn seines Daseins und für die Stunde seines Sterbens? Muß die Kirche nicht immer wieder neu von aller innerweltlichen und damit materialistischen Betrachtungsweise des Lebens und der Welt ablenken und auf den anderen, auf den Größeren und auf das bleibende Ziel des menschlichen Lebens hinführen?

Wenn wir die Aufgabe der Kirche so definieren, muß das auch wieder auf unser kirchliches Handeln zurückfallen. Ohne Spiritualität, ohne die täglich neue persönliche Ausrichtung auf Jesus Christus kann der Dienst in der Kirche nicht gelingen. Kirchliches Tun ohne Gebet würde zum Aktionismus ausarten und wäre sinnlos. Nur aus dieser inneren Grundlage können wir Jesus Christus glaubwürdig als den wahren Sohn Gottes bekennen, können wir in jedem Menschenantlitz auch das Antlitz Jesu wiedererkennen.

MM: *Die Christen der ersten Jahrhunderte waren nicht mit dem Römischen Reich verheiratet – als es unterging, lebte die Kirche weiter und christianisierte die sogenannten „barbarischen" Völker, die das alte Reich niedergerannt hatten. In der weiteren Geschichte der christlichen Gemeinschaften war es dann nie sehr förderlich, wenn sich die kirchliche Hierarchie zu sehr an die staatlichen Gewalten band. Die katholische Kirche in Deutschland versteht sich heute als staatstragend, als Garant einer Werteordnung, die das gesellschaftliche Zusammenleben harmonisiert. Hat die Kirche Ihrer Meinung nach genügend kritische Distanz zum bundesrepublikanischen Staat? Und: ist es wirklich ihre Aufgabe, als Anwalt der sogenannten Werte zu fungieren?*

Bischof Mixa: Bei aller Bescheidenheit können und müssen wir andere, die nach dem Grund unserer Hoffnung fragen, mit der Botschaft von Jesus Christus konfrontieren. Wir alle sind gefordert zu bezeugen, daß der Glaube an den Gott und

Vater Jesu Christi auch den Glauben an die Würde der menschlichen Person und an die Unverletzlichkeit des menschlichen Lebens festigt.

Aus dieser Grundeinstellung ergibt sich die Kraft zur Schaffung einer menschenwürdigen Gesellschaft. Hierbei kann die katholische Kirche mit ihrer vor über hundert Jahren entwickelten Soziallehre einen unverzichtbaren, wertvollen Beitrag leisten. Wenn die Grundsätze Personalität, Solidarität und Subsidiarität von allen europäischen Völkern festgehalten und im nationalen Zusammenleben in die Tat umgesetzt werden, können wir zurecht hoffen, daß nicht nur unser Staat, sondern ganz Europa politisch und wirtschaftlich mehr und mehr zusammenwächst, vor allem aber auf der Grundlage des christlichen Glaubens eine menschenwürdige Gesellschaft und damit eine Kultur der Ehrfurcht und Liebe geschaffen wird.

Bei allem Wirken in der Gesellschaft hat die Kirche zugleich gesellschaftskritische Funktion. Dabei darf sie nicht moralisieren, sondern muß die Menschen zur Erkenntnis ihrer Würde und zu einem verantwortungsbewußten Umgang mit der Freiheit führen. Beispiel für diese gesellschaftskritische Funktion der Kirche ist das Schreiben der deutschen Bischöfe und der evangelischen Kirchenleitung zur wirtschaftlichen und sozialen Lage in unserem Land. In diesem Schreiben äußert sich die Kirche besonders als Anwalt der Armen, Schwachen und Benachteiligten. Deutlich wird das in Forderungen etwa zur Überwindung der Benachteiligung der Familien oder in dem dringlich vorgetragenen Anliegen, mehr gegen die Massenarbeitslosigkeit zu tun.

MM: *Die Berufung zum Priestertum verlangt so etwas wie die Einsicht, zwar immer noch ganz in, aber nicht mehr „von dieser Welt" zu sein. Das Leben der Weltpriester sollte gemäß den*

Evangelischen Räten von Armut, Gehorsam, Keuschheit geprägt sein. Der Gehorsam gegenüber dem Papst, der Kirche und den Ortsbischöfen gilt allerdings für viele Geistliche heute als Relikt alter Zeiten. Unsere Priester arbeiten heute wie Manager, werden gut bezahlt, machen Urlaub wie jeder andere. Auch mit der Armut ist es also nicht mehr ganz so weit her. Warum sollen sie dann nicht auch heiraten können?

Bischof Mixa: Die Evangelischen Räte haben der Kirche viel Segen gebracht und bedeuten auch heute einen unverzichtbare Wert in der Nachfolge Jesu Christi. Diesen Wert in unsere Zeit zu übersetzen, bereitet allerdings so manche Schwierigkeiten.

Es gibt sicher Priester, die nach der Maxime handeln: „Was kümmert mich der Bischof? Ich habe meine Erfahrungen und werde nach meinen subjektiven Vorstellungen mein kirchliches Leben gestalten." Doch dabei wird ein großes Mißverständnis deutlich: Der Gehorsam, den Priester und Ordensleute versprechen, hat nichts mit Kadavergehorsam oder einer autoritären Maßnahme zu tun. Gehorsam heißt doch zuallererst „hören – horchen". Wir alle müssen immer wieder, wenn wir Gott wirklich ernst nehmen, auf ihn hören, sein Wort in uns erhorchen. Das Gehorsamsversprechen der Priester und Ordensleute bedeutet darum, daß sie ihren Oberen, ihren Hirten versprechen, im Namen Jesu Christi auf das Wort Gottes zu hören und es in die Tat umzusetzen. Ich als Bischof stehe ja auch unter der Macht und Wegweisung dieses Wortes. Das Gehorsamsversprechen der Priester bringt damit vor allem eine geistige und geistliche Verbindung mit ihrem Bischof zum Ausdruck.

Armut bezeugt zunächst die Erfahrung, daß wir Menschen alles, was wir sind und was wir haben, ausschließlich Gott verdanken. Arm sein heißt: Ich will mich von Gott, von seinem Wort, von seiner Liebe, von seiner Größe beschenken lassen. Wenn ich mich von ihm so beschenken lasse, dann bin ich wirklich reich, dann kann ich wie die große Theresia von Avila bekennen: Gott allein genügt. Mit dem bewußten Verzicht auf materielle Güter machen wir uns selbst und anderen deutlich, daß wir in dieser Welt nicht heimisch werden, daß Gott allein uns wirklich reich macht.

Wenn ich die menschlichen Lebensumstände nur innerweltlich betrachte, dann ist Ehelosigkeit um des Himmelreiches willen ein blanker Unsinn, dann ist allerdings eheliche Lebensgemeinschaft bis ans Lebensende ebenso eine unerträgliche Zumutung. Mit dem Verzicht auf den Wert der Ehe und der Familie stellen sich Priester und Ordensleute ausschließlich, mit Leib und Seele, mit der innersten Empfindung ihres Herzens, mit ihrer ganzen Liebe dem Mensch gewordenen Gottessohn zur Verfügung. Wie in der christlichen Ehe wird aber auch dieser Weg nur zu gehen sein durch die Hilfe, durch die Liebe Jesu Christi selbst. Dieser Weg ist zwar kirchenrechtlich geregelt, kann aber nur zuinnerst verstanden und ergriffen werden, wenn ich mich ganz in Liebe für Jesus und für die Weitergabe des Glaubens zur Verfügung stelle. Jesus selbst hat dieses Leben gewählt und die Apostel und bestimmte Jünger auf diesem Lebensweg ganz für sich eingefordert.

Ich bin davon überzeugt, daß die überwältigende Mehrheit unserer Priester und Ordensleute bei aller menschlichen Begrenztheit das Beste gibt. Selbstverständlich sind sie keine „Supermänner", sondern auch darauf angewiesen, daß die Gläubigen sie durch ihren Glauben, ihr Vertrauen und ihr Beten mittragen.

MM: *Mit ihrer Morallehre stößt die Kirche heute fast überall auf taube Ohren. Zum Beispiel die Ehe; voreheliche Reinheit, Verhütung, Wiederverheiratung – fast niemand will überhaupt noch hören, was die Kirche hierzu lehrt. Ist die Gesellschaft in solchem Maße übersexualisiert, daß Tugenden und Werte wie Keuschheit, Rücksichtnahme und Verzicht überhaupt nicht mehr verstanden werden können? Sollte die Kirche sich nicht aus der Diskussion um die Moral zurückziehen, um sich nicht noch unbeliebter zu machen?*

Bischof Mixa: Es ist ein geschichtlich bezeugter Erfahrungswert: Wenn Gott geachtet wird, wenn der Mensch vor Gott Ehrfurcht empfindet und weiß, daß er vor ihm sein Leben zu verantworten hat, dann wird auch der Mitmensch als Individuum, als eigenständige Person geachtet. Seit ungefähr zwanzig Jahren ist bei uns immer wieder davon die Rede, daß wir in einer wertefreien Gesellschaft leben müssen, weil dies eine Forderung der Demokratie sei. Seit Jahren wird von verschiedenen Seiten den Menschen Freizügigkeit auch im sexuellen Bereich als die einzig erstrebenswerte Freiheit gepredigt. Müssen wir uns dann noch wundern, wenn es keine Tabus mehr gibt, weder im verantwortungsvollen geschlechtlichen Umgang miteinander noch in der Achtung vor unschuldigem kindlichen Leben? Hier hat die Kirche den entscheidenden Auftrag, ihre Finger auf diese tödlichen Verwundungen in der Gesellschaft zu legen und zu einer kompromißlosen Umkehr aufzufordern. Was haben wir durch die neue Wertefreiheit gewonnen? Sind die Menschen, die im sexuellen Bereich die Freizügigkeit ausleben, treuer und zuverlässiger geworden? Ist nicht eine Folge dieser Überheblichkeit des Menschen, daß wir mehr und mehr zu einer Ego-Gesellschaft verkommen?

Nicht nur einige Priester oder Hauptamtliche sind aufgefordert, hier Farbe zu bekennen. Wer „Salz der Erde" sein will, muß Fäulnis vernichten, daß heißt, menschliche Fehlhaltungen und Sünden beim Namen nennen und nicht feige vertuschen. Jesus Christus gibt uns durch seine Liebe die Einsicht, daß ein jeder von uns geliebtes Geschöpf Gottes ist. Das heißt ganz praktisch, daß ein jeder sich selbst und auch den anderen achtet, daß wir uns eben nicht von der Freizügigkeit im geschlechtlichen Bereich leiten lassen. Diese Freizügigkeit bringt keine vertiefte Liebe oder gar Treue, sondern läßt abhängig werden von den Trieben und macht auf Dauer gesehen unfähig, sich für einen Menschen in Liebe und Treue für ein ganzes Leben zu entscheiden. Die oft propagierte Freizügigkeit gefährdet damit die Familie als den Kern jeder menschlichen Gemeinschaft. An dieser Einsicht wird auf Dauer keine Gesellschaft vorbeikommen. Diese Einsicht zu vermitteln ist Auftrag für jeden Christen.

Nach christlicher Auffassung ist die Lebensgemeinschaft von Mann und Frau ein Sakrament, ein Geschenk der Liebe Gottes, das ja ein Abbild sein will für den Bund, den Jesus für immer mit seiner Kirche geschlossen hat. Jesus selbst will den beiden Partnern durch seine Liebe helfen, daß sie ihrem Lebensbündnis treu bleiben. Mit diesem Bund und der daraus wachsenden Familie werden sie die kleinste und zugleich wichtigste Keimzelle im Leben der Kirche und im Leben des Staates.

MM: Einige meiner Freunde arbeiten in der freien Wirtschaft und sehen eine Kirche zumeist nur anläßlich von Taufen, Hochzeiten oder Beerdigungen von innen. Zugleich amüsieren sie sich über die „Politik" der Kirchen, ihre eigenen Kritiker mit satten Gehältern oder Honoraren zu belohnen und zu fördern. Sie begreifen dieses Phänomen nicht. Wie beurteilen Sie die Berichterstattung so mancher kirchlich subventionierter Zeitschrift und Akademie, die gerne kirchenkritische Themen wählen und sich stets auf das Argument berufen, schließlich sei man nicht das Sprachrohr oder gar der Hofberichterstatter des Bischofs. Wie muß man sich das Selbstverständnis eines in kirchlichen Diensten stehenden Menschen vorstellen?

Bischof Mixa: Die Kirche darf sich nie in einer satten Selbstsicherheit wiegen, sondern muß ihre eigene Wirksamkeit immer kritisch hinterfragen. Wer aufhört, besser sein zu wollen, hört auf, gut zu sein. Aus diesem Grund kann und darf es kritische Anfragen geben, die Sorge tragen um eine bessere begründete Darstellung des Glaubens, die Sorge tragen um einen besseren sozialen und caritativen Einsatz der Kirche.

Wenn diese Fragestellung aber hämisch und ehrfurchtslos wird, wenn sie die Kirche bloßstellen will, dann verletzen die Fragesteller, soweit sie zur Kirche gehören, nicht nur die Solidarität gegenüber ihrer eigenen Kirche, sondern handeln zugleich auch sehr lieblos. Sie schädigen das Ansehen der Kirche und verunsichern dadurch viele Gläubige. Ein derartiges Verhalten ist auf das schärfste zu kritisieren und wird einmal vor Gott verantwortet werden müssen.

Was steht hinter dieser Forderung nach Loyalität? Mit Hilfe des Heiligen Geistes will Jesus seine Botschaft und seine Person vor einer beliebigen Deutung und Auslegung bewahren. Er erteilt einer rein subjektiven Stellungnahme eine deutliche Absage. Jesus allein ist das wahre und endgültige Wort Gottes und durch seine Auferstehung bestätigt als der Sohn Gottes. Seine Person entzieht sich einer beliebigen Deutung, da er mit dem Anspruch auftritt und ihn durch die Auferstehung bestätigt, daß er die Wahrheit schlechthin ist. Weil er selber diese vollkommene Wahrheit und Liebe Gottes ist, gibt es auch für seine Botschaft keine mehrdeutige

Auslegung. Der Geist will bestärken in der Treue zum geschichtlichen Wort Gottes in Jesus Christus, will bestärken in der Treue zu seiner Botschaft, die allein dem Menschen Hilfe gibt für ein sinnerfülltes Leben, die allein die Sehnsucht des Menschen nach einer vollkommenen Liebe, nach einem bleibenden Leben erfüllen kann.

MM: *Die Sprache des Evangeliums und des Katechismus sind in der Regel klar und eindeutig. Viele Theologen aber sind bemüht, in einer oft aufgeblasenen, theoretischen und verquasten Sprache, den Glauben zu verkünden, daß die Menschen zwar mit einem „Schön-gesagt-Erlebnis" möglicherweise nach dem Gottesdienst nach Hause gehen, doch kaum in der Lage sind, konkrete Vorsätze für ihren Alltag hieraus abzuleiten. Was soll das stete Gerede um den heißen Brei? Unser alter Pastor mahnte uns Meßdiener immer: So wie man sich wäscht, bevor man den Arzt aufsucht, so reinigt man die Seele durch die Beichte, bevor man den Herrn in der Hostie empfängt. Ganz einfache Worte, vielen wahrscheinlich nicht intellektuell und abgebrüht genug. Ich muß zugeben, daß sie mir bis heute helfen.*

Bischof Mixa: Zweifellos ist es heute notwendiger denn je, da viele Menschen in ihrer geistigen Grundeinstellung sehr verunsichert sind, daß Bischöfe, Priester und alle in der Verkündigung Verantwortlichen eine klare Sprache sprechen. Die Botschaft von Jesus muß unverkürzt verkündet werden, auch dann, wenn es manchmal weh tut. Jesus will ja nicht unterdrücken, sondern befreien und zu einem neuen und besseren Leben befähigen. Deshalb ist Gewissensbildung durch die Gebote Gottes notwendig, deshalb hilft jede gute Beichte zu einer echten Selbstbesinnung und zur Umkehr auf einen besseren und sinnvolleren Weg. Ebenso ist Ehrfurcht und innere Liebe beim christlichen Gottesdienst, besonders bei der Meßfeier, eine notwendige Voraussetzung dafür, daß die Kraft, die Gnade Gottes zum Wirken kommt. Verschwommene und modisch angepaßte Aussagen helfen niemandem, sondern führen nur noch zu einer größeren Verunsicherung und damit zu einer inneren Unzufriedenheit.

Die Kirche, die sich immer wieder neu dem Zeitgeist anzupassen versucht, verkommt – so hat es einmal in einem Zeitschriftenartikel geheißen – zur „Hure" dieses Zeitgeistes. Sie hätte dem suchenden und fragenden Menschen nichts mehr zu sagen. Der Seelsorger, jeder mit dem Dienst der Verkündigung Beauftragte, muß zwar in einer zeitgemäßen Weise auf die Anfragen und Zweifel des heutigen Menschen eingehen. Er hat aber zugleich auch die große Verpflichtung, die Botschaft von der Liebe Gottes in Jesus Christus nicht billig zu machen, sondern als Herausforderung und zugleich auch als Geschenk für uns Menschen unverfälscht zu verkünden.

MM: *Ein Thema liegt vielen Christen besonders am Herzen: das tägliche Erleben von Frust statt Lust innerhalb der Kirche. Die Wehleidigkeit, die zelebrierte Leidensmentalität, das stete Jammern, die „schlechte Stimmung". Man lobt den Reichtum an vermeintlichen Weisheiten im Buddhismus, in anderen Religionen oder esoterischen Modellen – und klagt zugleich in einem fort über die eigene Kirche. Viele kirchliche Vertreter beteuern mit verquältem Lächeln und von Komplexen beladen, zwar katholisch zu sein, aber eigentlich doch an ihrer Kirche vor allem zu leiden. Das wirkt nicht gerade attraktiv auf Menschen, die suchen und sich von Kirche und Glaube entfernt haben oder sie noch gar nicht so recht kennengelernt haben. Wo bleibt die Freude, als Christ berufen zu sein? Wo bleibt die Begeisterung für Christus?*

Bischof Mixa: Natürlich gibt es in der Kirche Querelen, natürlich gibt es in der Kirche Streit, natürlich gibt es in der

447

Kirche Frust. Doch wir sollten uns, wenn wir unseren Glauben ernst nehmen, nicht die Stimmung von manchen Medien vermiesen lassen, wir sollten uns wieder mehr besinnen auf die innerste Quelle unserer Freude. Wir sollten uns auf das besinnen, was ich mir auch zu meinem Wahlspruch gewählt habe, auf Jesus, den Retter des Menschen. Er will, daß uns in dieser Zeit das Leben gelingt, und er will uns im Augenblick unseres Sterbens aufnehmen zu sich in den Himmel.

Unser christliches Bekenntnis ist nicht abgehoben von der alltäglichen Wirklichkeit. Jeder von uns erfährt in seinem Leben Krisen, Herausforderungen, Enttäuschungen und Nöte. Aber der glaubende Mensch hat so etwas wie einen Anker der Hoffnung. Er kann sich immer wieder neu in der Botschaft Jesu, in seinem Sterben und seiner Auferstehung festmachen.

Mehrere Wochen habe ich eine an Krebs schwer erkrankte jüngere Frau immer wieder besucht und versucht, aus der Kraft des Glaubens und der Sakramente zu trösten. Zunächst sind mir diese Besuche schwer gefallen, und ich hatte sogar Angst vor den Gesprächen mit der bangen Frage, was ich heute wieder sagen kann. Während der Zeit des Krankseins dieser „absterbenden" Frau wurden die Rollen vertauscht, nicht ich war der Stärkere und der Tröstende, sondern die Frau selber. Mit ihrem Mann, mit ihren Kindern hat sie ganz offen die Zukunft besprochen. Eines Tages sagte sie mir: „Sie glauben gar nicht, wie sehr ich mich auf das Sterben freue. Ich bin sicher, ich werde bei Jesus sein, und ich erfahre ihn jetzt schon als Licht und als Leben."

Vor solchen existentiellen Erfahrungen verblaßt für mich jede oberflächliche Fragestellung nach der derzeitigen Stimmungslage in der Kirche.

MM: *Exzellenz, vielen Dank für das Gespräch!*